教育部职业教育与成人教育司推荐教材
中等职业学校汽车运用与维修专业教学用书

U0868099

汽车底盘构造与维修

（新编版）

全 华 科 友　组织编写
丛树林　张彬　主　　编

人民交通出版社
China Communications Press

内 容 提 要

本书是教育部职业教育与成人教育司推荐教材，主要内容包括底盘概述、传动系统、行驶系统、转向系统与制动系统的功用、结构及工作原理，并附有适量的习题。

本书可供中等职业学校汽车运用与维修专业师生教学使用。

图书在版编目（CIP）数据

汽车底盘构造与维修：新编版／全华科友组织编写；丛树林，张彬主编. —北京：人民交通出版社，2011.1
ISBN 978-7-114-08560-4

Ⅰ.①汽… Ⅱ.①全… ②丛… ③张… Ⅲ.①汽车—底盘—结构—成人教育：高等教育—教材②汽车—底盘—车辆修理—成人教育：高等教育—教材 Ⅳ.①U472.41

中国版本图书馆CIP数据核字（2010）第140097号

教育部职业教育与成人教育司推荐教材
中等职业学校汽车运用与维修专业教学用书

书　　名： 汽车底盘构造与维修（新编版）
著 作 者： 全华科友
丛树林　张　彬
责任编辑： 谢　元
出版发行： 人民交通出版社股份有限公司
地　　址：（100011）北京市朝阳区安定门外外馆斜街3号
网　　址： http://www.ccpress.com.cn
销售电话：（010）59757973
总 经 销： 人民交通出版社股份有限公司发行部
经　　销： 各地新华书店
印　　刷： 北京市密东印刷有限公司
开　　本： 787×1092　1/16
印　　张： 16.25
字　　数： 338千
版　　次： 2011年1月　第1版
印　　次： 2016年6月　第8次印刷
书　　号： ISBN 978-7-114-08560-4
定　　价： 27.00元
（有印刷、装订质量问题的图书由本社负责调换）

前　言

为深入贯彻《国务院关于大力推进职业教育改革与发展的决定》以及教育部等六部委《关于实施职业院校制造业和现代服务业技能型紧缺人才培养培训工程的通知》精神，全面实施《2003—2007年教育振兴行动计划》中提出的“职业教育与培训创新工程”，积极推进课程改革和教材建设，为职业教育教学和培训提供更加丰富、多样和实用的教材，更好地满足职业教育改革与发展的需要。交通职业教育教学指导委员会汽车运用与维修学科委员会组织全国交通职业院校的专业教师，按照教育部颁布的《中等职业院校汽车运用与维修专业领域技能型紧缺人才培养培训指导方案》的要求，编写了教育部职业教育与成人教育司推荐教材，供中等职业院校汽车运用与维修专业教学使用。

本系列教材符合国家对技能型紧缺人才培养培训工作的要求，注重以就业为导向，以能力为本位，面向市场、面向社会，为经济结构调整和科技进步服务的原则，体现了职业教育的特色，满足了高素质的中、初级汽车专业实用人才培养的需要。

本系列教材在组织编写过程中，认真总结了全国交通职业院校多年来的专业教学经验，注意吸收发达国家先进的职教理念和方法，形成了以下特色：

1．以《汽车电工与电子基础》、《汽车机械基础》、《汽车发动机构造与维修》、《汽车底盘构造与维修》、《汽车电气设备构造与维修》、《汽车维修质量检验》六门课程搭建专业基本能力平台，以若干专门化适应各地各校的实际需求；

2．打破了教材传统的章节体例，以专项能力培养为单元确定知识目标和能力目标，使培养过程实现“知行合一”；

3．在内容的选择上，注重汽车后市场职业岗位对人才的知识、能力要求，力求与相应的职业资格标准衔接，并较多地反映了新知识、新技术、新工艺、新方法、新材料的内容。

《汽车底盘构造与维修（新编版）》是中等职业学校汽车类专业的核心课程用书。本书是作者在多年从事汽车构造课程教学及大量社会调研的基础上，充分考虑了目前国内中等职业教育教学的特点，紧密结合汽车新知识、新技术，以理实一体的教学方法来组织编写的，有较强的针对性和实用性。全书以别克凯越、丰田卡罗拉车型为典型教学实例。

全书由丛树林、张彬担任主编，付凯、惠有利、龚鹏担任副主编。参加本书编写工作的还有吴兴敏、杨艳芬、李培军、郭大民、项仁峰、李春芳、黄宜坤、张义、黄艳玲、孙涛、张丽丽等。

由于水平有限，加之时间仓促，错误之处在所难免，希望广大读者批评指正，并表示衷心的感谢！

交通职业教育教学指导委员会

汽车运用与维修学科委员会

二〇一〇年十月

CONTENTS
目录

单元3 行驶系统

单元4 转向系统

单元1

绪论

知识目标：

1. 了解汽车底盘的总体结构；
2. 了解汽车底盘各组成部分的功用；
3. 了解汽车传动系统布置形式及各自特点。

能力目标：

结合实物说明汽车底盘各组成部分的名称及功用。

建议学时：

4学时

I 汽车底盘概述

汽车底盘由传动系统、行驶系统、转向系统和制动系统四大系统组成，其功用为接受发动机的动力，使汽车能够按照驾驶人的操纵而正常行驶，如图 1–1 所示为汽车的底盘结构图。

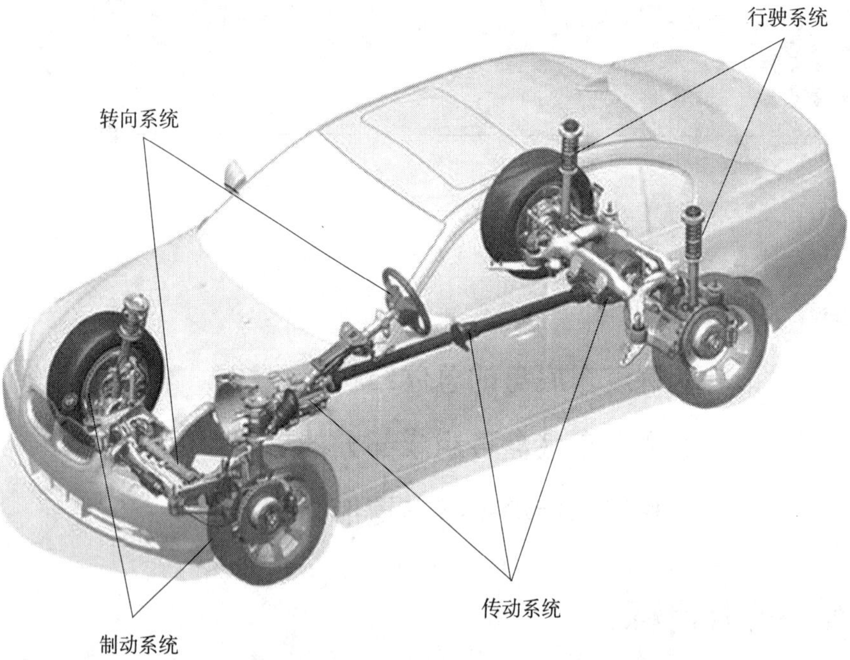

图1–1　车型底盘结构

1.1 传动系统

传动系统的基本功用是将发动机的转矩传递给驱动车轮，同时还必须适应行驶条件的需要，改变转矩的大小。

以普通的机械式传动系统为例，发动机产生的动力依次经过离合器、变速器和由万向节与传动轴组成的万向传动装置，以及安装在驱动桥中的主减速器、差速器和半轴，最后传到驱动车轮，如图 1–2 所示。现在汽车中采用自动变速器的越来越多，其底盘包括自动变速器、万向传动装置、驱动桥等，即用自动变速器代替了离合器和手动变速器。

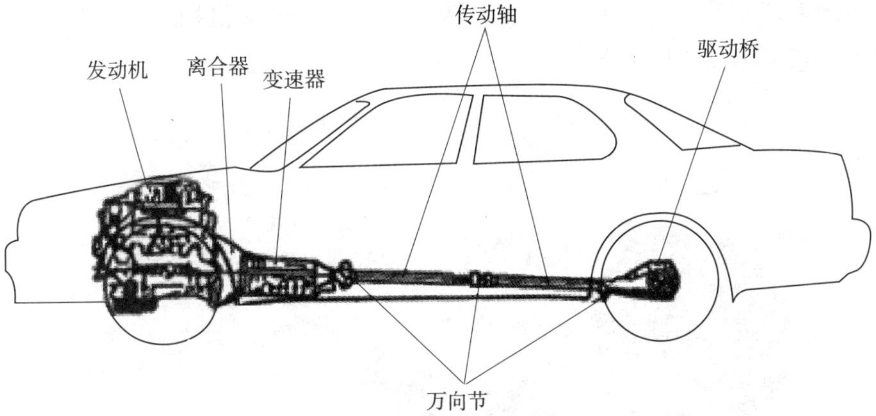

图1-2 机械式传动系统构造

1.2 行驶系统

汽车行驶系统的主要作用是：将传动系统传递来的转矩转化为汽车行驶的驱动力；支承汽车的总质量；承受并传递路面作用于车轮上的力和力矩；减少振动，缓和冲击，保证汽车的平稳行驶。

汽车行驶系统一般由车身、悬架、车桥和车轮等组成，如图 1–3 所示。

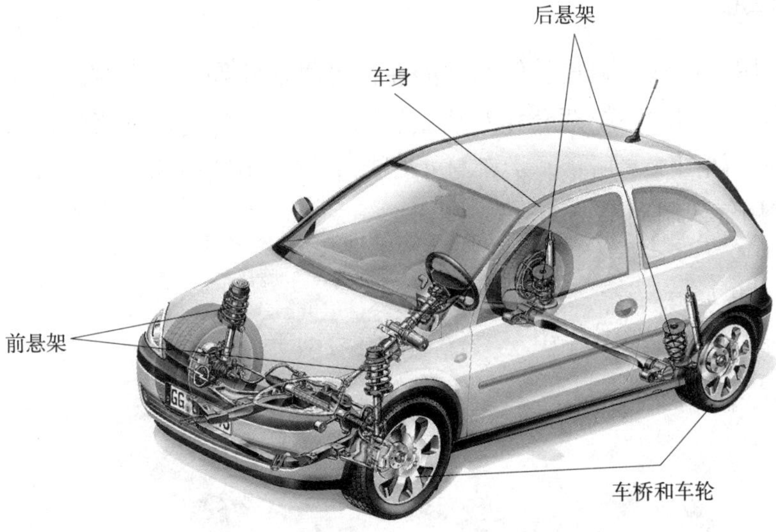

图1-3 汽车行驶系统的组成

1.3 转向系统

汽车转向一般是由驾驶人通过操纵转向系统的机件改变转向车轮的偏转角来实现的。转向系统的功用是保证汽车能够按照驾驶人选定的方向行驶和保持汽车稳定的直线行驶。

汽车转向系统主要由转向操纵机构、转向器、转向传动机构组成，如图 1–4 所示。现在的汽车普遍采用动力转向装置。

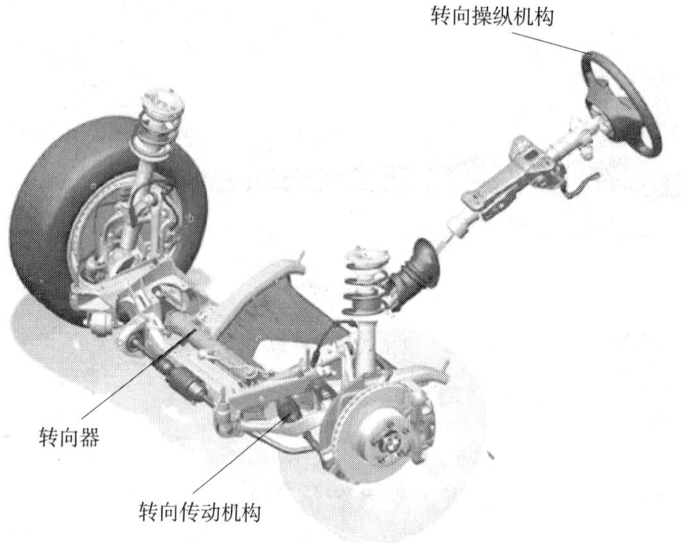

图1-4　转向系统的组成

1.4 制动系统

制动系统的功用是使汽车减速、停车并能保证可靠地驻停。汽车制动系统一般包括行车制动系统和驻车制动系统两套相互独立的制动系统，每套制动系统都包括制动器和制动传动机构，如图 1–5 所示。大部分小型汽车都采用液压式制动系统，而货车和大型客车则常采用气压制动系统。

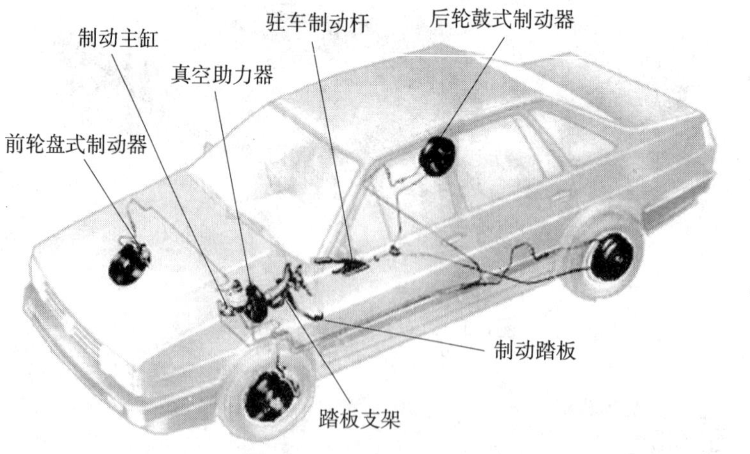

图1-5　车型制动系统

汽车的行车制动系统一般都装配有防抱死制动系统（ABS）及驱动防滑控制系统（ASR）。前者不论在任何情况下制动时，即使在滑溜路面，也能保持车轮不抱死，以保持车轮的最大制动力，维持车辆的方向稳定性；后者在起步加速时，控制驱动轮不打滑，以保持最大的驱动力及方向稳定性。

Ⅱ 传动系统的布置形式

2.1 发动机前置后轮驱动

发动机前置后轮驱动简称前置后驱动，英文简称为FR。如图1-6所示，发动机布置在汽车前部，动力经过离合器、变速器、万向传动装置、后驱动桥，最后传到后驱动车轮，使汽车行驶。

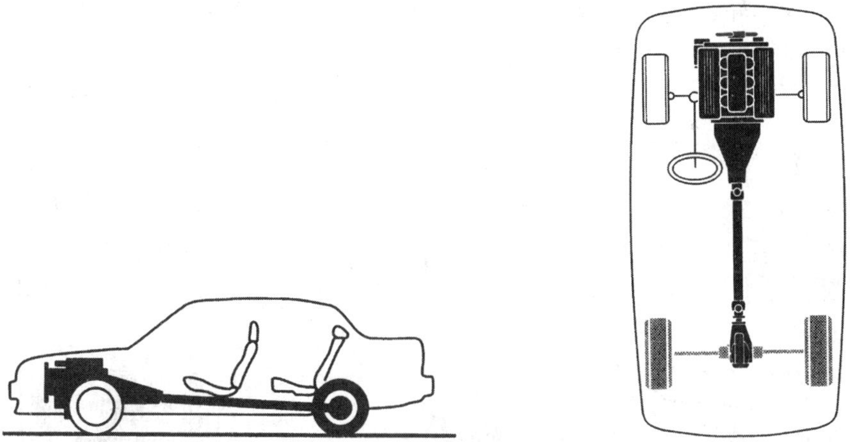

图1-6 发动机前置后驱动示意图

这是一种传统的布置形式，应用广泛，适用于除越野汽车之外的各类型汽车。

2.2 发动机前置前轮驱动

发动机前置前轮驱动简称前置前驱动，英文简称FF。如图1-7所示，发动机布置在汽车前部，动力经过离合器、变速器、前驱动桥，最后传到前驱动车轮，这种布置形式在变速器与驱动桥之间省去了万向传动装置，使结构简单紧凑，整车质量小，高速时操纵稳定性好。

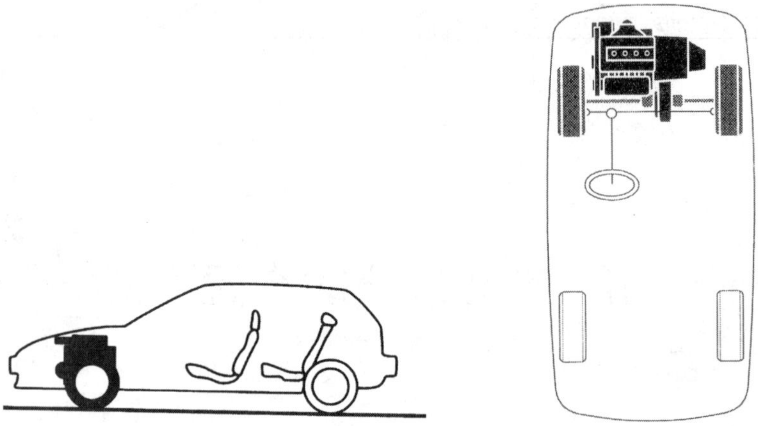

图1-7　发动机前置前轮驱动示意图

2.3 发动机后置后轮驱动

发动机后置后轮驱动简称后置后驱动，英文简称 RR。如图 1–8 所示，发动机布置在汽车后部，动力经过离合器、变速器、角传动装置、万向传动装置、后驱动桥，最后传到后驱动车轮，使汽车行驶。这种布置形式便于车身内部的布置，减小室内发动机的噪声，一般用于大型客车。

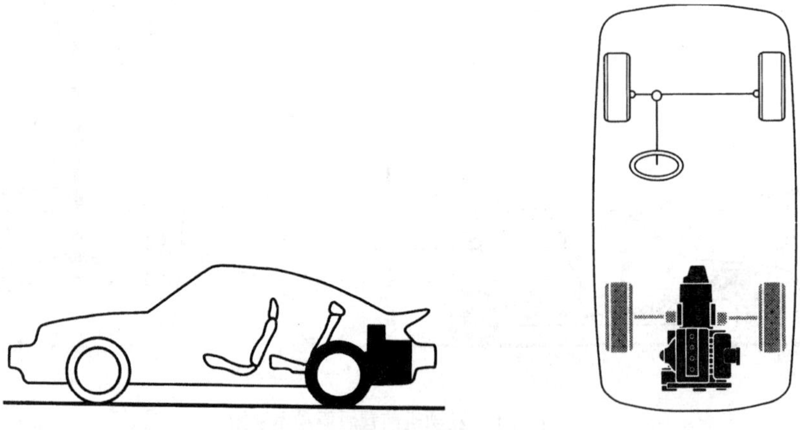

图1-8　发动机后置后轮驱动示意图

2.4 发动机中置后轮驱动

英文缩写为 MR。如图 1–9 所示，这种布置形式是将发动机布置于驾驶室后面的汽车的中部，后轮驱动，有利于实现前、后轴较为理想的轴荷分配，是赛车和部分大、中型客车采用的方案。客车采用这种方案布置时，能更好地利用车厢有效面积。这种布置形式目前应用不多。

图1-9 发动机中置后轮驱动的传动系统示意图

2.5 四轮驱动

四轮驱动，英文简称 4WD。如图 1–10 所示，发动机布置在汽车前部，动力经过离合器、变速器、分动器、万向传动装置分别到达前后驱动桥，最后传到前后驱动车轮，使汽车行驶。由于所有的车轮都是驱动车轮，提高了汽车的越野通过性能，这是越野汽车采取的布置形式。

图1-10 四轮驱动示意图

理论测试

一 填空题

1. 汽车底盘由________、________、______和______四大系统组成。

2. 传动系统的基本功用是将______的转矩传递给______，同时还必须适应行驶条件的需要，改变__________的大小。

3. 汽车行驶系统一般由________、________、________和________等组成。

4. 汽车转向系统的功用是保证汽车能够 ________和保持汽车________。

5. 汽车制动系统一般包括________和________等两套相互独立的制动系统，每套制动系统都包括________和 ________。

6. 发动机前置前轮驱动简称前置前驱动，其英文简称为________。

二 选择题

1. 下面哪一项不属于汽车行驶系统的功用______。 (　　)

(A) 支承汽车的总质量

(B) 承受并传递路面作用于车轮上的力和力矩

(C) 缓和冲击，保证汽车的平稳行驶

(D) 变速变扭

2. 对于发动机后置后轮驱动的汽车而言，其发动机位于其______。 (　　)

(A) 后轴的前面　(B) 后轴的后面　(C) 前轴的前面　(D) 以上都不对

3. 汽车转向系统主要由______三大部分组成。 (　　)

(A) 转向操纵机构、转向器、车轮

(B) 转向盘、转向器、转向传动机构

(C) 转向操纵机构、转向器、转向传动机构

(D) 转向操纵机构、转向盘、转向器

三 判断题

1. 对于发动机前置后驱的汽车，在变速器与驱动桥之间省去了万向传动装置，使结构简单紧凑，整车质量小。 (　　)

2. 发动机中置后轮驱动的布置形式有利于实现汽车前、后轴较为理想的轴荷分配。 (　　)

3. 发动机前置后轮驱动的英文简称为 RF。 (　　)

四 简答题

1. 汽车底盘由哪几部分组成？各组成部分的功用是什么？

2. 汽车传动系统的常见布置形式有哪些？各有什么特点？

单元2

传动系统

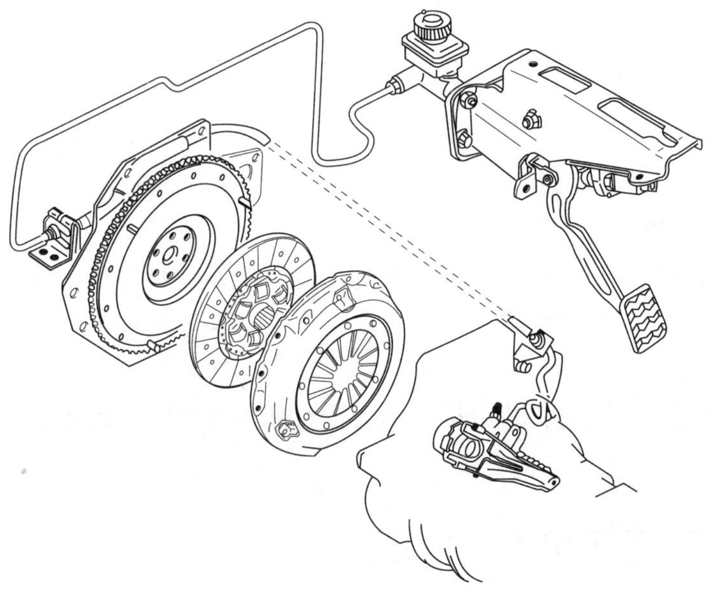

Ⅰ 离合器

知识目标：

1. 掌握离合器的基本结构及工作原理；
2. 掌握膜片弹簧式离合器的结构及工作原理；
3. 掌握离合器操纵机构的结构及工作原理。

能力目标：

1. 掌握离合器踏板的检查与调整方法；
2. 掌握离合器油液的添加与放气方法；
3. 掌握离合器压盘和从动盘的检查与更换方法。

建议学时：

6学时

1.1 概述

离合器安装在发动机与变速器之间，其功用是：使发动机与传动系逐渐接合，保证汽车平稳起步；暂时切断发动机的动力传动，保证变速器换挡平顺；限制所传递的转矩，防止传动系过载。

手动变速器利用摩擦式离合器以传输动力；自动变速器则利用液力变矩器传输动力。

1.2 离合器的结构和工作原理

1.2.1 离合器的基本结构

离合器的基本结构如图 2–1 所示。根据各元件的动力传递和作用不同，离合器可分为主动部分、从动部分、压紧装置和操纵机构。压紧装置（膜片弹簧）将从动盘压紧在飞轮端面上，发动机转矩靠飞轮与从动盘接触面之间的摩擦作用而传递到从动盘上，再经过从动轴等传给驱动车轮。

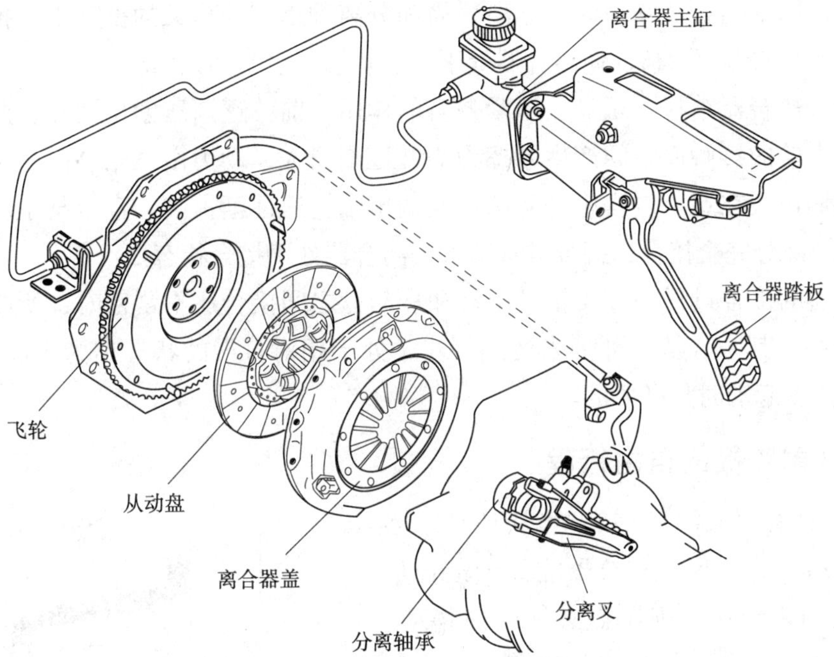

图2-1　离合器的基本结构

1.2.2 离合器的工作原理

离合器的工作原理如图 2-2 所示。从动盘通过花键和变速器主动轴相连，可以前后运动。在压紧弹簧作用下，离合器处于接合状态。

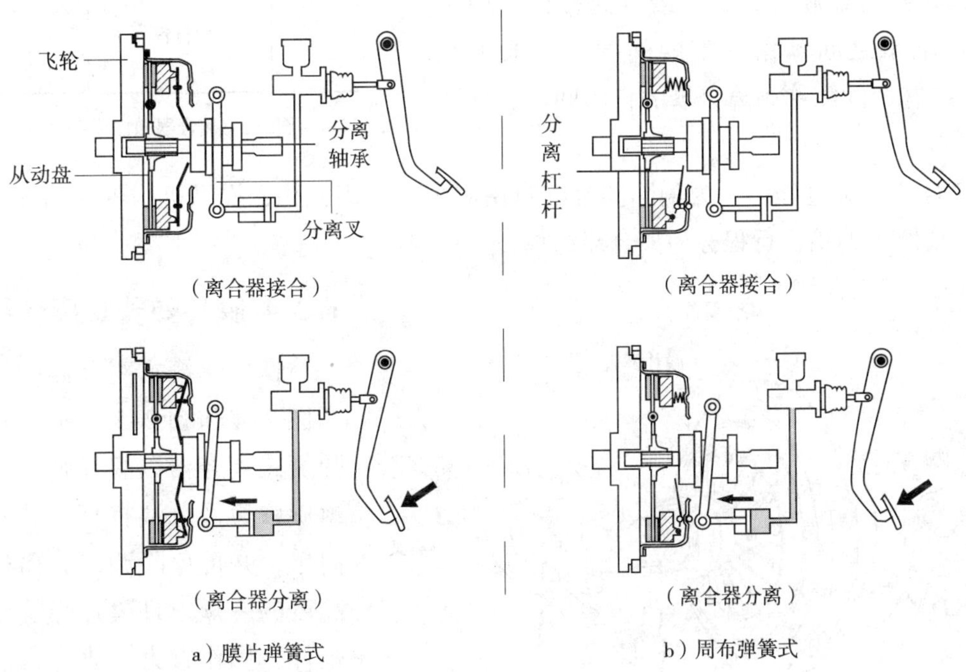

图2-2　离合器工作原理

当驾驶人踩下离合器踏板时，分离套筒和分离轴承在分离叉的推动下，推动从动盘克服压紧弹簧的力而后移，使离合器处于分离状态，中断动力传动。

逐渐抬起离合器踏板，压盘在压紧弹簧的作用下前移逐渐压紧从动盘，此时从动盘与压盘、飞轮的接触面之间产生摩擦力矩并逐渐增大，动力由飞轮、压盘传给从动盘经输出轴输出。在这一过程中，从动盘及输出轴转速逐渐提高，直至与主动部分相同，主、从动部分完全接合，接合过程结束，离合器处于接合状态。

在离合器的接合过程中，飞轮、压盘和从动盘之间接合还不紧密时，所能传递的摩擦力矩较小，其主、从动部分未达到同步，处于相对打滑的状态称为半联动状态。这种状态在汽车起动时是必要的。

1.2.3 离合器踏板的自由行程

由离合器的工作原理可知，当从动盘摩擦片磨损变薄后，为了保证离合器能处于接合状态，传递发动机转矩，则压盘必须向前移动。此时膜片弹簧（或分离杠杆）外端和压盘一起向前移，其内端向后移。如果膜片弹簧（或分离杠杆）与分离轴承之间没有间隙，则由于机械式操纵机构的干涉作用，压盘最终无法前移，即导致离合器不能接合，出现打滑现象。为此，在离合器膜片弹簧（或分离杠杆）内端与分离轴承之间预留一定的间隙（一般为几毫米），这个间隙称为离合器的自由间隙，如图2-3所示。

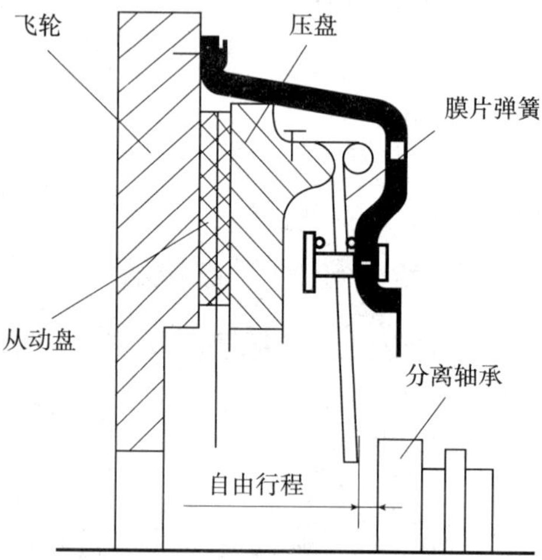

图2-3　离合器自由间隙

离合器分离过程中，为消除离合器自由间隙和分离机构、操纵机构零件的弹性变形所需要踩下的踏板行程称为离合器踏板自由行程。

1.2.4 膜片弹簧式离合器

膜片弹簧式离合器的结构如图2-4和图2-5所示。膜片弹簧式离合器以膜片弹簧取代螺旋弹簧及分离杠杆，结构更简单，并可免除调整分离杠杆高度的麻烦，且膜片弹簧弹性极佳，操作省力，故为目前使用最广的离合器。

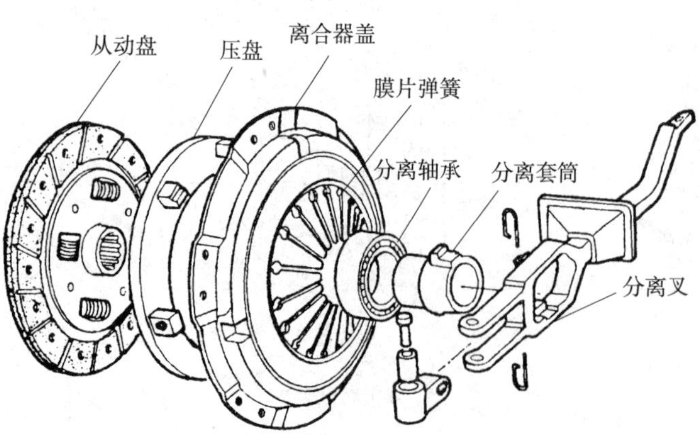

图2-4　膜片弹簧式离合器构造（一）

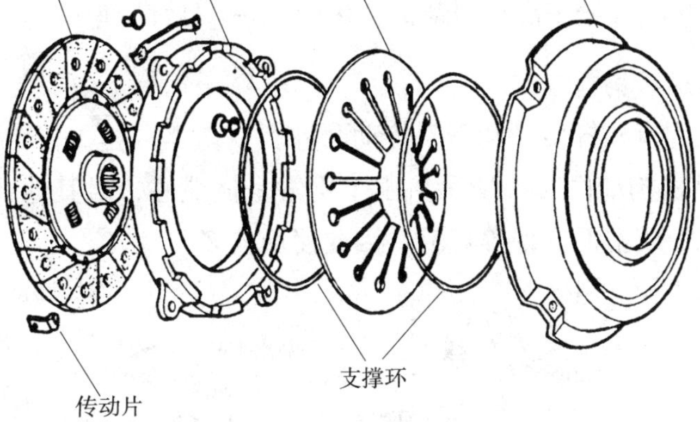

图2-5　膜片弹簧式离合器构造（二）

离合器盖通过螺栓固定在飞轮上，为了保持正确的安装位置，离合器盖通过定位销进行定位。压盘与离合器盖之间通过周向均布的三组或四组传动片来传递转矩。传动片用弹簧钢片制成，每组两片，一端用铆钉铆在离合器盖上，另一端用螺钉连接在压盘上。

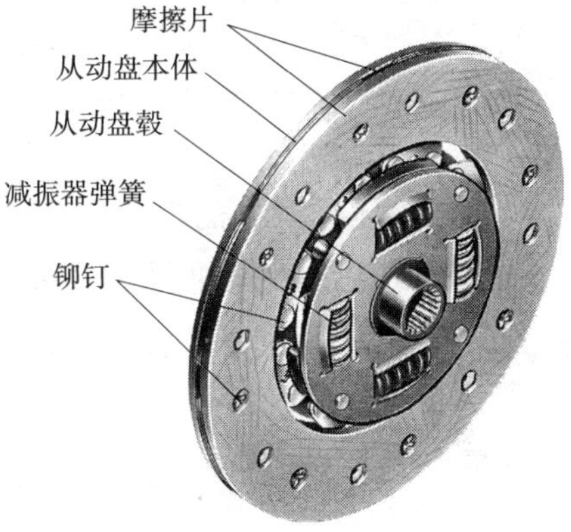

图2-6　从动盘的结构

从动盘主要由从动盘本体、摩擦片和从动盘毂等组成，如图2-6和图2-7所示。为消除传动系的扭转振动，从动盘一般都带有扭转减振器。

膜片弹簧的径向开有若干切槽，形成弹性杠杆。切槽末端有圆孔，固定铆钉穿过圆孔，并固定在离合器盖上。膜片弹簧两侧装有钢丝支承环，这两个钢丝支承环是膜片弹簧工作时的支点。膜片弹簧的外缘通过分离钩与压盘联系起来。

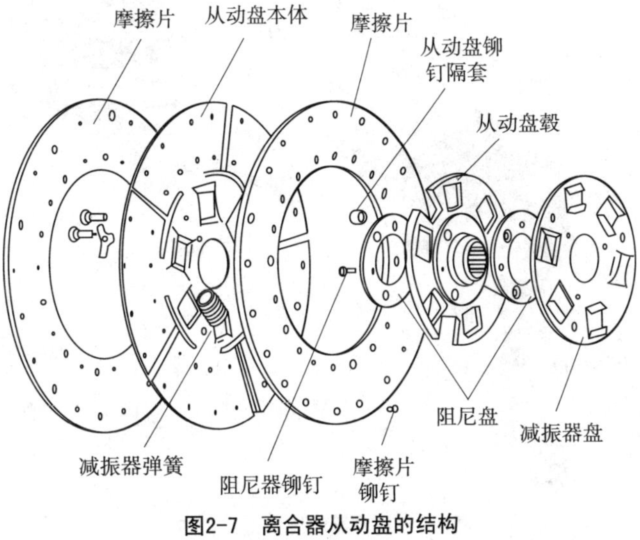

图2-7　离合器从动盘的结构

1.2.5 离合器的操纵机构

离合器的操纵机构起始于离合器踏板，终止于分离杠杆，可分为机械式和液压式。

一、机械式操纵机构

机械式操纵机构有杠杆传动和钢索传动两种。

钢索传动操纵机构如图 2–8 所示。由于钢索是挠性件，对其他装置的布置没有大的影响，安装方便、成本低、保养容易，因此使用较多。

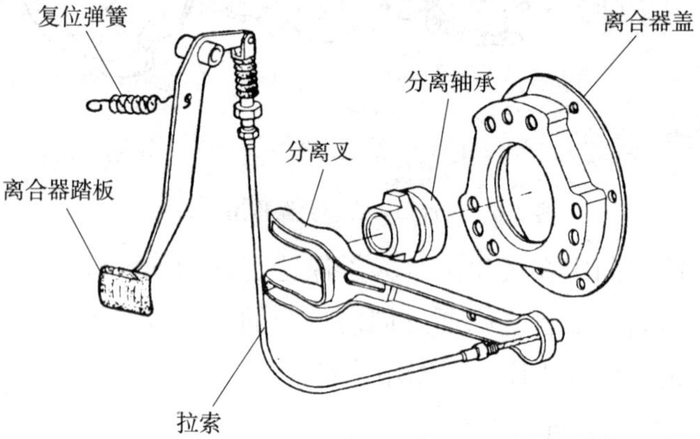

图2–8　钢索式操纵机构

二、液压式操纵机构

液压式操纵机构如图 2–9 所示，由离合器踏板、离合器主缸、离合器工作缸（或称离合器分泵）、分离叉等组成。

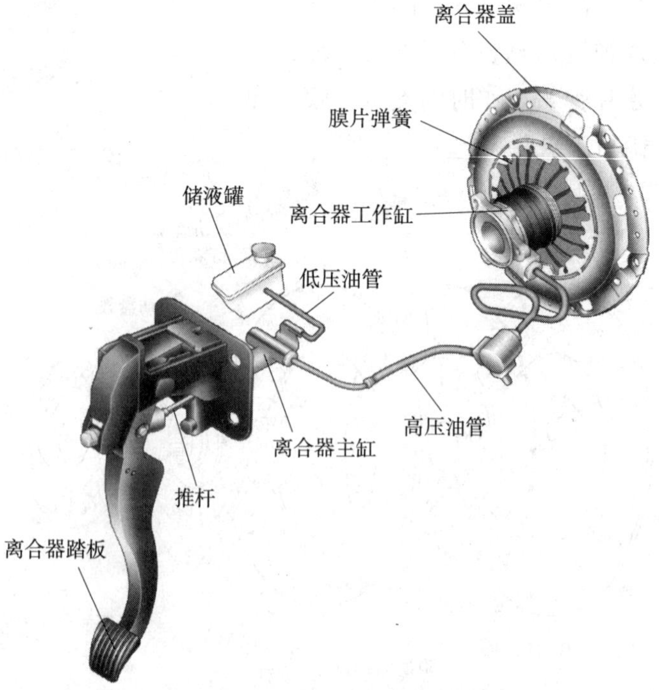

图2–9　离合器液压式操纵机构

（1）离合器主缸。

离合器主缸结构如图 2–10 所示。主缸壳体上的回油孔、补偿孔通过进油软管与储液罐相通。主缸内装有活塞，活塞两端装有皮碗，左端中部装有止回阀，经小孔与活塞右方主缸内腔的油室相通。当离合器踏板处于完全放松位置时，活塞左端皮碗位于回油孔与补偿孔之间，两孔均与储液罐相通。

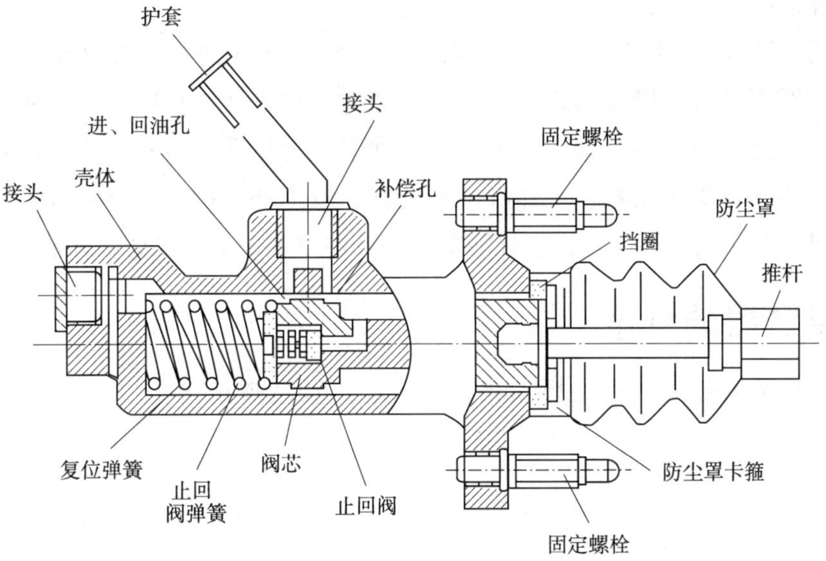

图2-10　离合器主缸结构

（2）离合器工作缸。

离合器工作缸结构如图 2–11 所示。工作缸内装有活塞、皮碗、推杆等，壳体上还设有放气螺塞。当管路内有空气存在而导致离合器不能分离时，需要拧出放气螺塞进行放气。工作缸活塞直径略大于主缸活塞直径，故液压系统具有增力作用，以使操纵轻便。

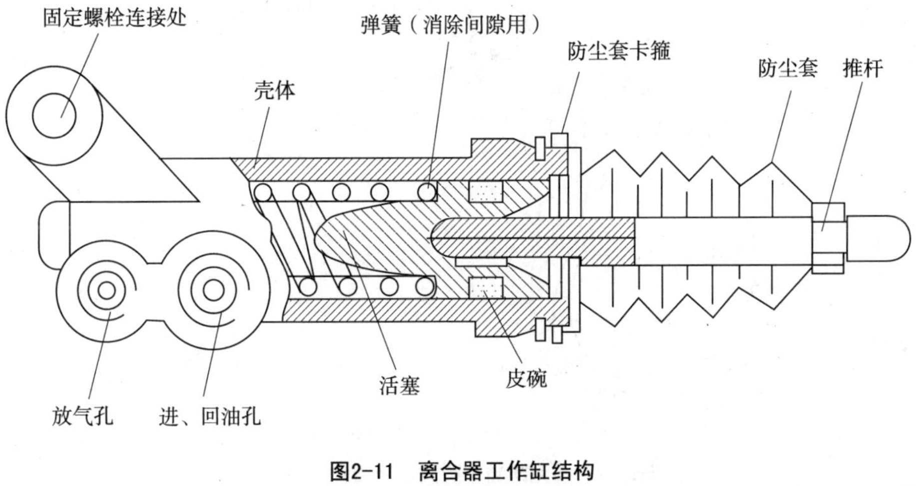

图2-11　离合器工作缸结构

（3）工作情况。

① 分离过程。当离合器踏板踩下时，离合器主缸推杆推动主缸活塞，离合器主缸产生油压，压力油经油管使工作缸的活塞推出，经推杆推动分离叉，再推移分离轴承等，使离合器分离。

② 接合过程。离合器踏板放松时，踏板复位弹簧将踏板拉回，离合器主缸油压消失，各机件复原，离合器接合。

③ 补偿过程。当管路系统渗入空气时，可利用补偿孔来排除渗入的空气。补偿过程如下：当踩下离合器踏板难以使离合器分离时，可迅速放松踏板，在踏板复位弹簧的作用下，主缸活塞快速右移。储液罐中的油液从补偿孔经主缸活塞上的止回阀流入活塞左面。再迅速踩下踏板，工作缸活塞前移，以弥补因从动盘磨损或系统渗入少量空气后引起的在相同踏板位置工作缸活塞移动量的不足，从而保证离合器的正常工作。

1.3 离合器的维修

别克凯越车型离合器的结构如图 2-12 和图 2-13 所示。

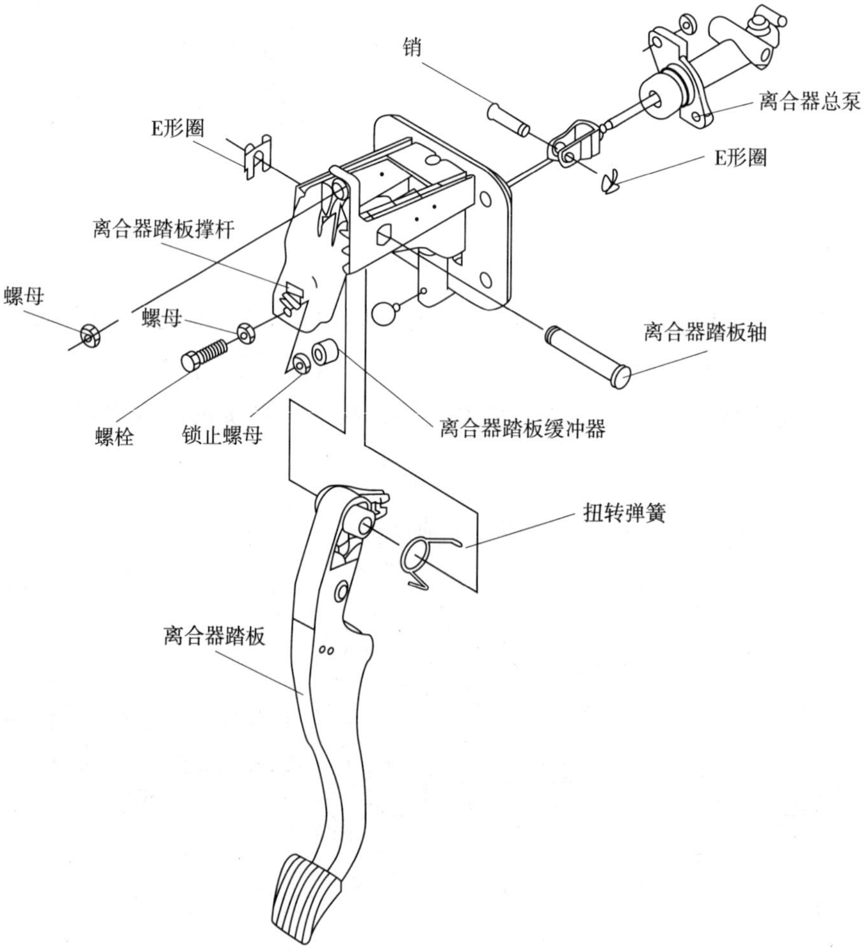

图2-12　别克凯越车型离合器结构（一）

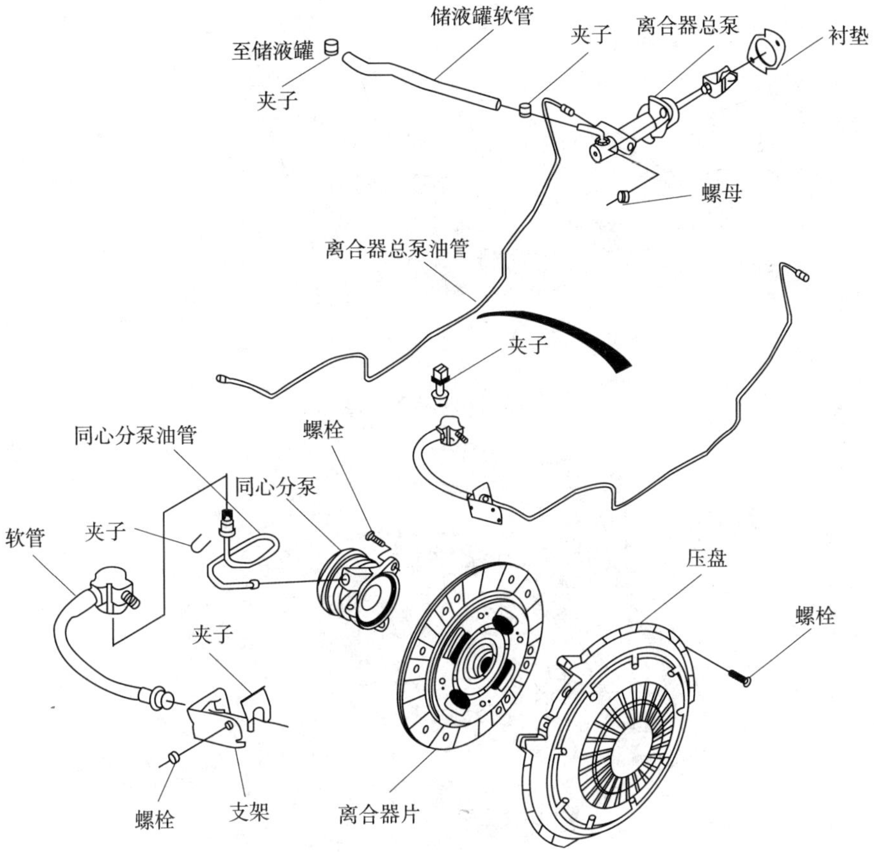

图2-13　别克凯越车型离合器结构（二）

1.3.1 离合器踏板的检查与调整

一、技术标准与要求

（1）离合器踏板自由行程应为 6 ~ 12mm。

（2）离合器踏板行程应为 130 ~ 140mm。

（3）离合器分离点距离应为 30 ~ 40mm。

二、实训器材

直板尺、开口扳手、十字螺丝刀。

三、作业准备

（1）汽车进入工位前，将工位清理干净，准备好相关的器材。

（2）将汽车停驻在举升机中央位置。

（3）拉紧驻车制动器操纵杆，并将变速杆换入空挡位置（图 2-14）。

（4）套上转向盘护套、变速杆手柄套和座位套，铺设脚垫。

（5）在车内拉动发动机舱盖手柄，在车外打开并支撑发动机舱盖（图 2-15）。

（6）粘贴翼子板和前部磁力护裙。

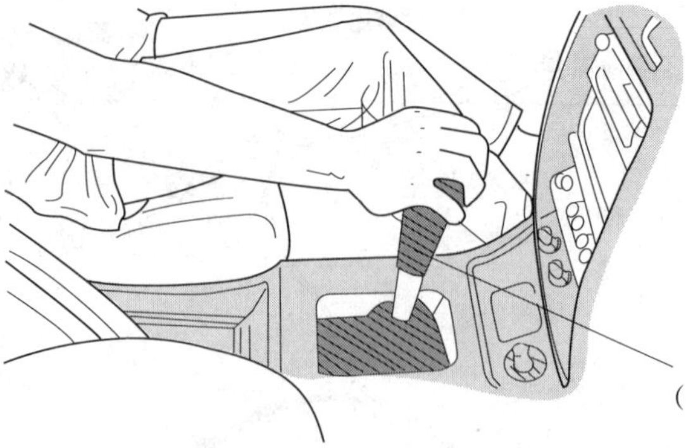

图2-14 换入空挡

图2-15 支撑发动机舱盖

四、操作步骤

❶ 离合器踏板的检查与调整

（1）测量离合器踏板自由行程。用手轻压离合器踏板，并在感到有阻力时用直板尺测量踏板的下降距离，如图 2–16 所示。

（2）调整离合器踏板自由行程，如图 2–17 所示。松开锁止螺母并转动推杆。调整后紧固锁止螺母。

（3）测量离合器踏板行程，如图 2–18 所示。将离合器踏板踩到底。用直板尺测量起止位置之间的距离。

（4）调整离合器踏板行程。松开锁止螺母并转动螺栓。离合器踏板行程调整好后紧固锁止螺母。

❷ 离合器分离点的检查与调整

（1）拉紧驻车制动器。

（2）使发动机怠速运行。

（3）在将换挡杆移到倒挡位置时，慢慢踩下离合器踏板，测量未听到齿轮噪声时的点和离合器踏板完全踩下时的点之间的距离，如图 2–19 所示。

（4）如果该距离不在规定范围内，检查如下：

① 离合器踏板高度。

② 离合器踏板行程。

③ 系统中有空气。

④ 离合器盖板和压盘。

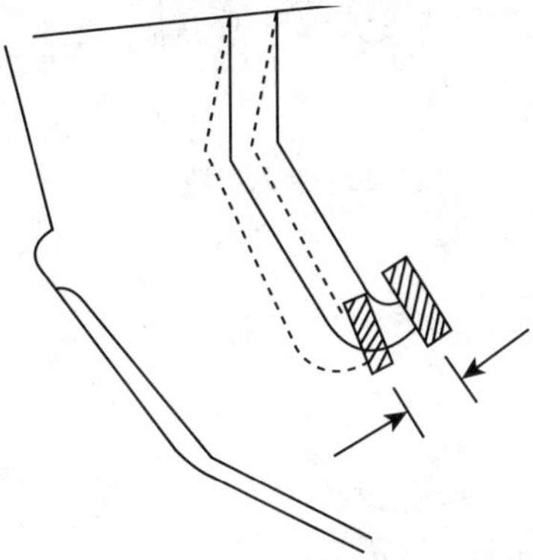

图2-16　测量离合器踏板自由行程

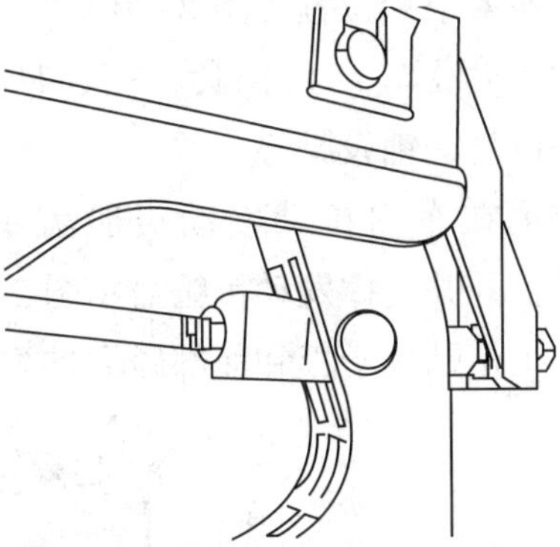

图2-17　调整离合器踏板自由行程

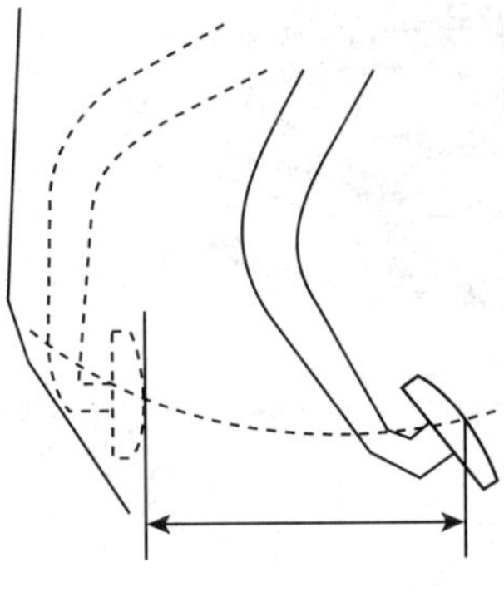

图2-18　测量离合器踏板行程

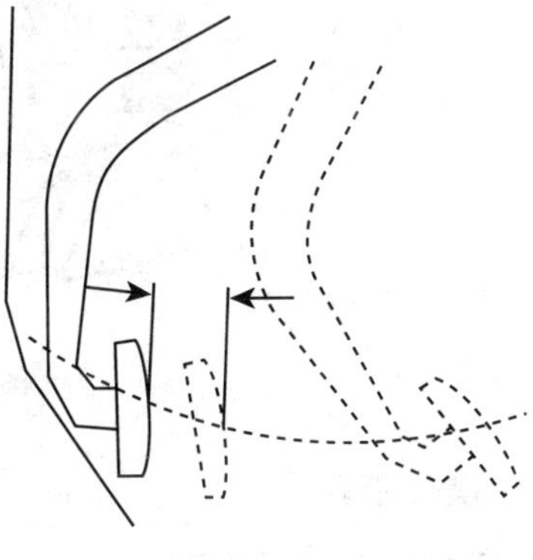

图2-19　测量离合器分离点距离

1.3.2 离合器油液的添加与放气

一、技术标准与要求

（1）别克凯越车型所用制动器（离合器）油液型号为 DOT-4。

（2）离合器油液更换周期为每 30 000km 或 18 个月更换一次。

（3）离合器储液罐容量为 0.5L。

（4）储液罐中工作油液的液面应保持在“MAX”与“MIN”两个标记之间。

（5）离合器工作油液具有吸湿性，应储存在密封容器中。

二、实训器材

乙烯系树脂软管、玻璃容器、油液。

三、作业准备

（1）汽车进入工位前，将工位清理干净，准备好相关的器材。

（2）将汽车停驻在举升机中央位置。

（3）拉紧驻车制动器操纵杆，并将变速杆换入空挡位置（图 2–20）。

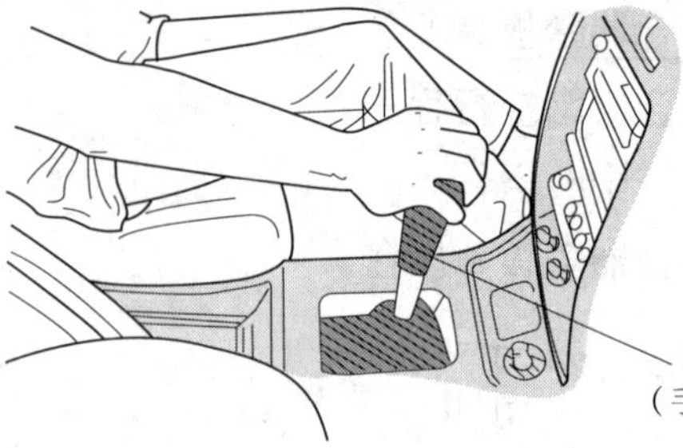

图2-20　换入空挡

（4）套上转向盘护套、变速杆手柄套和座位套，铺设脚垫。

（5）在车内拉动发动机舱盖手柄，在车外打开并支撑发动机舱盖（图 2–21）。

（6）粘贴翼子板和前部磁力护裙。

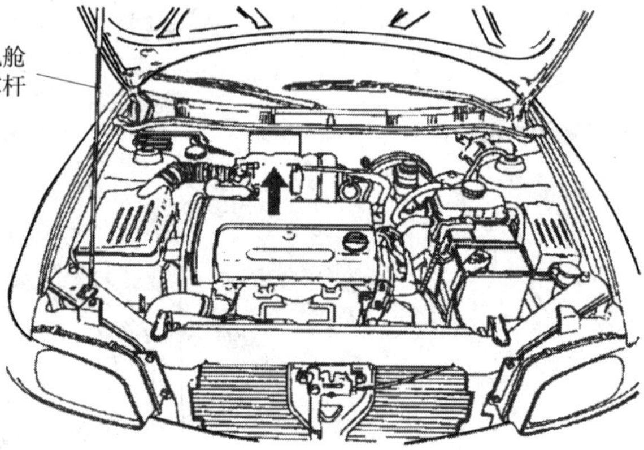

图2-21　支撑发动机舱盖

四、操作步骤

❶ 离合器油液的添加

（1）彻底擦除储液罐盖子周围的污垢。

注意：

- 在打开盖子之前，应确保已彻底清洁离合器油液储液罐盖子周围。

（2）将加注口盖旋下来。

（3）使用适当的离合器油液将储液罐加注到 MAX（最高）标记。

注意事项：不要让油液洒到油漆边的表面。如果发生这种情况，应使用冷水立即冲洗受到影响的区域。

注意：

- 油液溢出到发动机上会造成燃烧。
- 不要把储液罐加注到油液溢出状态。
- 发动机着火会造成人员受伤并损坏车辆及其他财物。

（4）把储液罐盖子重新装上。

注意：

- 不要把用过的油液与生活垃圾一起处理。
- 使用当地批准的废料处理设施。
- 用过的油液具有危险性，它们会损害健康和环境。
- 油液具有刺激性，会刺激皮肤和眼睛。
- 勿让油液接触皮肤。如果接触了，应立即用肥皂和水或洗手液彻底清洁接触部位。

❷ 离合器油液的放气

放出断开管路进行修理时进入液压系统的空气。在放气时，离合器（制动器）储液罐中的离合器油 / 制动液必须保持在 MIN（最低）或以上位置。

（1）将乙烯树脂软管连接到放气塞上，并将该乙烯树脂软管的另一端插入装有一半制动液的玻璃容器中，如图 2–22 所示。

（2）缓慢来回踩动离合器踏板几次。

（3）踩离合器踏板时，松开放气螺塞，直到开始有油液流出。然后关闭放气螺塞。

（4）重复步骤（3），直到油液不带气泡为止。

（5）将制动液加注到储液罐中，直到液面合适。

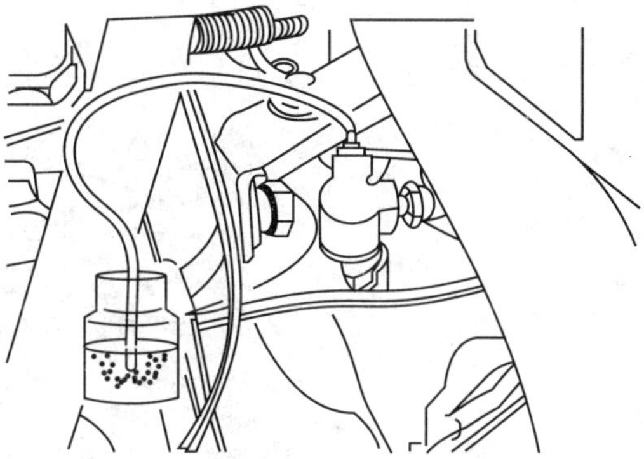

图2–22　液压系统放气

1.3.3 离合器压盘和从动盘的更换

一、技术标准与要求

（1）安装别克凯越车型配套的离合器压盘和从动盘。

（2）安装时，严禁将油液、油脂和水沾附到离合器压盘和从动盘上。

（3）离合器盖压紧螺栓按照“对角多遍”的要求旋松或拧紧。

（4）离合器压盘螺栓的紧固力矩为 15N · m。

（5）离合器片铆钉头深度（极限值）为 0.3mm。

二、实训器材

组合工具、游标卡尺、离合器心轴 J–42474、扭力扳手。

三、作业准备

（1）汽车进入工位前，将工位清理干净，准备好相关的器材。

（2）将汽车停驻在举升机中央位置。

（3）拉紧驻车制动器操纵杆，并将变速杆换入空挡位置（图 2-23）。

（4）套上转向盘护套、变速杆手柄套和座位套，铺设脚垫。

（5）在车内拉动发动机舱盖手柄，在车外打开并支撑发动机舱盖（图 2-24）。

（6）粘贴翼子板和前部磁力护裙。

图2-23　换入空挡

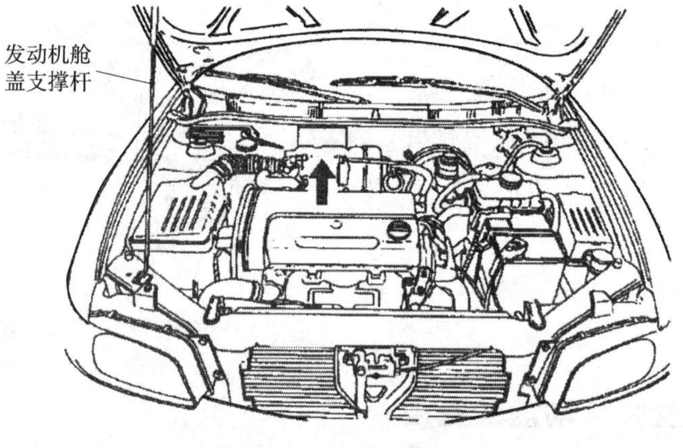

图2-24　支撑发动机舱盖

四、操作步骤

❶ 压盘和离合器片的拆卸

（1）断开蓄电池负极电缆。

（2）从车上拆卸变速驱动桥。

（3）拆卸压盘螺栓和压盘，如图 2-25 所示。

注意事项：在拆卸最后一个螺栓时，要支撑住压盘。

（4）从飞轮上拆卸离合器片。

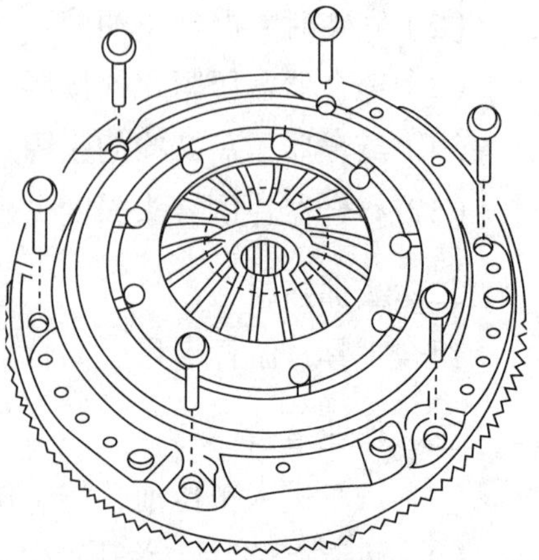

图2-25　拆卸压盘螺栓和压盘

❷ 离合器片和压盘的检查

（1）目视检查。

① 检查离合器表面是否磨损或受到油污染。

② 检查扭力弹簧是否损坏或太软。

③ 检查离合器片是否翘曲或磨损。检查后，必要时更换新离合器片。

（2）离合器片检查。

① 从离合器片表面测量铆钉头深度，如图 2-26 所示。

② 如果测量值低于极限值，则更换离合器片。

（3）压盘的检查。

① 检查膜片弹簧指是否磨损。

② 检查压盘的平面度，看压盘表面是否有磨损或开裂，如图 2-27 所示。

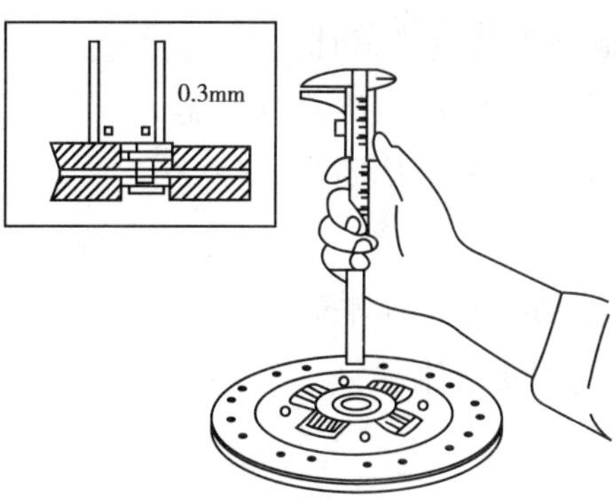

图2-26　测量铆钉头深度

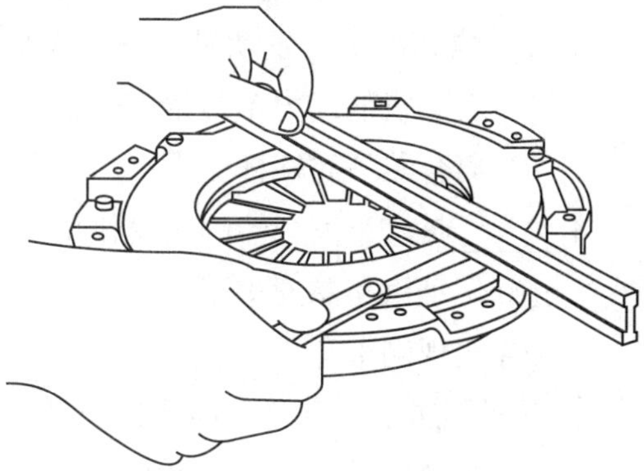

图2-27　压盘平面度检查

③ 检查油污是否污染压盘表面。检查完后，必要时更换压盘。

❸ 压盘和离合器片的安装

（1）将离合器片花键涂上通用润滑脂。

（2）用离合器心轴 J-42474 将压盘和离合器片对准并装到飞轮上。

（3）安装压盘螺栓。

（4）拆卸离合器心轴 J-42474。

（5）将变速驱动桥装到车上。

（6）连接蓄电池负极电缆。

理论测试

一 填空题

1. 根据各元件的动力传递和作用不同，离合器可分为________、________、________和________。

2. 从动盘主要由________、________和________等组成，为消除传动系的扭转振动，从动盘一般都带有________。

3. 机械式离合器操纵机构有________和________两种。

4. 离合器液压式操纵机构主要由离合器________、离合器________、离合器____和________等组成。

二 选择题

1. 当膜片式离合器摩擦片磨损后，离合器踏板的自由行程如何变化______。 ( )

(A) 变　(B) 不变化　(C) 变小　(D) 以上都有可能

2. 汽车离合器安装于______。 ( )

(A) 发动机与变速器之间　(B) 变速器与后驱动轴之间

(C) 分动器与变速器之间　(D) 变速器与主减速器之间

3. 在正常情况下，发动机工作，汽车离合器踏板处于自由状态时______。 ( )

(A) 发动机的动力不传给变速器　(B) 发动机的动力传给变速器

(C) 离合器分离杠杆受力　(D) 离合器的主从动部分分离

4.______是汽车离合器的主要作用。 ( )

(A) 保证汽车怠速平稳　(B) 使换挡时工作平顺

(C) 实现倒车　(D) 增加变速比

5. 下列不属于汽车离合器部分的是______。 ( )

(A) 分离轴承　(B) 曲轴　(C) 压盘　(D) 从动盘

三 判断题

1. 离合器在使用过程中，不允许出现摩擦片与压盘、飞轮之间有任何相对滑移的现象。 ( )

2. 膜片弹簧离合器的结构特点之一是：用膜片弹簧取代压紧弹簧和分离杠杆。 ( )

3. 离合器在紧急制动时，可防止传动系过载。 ( )

4. 为使离合器接合柔和，驾驶人应逐渐放松离合器踏板。 ( )

四 简答题

1. 什么是离合器的自由间隙和离合器踏板的自由行程?

2. 离合器的主要功用有哪些?

3. 膜片弹簧式离合器是如何工作的?

4. 离合器液压操纵机构的工作原理是怎样的?

Ⅱ 手动变速器

知识目标:

1. 了解手动变速器的功用及基本原理;
2. 掌握二轴式手动变速器的结构及各挡动力传动路线;
3. 了解锁环式同步器的结构;
4. 了解变速器操纵机构的结构及工作原理。

能力目标:

1. 掌握手动变速器油的检查方法;
2. 掌握手动变速驱动桥的拆装方法。

建议学时:

8学时

2.1 概述

2.1.1 变速器的种类

变速器按传动比的级数可分为有级式、无级式和综合式三种；按操纵方式可分为手动变速器、自动变速器和手动自动一体变速器三种。

2.1.2 变速器的功用

（1）实现变速、变矩。改变传动比，扩大驱动轮转速和转矩的变化范围，以适应汽车不同工况下所需的牵引力和合适的行驶速度，并使发动机尽量在功率较高而油耗较低的工况下工作。变速器是通过变换不同的挡位来实现这一功用的。

（2）实现倒车。发动机的旋转方向从前往后看为顺时针方向，且不能改变。为了实现汽车的倒向行驶，变速器中设置了倒挡。

（3）实现中断动力传动。在发动机起动和怠速运转、变速器换挡、汽车滑行和暂时停车等情况下，都需要中断发动机的动力传动，因此变速器中设有空挡。

2.1.3 齿轮传动的基本原理

齿轮传动的基本原理如图 2-28 所示，一对齿数不同的齿轮啮合传动时可以实现变速，而且两齿轮的转速比与其齿数成反比。主动齿轮（即输入轴）转速与从动齿轮（即输出轴）转速之比值称为传动比。

当小齿轮为主动齿轮，带动大齿轮转动时，输出转速降低，为减速传动（图 2-28a），此时传动比大于 1；当大齿轮驱动小齿轮时，输出转速升高，为增速传动（图 2-28b），此时传动比小于 1。

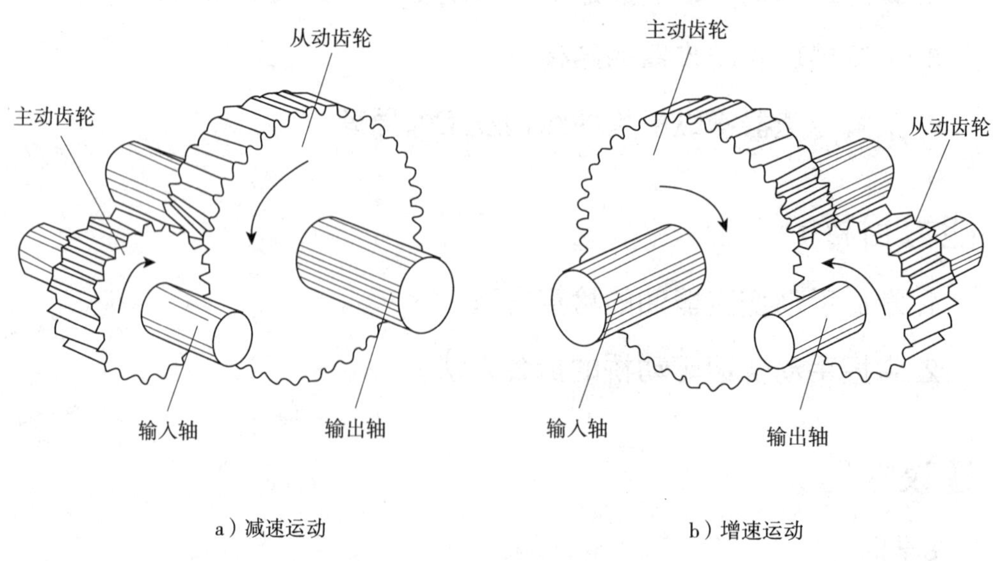

图2-28　齿轮传动的基本原理

2.2 变速器的变速传动机构

二轴式变速器用于发动机前置前轮驱动的汽车，一般与驱动桥（前桥）合称为手动变速驱动桥。前置发动机有纵向布置和横向布置两种形式，与其配用的二轴式变速器也有两种不同的结构形式。发动机纵置时，主减速器为一对圆锥齿轮，如奥迪 100、桑塔纳 2000 车型；发动机横置时，主减速器采用一对圆柱齿轮，如捷达车型。

如图 2-29 和图 2-30 所示分别为别克凯越车型二轴式五挡手动变速器的结构图和零件分解图。

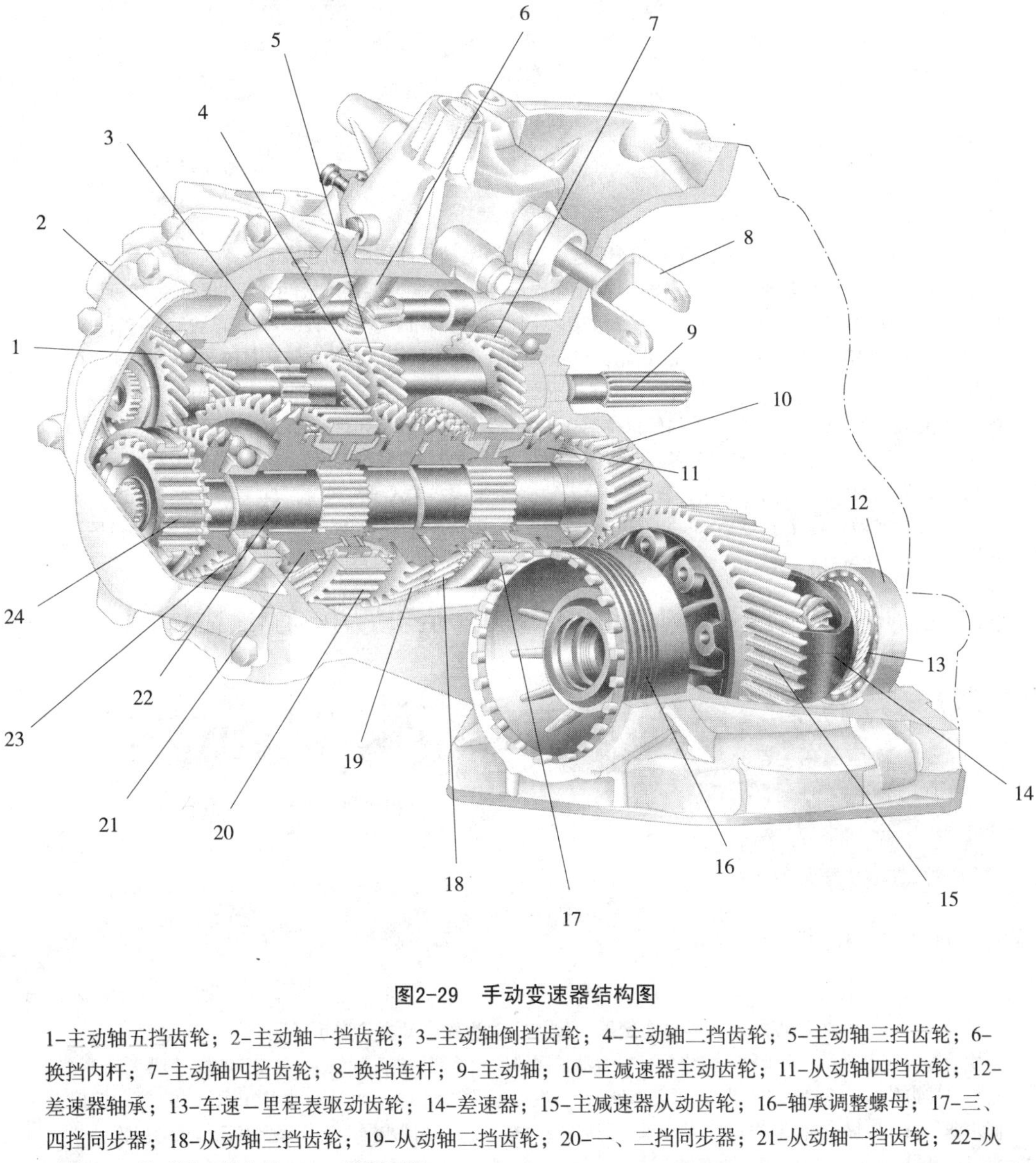

图2-29　手动变速器结构图

1-主动轴五挡齿轮；2-主动轴一挡齿轮；3-主动轴倒挡齿轮；4-主动轴二挡齿轮；5-主动轴三挡齿轮；6-换挡内杆；7-主动轴四挡齿轮；8-换挡连杆；9-主动轴；10-主减速器主动齿轮；11-从动轴四挡齿轮；12-差速器轴承；13-车速－里程表驱动齿轮；14-差速器；15-主减速器从动齿轮；16-轴承调整螺母；17-三、四挡同步器；18-从动轴三挡齿轮；19-从动轴二挡齿轮；20-一、二挡同步器；21-从动轴一挡齿轮；22-从动轴；23-从动轴五挡齿轮；24-五挡同步器

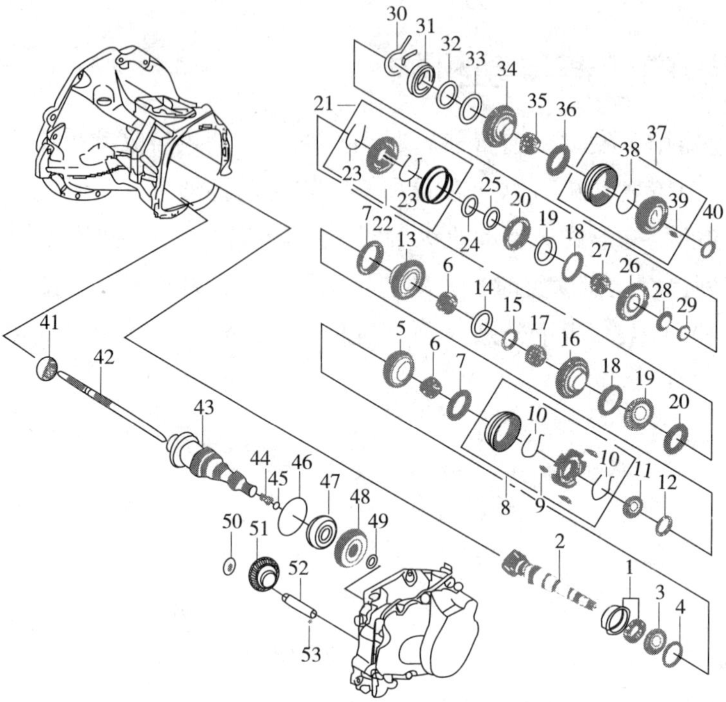

图2-30　别克凯越车型五挡手动变速器分解图

1-滚柱轴承；2-变速驱动桥主轴；3-垫圈；4-垫圈固定弹簧卡环；5-四挡齿轮；6-滚针保持架；7-同步器闭锁环；8-换挡滑套；9-同步器键；10-三挡和四挡同步器弹簧；11-垫圈；12-卡夹；13-三挡齿轮；14-垫圈；15-垫圈固定弹簧卡环；16-二挡齿轮；17-滚针保持架；18-内同步器闭锁环；19-中间环；20-外同步器闭锁环；21-滑动齿轮；22-一挡和二挡同步器键；23-一挡和二挡同步器弹簧；24-垫圈；25-卡夹；26-一挡齿轮；27-滚针保持架；28-滚针保持架；29-主轴盘；30-固定环；31-深沟球轴承；32-垫圈；33-固定环；34-五挡齿轮；35-滚针保持架；36-同步器闭锁环；37-五挡换挡滑套；38-五挡同步器弹簧；39-五挡同步器键；40-固定环；41-滚针套；42-输入轴换挡轴；43-输入轴齿轮组；44-螺栓；45-固定环；46-齿轮组轴承圈；47-深沟球轴承；48-五挡齿轮组；49-固定环；50-垫圈；51-倒挡中间齿轮；52-倒挡中间齿轮轴；53-钢球

图 2-31 所示为手动变速器动力传递示意图，各挡动力传动路线见表 2-1。

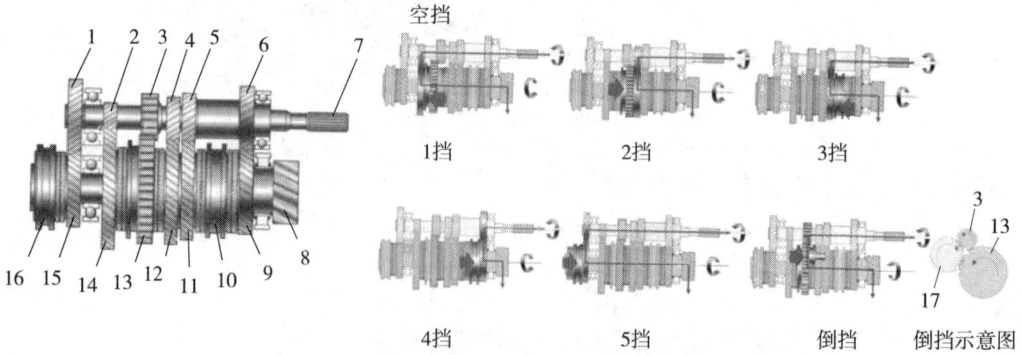

图2-31　手动变速器（倒挡主动齿轮）动力传递示意图

1-主动轴五挡齿轮；2-主动轴一挡齿轮；3-主动轴倒挡齿轮（倒挡主动齿轮）；4-主动输二挡齿轮；5-主动轴三挡齿轮；6-主动轴四挡齿轮；7-主动轴；8-主减速器主动齿轮；9-从动轴四挡齿轮；10-三、四挡同步器；11-从动轴三挡齿轮；12-从动轴二挡齿轮；13-一、二挡同步器（接合套上有倒挡从动齿轮）；14-从动轴一挡齿轮；15-从动轴五挡齿轮；16-五挡同步器；17-倒挡惰轮

别克凯越车型变速器动力传动路线 表2-1

挡位	动力传递路线
一挡	变速器操纵杆从空挡向左、向前移动，实现： 动力→主动轴→主动轴一挡齿轮→从动轴一挡齿轮→从动轴一、二挡同步器→从动轴→动力输出
二挡	变速器操纵杆从空挡向左、向后移动，实现： 动力→主动轴→主动轴二挡齿轮→从动轴二挡齿轮→从动轴一、二挡同步器→从动轴→动力输出
三挡	变速器操纵杆从空挡向前移动，实现： 动力→主动轴→主动轴三挡齿轮→从动轴三挡齿轮→从动轴三、四挡同步器→从动轴→动力输出
四挡	变速器操纵杆从空挡向后移动，实现： 动力→主动轴→主动轴四挡齿轮→从动轴四挡齿轮→从动轴三、四挡同步器→从动轴→动力输出
五挡	变速器操纵杆从空挡向右、向前移动，实现： 动力→主动轴→主动轴五挡齿轮→从动轴五挡齿轮→从动轴五挡同步器→从动轴→动力输出
倒挡	变速器操纵杆从空挡向左、向前移动，实现： 动力→主动轴→主动轴倒挡齿轮→倒挡惰轮→倒挡从动齿轮（一、二挡同步器）→从动轴→动力反向输出

2.3 同步器

同步器的功用是使接合套与待啮合的齿圈迅速同步，缩短换挡时间；防止在同步前啮合而产生换挡冲击。

目前所采用的同步器几乎都是摩擦式惯性同步器，按锁止装置不同，可分为锁环式惯性同步器和锁销式惯性同步器。

锁环式同步器的结构如图 2–32 所示，花键毂用内花键套装在二轴外花键上，用垫圈、卡环轴向定位。三个滑块分别装在花键毂上三个均布的轴向槽内，沿槽可以轴向移动。花键毂两端与齿轮之间各有一个青铜制成的锁环（即同步环）。锁环有内锥面，与接合齿圈外锥面相配合，组成锥面摩擦副。通过这对锥面摩擦副的摩擦，可使转速不等的两齿轮在接合之前迅速达到同步。

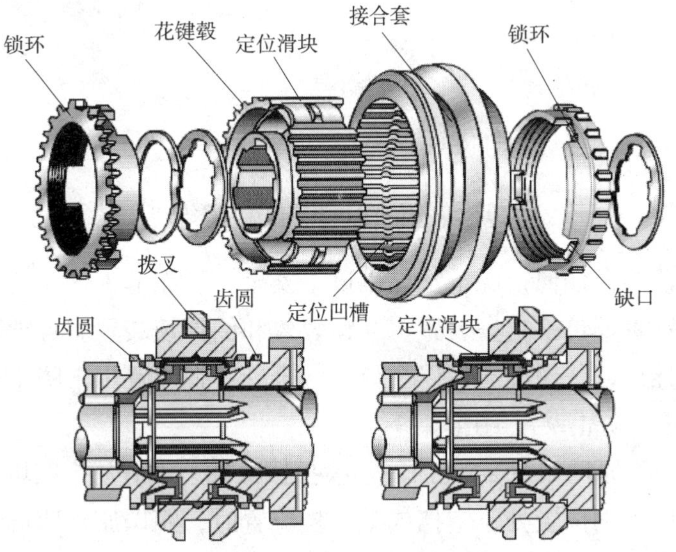

图2-32 锁环式惯性同步器

2.4 变速器的操纵机构

变速器操纵机构按照变速操纵杆（变速杆）位置的不同，可分为直接操纵式和远距离操纵式两种类型。

直接操纵式的变速器布置在驾驶人座椅附近，变速杆由驾驶室底板伸出，驾驶人可以直接操纵，多用于发动机前置后轮驱动的车辆，解放 CA1091 中型货车六挡变速器操纵机构就采用这种形式。

在有些汽车上，由于变速器离驾驶人座位较远，则需要在变速杆与拨叉之间加装一些辅助杠杆或一套传动机构，构成远距离操纵机构。这种操纵机构多用于发动机前置前轮驱动的车型，如别克凯越车型的五挡手动变速器，由于其变速器安装在前驱动桥处，远离驾驶人座椅，需要采用这种操纵方式（图 2–33）。

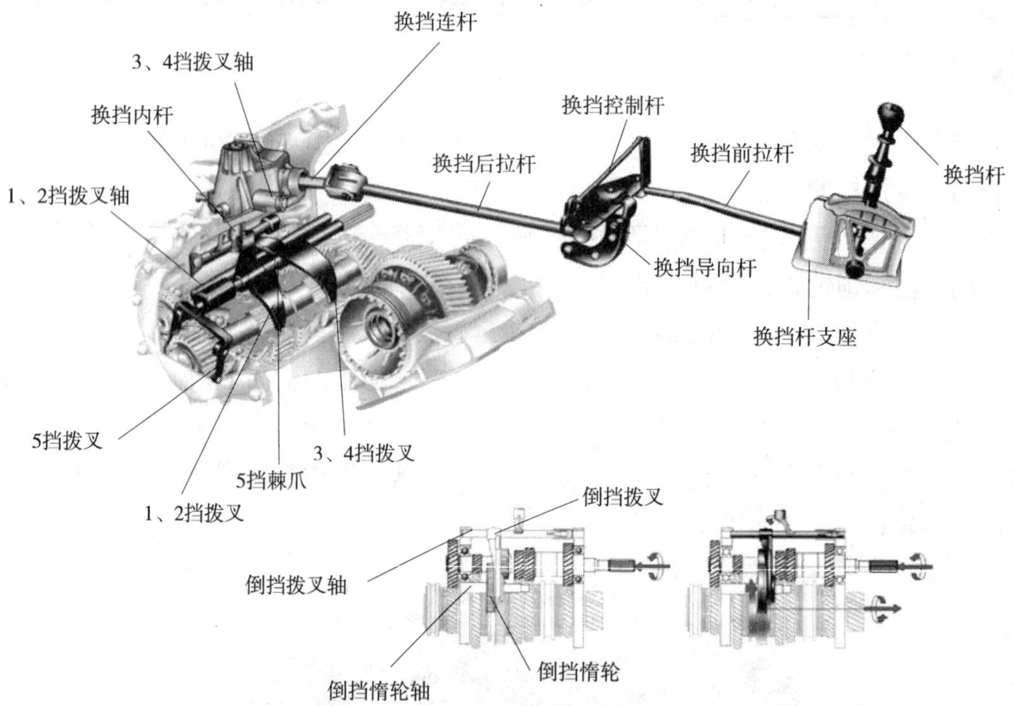

图2–33 手动变速器换挡操纵系统

为了保证变速器在任何情况下都能准确、安全、可靠地工作，变速器操纵机构一般都具有换挡锁装置，包括自锁装置、互锁装置和倒挡锁装置。自锁装置用于防止变速器自动脱挡或挂挡，并保证轮齿以全齿宽啮合；互锁装置用于防止同时换上两个挡位；倒挡锁装置用于防止误挂倒挡。

自锁装置的结构原理如图 2–34 所示。换挡拨叉轴上方有三个凹坑，上面有被弹簧压紧的钢珠，当拨叉轴位置处于空挡或某一挡位置时，钢珠压在凹坑中，起到了自锁作用。

互锁装置的结构原理如图 2-35 所示。当中间拨叉轴移动换挡时，另外两个拨叉轴被钢球锁住，防止同时换上两个挡而使变速器卡死或损坏，起到了互锁作用。

倒挡锁装置的结构原理如图 2-36 所示。当换挡杆下端向倒挡拨叉轴移动时，必须压缩弹簧才能进入倒挡拨叉轴上的拨块槽中。这样防止了在汽车前进时因误换倒挡而导致零件损坏，起到了倒挡锁的作用。当倒挡拨叉轴移动换挡时，另外两个拨叉轴被钢球锁住。

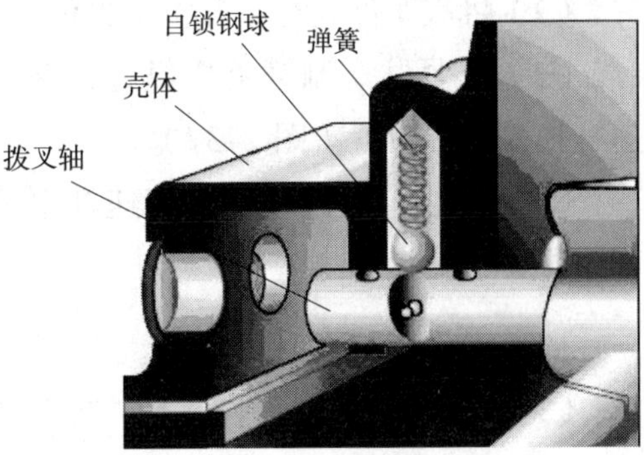

图2-34 自锁装置

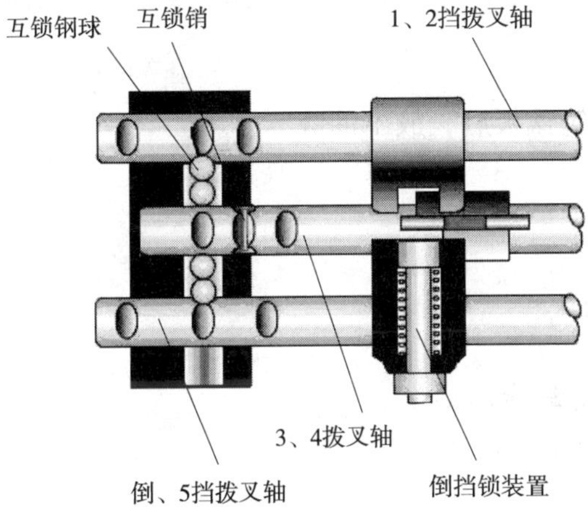

图2-35 互锁装置

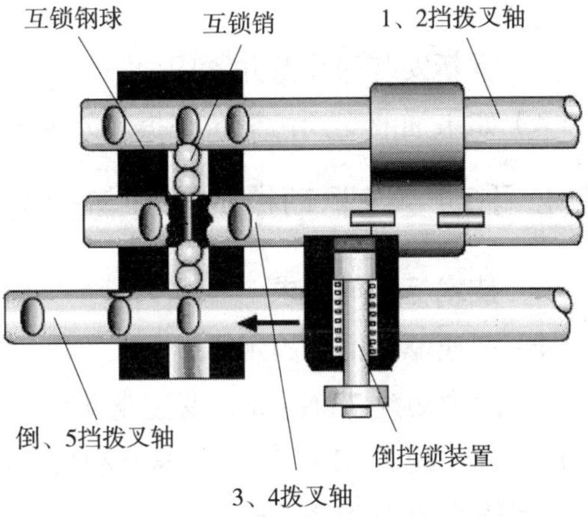

图2-36 倒挡锁装置

2.5 手动变速器的维修

2.5.1 手动变速器油的检查

一、技术标准与要求

（1）别克凯越车型手动变速器油的型号为 SAE80W。

（2）变速器油每 10 000km 或 6 个月检查一次，必要时添加（正常使用条件下不必换油）。

（3）变速器油量为 1.8L。

二、实训器材

加油机、回收桶、扳手。

三、作业准备

（1）汽车进入工位前，将工位清理干净，准备好相关的器材。

（2）将汽车停驻在举升机中央位置。

（3）拉紧驻车制动器操纵杆，并将变速杆换入空挡位置（图 2–37）。

（4）套上转向盘护套、变速杆手柄套和座位套，铺设脚垫。

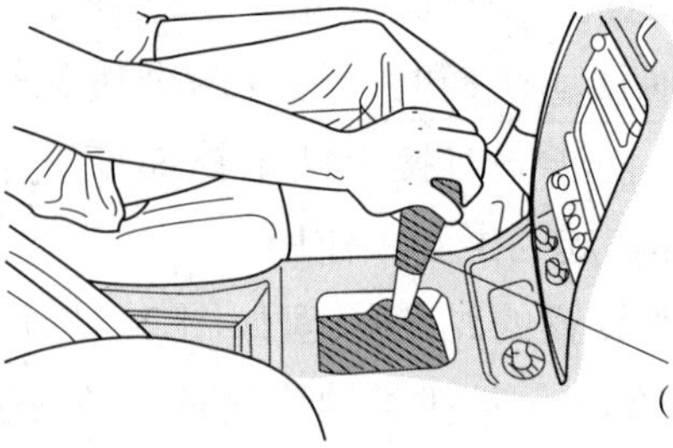

图2–37　换入空挡

四、操作步骤

（1）将车停放在水平面上，在变速驱动桥中的油液处于低温时，拆卸加注塞并检查液面。液面应达到塞孔下缘。

（2）如果液面过低，通过加注塞添加手动变速驱动桥油液，直到油液开始流出。

（3）重新安装加注塞并紧固。

（4）如果油液受到污染，在拆卸差速器齿轮盖板后，放出油液。

2.5.2 手动变速驱动桥的拆卸与安装

一、技术标准与要求

（1）变速驱动桥下固定螺栓：

a. 紧固力矩为 73 N · m，变速驱动桥下固定螺栓；

b. 紧固力矩为 31N · m，变速驱动桥下固定螺栓；

c. 紧固力矩为 21 N · m。

（2）变速驱动桥上固定螺栓紧固力矩为 73 N · m。

（3）变速驱动桥下固定螺栓紧固力矩为 48 N · m。

（4）后减振块固定螺栓紧固力矩为 68 N · m。

（5）后安装架螺栓紧固力矩为 90 N · m。

（6）减振块连接螺母和螺栓紧固力矩为 68 N · m。

二、实训器材

J–28467–B 发动机支架、组合工具、扭力扳手、变速驱动桥千斤顶。

三、作业准备

（1）汽车进入工位前，将工位清理干净，准备好相关的器材。

（2）将汽车停驻在举升机中央位置。

（3）拉紧驻车制动器操纵杆，并将变速杆换入空挡位置（图 2–38）。

（4）套上转向盘护套、变速杆手柄套

图2–38　换入空挡

和座位套，铺设脚垫。

（5）在车内拉动发动机舱盖手柄，在车外打开并支撑发动机舱盖（图 2–39）。

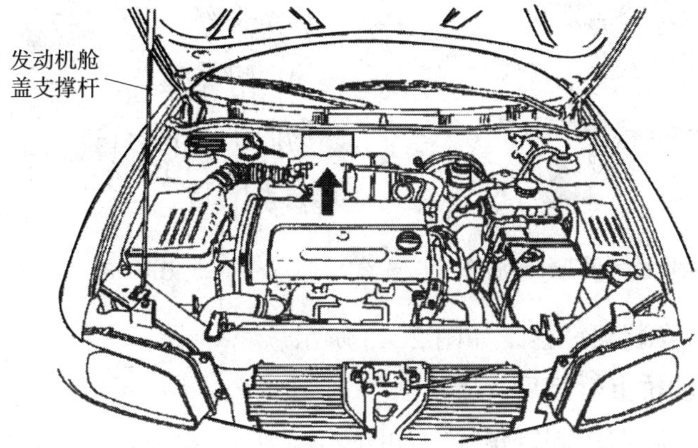

图2-39　支撑发动机舱盖

（6）粘贴翼子板和前部磁力护裙。

四、操作步骤

❶ 拆卸程序

（1）安装发动机支架 J–28467–B，如图 2–40 所示。

（2）拆卸蓄电池和蓄电池托架。

（3）拆卸换挡连杆总成。

（4）拆卸驱动轴。

（5）断开倒车灯开关连接器，如图 2–41 所示。

（6）断开车速表速度传感器连接器，如图 2–41 所示。

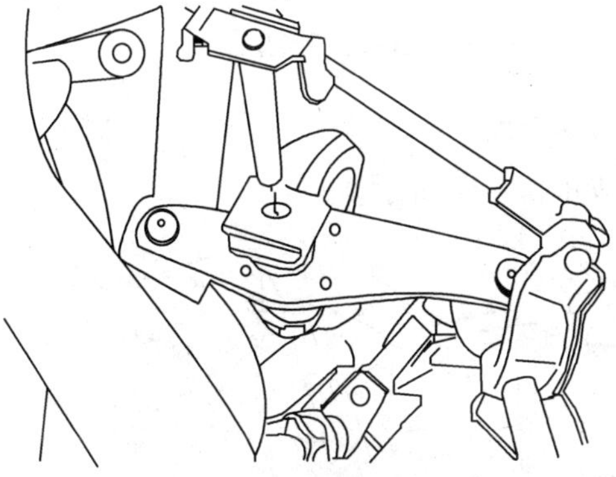

图2-40　安装发动机支架

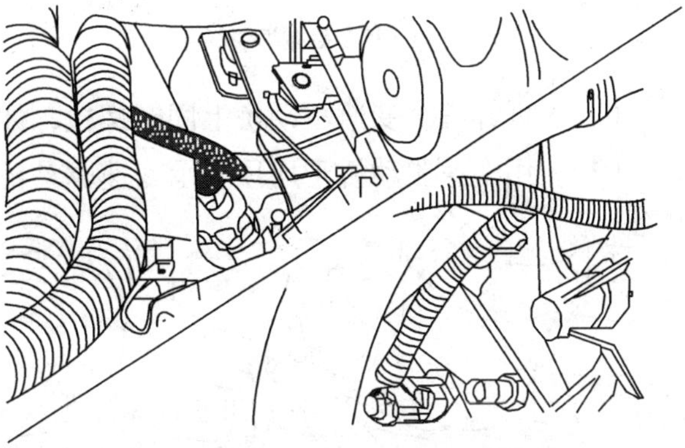

图2-41　断开连接器

（7）拆卸销和离合器工作缸油管，如图 2–42 所示。

（8）拆卸减振块连接螺母和螺栓，如图 2–43 所示。

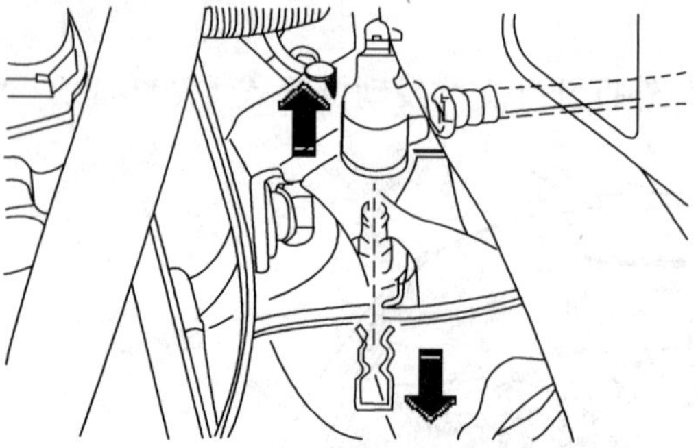
图2-42 拆卸离合器工作缸油管

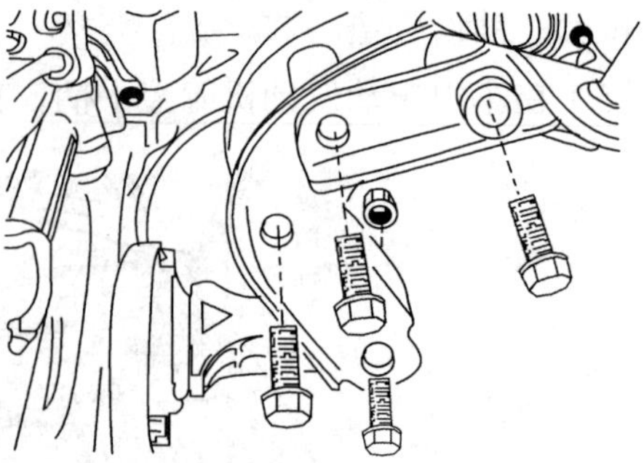
图2-43 拆卸螺栓

（9）拆卸三个后安装架螺栓，如图 2-43 所示。

（10）从变速驱动桥上拆卸后支架。

（11）拆卸两个后减振块固定螺栓，如图 2-44 所示。

（12）从前横梁上拆卸后减振块，如图 2-44 所示。

（13）拆卸两个壳体固定螺栓。

（14）拆卸三个变速驱动桥上安装架螺栓，如图 2-45 所示。

（15）拆卸上安装架和壳体。

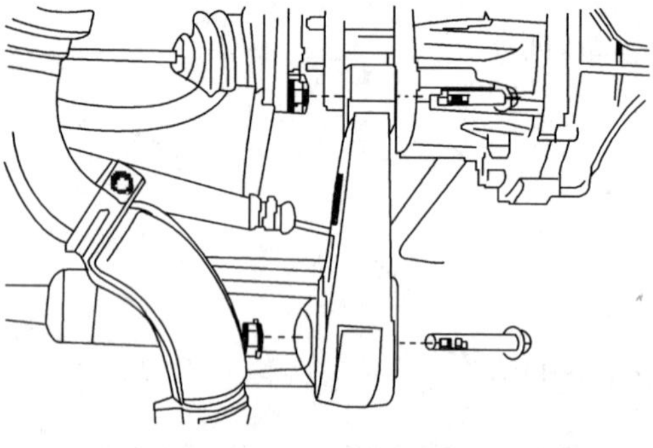
图2-44 拆卸后减振块螺栓

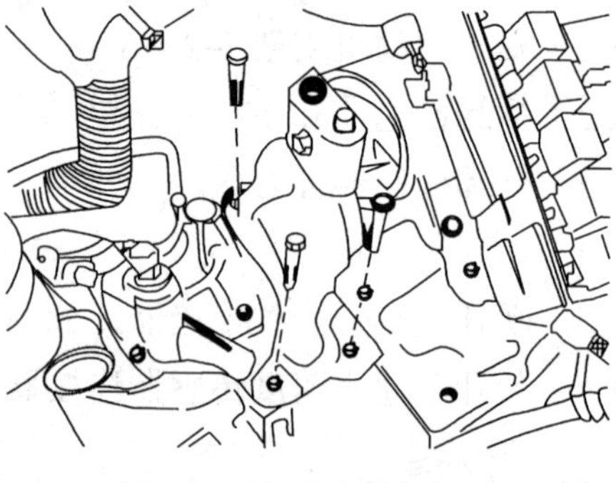
图2-45 拆卸上安装架螺栓

（16）拆卸三个变速驱动桥上固定螺栓，如图 2-46 所示。

（17）用变速驱动桥千斤顶支承变速驱动桥，如图 2-47 所示。

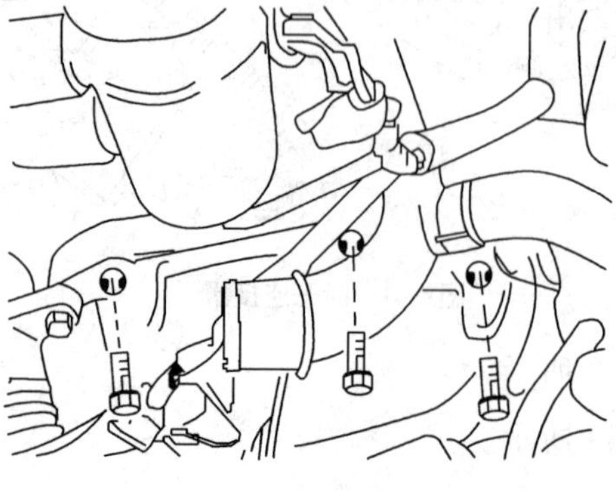
图2-46 拆卸上固定螺栓

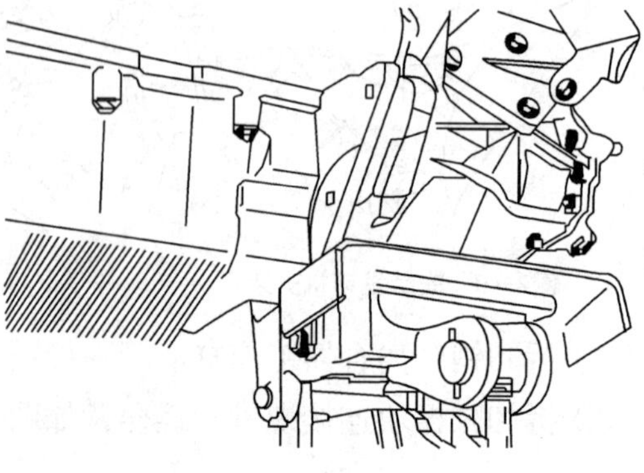
图2-47 支承变速驱动桥

（18）拆卸七个变速驱动桥下固定螺栓，如图 2–48 所示。

（19）拆卸变速驱动桥。

特别注意事项：仅将变速驱动桥换入垂直位置。

（20）从发动机缸体上侧向滑出变速驱动桥。

（21）降下变速驱动桥，如图 2–49 所示。

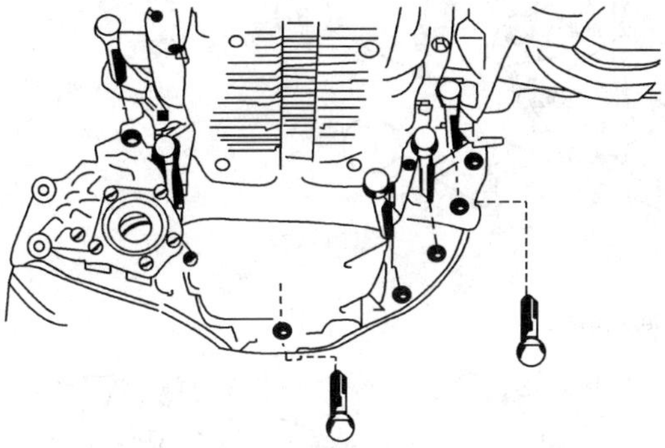

图2–48　拆卸下固定螺栓

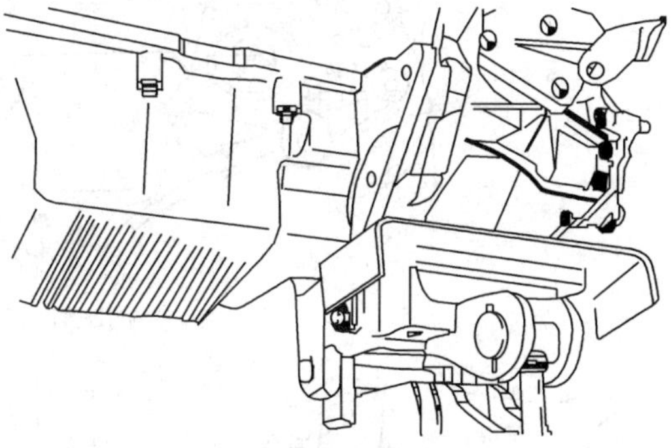

图2–49　降下变速驱动桥

❷ 安装程序

（1）用变速驱动桥千斤顶支承变速驱动桥，如图 2–50 所示。

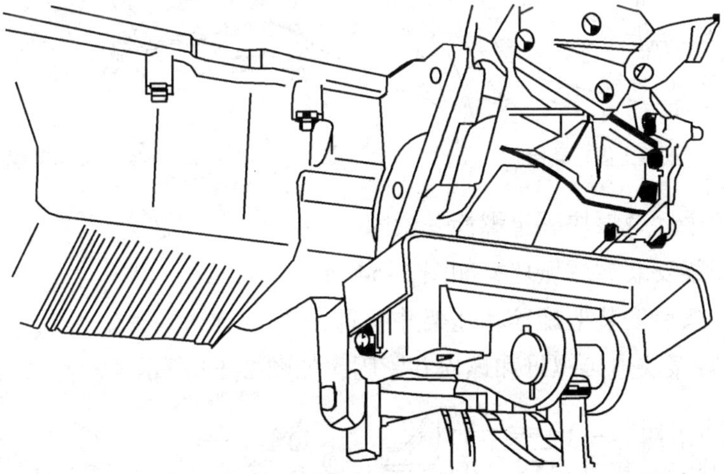

图2–50　支承变速驱动桥

（2）将变速驱动桥输入轴插入离合器片并将变速驱动桥侧向滑入发动机缸体，安装变速驱动桥。

（3）安装七个变速驱动桥下固定螺栓并紧固，如图 2–51 所示。

（4）安装三个变速驱动桥上固定螺栓并紧固，如图 2–52 所示。

（5）安装壳体固定螺栓和壳体。

（6）安装三个变速驱动桥上安装架螺栓和托架并紧固，如图 2–53 所示。

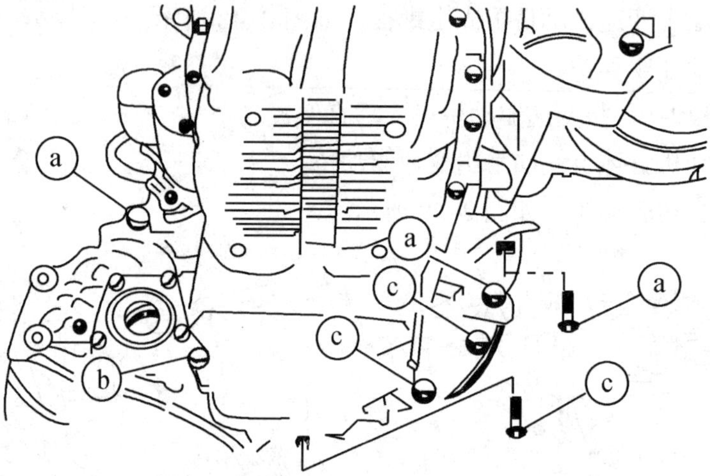

图2-51 安装下固定螺栓

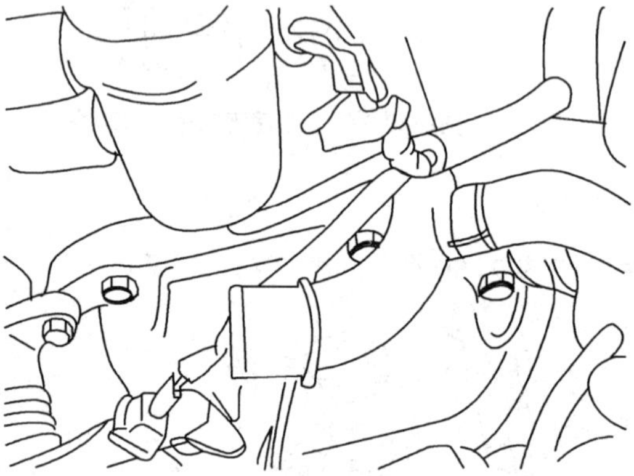

图2-52 安装上固定螺栓

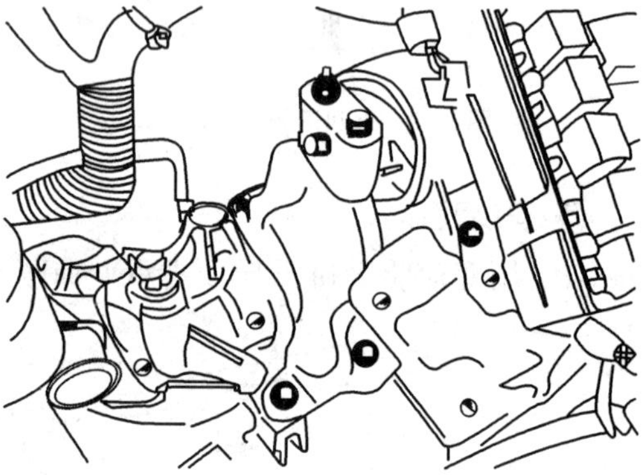

图2-53 安装上安装架螺栓和托架

（7）安装两个后减振块固定螺栓并紧固。

（8）从前横梁安装后减振块，如图 2-54 所示。

（9）安装三条后安装架螺栓和托架并紧固。

（10）安装减振块连接螺母和螺栓并紧固，如图 2-55 所示。

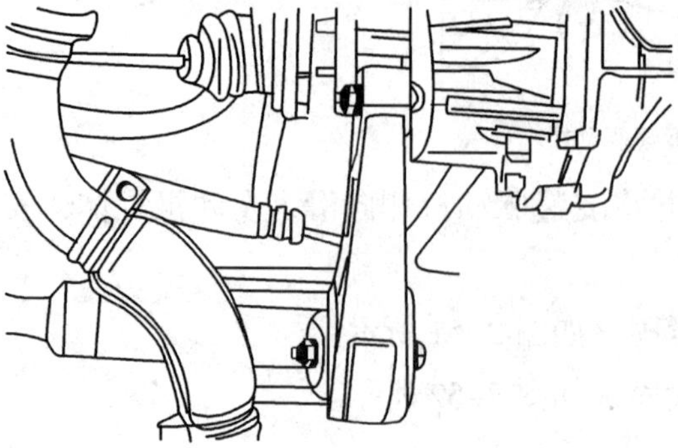

图2-54 安装后减振块

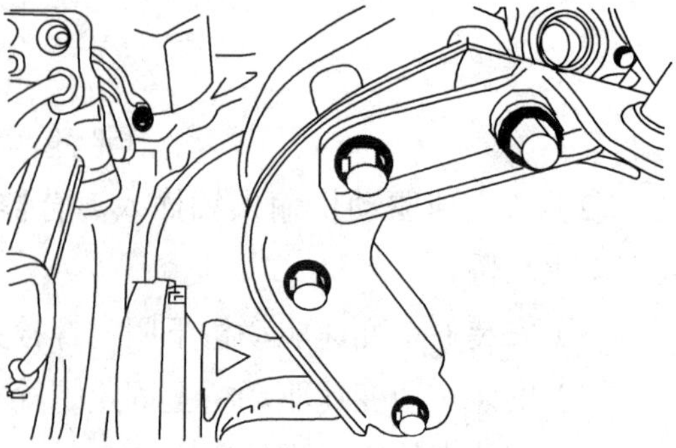

图2-55 安装减振块连接螺母和螺栓

（11）连接离合器工作缸油管，如图 2-56 所示。

（12）连接车速表速度传感器连接器，如图 2-57 所示。

（13）连接倒车灯开关连接器，如图 2-57 所示。

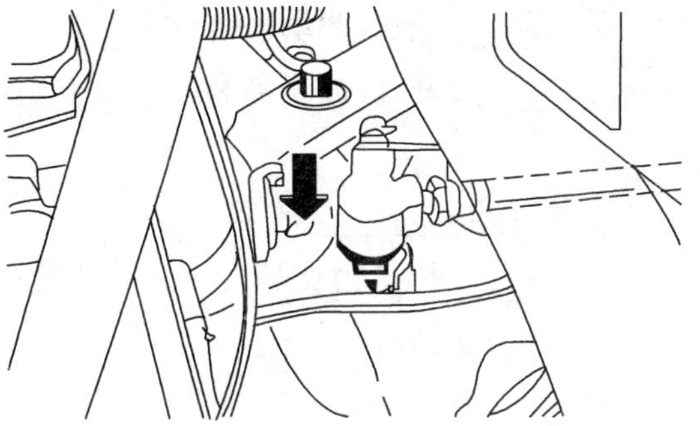
图2-56　连接离合器工作缸油管

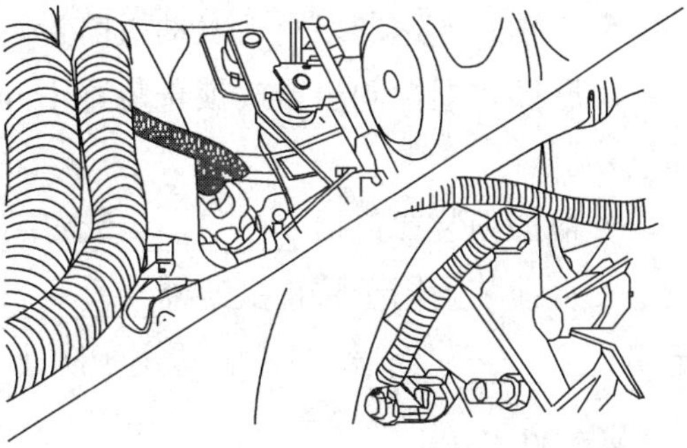
图2-57　连接连接器

（14）拆除发动机支架 J-28467-B，如图 2-58 所示。

（15）安装驱动轴。

（16）安装换挡连杆总成。

（17）安装蓄电池和蓄电池托架。

（18）检查液面。

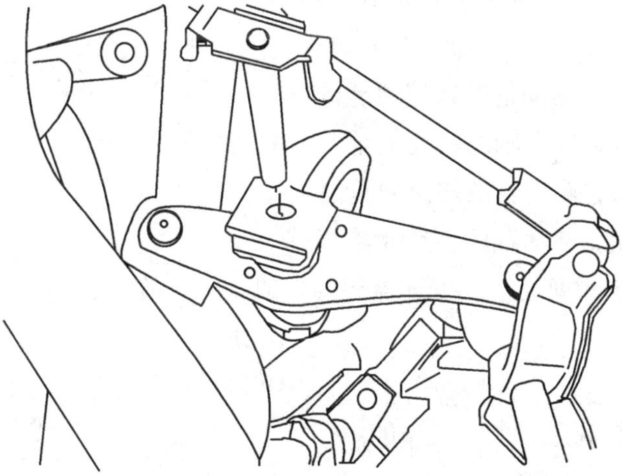
图2-58　拆除发动机支架

理论测试

一 填空题

1. 变速器按传动比的级数可分为 ________、________ 和 ________ 三种。

2. 一对啮合齿轮的传动比是其主动齿轮与从动齿轮的 ________ 之比。

3. 汽车手动变速器操纵机构有______式和______式两种形式，前置发动机前轮驱动车辆一般采用_______式。

4. 变速器的功用主要有：___________、_______和_______。

5. 二轴式变速器多用于发动机前置____驱动的汽车，一般与驱动桥合称为______。

6. 摩擦式惯性同步器按锁止装置不同，可分为______式惯性同步器和_______式惯性同步器。

7. 换挡锁装置包括_________装置、________装置和__________装置。

8. 自锁装置用于防止变速器___________，并保证轮齿以全齿宽啮合；互锁装置用于防止_________；倒挡锁装置用于防止________。

二 选择题

1. 一对啮合齿轮的传动比是其从动齿轮与主动齿轮的______之比。 (　)

(A) 齿数　　(B) 转速

(C) 角速度　　(D) 圆周速度

2. 目前手动变速器较多采用______同步器。 (　)

(A) 常压式　　(B) 惯性式

(C) 自增力式　　(D) 其他形式

3. 汽车挡位越低，______，获得转矩越大。 (　)

(A) 速比越小，驱动轴的转速便越低

(B) 速比越大，驱动轴的转速便越低

(C) 速比越大，驱动轴的转速便越高

(D) 速比越小，驱动轴的转速便越高

4. 当自锁装置失效时，手动变速器容易造成______故障。 (　)

(A) 乱挡　　(B) 跳挡

(C) 异响　　(D) 摘挡后不能退回空挡

5. 手动变速器是利用______工作的。 (　)

(A) 皮带传动变速原理

(B) 齿轮传动变速原理

(C) 摩擦轮传动变速原理

(D) 蜗轮、蜗杆传动变速原理

6. 以下手动变速器的作用中不正确的是______。 (　)

(A) 在一定范围内任意改变传动比

(B) 提供空挡

(C) 在不改变曲轴旋转方向的情况下，使汽车能倒退

(D) 可以换挡以改变汽车的牵引力

7. 在手动变速器中有一对传动齿轮，其中主动齿轮的齿数是 A，从动轮的齿数是 B，且 A 大于 B，此传动的结果将会是______。 (　)

(A) 减速、减扭　　(B) 减速、增扭

(C) 增速、减扭　　(D) 增速、增扭

8. 倒挡轴的倒挡惰轮的主要作用是______。 (　)

(A) 增加倒挡变速比　　(B) 减小倒挡变速比

(C) 改变输出轴的旋转方向　　(D) 以上都不是

三 判断题

1. 变速器的挡位越低，传动比越小，汽车的行驶速度越低。 (　)

2. 手动变速器各挡位的传动比等于该挡位所有从动齿轮齿数的乘积与所有主动齿轮齿数的乘积之比。 (　)

3. 同步器能够保证：变速器换挡时，待啮合齿轮的圆周速度迅速达到一致，以减少冲击和磨损。 (　)

4. 手动变速器自锁装置的作用是防止手动变速器同时换入两个挡。 (　)

四 简答题

1. 变速器的功用有哪些？

2. 说明别克凯越车型手动变速器各挡动力传动路线。

Ⅲ 自动变速器

知识目标：

1. 了解自动变速器的分类及选挡杆的正确使用；
2. 了解自动变速器的基本组成及工作原理；
3. 掌握自动变速器各组成部件的结构及工作原理；
4. 掌握典型自动变速器的结构及动力传动路线。

能力目标：

1. 掌握自动变速器油面的检查方法；
2. 掌握自动变速器故障码读取与清除方法；
3. 掌握自动变速器油压测试的方法；
4. 掌握空挡起动开关的检查和调整方法。

建议学时：

40学时

3.1 概述

所谓自动变速器是指汽车驾驶中离合器的操纵和变速器的操纵都实现了自动化，简称AT（Automatic Transmission）。目前，自动变速器的自动换挡等过程，都是由自动变速器的电子控制单元（ECU，又称电脑）控制的，因此，自动变速器又可简称为EAT、ECAT、ECT等。

3.1.1 自动变速器的分类

自动变速器按结构、控制方式的不同，可以分为液力式自动变速器、无级自动变速器（简称CVT，Continuously Variable Transmission）和机械式自动变速器（简称AMT，Automated Mechanical Transmission）。

按车辆驱动方式的不同，可以分为自动变速器（AT）和自动变速驱动桥（Automatic Transaxle）。

按照自动变速器选挡杆置于前进挡时的挡位数，可以分为四挡、五挡、六挡等。

3.1.2 自动变速器选挡杆的使用

车型自动变速器的选挡杆通常有 6 或 7 个位置，如图 2-59 所示。其功能如下：

P 位：驻车挡。选挡杆置于此位置时，驻车锁止机构将自动变速器输出轴锁止。

R 位：倒挡。选挡杆置于此位置时，液压系统倒挡油路被接通，驱动轮反转，实现倒向行驶。

N 位：空挡。选挡杆置于此位置时，所有机械变速器的齿轮机构空转，不能输出动力。

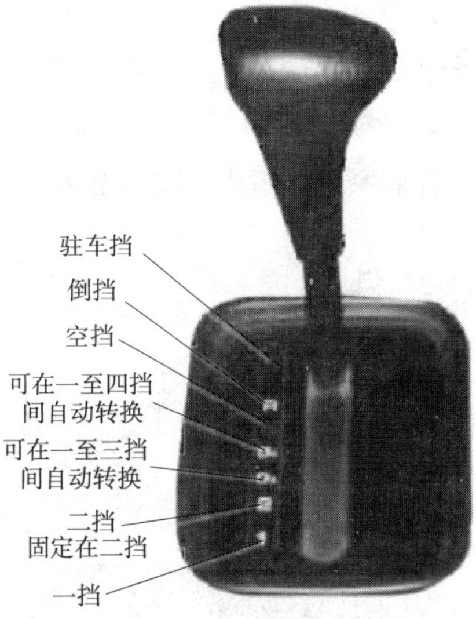

图2-59　自动变速器选挡杆位置示意图

D 位：前进挡。选挡杆置于此位置时，液压系统控制装置根据节气门开度信号和车速信号自动接通相应的前进挡油路，行星齿轮变速器在换挡执行元件的控制下得到相应的传动比。随着行驶条件的变化，在前进挡中自动升降挡，实现自动变速功能。

3 位：高速发动机制动挡。操纵手柄位于该位置时，液压制动系统只能接通前进挡中的一、二、三挡油路，自动变速器只能在这三个挡位间自动换挡，无法升入四挡，从而使汽车获得发动机制动效果。

2 位：中速发动机制动挡。选挡杆置于此位置时，液压控制系统只能接通前进挡中的一、二挡油路，自动变速器只能在这两个挡位间自动换挡，无法升入更高的挡位，从而使汽车获得发动机制动效果。

L 位（也称 1 位）：低速发动机制动挡。选挡杆置于此位置时，汽车被锁定在前进挡的一挡，只能在该挡位行驶而无法升入高挡，发动机制动效果更强。

发动机只有在选挡杆置于 N 或 P 位时，汽车才能起动，此功能靠空挡起动开关来实现。

常见的选挡杆的位置可布置在转向柱上或驾驶室地板上，如图 2-60 所示。

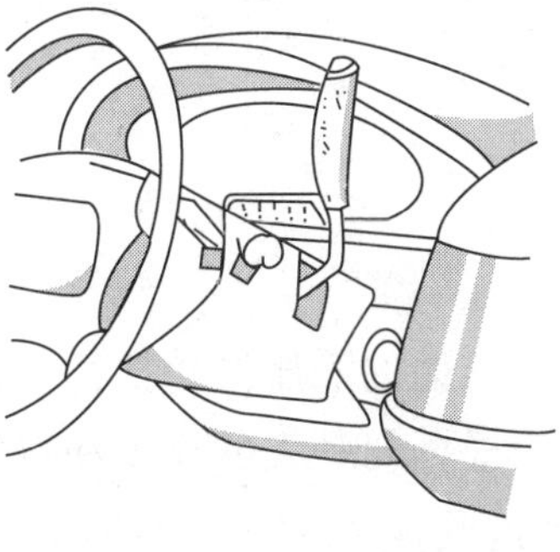

a）布置在转向柱上

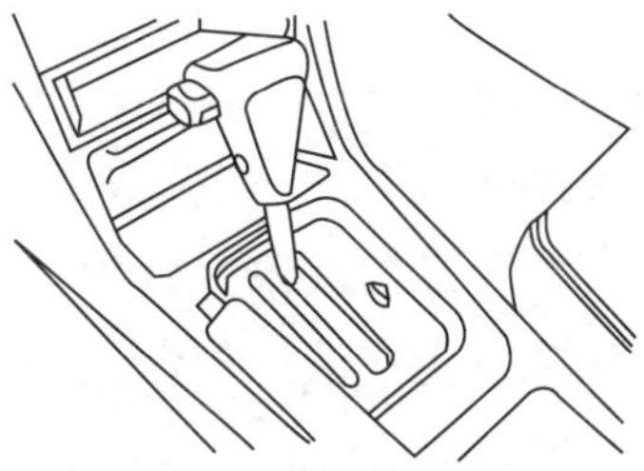

b）布置在驾驶室地板上

图2-60　选挡杆的位置

3.2 自动变速器的基本组成及工作原理

3.2.1 基本组成

自动变速器主要由液力变矩器、齿轮变速机构、换挡执行元件、液压控制系统、电子控制系统等组成，如图 2-61 所示。

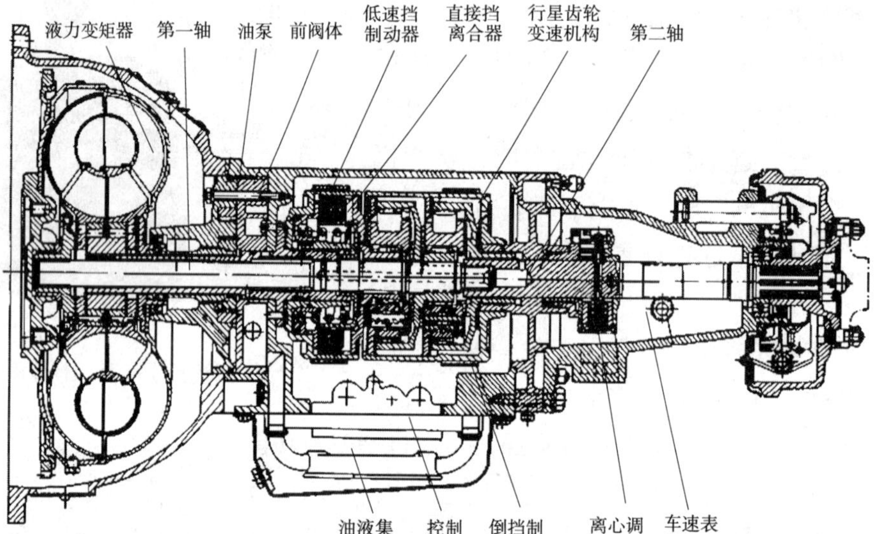

图2-61　液力自动变速器的结构

（1）液力变矩器。

液力变矩器安装在发动机与变速器之间，将发动机转矩传给变速器输入轴。液力变矩器相当于普通汽车上的离合器，但它是一个通过自动变速器油（ATF）传递动力的装置。

（2）齿轮变速机构。

齿轮变速机构可形成不同的传动比，组合成电控自动变速器不同的挡位。目前，绝大多数电控自动变速器采用行星齿轮机构进行变速，有的车型采用普通齿轮机构进行变速（如本田车系）。

（3）换挡执行元件。

电控自动变速器换挡执行机构主要包括离合器、制动器和单向离合器，由液压控制系统控制其工作。

（4）液压控制系统。

液压控制系统是由油泵、各种控制阀及与之相连通的液压换挡执行元件，如离合器、制动器油缸等组成液压控制回路。汽车行驶中根据驾驶人的要求和行驶条件的需要，控制离合器和制动器的工作状况的改变来实现机械变速器的自动换挡。

（5）电子控制系统。

电子控制系统主要包括电子控制单元、各类传感器及开关、执行器等。电子控制系统中的传感器及各种控制开关将发动机工况、车速等信号传递给电子控制单元（ECU），经 ECU 处理后发出控制指令给执行器，执行器和液压系统按一定规律控制换挡执行机构工作，实现自动变速器自动换挡。

3.2.2 基本原理

图 2-62 为电控自动变速器的组成和原理图。电控自动变速器是通过各种传感器，将发动机的转速、节气门开度、车速、发动机水温、自动变速器 ATF 油温等参数信号输入电控单元（ECU），ECU 根据这些信号，按照设定的换挡规律，向换挡电磁阀、油压电磁阀等发出动作控制信号，换挡电磁阀和油压电磁阀再将 ECU 的动作控制信号转变为液压控制信号，阀板中的各控制阀根据这些液压控制信号，控制换挡执行元件的动作，从而实现自动换挡过程。

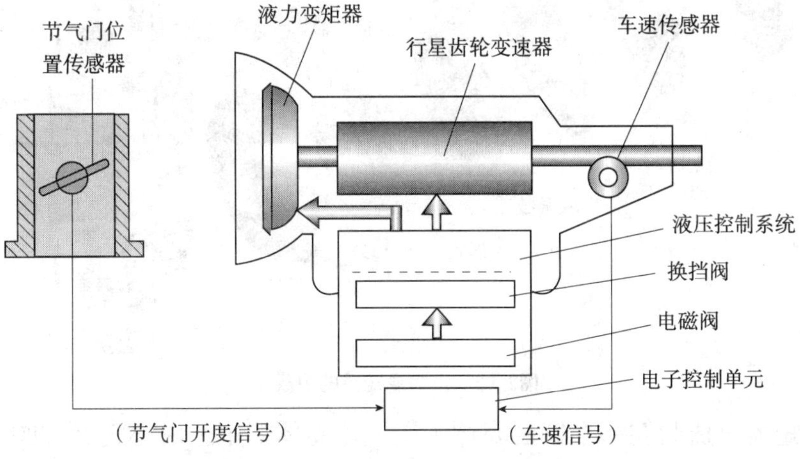

图2-62　电控自动变速器的组成和原理图

3.3 自动变速器各部件的结构及工作原理

3.3.1 液力变矩器

一、液力变矩器的功用

液力变矩器位于发动机和机械变速器之间，以自动变速器油（ATF）为工作介质，主要完成以下功用：

（1）传递转矩。发动机的转矩通过液力变矩器的主动元件，再通过 ATF 传给液力变矩器的从动元件，最后传给变速器。

（2）无级变速。根据工况的不同，液力变矩器可以在一定范围内实现转速和转矩的无级变化。

（3）自动离合。液力变矩器由于采用 ATF 传递动力，当踩下制动踏板时，发动机也不会熄火，此时相当于离合器分离；当抬起制动踏板时，汽车可以起步，此时相当于离合器接合。

（4）驱动油泵。ATF 在工作的时候需要油泵提供一定的压力，而油泵一般是由液力变矩器壳体驱动的。

同时由于采用 ATF 传递动力，液力变矩器的动力传递柔和，且能防止传动系过载。

二、液力变矩器的结构和工作原理

（1）液力变矩器的结构。

如图 2-63 所示，液力变矩器通常由泵轮、涡轮和导轮三个元件组成，称为三元件液力变矩器。也有的采用两个导轮，则称为四元件液力变矩器。

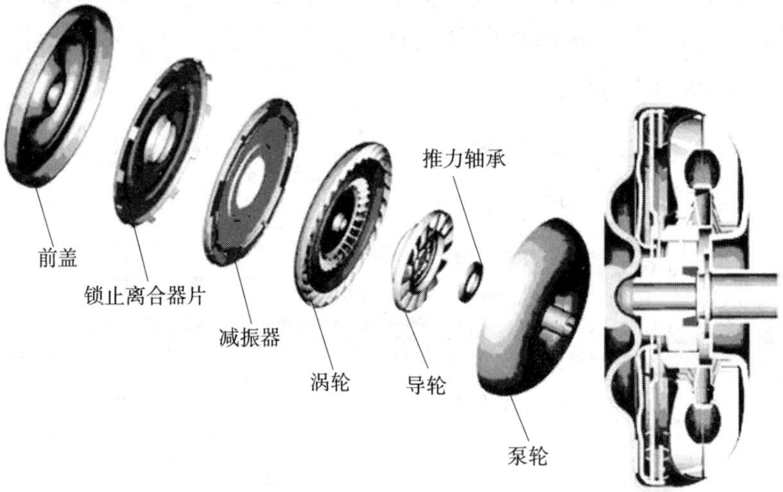

图2-63　液力变矩器的组成

液力变矩器总成封在一个钢制壳体（变矩器壳体）中，内部充满 ATF。液力变矩器壳体通过螺栓与发动机曲轴后端的飞轮连接，与发动机曲轴一起旋转。泵轮位于液力变矩器的后部，与变矩器壳体连在一起。涡轮位于泵轮前，通过带花键的从动轴向后面的机械变速器输出动力。泵轮、涡轮和导轮上都带有叶片，如图 2-64 和图 2-65 所示。导轮的构造如图 2-66 所示，位于泵轮与涡轮之间，通过单向离合器支承在固定套管上，使得导轮只能单向旋转（顺时针旋转）。液力变矩器装配好后形成环形内腔，其间充满 ATF。

（2）液力变矩器的工作原理。

液力变矩器的工作原理可以通过一对风扇的工作来描述。如图 2-67 所示，将风扇 A 通电，将气流吹动起来，并使未通电的电扇 B 也转动起来，此时动力由电扇 A 传递到电扇 B。为了实现转矩的放大，在两台电扇的背面加上一条空气通道，使穿过风扇 B 的气流通过空气通道的导向，从电扇 A 的背面流回，这会加强电扇 A 吹动的气流，使吹向电扇 B 的转矩增加。即电扇 A 相当于泵轮，电扇 B 相当于涡轮，空气通道相当于导轮，空气相当于 ATF。

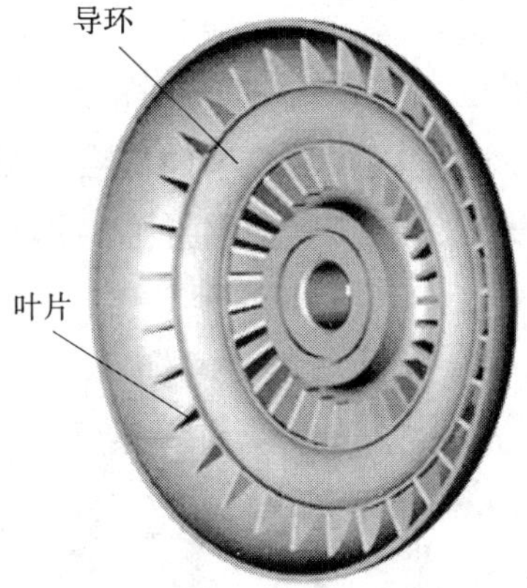

图2-64　泵轮的构造

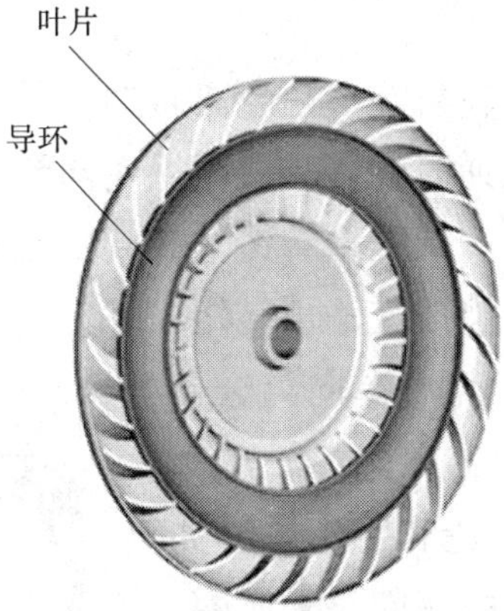

图2-65　涡轮的构造

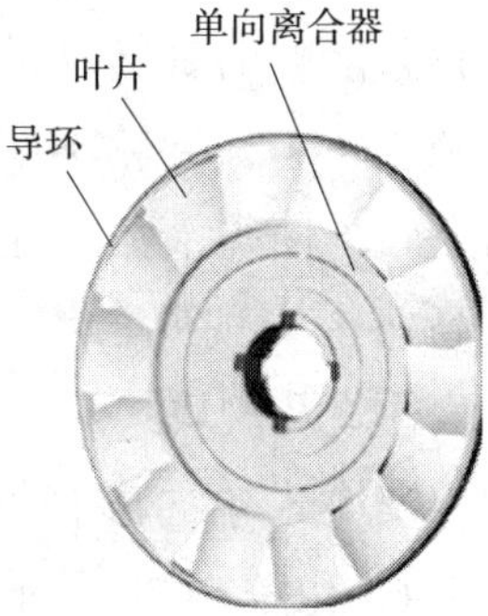

图2-66　导轮的构造

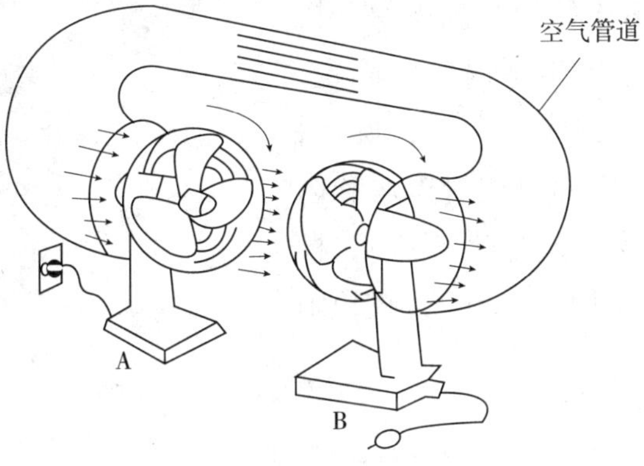

图2-67　液力变矩器的工作模型

液力变矩器工作时，发动机带动壳体旋转，壳体带动泵轮旋转，泵轮的叶片将ATF带动起来，并冲击到涡轮的叶片；如果作用在涡轮叶片上的冲击力大于作用在涡轮上的阻力，涡轮将开始转动，并使机械变速器的输入轴一起转动。由涡轮叶片流出的ATF经过导轮后再流回到泵轮，形成如图2-68所示的循环流动。

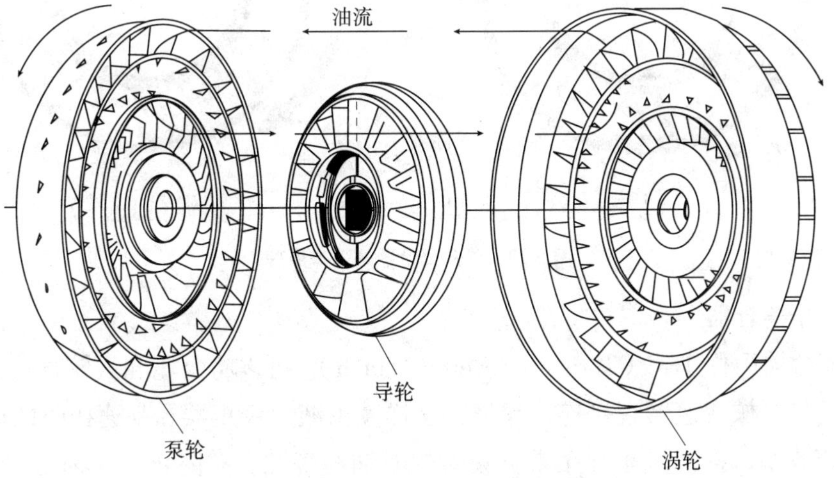

图2-68　ATF在液力变矩器中的循环流动

（3）单向离合器。

单向离合器又称为自由轮机构、超越离合器，其功用是实现导轮的单向锁止，即导轮只能顺时针转动而不能逆时针转动，当涡轮与泵轮转速差较大时，单向离合器处于锁止状态，导轮不能转动。当涡轮转速升高到一定程度后，单向离合器导通，即导轮空转，使得液力变矩器不能改变输出转矩，在高速区实现偶合传动。常见的单向离合器有滚柱式及楔块式两种。

楔块式单向离合器的构造和工作原理如图 2–69 和图 2–70 所示，由内座圈、外座圈、楔块、保持架等组成，内外座圈组成的滚道宽度是均匀的，采用不均匀形状的楔块，楔块的大端长度大于滚道宽度。内座圈固定，当外座圈顺时针旋转时，楔块顺时针旋转，$L_1 < L$（图 2–70a），外座圈可相对楔块和内座圈旋转；反之，当外座圈逆时针旋转时，楔块逆时针旋转，$L_2 > L$（图 2–70b），楔块阻止外座圈旋转。

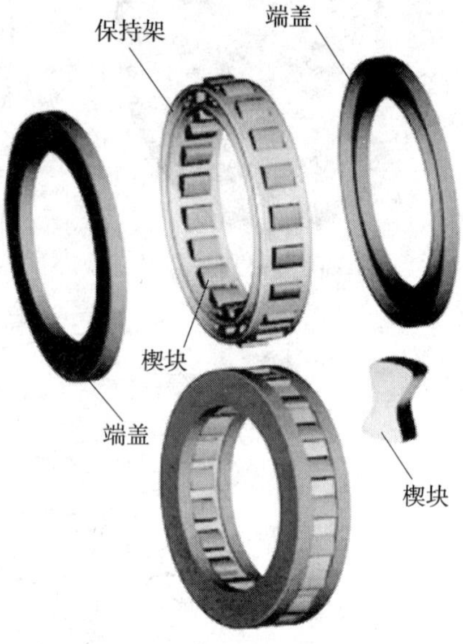

图2–69　单向离合器的构造

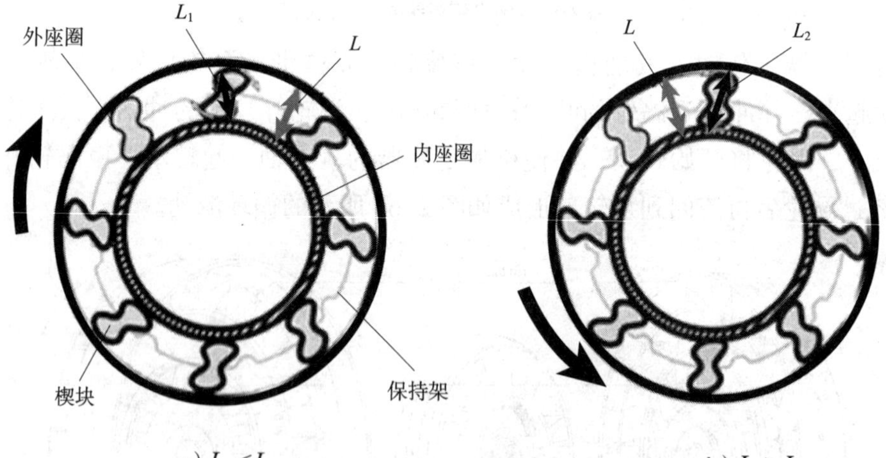

a）$L_1<L$　　b）$L_2>L$

图2–70　单向离合器的工作原理

（4）锁止离合器。

锁止离合器简称 TCC（Torque Converter Clutch），可以将泵轮和涡轮直接连接起来，即将发动机与机械变速器直接连接起来，这样减少液力变矩器在高速比时的能量损耗，提高了传动效率，提高汽车在正常行驶时的燃油经济性，并防止 ATF 油过热。锁止离合器的结构及工作原理如图 2–71 所示。

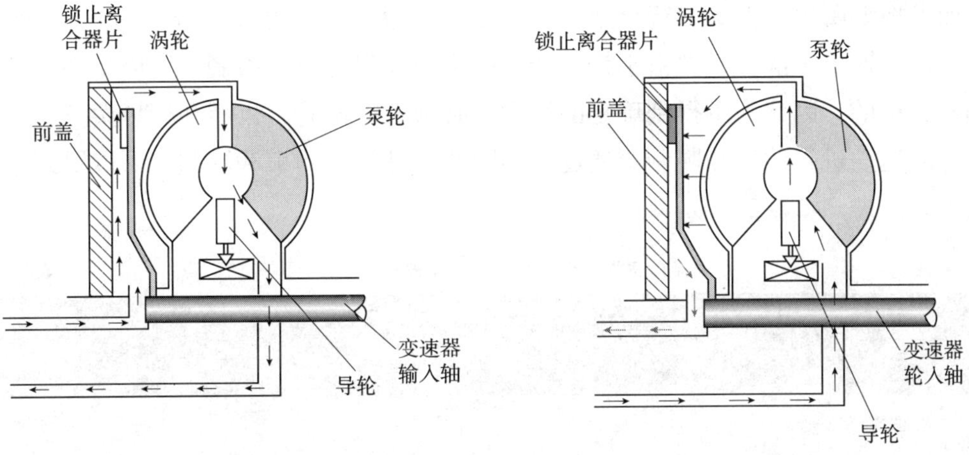

a）锁止离合器分离状态　　b）锁止离合器接合状态

图2-71　锁止离合器的结构、原理

当车辆起步、低速或在坏路面上行驶时，应将锁止离合器分离，使液力变矩器具有变矩作用。此时油液流至锁止离合器的前端，锁止离合器片前端与后端的压力相同，使锁止离合器分离，如图2-71a）所示。当车辆以中速至高速行驶时，油液流至锁止离合器的后端，使锁止离合器片与前盖一起转动。此时发动机的动力经液力变矩器壳体、锁止离合器、涡轮轮毂传给后面的机械变速器，相当于将泵轮和涡轮刚性连在一起，传动效率为100%。此时锁止离合器即处于接合状态，如图2-71b）所示。

3.3.2 齿轮变速机构

自动变速器的齿轮变速机构主要有行星齿轮变速机构和平行轴齿轮变速机构两种。齿轮变速机构与液力变矩器配合使用，执行机构根据自动变速器控制系统的命令来接合或分离、制动或放松齿轮机构的某个元件，通过改变动力传动路线得到不同的传动比。

如图2-72所示，单排行星齿轮机构主要由一个太阳轮（或称为中心轮）、一个带有若干个行星齿轮的行星架和一个齿圈组成。

由于太阳轮与行星轮是外啮合，所以二者的旋转方向是相反的；而行星轮与齿圈是内啮合，则这二者的旋转方向是相同的。

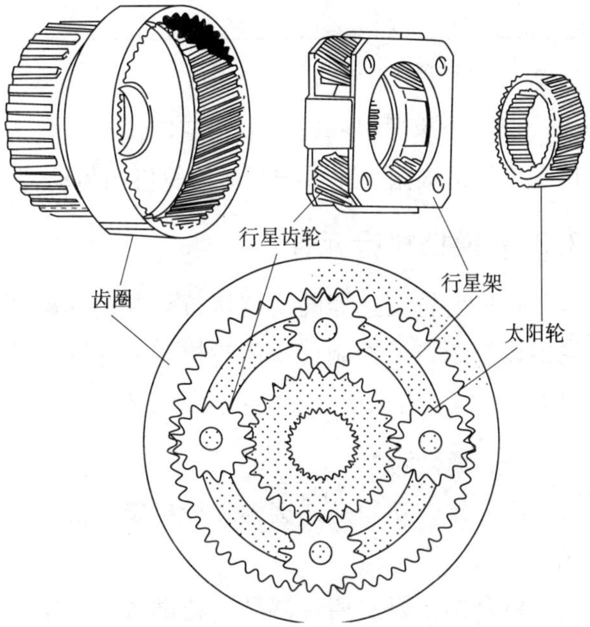

图2-72　单排行星齿轮机构

如果将太阳轮、齿圈和行星架中某个元件作为主动（输入）部分，让另一个元件作为从动（输出）部分，则由于第三个元件不受任何约束和限制，所以从动部分的运动是不确定的。因此为了得到确定的运动，必须对太阳轮、齿圈和行星架三者中的某个元件的运动进行约束和限制。通过对不同的元件进行约束和限制，可以得到不同的动力传动方式，如表 2–2 所示。

单排行星齿轮机构组合与速比关系　　表2–2

序号	主动件	从动件	固定件	传动比	备注
1	太阳轮	行星架	齿圈	$1+\alpha$	降挡
2	行星架	太阳轮	齿圈	$1/(1+\alpha)$	升挡
3	齿圈	行星架	太阳轮	$1+1/\alpha$	降挡
4	行星架	齿圈	太阳轮	$\alpha/(1+\alpha)$	升挡
5	太阳轮	齿圈	行星架	$-\alpha$	倒挡
6	齿圈	太阳轮	行星架	$-1/\alpha$	倒挡
7	任意两个连成一体			1	直接挡
8	既无元件制动，又无任意两元件连成一体			自由转动	不能传动、空挡

注：α 为齿圈齿数与太阳轮齿数之比。

自动变速器中的行星齿轮变速器一般是采用 2 ～ 3 排行星齿轮机构传动，其各挡传动比就是根据上述单排行星齿轮机构传动特点进行合理组合得到的。

3.3.3 换挡执行元件

行星齿轮变速器的换挡执行元件包括离合器、制动器和单向离合器。离合器和制动器以液压方式控制行星齿轮机构元件的旋转，单向离合器是以机械方式对行星齿轮机构的元件进行锁止。单向离合器的结构、原理与导轮单向离合器相同，此处不作介绍。

一、离合器

离合器的功用是连接轴和行星齿轮机构中的元件或是连接行星齿轮机构中的不同元件。

离合器主要由离合器鼓、花键毂、活塞、主动摩擦片、从动钢片、复位弹簧等组成，如图 2–73 所示。

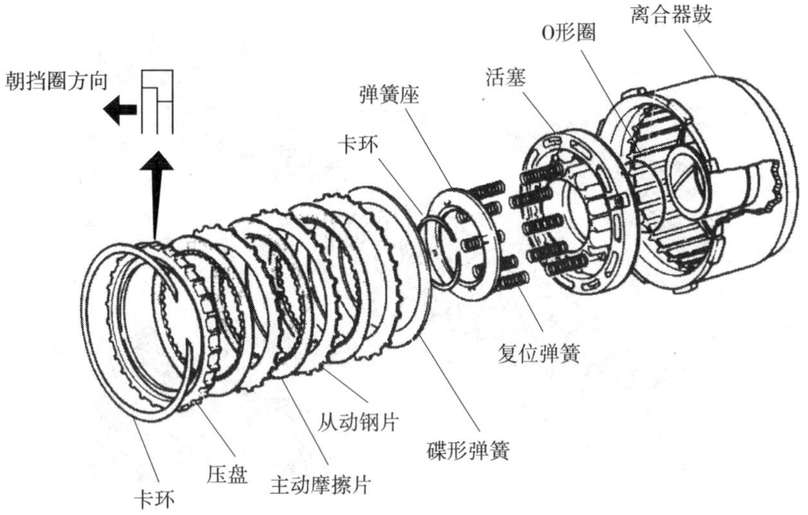

图2-73　离合器零件分解图

离合器的工作原理如图 2-74 所示。

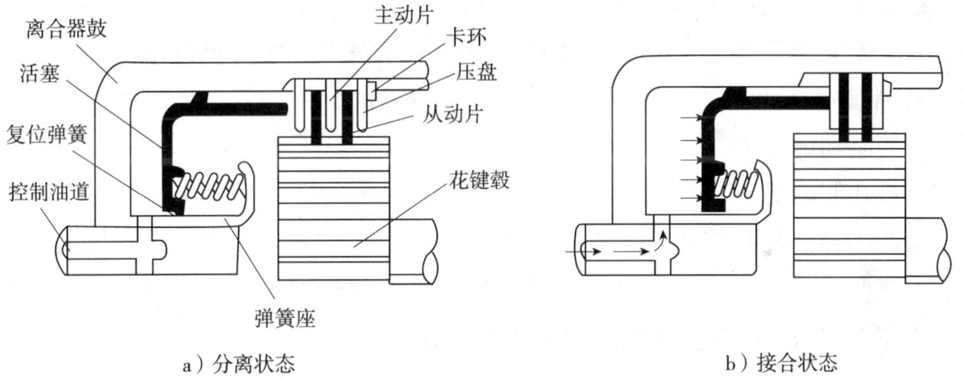

图2-74　离合器工作原理

当一定压力的 ATF 经控制油道进入活塞左面的液压缸时，液压作用力便克服弹簧力使活塞右移，将所有离合器片压紧，即离合器接合，与离合器主、从动部分相连的元件也被连接在一起，以相同的速度旋转。

当控制阀将作用在离合器液压缸的油压撤除后，离合器活塞在复位弹簧的作用下回复原位，并将缸内的变速器油从进油孔排出，使离合器分离，离合器主、从动部分可以不同转速旋转。

二、制动器

制动器的功用是固定行星齿轮机构中的元件，防止其转动。制动器有片式和带式两种形式。

（1）片式制动器。

片式制动器与离合器的结构和原理相同，不同之处是离合器是起连接作用而传递动力，而片式制动器是通过连接而起制动作用。片式制动器的结构如图 2-75 所示

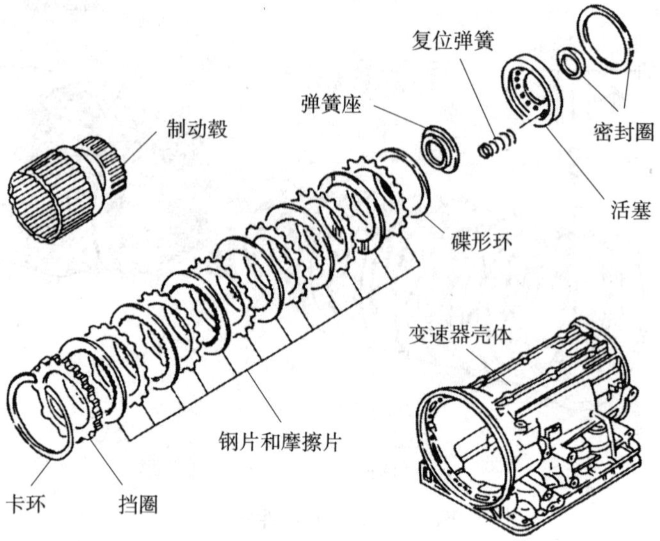

图2-75　片式制动器的结构

当活塞受到控制油压的作用时，活塞在活塞缸内运动，使摩擦片与钢片相互接触。其结果是，在每个摩擦片与钢片之间产生很大的摩擦力，使行星齿轮机构某一元件或单向离合器锁定在变速器壳体上。当控制油压降低时，由于复位弹簧的作用，活塞回至原位，使制动解除。

（2）带式制动器。

带式制动器由制动带和控制油缸等组成，如图 2-76 所示为带式制动器的零件分解图。制动带是内表面带有镀层的开口式环形钢带。制动带的一端支承在与变速器壳体固连的支座上，另一端与控制油缸的活塞杆相连。

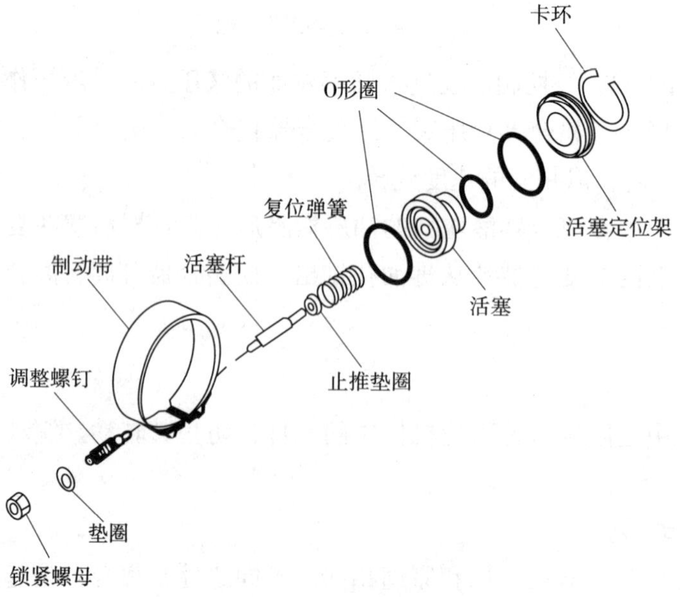

图2-76　带式制动器的零件分解图

制动器的工作原理如图 2-77 所示。制动时，压力油进入活塞右腔，克服左腔油压和复位弹簧的作用力推动活塞左移，制动带以固定支座为支点收紧。在制动力矩的作用下，制动鼓停止旋转，行星齿轮机构某元件被锁止。随着油压撤除，活塞逐渐复位，制动解除。若仅依靠弹簧张力，则活塞复位速度较慢，目前大多数制动器设置了左腔进油道。在右腔撤除油压的同时，左腔进油，活塞在油压和复位弹簧的共同作用下复位，可迅速解除制动。

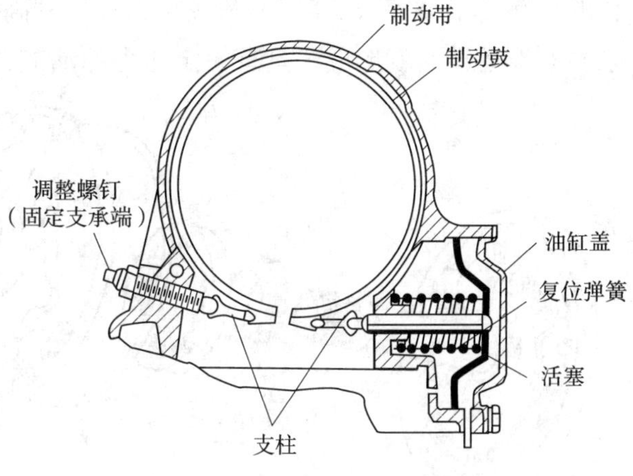

图2-77　制动器的工作原理

3.3.4 液压控制系统

一、液压控制系统的基本组成

液压控制系统的基本组成包括动力源、执行机构和控制机构三大部分。

（1）动力源。

液压控制系统的动力源是油泵（或称为液压泵），它是整个液压控制系统的工作基础。如各种阀体的动作、换挡执行元件的工作等都需要一定压力的 ATF。油泵的基本功用就是提供满足需求的 ATF 油量和油压。

（2）执行机构。

执行机构主要由离合器、制动器油缸等组成。其功用是在控制油压的作用下实现离合器的接合和分离、制动器的制动和松开动作，以便得到相应的挡位。

（3）控制机构。

控制机构包括阀体和各种阀，如主调压阀、手动阀、换挡阀等。此外，液压控制系统还包括一些辅助装置，如用于防止换挡冲击的蓄能器、止回阀等。

二、液压控制系统主要元件

（1）油泵。

油泵的功用是产生一定压力和流量的 ATF，供给液力变矩器、液压控制系统和行星齿轮机构。

油泵一般位于液力变矩器和行星齿轮系统之间，由液力变矩器泵轮驱动。油泵的类型主要有齿轮泵、转子泵和叶片泵。

图 2-78 所示为内啮合齿轮泵的结构、原理示意图，主要由主动齿轮、从动齿轮、月牙板、壳体等组成。

油泵在工作过程中，主动齿轮带动从动齿轮转动，在齿轮脱离啮合的一端（进油腔），容积不断变大，产生真空吸力，把 ATF 从油底壳经滤网吸入油泵。在齿轮进入啮合的一端（出油腔），容积不断减小，油压升高，把 ATF 从出油腔挤压出去。这样，油泵不断地运转，就形成了具有一定压力的油液，供给自动变速器工作。

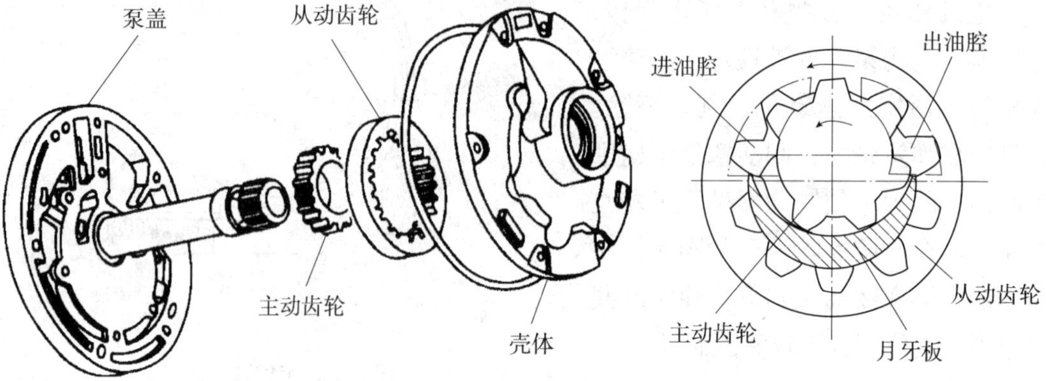

图2-78　内啮合齿轮泵的结构、原理

油泵使用应注意以下事项：

① 发动机不工作，油泵不转，自动变速器无油压，即使在 D 位和 R 位，也不能靠推车起动发动机。

② 长距离拖车时，由于发动机不转，油泵也不转，齿轮系统没有润滑油，磨损会加剧，因此要求车速慢、距离短。如丰田车系要求拖车车速不高于 30km/h，距离不超过 80km；奔驰车系要求拖车车速不高于 50km/h，距离不超过 50km。

③ 变速器齿轮系统有故障或严重漏油时，牵引车辆应将传动轴脱开。对于前轮驱动的汽车，应将前轮悬空牵引。

（2）主调压阀。

主调压阀的作用是将液压泵输出压力精确调节到所需值后再输入主油路。其应满足主油路系统在不同工况、不同挡位时，具有不同油压的要求：

① 节气门开度较小时，自动变速器所传递的转矩较小，执行机构中的离合器、制动器不易打滑，主油路压力可以降低。而当发动机节气门开度较大时，因传递的转矩增大，为防止离合器、制动器打滑，主油路压力要升高。

② 汽车低速挡行驶时，所传递的转矩较大，主油路压力要高。而在高速挡行驶时，自动变速器传递的转矩较小，可降低主油路油压，以减少液压泵的运转阻力。

③ 倒挡的使用时间较少，为减小自动变速器尺寸，倒挡执行机构被做得较小，为避免出现打滑，需提高操纵油压。

主油路调压阀结构如图 2-79 所示。油压的调节是靠电子控制，主调压电磁阀调整出不同的油压值，使滑阀改变节流口 a 的大小，通过节流作用控制主油压的大小。节流口 b 泄出的油压经二次调压阀的节流作用，调整出变矩器油压。

（3）次调压阀。

次调压阀是把主调压阀泄出的油压调节成变矩器油压。

如图 2-80 所示，滑阀上端作用着手动阀来的油压，向下推阀，还作用着一个由 8 油道来的主油压，也向下推阀。而向上推阀的力有弹簧弹力和来自主调压阀调节后的油压压力，上下两力的平衡决定了节流口 a 的开度，即通过节流口的开度将主油压调节成变矩器油压。

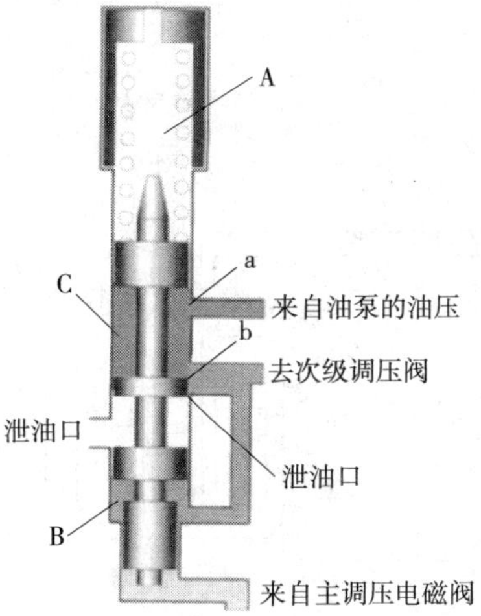

图2-79　主调压阀的结构

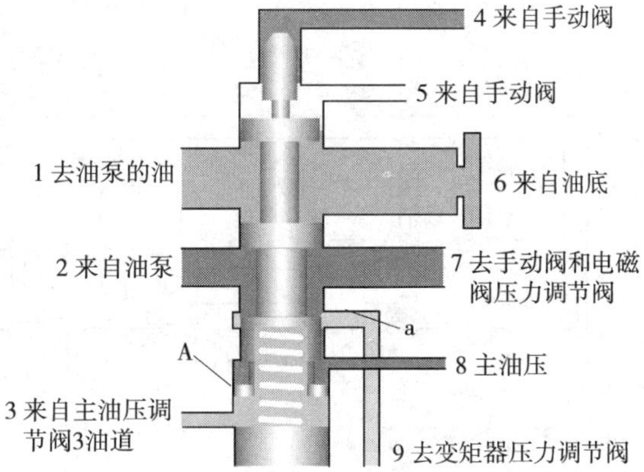

图2-80　次调压阀

（4）手动阀。

手动阀又称为手控阀或手动换挡阀，与驾驶室内的选挡杆相连，其功用是控制各挡位油路的转换。如图 2-81 所示，当驾驶人操纵选挡杆时，手动阀会移动，使主油压通往不同的油道。如当选挡杆置于“P”位时，主油压会通往“P”、“R”和“L”位油道；当选挡杆置于“R”位时，主油压会同时通往“P”、“R”和“L”位油道与“R”位油道；当选挡杆置于“N”位时，手动阀会将主油压进油道切断，从而不会有主油压通往各换挡阀；当选挡杆置于“D”位时，主油压会通往“D”、“2”和“L”位油道；当选挡杆置于“2”时，主油压会同时通往“D”、“2”和“L”位油道与“2”和“L”位油道；当选挡杆置于“L”位时，主油压会同时通往“D”、“2”和“L”位油道与“2”和“L”位油道及“P”、“R”和“L”位油道。

（5）换挡阀。

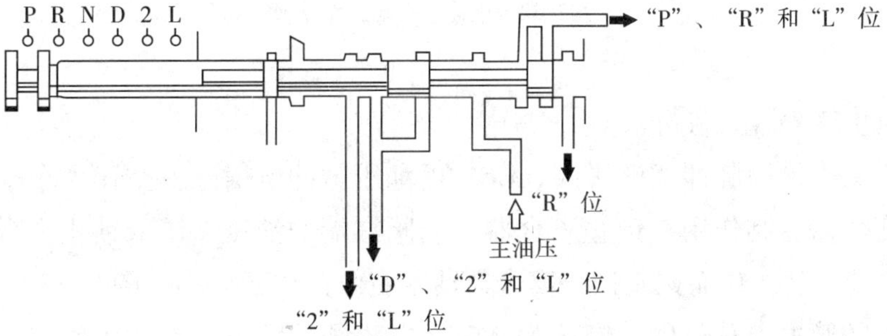

图2-81　手动阀的结构

电控自动变速器换挡阀的工作由换挡电磁阀控制，其控制方式有两种：加压控制和泄压控制，即通过开启或关闭换挡阀控制油路泄油孔来控制换挡阀的工作。加压控制方式的工作原理如图 2–82 所示，压力油经电磁阀后通至换挡阀的左端。当电磁阀关闭时，没有油压作用在换挡阀左端，换挡阀在右端弹簧力的作用下移向左端；当电磁阀开启时，压力油作用在换挡阀左端，使换挡阀克服弹簧力右移，从而改变油路，实现挡位变换。

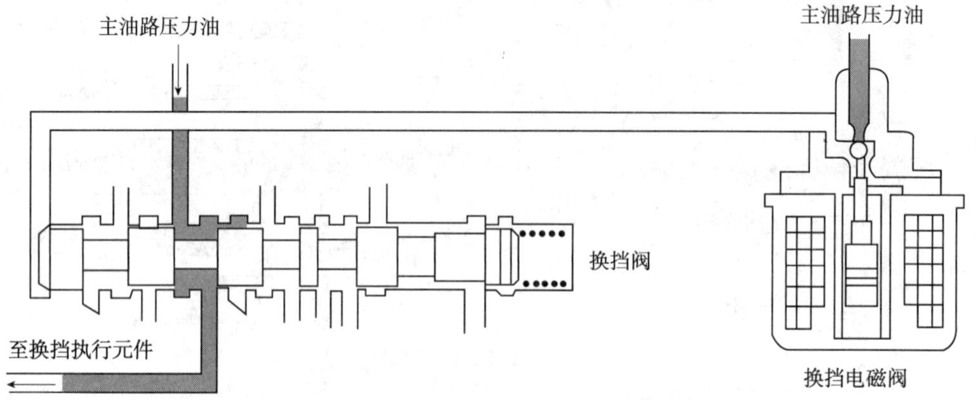

a）电磁阀关闭

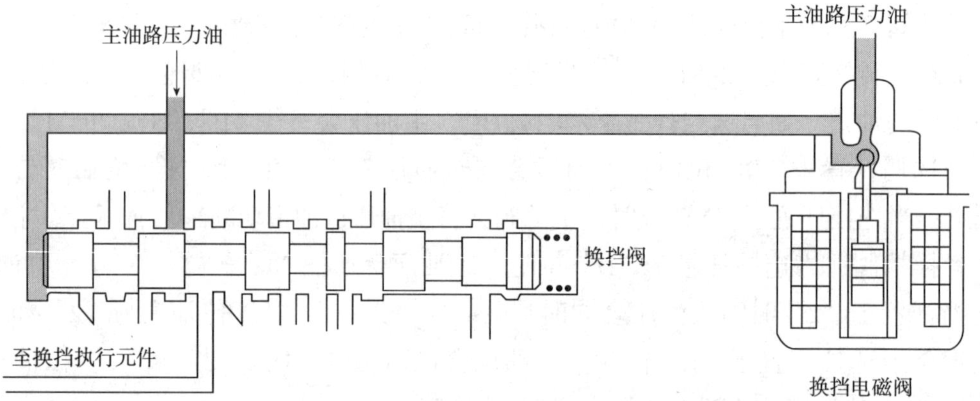

b）电磁阀开启

图2-82　电控换挡阀工作原理

（6）锁止离合器控制阀。

锁止电磁阀采用脉冲式电磁阀，ECU 可利用脉冲电信号占空比大小来调节锁止电磁阀的开度，以控制作用在锁止离合器控制阀右端的油压，调节锁止离合器控制阀左移时排油孔的开度，从而控制锁止离合器活塞右侧油压的大小（图 2–83）。当作用在锁止电磁阀上的脉冲电信号的占空比为 0 时，电磁阀关闭，没有油压作用在锁止离合器控制阀的右端，此时锁止离合器活塞左右两侧的油压相同，锁止离合器处于分离状态。当作用在锁止电磁阀上的脉冲电信号较小时，电磁阀的开度和作用在锁止离合器控制阀右端的油压以及锁止控制阀左移打开的排油孔开度均较小，锁止离合器活塞左右两侧油压差以及由此产生的锁止离合器接合力也较小，使锁止离合器处于半接合状态。ECU 在控制锁止离合器接合时，可以通过电磁阀来调节其接合速度，让接合力逐渐增大，使接合过程更加柔和。

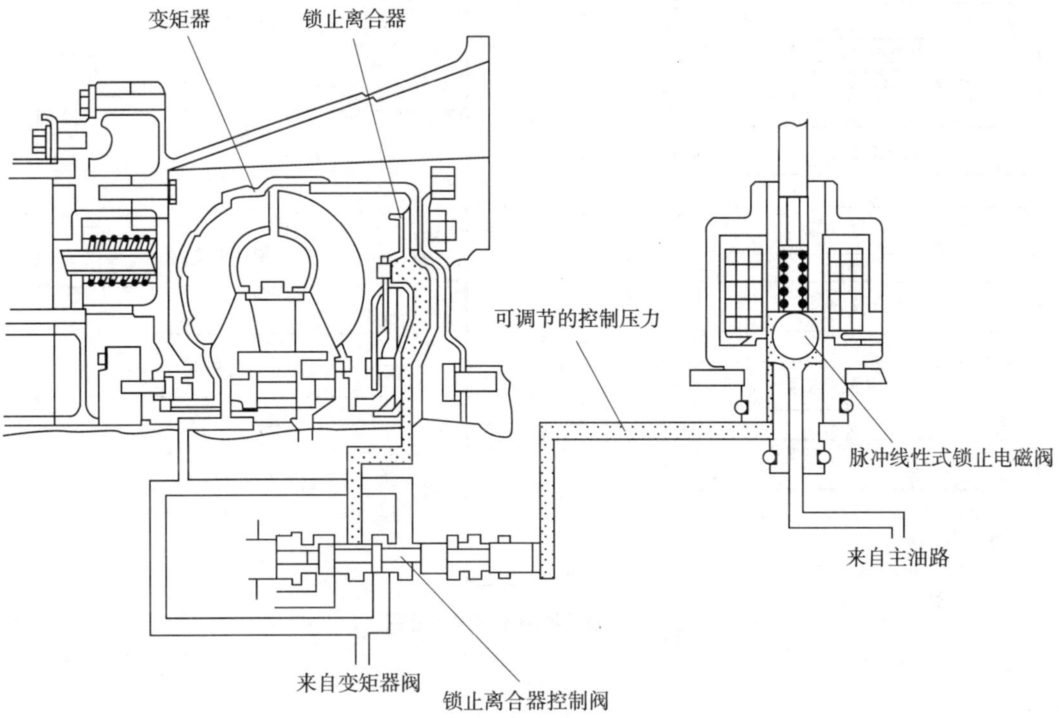

图2-83　电控系统锁止离合器控制阀工作原理（脉冲式电子阀）

3.3.5 电子控制系统

一、概述

自动变速器的电子控制系统包括传感器、电子控制单元（ECU）和执行器三部分，如图 2-84 所示。

传感器部分主要包括节气门位置传感器、车速传感器、发动机转速传感器、冷却液温度传感器、ATF 油温传感器、空挡起动开关、制动灯开关等。

执行器部分主要包括各种电磁阀和故障指示灯等。

ECU 主要完成换挡控制、锁止离合器控制、油压控制、故障诊断和失效保护等功能。

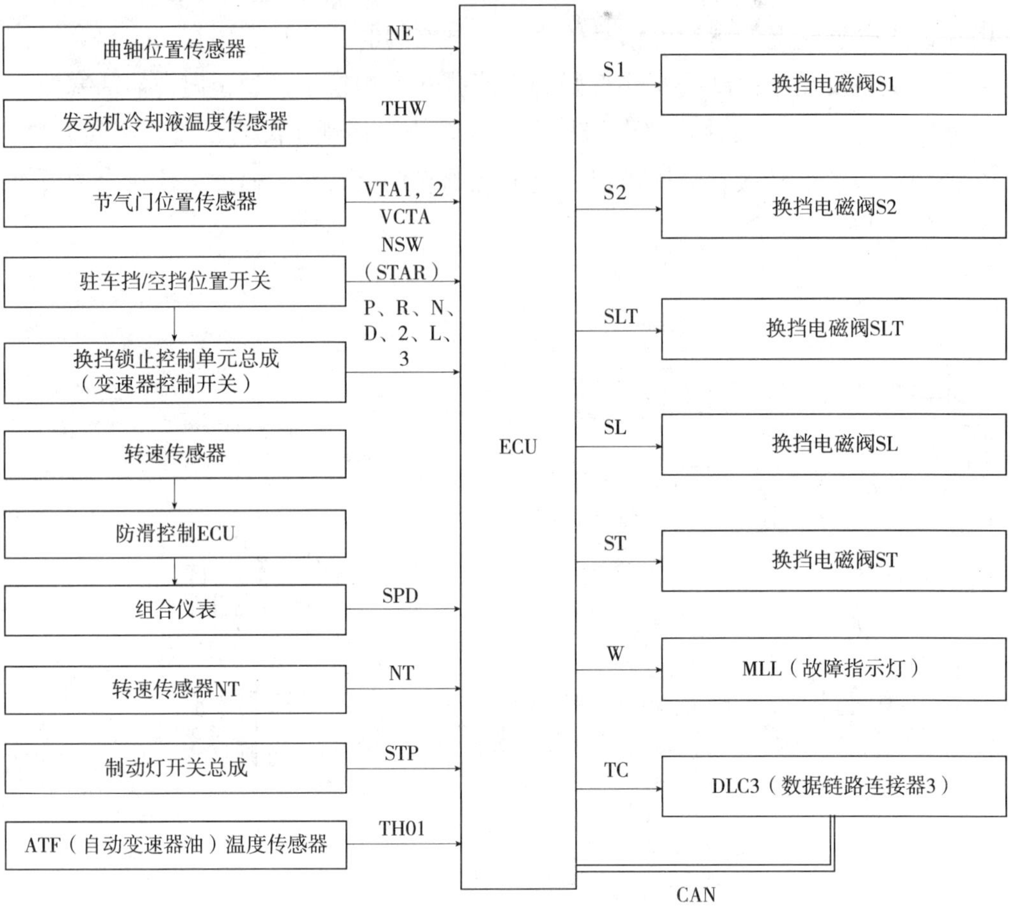

图2-84　电子控制系统组成框图

二、传感器

（1）节气门位置传感器（TPS）。

节气门位置传感器安装在节气门体上，用于检测节气门开度的大小，并将数据传送给电脑，电脑根据此信号判断发动机负荷，从而控制自动变速器的换挡、调节主油压，以及对锁止离合器进行控制。

一般是采用线性输出型节气门位置传感器，也称可变电阻式传感器，其结构如图 2-85 所示，实际上是一个滑动变阻器，E 是搭铁端子，IDL 是怠速端子，V_{TA} 是节气门开度信号端子，V_C 是 ECU 供电端子，电脑提供恒定 5V 电压。

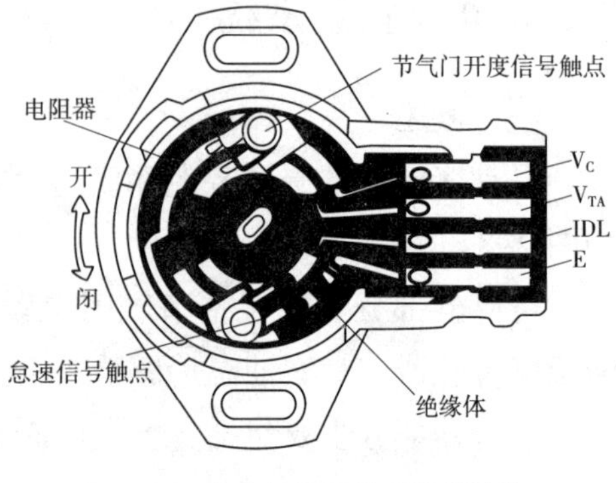

图2-85　节气门位置传感器的结构

（2）车速传感器（VSS）。

车速传感器用于检测自动变速器输出轴转速，自动变速器 ECU 根据车速传感器输入的信号计算出车速，并以此信号控制自动变速器的换挡和锁止离合器的锁止。

常见的车速传感器有电磁式、舌簧开关式、光电式三种形式。

如图 2-86 所示，电磁式车速传感器主要由永久磁铁、电磁感应线圈、转子等组成。转子一般安装在变速器输出轴上，永久磁铁和电磁感应线圈安装在变速器壳体上。

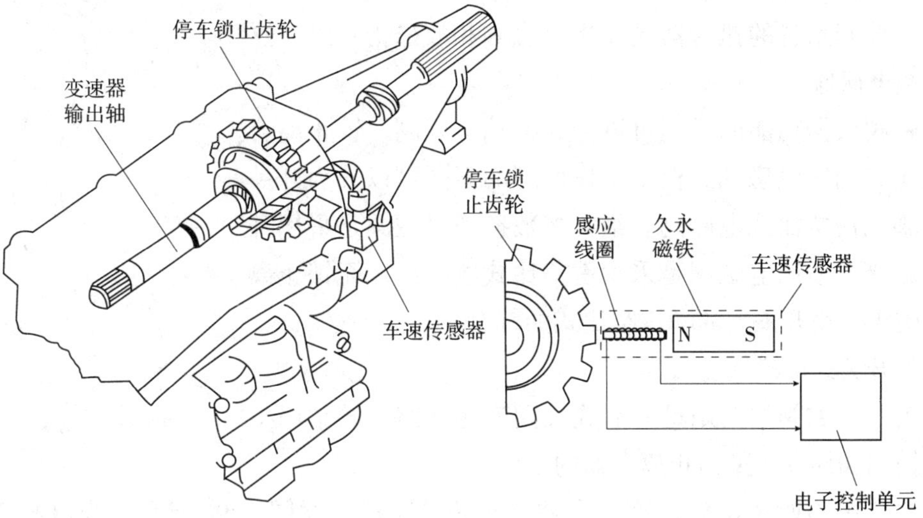

图2-86　电磁式车速传感器的结构、原理

（3）温度传感器。

温度传感器一般都是一个负温度系数的热敏电阻（图 2-87），当温度升高时，电阻的阻值会下降。ECU 接收温度传感器信号，当温度低于设定温度时，可防止自动变速器换入超速挡，同时锁止离合器也不能工作。

（4）空挡起动开关。

空挡起动开关有两个功用，一是给自动变速器 ECU 提供挡位信息，二是保证只有选挡杆置于 P 或 N 位才能起动发动机。

空挡起动开关的外形如图 2-88 所示，当选挡杆置于不同的挡位时，仪表盘上相应的挡位指示灯会点亮，且只有当选挡杆置于 P 或 N 位时，才能起动发动机。

（5）制动灯开关。

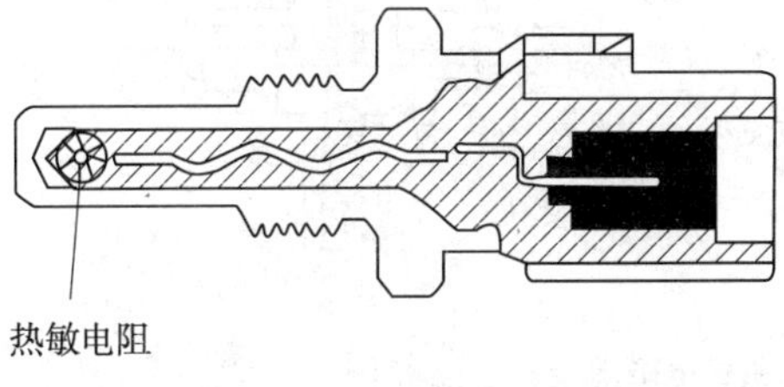

图2-87　温度传感器

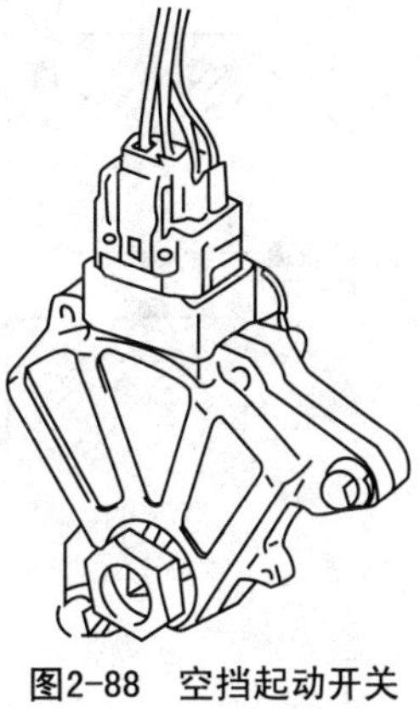

图2-88　空挡起动开关

制动灯开关安装在制动踏板支架上，如图 2-89 所示。自动变速器 ECU 通过制动灯开关检测是否踩下制动踏板，如果踩下制动踏板，ECU 会取消锁止离合器的工作。

图2-89　制动灯开关

三、执行器

电子控制系统的执行器主要指电磁阀和故障指示灯，这里只介绍电磁阀。

电磁阀根据功能的不同可以分为换挡电磁阀、锁止离合器电磁阀和油压电磁阀。根据工作原理的不同可以分为开关式电磁阀和占空比式电磁阀。绝大多数换挡电磁阀是采用开关式电磁阀，油压电磁阀是采用占空比式电磁阀，而锁止离合器电磁阀采用开关式的和占空比式的都有。

（1）开关式电磁阀。

开关式电磁阀的功用是开启或关闭液压油路，通常用于控制换挡阀和部分车型锁止离合器的工作。

开关式电磁阀由电磁线圈、衔铁、阀芯等组成，如图 2-90 所示。当电磁阀通电时，在电磁吸力作用下衔铁和阀芯下移，关闭泄油口，主油压供给到控制油路。当电磁阀断电时，在复位弹簧的作用下衔铁和阀芯上移，打开泄油口，主油压被泄掉，控制油路压力很小。

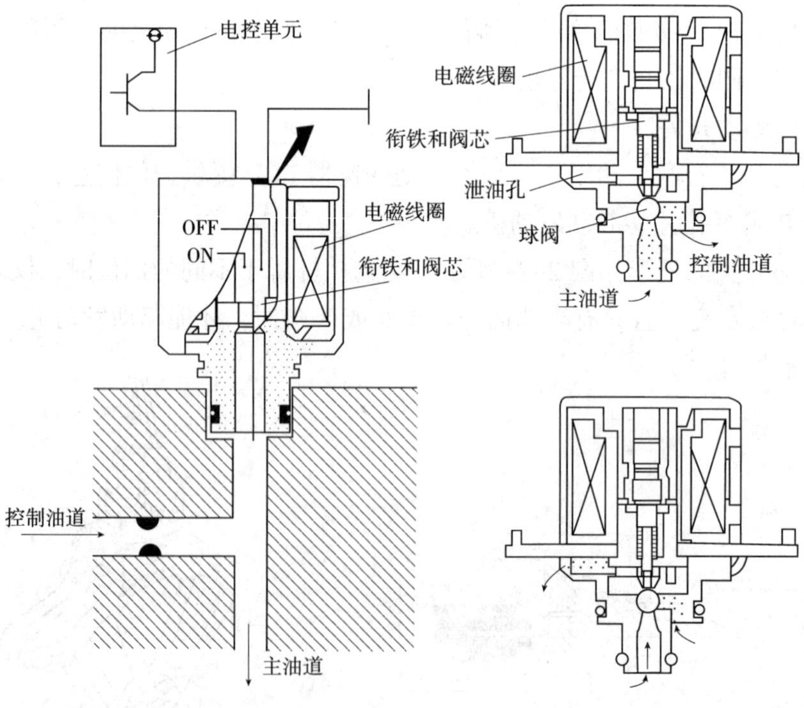

图2-90　开关式电磁阀

（2）占空比式电磁阀。

占空比式电磁阀（又称为线性脉冲式电磁阀）与开关式电磁阀类似，也是有电磁线圈、滑阀、弹簧等组成，如图 2-91 所示。它通常用于控制油路的油压，有的车型的锁止离合器也采用此种电磁阀控制。与开关式电磁阀不同的是，控制占空比式电磁阀的电信号不是恒定不变的电压信号，而是一个固定频率的脉冲电信号。在脉冲电信号的作用下，电磁阀不断开启、关闭泄油口。

占空比式电磁阀有两种工作方式，一是占空比越大，经电磁阀泄油越多，油压就越低；另一种是占空比越大，油压越高。

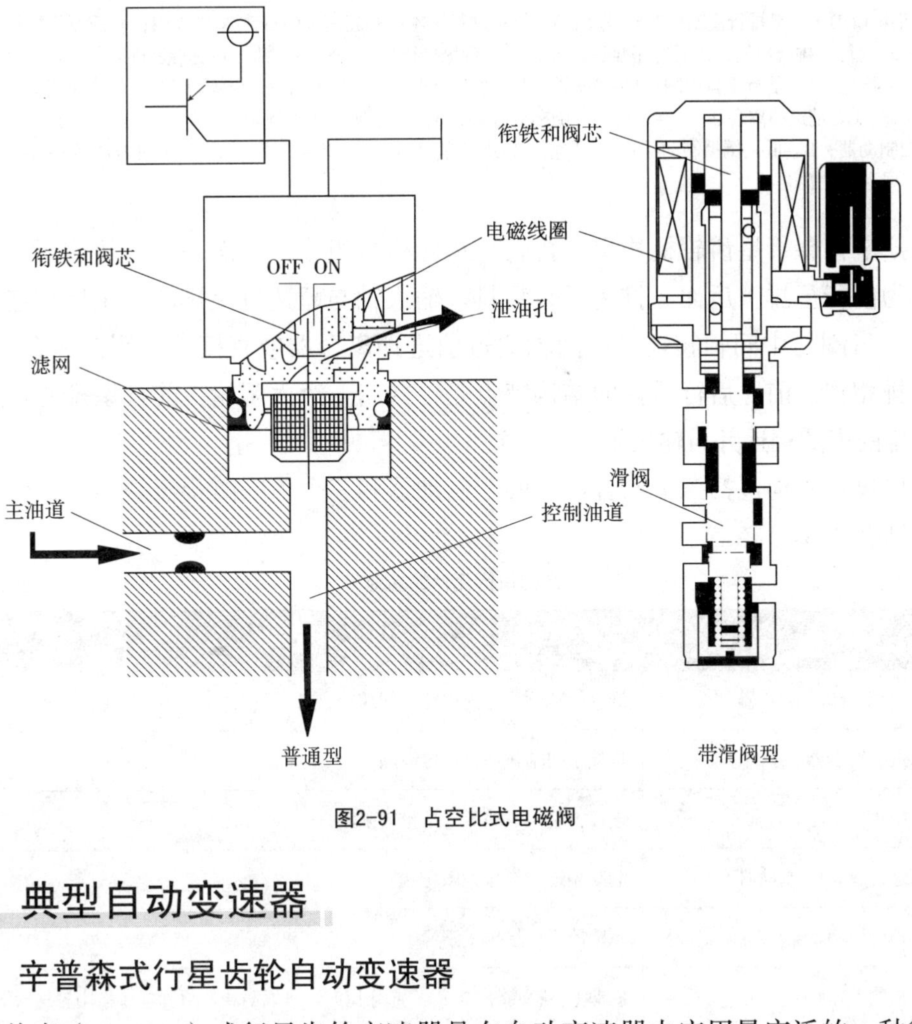

图2-91　占空比式电磁阀

3.4 典型自动变速器

3.4.1 辛普森式行星齿轮自动变速器

辛普森（Simpson）式行星齿轮变速器是在自动变速器中应用最广泛的一种行星齿轮变速器，它是由美国福特公司的工程师 H · W · 辛普森发明的。下面以应用较多的是四挡辛普森行星齿轮变速器为例进行介绍。

一、结构、组成

如图 2-92 所示为丰田 A340E 四挡辛普森行星齿轮变速器的结构简图。

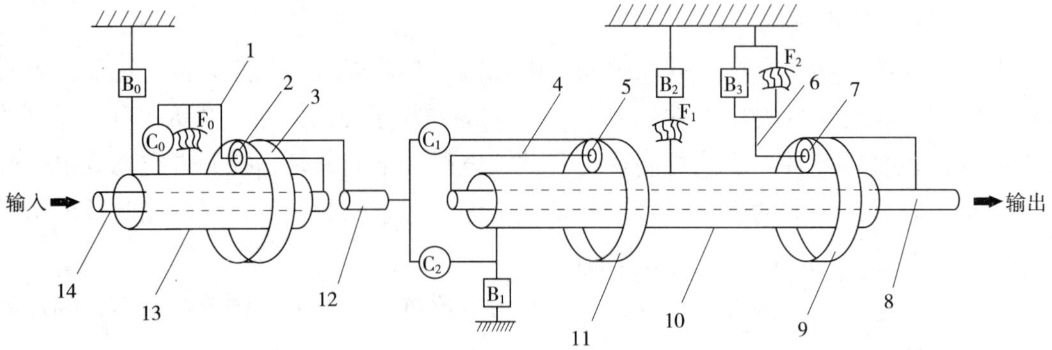

图2-92　四挡辛普森行星齿轮变速器的结构简图

1-超速（OD）行星排行星架；2-超速（OD）行星排行星轮；3-超速（OD）行星排齿圈；4-前行星排行星架；5-前行星排行星轮；6-后行星排行星架；7-后行星排行星轮；8-输出轴；9-后行星排齿圈；10-前后行星排太阳轮；11-前行星排齿圈；12-中间轴；13-超速（OD）行星排太阳轮；14-输入轴；C_0-超速挡（OD）离合器；C_1-前进挡离合器；C_2-直接挡、倒挡离合器；B_0-超速挡（OD）制动器；B_1-二挡滑行制动器；B_2-二挡制动器；B_3-低、倒挡制动器；F_0-超速挡（OD）单向离合器；F_1-二挡（一号）单向离合器；F_2-低挡（二号）单向离合器

四挡辛普森行星齿轮机构由三排行星齿轮机构组成，前面一排为超速行星排，中间一排为前行星排，后面一排为后行星排。输入轴与超速行星排的行星架相连，超速行星排的齿圈与中间轴相连，中间轴通过前进挡离合器或直接挡、倒挡离合器与前、后行星排相连。前、后行星排的结构特点是，共用一个太阳轮，前行星排的行星架与后行星排的齿圈相连并与输出轴相连。

换挡执行机构包括三个离合器、四个制动器和三个单向离合器共十个元件。具体的功能见表2-3。

换挡执行元件的功能　　表2-3

换挡执行元件		功　能
C_0	超速挡（OD）离合器	连接超速行星排太阳轮与超速行星排行星架
C_1	前进挡离合器	连接中间轴与前行星排齿圈
C_2	直接挡、倒挡离合器	连接中间轴与前后行星排太阳轮
B_0	超速挡（OD）制动器	制动超速行星排太阳轮
B_1	二挡滑行制动器	制动前后行星排太阳轮
B_2	二挡制动器	制动 F_1 外座圈，当 F_1 也起作用时，可以防止前后行星排太阳轮逆时针转动
B_3	低、倒挡制动器	制动后行星排行星架
F_0	超速挡（OD）单向离合器	连接超速行星排太阳轮与超速行星排行星架
F_1	二挡（一号）单向离合器	当 B_2 工作时，防止前后行星排太阳轮逆时针转动
F_2	低挡（二号）单向离合器	防止后行星排行星架逆时针转动

二、各挡动力传动路线

在变速器各挡位时，换挡执行元件的动作情况见表 2–4。

各挡位时换挡执行元件的动作情况表　　表2–4

选挡杆位置	挡位	换挡执行元件										发动机制动
		C_0	C_1	C_2	B_0	B_1	B_2	B_3	F_0	F_1	F_2	
P	驻车挡	○										
R	倒挡	○		○				○	○			
N	空挡	○										
D	一挡	○	○						○		○	
	二挡	○	○				○		○	○		
	三挡	○	○	○			○		○			
	四挡（OD 挡）		○	○	○		○					
2	一挡	○	○						○		○	
	二挡	○	○			○	○		○	○		○
	三挡*	○	○	○			○		○			○
L	一挡	○	○					○	○		○	○
	二挡*	○	○			○	○		○	○		○

注：*只能降挡不能升挡。
○换挡元件工作或有发动机制动。

（1）D_1 挡（D 位一挡）。

如图 2–93 所示，D 位一挡时，C_0、C_1、F_0、F_2 工作。C_0 和 F_0 工作将超速行星排的太阳轮和行星架相连，此时超速行星排成为一个刚性整体，输入轴的动力顺时针传到中间轴。C_1 工作将中间轴与前行星排齿圈相连，前行星排齿圈顺时针转动驱动前行星排行星轮，前行星排行星轮即顺时针自转又顺时针公转，前行星排行星轮顺时针公转则输出轴也顺时针转动，这是一条动力传动路线。由于前行星排行星轮顺时针自转，

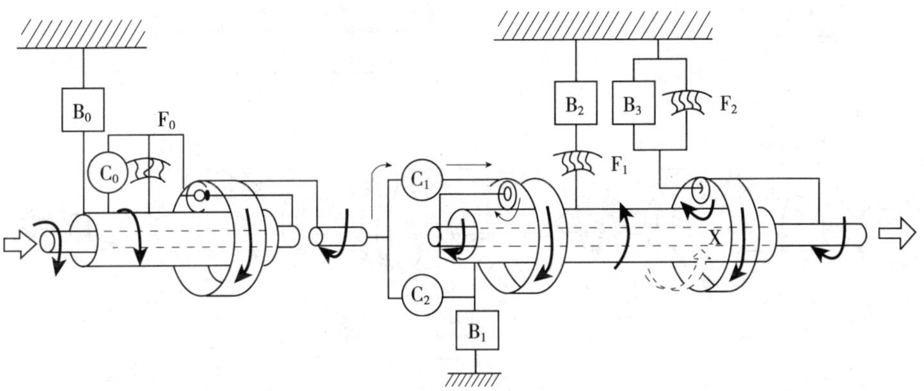

图2–93　D位一挡动力传动路线

则前后行星排太阳轮逆时针转动，再驱动后行星排行星轮顺时针自转，此时，后行星排行星轮在前后行星排太阳轮的作用下有逆时针公转的趋势，但由于 F_2 的作用，使得后行星排行星架不动。这样顺时针转动的后行星排行星轮驱动齿圈顺时针转动，从输出轴也输出动力，这是第二条动力传动路线。

（2）D_2 挡（D 位二挡）。

如图 2–94 所示，D 位二挡时，C_0、C_1、B_2、F_0、F_1 工作。C_0 和 F_0 工作如前所述直接将动力传给中间轴。C_1 工作，动力顺时针传到前行星排齿圈，驱动前行星排行星轮顺时针转动，并使前后太阳轮有逆时针转动的趋势，由于 B_2 的作用，F_1 将防止前后太阳轮逆时针转动，即前后太阳轮不动。此时前行星排行星轮将带动行星架也顺时针转动，从输出轴输出动力。后行星排不参与动力的传动。

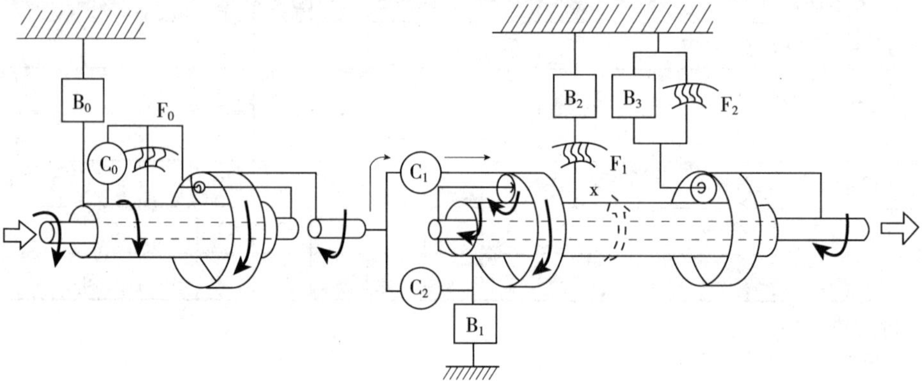

图2-94　D位二挡动力传动路线

（3）D_3 挡（D 位三挡）。

如图 2–95 所示，D 位三挡时，C_0、C_1、C_2、B_2、F_0 工作。C_0 和 F_0 工作如前所述直接将动力传给中间轴。C_1、C_2 工作将中间轴与前行星排的齿圈和太阳轮同时连接起来，前行星排成为刚性整体，动力直接传给前行星排行星架，从输出轴输出动力。此挡为直接挡。

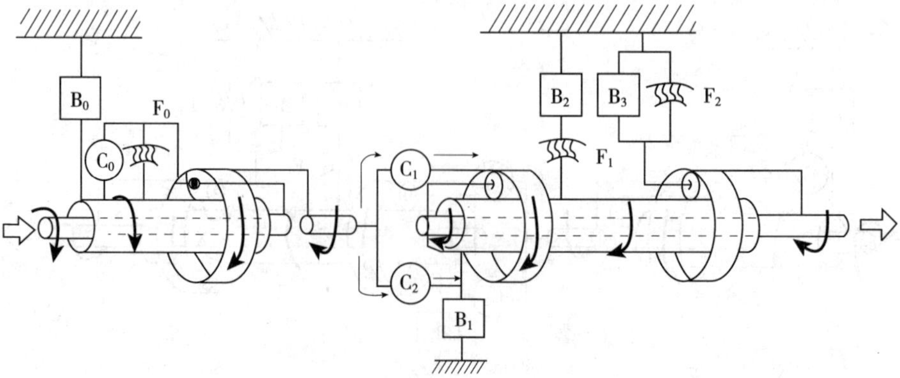

图2-95　D位三挡动力传动路线

（4）D_4 挡（D位四挡）。

如图 2–96 所示，D 位四挡时，C_1、C_2、B_0、B_2 工作。B_0 工作，将超速行星排太阳轮固定。动力由输入轴输入，带动超速行星排行星架顺时针转动，并驱动行星轮及齿圈都顺时针转动，此时的传动比小于 1。C_1、C_2 工作使得前后行星排的工作同 D_3 挡，即处于直接挡。所以整个机构以超速挡传递动力。B_2 的作用同前所述。

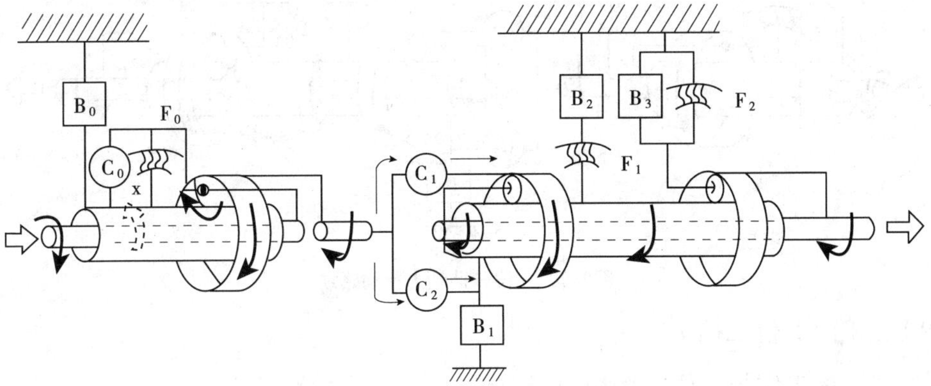

图2-96　D位四挡动力传动路线

（5）2_1 挡（二位一挡）。

二位一挡的工作与 D 位一挡相同。

（6）2_2 挡（二位二挡）。

如图 2–97 所示，二位二挡时，C_0、C_1、B_1、B_2、F_0、F_1 工作。动力传动路线与 D 位二挡时相同。区别只是由于 B_1 的工作，使得二位二挡有发动机制动，而 D 位二挡没有。此挡为发动机制动挡。

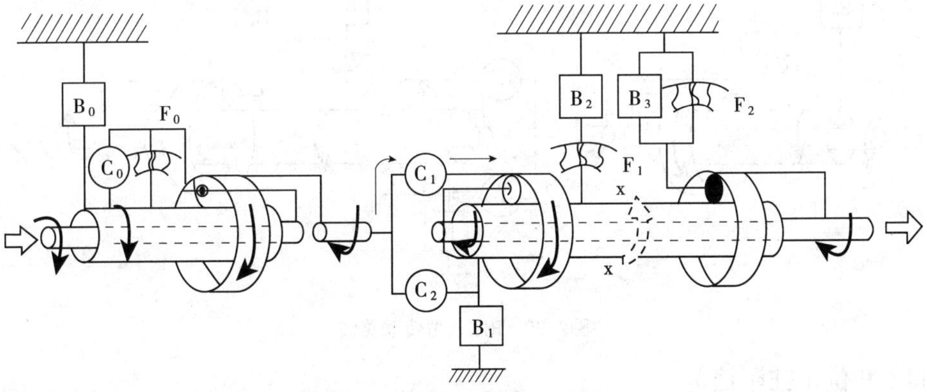

图2-97　二位二挡动力传动路线

（7）2_3 挡（二位三挡）。

二位三挡的工作与 D 位三挡相同。

（8）L_1 挡（L 位一挡）。

如图 2–98 所示，L 位一挡时，C_0、C_1、B_3、F_0、F_2 工作。动力传动路线与 D 位一

挡时相同。区别只是由于 B_3 的工作，使后行星排行星架固定，有发动机制动，原因同前所述。此挡为低速发动机制动挡。

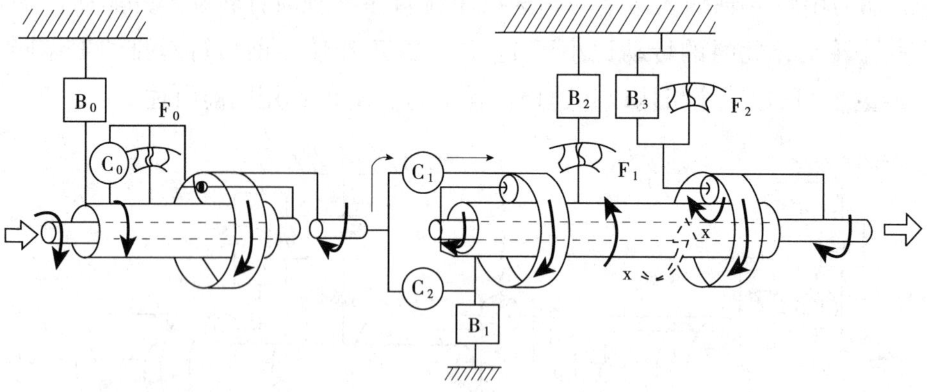

图2-98　L位一挡动力传动路线

（9）L_2 挡（L 位二挡）。

L 位二挡的工作与二位二挡相同。

（10）R 位（倒挡）。

如图 2-99 所示，倒挡时，C_0、C_2、B_3、F_0 工作。C_0 和 F_0 工作如前所述直接将动力传给中间轴。C_2 工作将动力传给前后行星排太阳轮。由于 B_3 工作，将后行星排行星架固定，使得行星轮仅相当于一个惰轮。前后行星排太阳轮顺时针转动驱动后行星排行星架逆时针转动，进而驱动后行星排齿圈也逆时针转动，从输出轴逆时针输出动力。

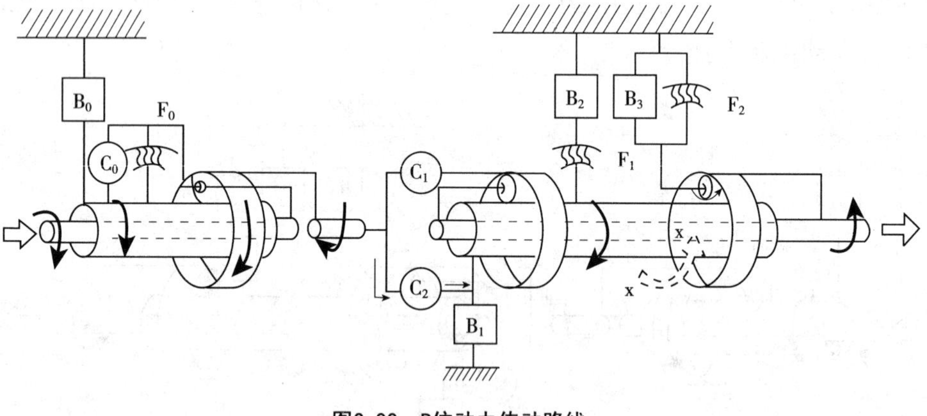

图2-99　R位动力传动路线

（11）P 位（驻车挡）。

选挡杆置于 P 位时，一般自动变速器都是通过驻车锁止机构将变速器输出轴锁止实现驻车。如图 2-100 所示，驻车锁止机构由输出轴外齿圈、锁止棘爪、锁止凸轮等组成。锁止棘爪与固定在变速器壳体上的枢轴相连。当选挡杆处于 P 位时，与选挡杆相连的手动阀通过锁止凸轮将锁止棘爪推向输出轴外齿圈，并嵌入齿中，使变速器输出轴与壳体相连而无法转动，如图 2-100b）所示。当选挡杆处于其他位置时，锁止凸轮退回，锁止棘爪在复位弹簧的作用下离开输出轴外齿圈，锁止撤消，如图 2–100a）所示。

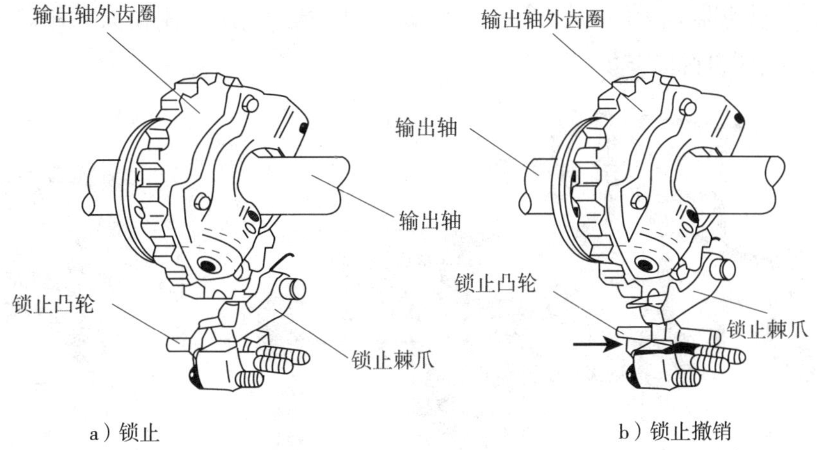

图2–100　驻车锁止机构

3.4.2 拉威挪式行星齿轮变速器

一、结构、组成

桑塔纳 2000GSi–AT 车型的 01N 型 4 挡拉威挪式行星齿轮自动变速器，主要由拉威挪行星齿轮机构和离合器、制动器、单向离合器组成，结构如图 2–101 所示。

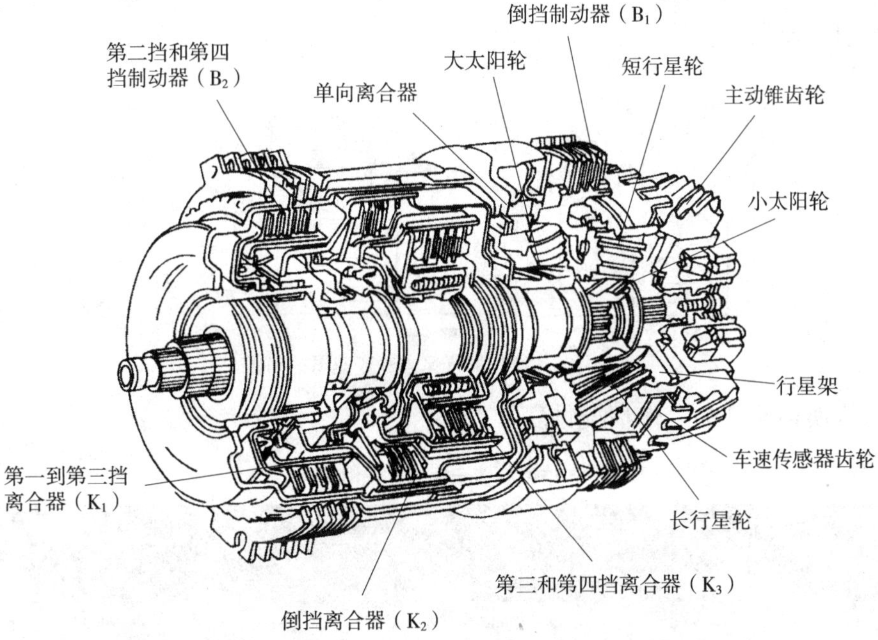

图2–101　拉威挪行星齿轮变速器

拉威挪式行星齿轮变速器的结构如图 2–102 所示。行星齿轮系由大、小太阳轮各 1 个，长、短行星齿轮各 3 个，行星齿轮架和齿圈组成。短行星齿轮与长行星齿轮及小太阳轮啮合；长行星齿轮同时与大太阳轮、短行星齿轮及齿圈啮合，动力通过齿圈输出。离合器 K_1 用于驱动小太阳轮，离合器 K_2 用于驱动大太阳轮，离合器 K_3 用于驱动行星齿轮架，制动器 B_1 用于制动行星齿轮架，制动器 B_2 用于制动大太阳轮，单向离合器 F 防止行星架逆时针转动。

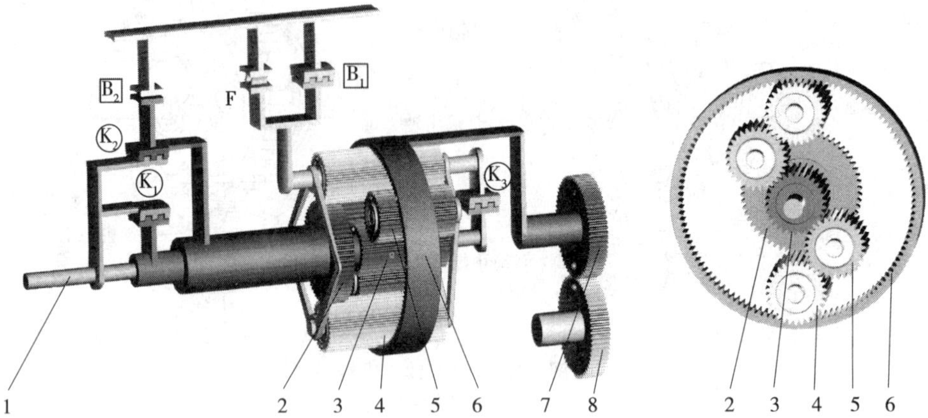

图2-102　拉威挪行星齿轮变速器的结构

1–输入轴；2–大太阳轮；3–小太阳轮；4–长行星齿轮；5–短行星齿轮；6–齿圈；7–输出齿轮；8–主减速器齿圈；K_1–一至三挡离合器；K_2–倒挡离合器；K_3–三至四挡离合器；B_1–一、倒挡制动器；B_2–二、四挡制动器；F–单向离合器

二、各挡动力传动路线

拉威挪行星齿轮变速器的简图如图 2–103 所示，其中锁止离合器 LC 将变矩器的泵轮和涡轮刚性连在一起。

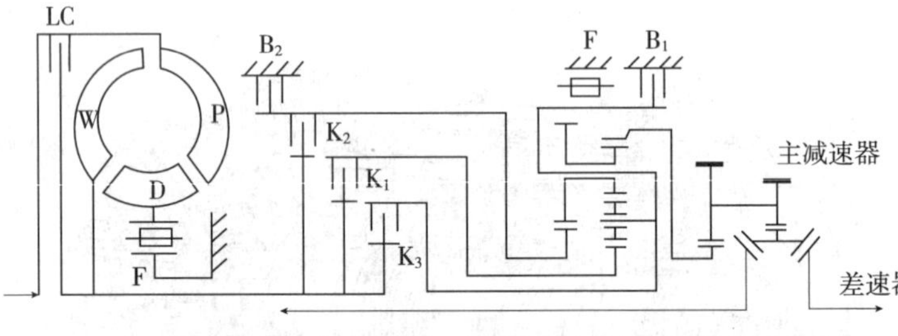

图2-103　拉威挪行星齿轮变速器的简图

各挡位换挡元件的工作情况见表 2–5。

各挡位换挡元件的工作情况　　表2-5

挡位	B_1	B_2	K_1	K_2	K_3	F
R	○			○		○
一挡			○			○
二挡		○	○			
三挡			○		○	
四挡		○			○	

注：○表示离合器、制动器或单向离合器工作。

各挡动力传动路线如下：

（1）一挡。

一挡时，离合器 K_1 接合，单向离合器 F 工作。如图 2-104 所示，动力传动路线为：泵轮→涡轮→涡轮轴→离合器 K_1 →小太阳齿轮→短行星齿轮→长行星齿轮驱动齿圈。

图2-104　一挡动力传动路线

（2）二挡。

二挡时，离合器 K_1 接合，制动器 B_2 制动大太阳轮。如图 2-105 所示，动力传动路线为：泵轮→涡轮→涡轮轴→离合器 K_1 →小太阳齿轮→短行星齿轮→长行星齿轮围绕大太阳轮转动并驱动齿圈。

图2-105　二挡动力传动路线

（3）三挡。

三挡时，离合器 K_1 和 K_3 接合，驱动小太阳轮和行星架，因而使行星齿轮机构锁止并一同转动。如图 2-106 所示，动力传动路线为：泵轮→涡轮→涡轮轴→离合器 K_1 和 K_3 →整个行星齿轮转动。

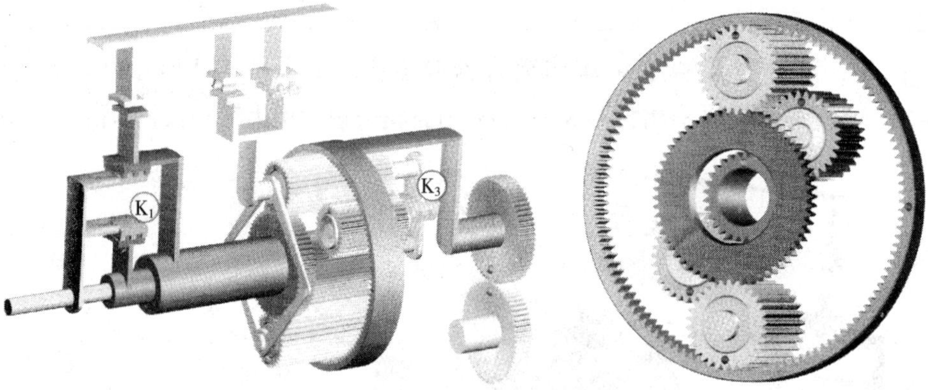

图2-106　三挡动力传动路线

（4）四挡。

四挡时，离合器 K_3 接合，制动器 B_2 工作，使行星架工作，并制动大太阳轮，如图 2-107 所示。动力传动路线为：泵轮→涡轮→涡轮轴→离合器 K_3→行星架→长行星齿轮围绕大太阳轮转动并驱动齿圈。

图2-107　四挡动力传动路线

（5）R 挡。

换挡杆在“R”位置时，离合器 K_2 接合，驱动大太阳轮；制动器 B_1 工作，使行星架制动。如图 2-108 所示。动力传动路线为：泵轮→涡轮→涡轮轴→离合器 K_2→大太阳轮→长行星齿轮反向驱动齿圈。

图2-108　倒挡动力传动路线

3.4.3 平行轴式自动变速器

广州本田雅阁车型 MAXA 自动变速器采用了定轴式齿轮变速传动机构，可以提供四个前进挡和一个倒车挡。

一、结构、组成

广州本田雅阁车型用 MAXA 自动变速器的内部结构如图 2-109 所示，图 2-110 所示为 MAXA 自动变速器的齿轮机构。定轴式齿轮变速传动机构主要由平行轴、各挡齿轮和湿式多片离合器等组成。平行轴有 3 根，即主轴（输入轴）、中间轴和副轴（输出轴）。

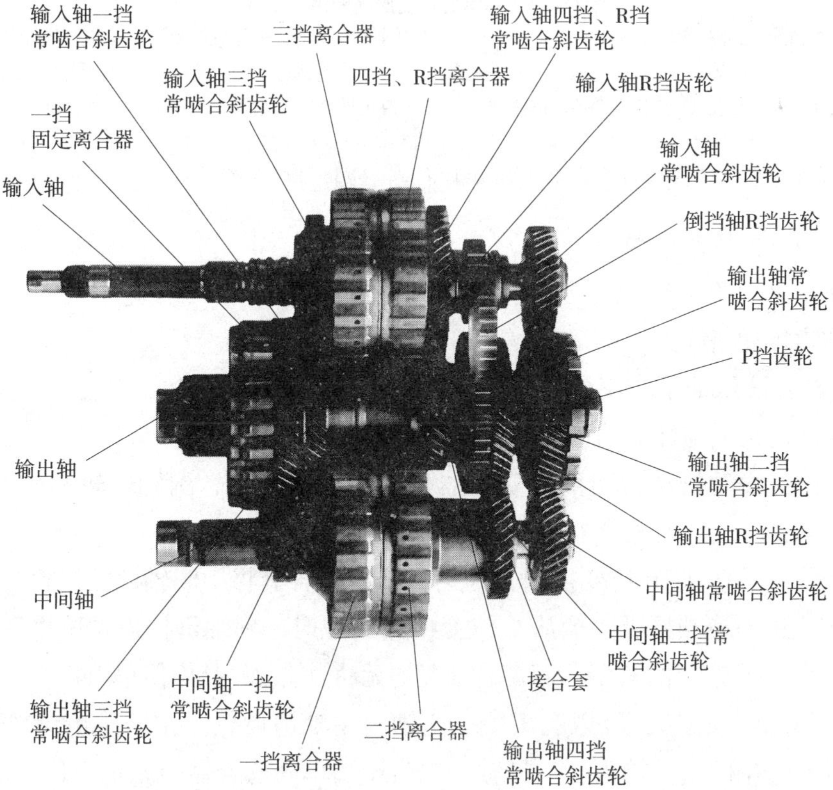

图2-109　广州本田雅阁车型自动变速器的内部结构

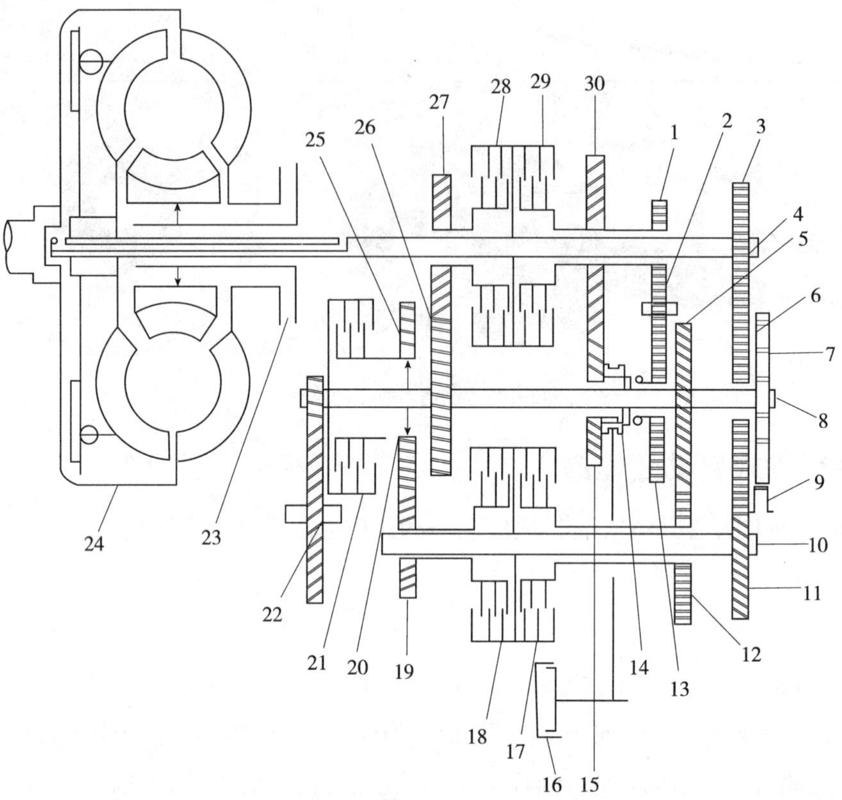

图2-110　MAXA自动变速器的齿轮机构

1–主轴倒挡齿轮；2–倒挡齿轮；3–主轴惰轮；4–主轴；5–副轴二挡齿轮；6–副轴惰轮；7–停车齿轮；8–副轴；9–驻车锁销；10–中间轴；11–辅助轴惰轮；12–中间轴二挡齿轮；13–副轴倒挡齿轮；14–倒挡滑套；15–副轴四挡齿轮；16–伺服油缸；17–二挡离合器；18–一挡离合器；19–中间轴一挡齿轮；20–单向离合器；21–一挡固定离合器；22–最终驱动齿轮；23–油泵；24–液力变矩器；25–副轴一挡齿轮；26–副轴三挡齿轮；27–主轴三挡齿轮；28–三挡离合器；29–四挡离合器；30–主轴四挡齿轮

二、各挡动力传动路线

MAXA 型自动变速器各挡位参与工作的相关部件见表 2–6 所列。

各挡动力传动路线如下：

（1）P 位：液压油不作用到任何离合器，所有离合器均分离，动力不传递给副轴。此时，依靠制动锁块与驻车挡齿轮的互锁作用实现驻车。

（2）N 位：发动机动力由液力变矩器传递给主轴惰轮、副轴惰轮和中间轴惰轮，但液压油没有作用到任何离合器上，动力没有传递给副轴。

当换挡操纵手柄从 D_4 位变换到 N 位时，倒挡接合套将中间轴四挡齿轮与倒挡接合套及副轴相连；当换挡操纵手柄从 R 位变换到 N 位时，副轴倒挡齿轮也将处于啮合状态。但由于无动力传递给副轴，上述两种情况均无动力输出，从而使车辆处于空挡位置。

（3）D_4 或 D_3 位一挡：液力变矩器→主轴→主轴惰齿轮→中间轴惰齿轮→中间轴→一挡离合器→中间轴一挡齿轮→副轴一挡齿轮→单向离合器→副轴→最终驱动齿轮，如图 2–111 所示。

MAXA型自动变速器各挡位参与工作的相关部件　　表2-6

位		液力变矩器	一挡齿轮一挡离合器	一挡固定离合器	二挡齿轮二挡离合器	三挡齿轮三挡离合器	四挡		倒挡齿轮	驻车挡齿轮
							齿轮	离合器		
P		○								○
R		○						○	○	
N		○								
D_4	一挡	○	○							
	二挡	○	○		○					
	三挡	○	○			○				
	四挡	○	○				○	○		
D_3	一挡	○	○							
	二挡	○	○		○					
	三挡	○	○			○				
2		○	○		○					
1		○	○	○						

注：○表示工作。

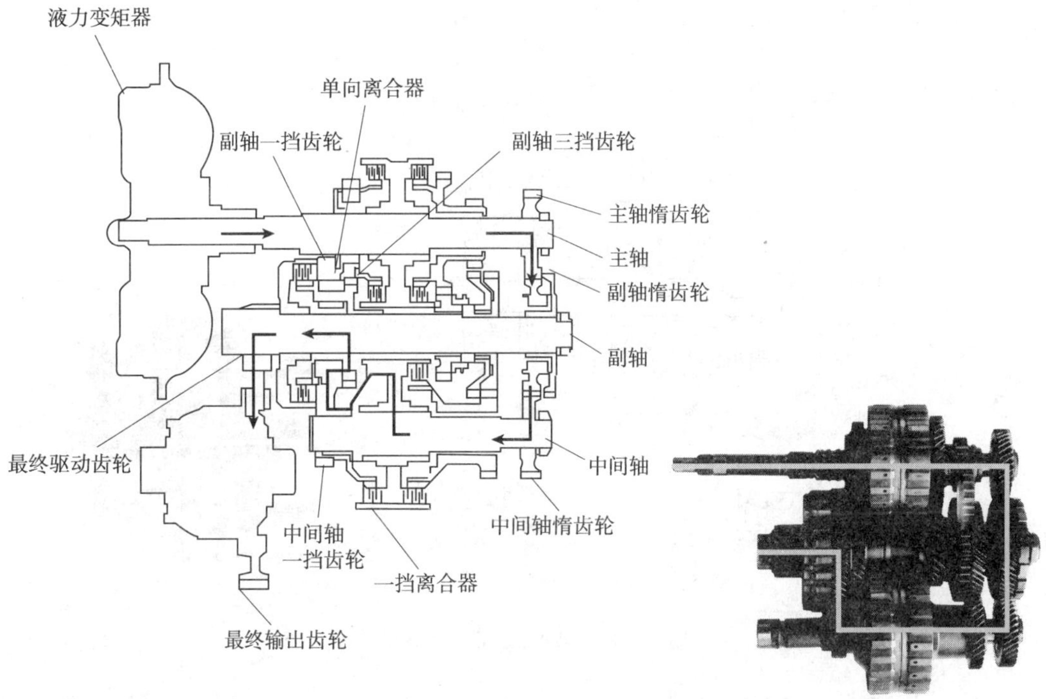

图2-111　D_4或D_3位一挡动力传动

（4）D_4 或 D_3 位二挡或 2 位：液力变矩器→主轴→主轴惰齿轮→中间轴惰齿轮→二挡离合器→中间轴二挡齿轮→副轴二挡齿轮→最终驱动齿轮，如图 2–112 所示。

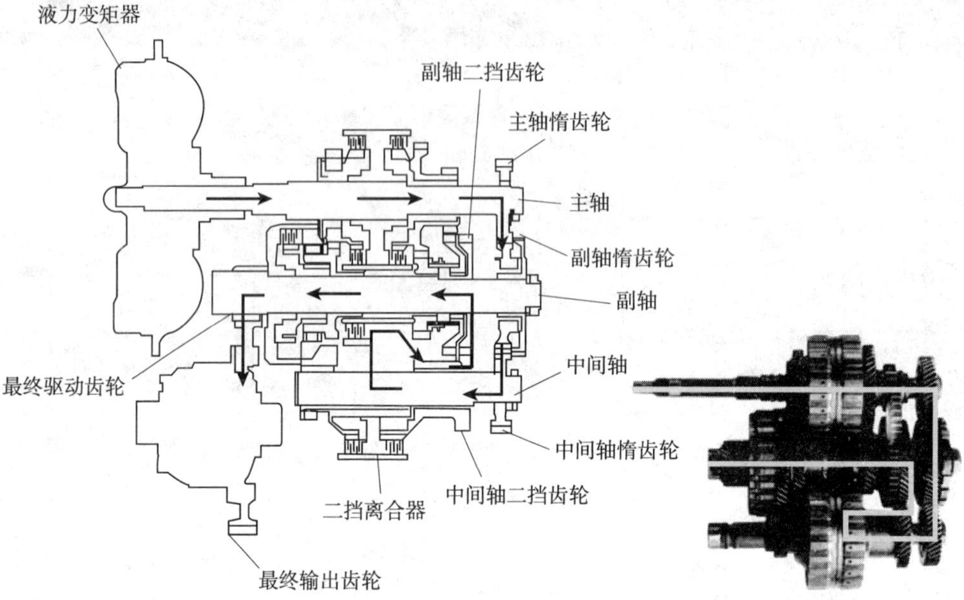

图2–112　D_4或D_3位二挡或2位动力传动

（5）D_4 或 D_3 位三挡：液力变矩器→主轴→ 三挡离合器→主轴三挡齿轮→副轴三挡齿轮→副轴→最终驱动齿轮，如图 2–113 所示。

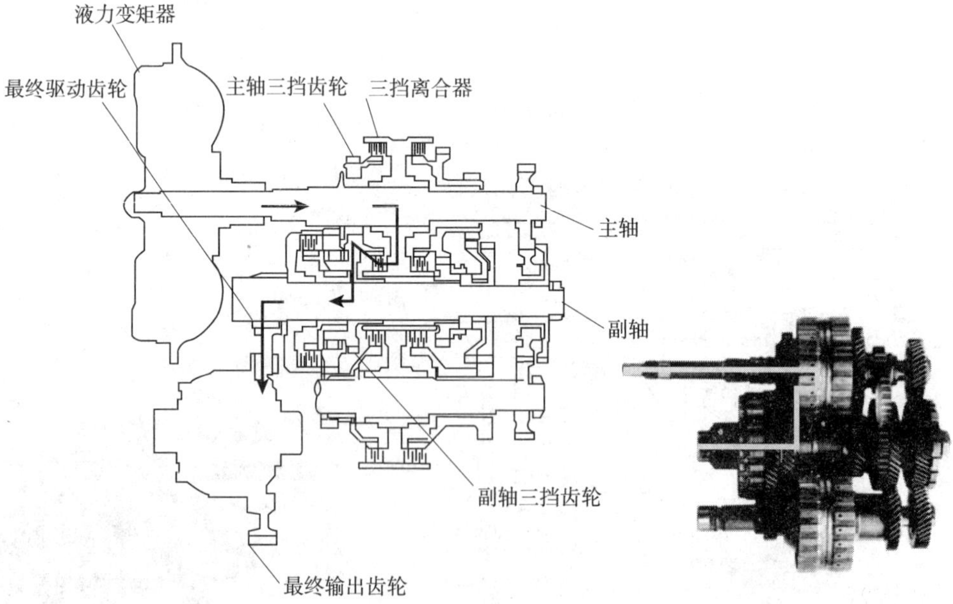

图2–113　D_4或D_3位三挡动力传动

（6）D_4 位四挡：液力变矩器→主轴→四挡离合器→主轴四挡齿轮→副轴四挡齿轮→倒挡滑套→副轴→最终驱动齿轮，如图 2–114 所示。

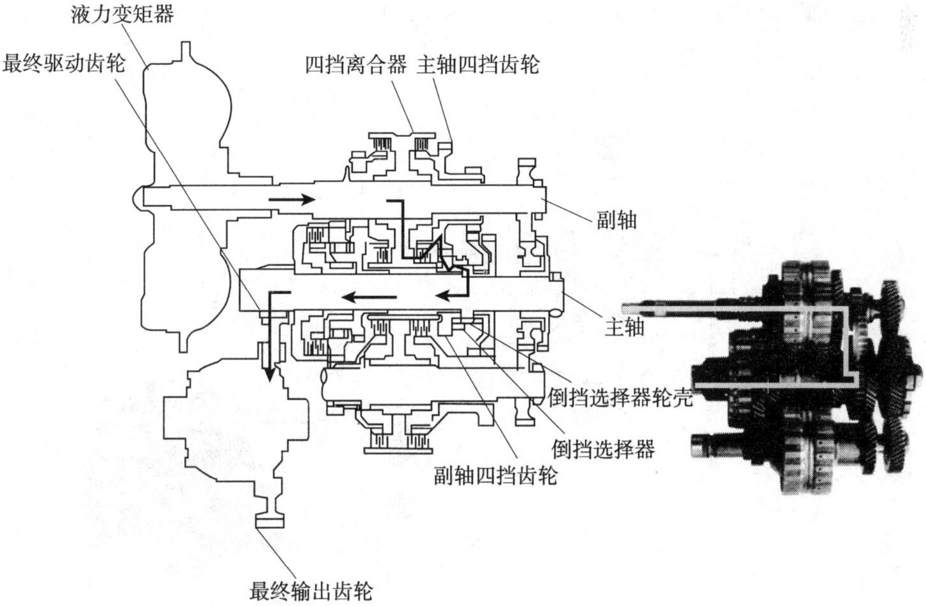

图2-114　D_4位四挡动力传动

（7）1 位一挡：动力传递路线与 D_4 或 D_3 位一挡基本相同，区别仅在于一挡固定离合器接合，使动力分流，实现发动机制动，如图 2-115 所示。阻力传递路线为：车轮→…→最终驱动齿轮→副轴→一挡固定离合器→副轴一挡齿轮→中间轴一挡齿轮→一挡离合器→中间轴→中间轴惰齿轮→主轴惰齿轮→主轴→液力变矩器→发动机。

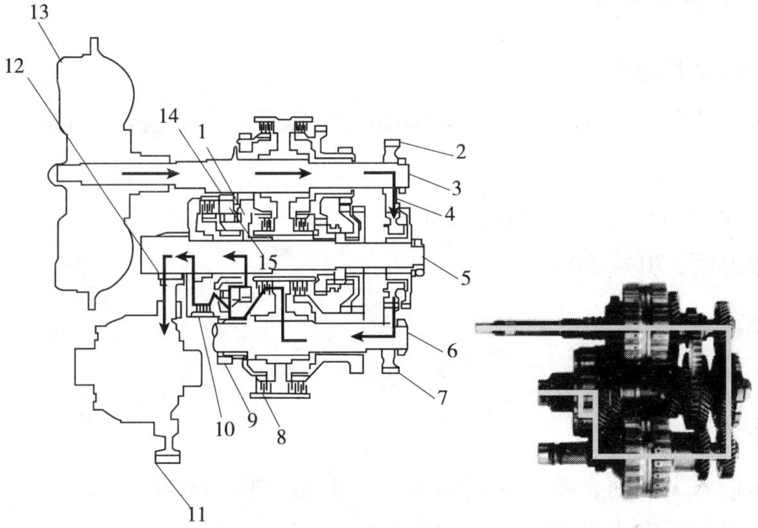

图2-115　1位一挡动力传动

1-副轴三挡齿轮；2-主轴惰齿轮；3-主轴；4-副轴惰齿轮；5-副轴；6-中间轴；7-中间轴惰齿轮；8-一挡离合器；9-中间轴一挡齿轮；10-一挡固定离合器；11-最终输出齿轮；12-最终驱动齿轮；13-液力变矩器；14-副轴一挡齿轮；15-单向离合器

（8）R 位：液力变矩器→主轴→四挡离合器→主轴倒挡齿轮→ 倒挡惰齿轮→副轴

倒挡齿轮→副轴→最终驱动齿轮，如图 2–116 所示。

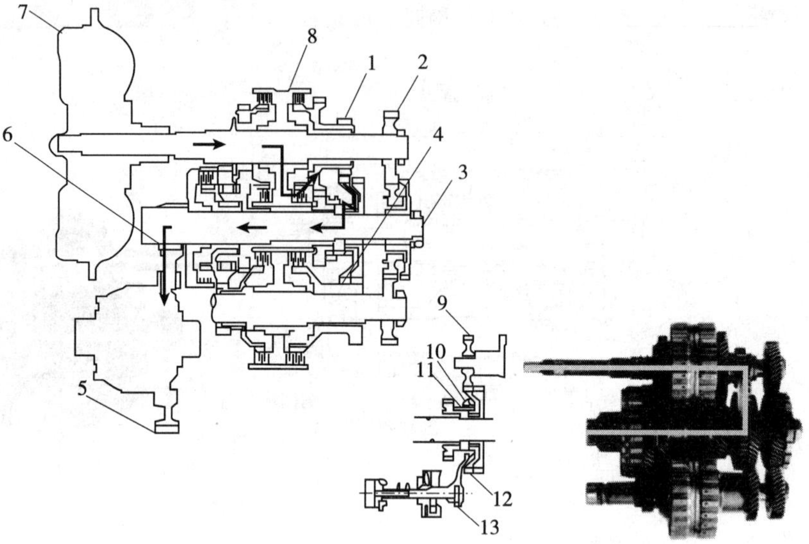

图2-116 R位动力传动

1–主轴倒挡齿轮；2–主轴；3–副轴；4–副轴倒挡齿轮；5–最终输出齿轮；6–最终驱动齿轮；7–液力变矩器；8–4挡离合器；9–倒挡惰齿轮；10–倒挡选择器；11–倒挡选择器轮壳；12–副轴倒挡齿轮；13–倒挡换挡拨叉

3.5 自动变速器的维修

3.5.1 自动变速器油的检查

一、技术标准与要求

（1）丰田卡罗拉 U341E 自动变速驱动桥油的类型："Toyota Genuine ATF WS"（丰田纯正 ATF WS）。

（2）自动变速驱动桥油液容量：6.4L。

（3）油液温度：70 ~ 80℃。

二、实训器材

加油机、回收桶。

三、作业准备

（1）汽车进入工位前，将工位清理干净，准备好相关的器材。

（2）将车辆停放在水平地面上，并施加驻车制动。

（3）拉紧驻车制动器操纵杆，并将变速杆置于驻车挡（P 挡）位置（图 2–117）。

（4）套上转向盘护套、变速杆手柄套和座位套，铺设脚垫。

（5）在车内拉动发动机舱盖手柄，在车外打开并支撑发动机舱盖（图 2–118）。

（6）粘贴翼子板和前部磁力护裙。

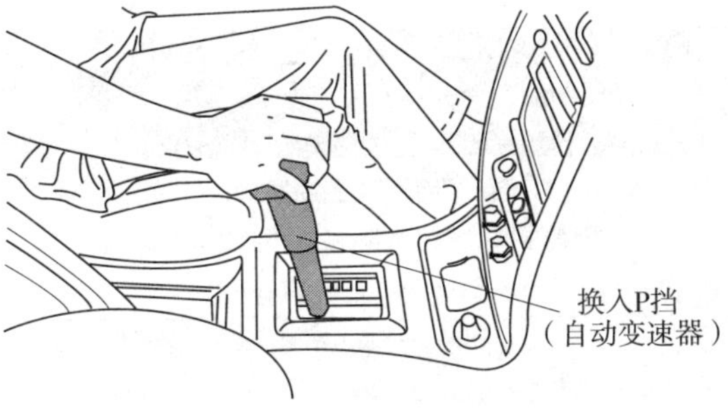

图2-117　换入P挡

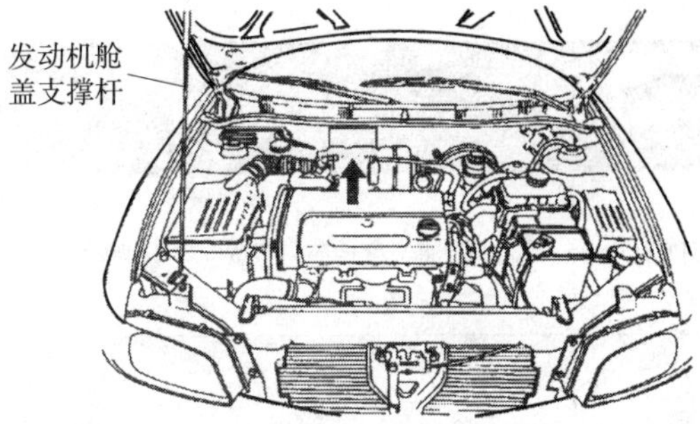

图2-118　支撑发动机舱盖

四、操作步骤

提示：驾驶车辆，使发动机和传动桥处于正常工作温度下。

（1）在发动机怠速且制动踏板踩下的情况下，将换挡杆换到从P位置到L位置的所有位置。然后回到P位置。

（2）拉出机油尺并将其擦干净。

（3）将机油尺完全推回到油管中。

（4）再次拉出机油尺，并检查液位是否在HOT范围内，如图2-119所示。如果液位低于HOT范围，加注新机油并重新检查液位。如果液位超过HOT范围，排放一次，添加适量的新机油并重新检查液位。

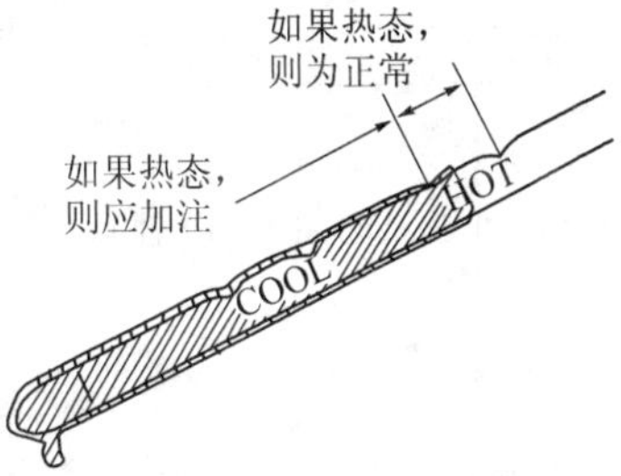

图2-119　ATF液面高度检查

3.5.2 自动变速器故障码的读取与清除

一、技术标准与要求

U341E故障代码如表2-7所示。

U341E故障代码　　表2-7

故障代码	检测项目	故障部位
P0705	变速器挡位传感器电路故障（PRNDL输入）	1. 驻车挡/空挡位置开关电路断路或短路 2. 驻车挡/空挡位置开关 3.ECM
P0710	变速器油温度传感器“A”电路	1.ATF温度传感器电路断路或短路 2. 变速器线束（ATF温度传感器） 3.ECM
P0711	变速器油温度传感器“A”性能	变速器线束（ATF温度传感器）
P0712	变速器油温度传感器“A”电路低输入	1.ATF温度传感器电路短路 2. 变速器线束（ATF温度传感器） 3.ECM

续上表

故障代码	检测项目	故障部位
P0713	变速器油温度传感器“A”电路高输入	1. ATF 温度传感器电路断路 2. 变速器线束（ATF 温度传感器） 3. ECM
P0717	涡轮转速传感器电路无信号	1. 变速器转速传感器 NT（转速传感器 NT）电路断路或短路 2. 变速器转速传感器 NT（转速传感器 NT） 3. ECM 4. 自动传动桥总成
P0724	制动开关“B”电路高电位	1. 制动灯开关电路短路 2. 刹车灯开关 3. ECM
P0741	变矩器离合器电磁阀性能（换挡电磁阀 SL）	1. 换挡电磁阀 SL 保持打开或关闭状态 2. 阀体阻塞 3. 换挡电磁阀 SL 4. 变矩器离合器 5. 自动传动桥（离合器、制动器或齿轮等） 6. 管路压力过低
P0751	换挡电磁阀“A”性能（换挡电磁阀 S1）	1. 换挡电磁阀 S1 保持打开或关闭状态 2. 阀体阻塞 3. 换挡电磁阀 S1 4. 自动传动桥（离合器、制动器或齿轮等）
P0756	换挡电磁阀“B”性能（换挡电磁阀 S2）	1. 换挡电磁阀 S2 保持打开或关闭状态 2. 阀体阻塞 3. 换挡电磁阀 S2 4. 自动传动桥（离合器、制动器或齿轮等）
P0787	换挡 / 正时电磁阀电位低（换挡电磁阀 ST）	1. 换挡电磁阀 ST 电路短路 2. 换挡电磁阀 ST 3. ECM
P0788	换挡 / 正时电磁阀电位高（换挡电磁阀 ST）	1. 换挡电磁阀 ST 电路断路 2. 换挡电磁阀 ST 3. ECM
P0973	换挡电磁阀“A”控制电路电位低（换挡电磁阀 S1）	1. 换挡电磁阀 S1 电路短路 2. 换挡电磁阀 S1 3. ECM
P0974	换挡电磁阀“A”控制电路电位高（换挡电磁阀 S1）	1. 换挡电磁阀 S1 电路断路 2. 换挡电磁阀 S1 3. ECM
P0976	换挡电磁阀“B”控制电路电位低（换挡电磁阀 S2）	1. 换挡电磁阀 S2 电路短路 2. 换挡电磁阀 S2 3. ECM

续上表

故障代码	检测项目	故障部位
P0977	换挡电磁阀“B”控制电路电位高（换挡电磁阀 S2）	1. 换挡电磁阀 S2 电路断路 2. 换挡电磁阀 S2 3. ECM
P2714	压力控制电磁阀“D”性能（换挡电磁阀 SLT）	1. 换挡电磁阀 SLT 保持关闭状态 2. 阀体阻塞 3. 变矩器离合器 4. 自动传动桥（离合器、制动器或齿轮等）
P2716	压力控制电磁阀“D”电路（换挡电磁阀 SLT）	1. 换挡电磁阀 SLT 电路断路或短路 2. 阀体阻塞 3. 变矩器离合器 4. 自动传动桥（离合器、制动器或齿轮等）
P2769	变矩器离合器电磁阀电路短路（换挡电磁阀 SL）	1. 换挡电磁阀 SL 电路短路 2. 换挡电磁阀 SL 3. ECM
P2770	变矩器离合器电磁阀电路断路（换挡电磁阀 SL）	1. 换挡电磁阀 SL 电路断路 2. 换挡电磁阀 SL 3. ECM

二、实训器材

智能检测仪、组合工具。

三、作业准备

（1）汽车进入工位前，将工位清理干净，准备好相关的器材。

（2）将车辆停放在水平地面上，并施加驻车制动。

（3）拉紧驻车制动器操纵杆，并将变速杆置于驻车挡（P 挡）位置（图 2–120）。

（4）套上转向盘护套、变速杆手柄套和座位套，铺设脚垫。

四、操作步骤

❶ 故障码的读取

存储在 ECM 中的 DTC（故障码）可以在智能检测仪上显示。这些诊断工具可显示待定 DTC 和当前 DTC。在连续行驶过程中，如果 ECM 未检测到故障，则有些 DTC 将不会存储。然而，在一次行驶中检测到的故障作为待定 DTC 存储。

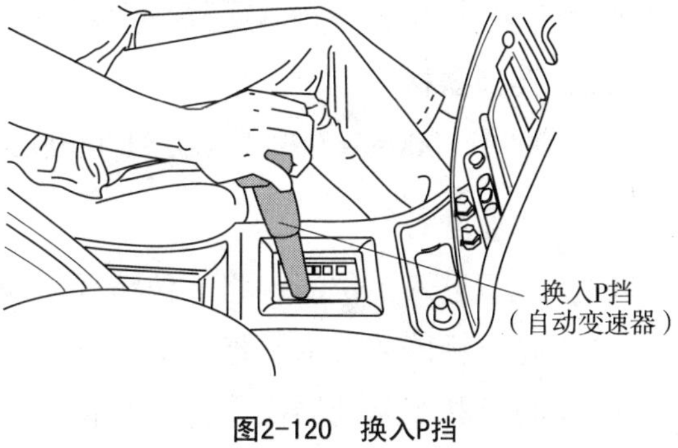

图2–120　换入P挡

（1）将智能检测仪连接到 DLC3。

（2）将点火开关置于 ON（IG）位置。

（3）进入以下菜单项：Enter/Powertrain/Engine and ECT/DTC/Current(or Pending)。

（4）确认 DTC 和定格数据，然后将它们记录下来。

（5）确认 DTC 的详情。

❷ 故障码的清除

使用智能检测仪清除 DTC。

（1）将智能检测仪连接到 DLC3。

（2）将点火开关置于 ON（IG）位置。

（3）进入以下菜单项：Enter/Powertrain/Engine and ECT/DTC/Clear。

3.5.3 自动变速器油压测试

一、技术标准与要求

（1）在 ATF（自动变速器油）的正常工作温度为 50 ~ 80℃下执行测试。

（2）管路压力测试务必由两人一起完成，一名技师进行测试时，另一名技师应在车外观察车轮或车轮挡块的状况。

（3）注意不要使 SST 软管妨碍排气管。

（4）检测必须在检查和调整发动机之后进行。

（5）检测应在空调关闭的情况下进行。

（6）失速测试时，测试的持续时间不得超过 5s。

（7）丰田卡罗拉自动变速器管路压力见表 2-8。

丰田卡罗拉自动变速器管路压力　　表2-8

条件	D 位置 kPa（kgf/cm^2，psi）	R 位置 kPa（kgf/cm^2，psi）
怠速运转时	372~412kPa （3.8~4.2kgf/cm^2，54~60psi）	553~623kPa （5.6~6.4kgf/cm^2，80~100psi）
失速测试	1 120~1 230kPa （11.4~12.5kgf/cm^2，162~178psi）	1 660~1 870kPa （16.9~19.1kgf/cm^2，241~271psi）

二、实训器材

SST 09992-00095(09992-00231, 09992-00271)、智能检测仪。

三、作业准备

（1）汽车进入工位前，将工位清理干净，准备好相关的器材。

（2）将车辆停放在水平地面上，并施加驻车制动。

（3）拉紧驻车制动器操纵杆，并将变速杆置于驻车挡（P 挡）位置（图 2-121）。

(4) 套上转向盘护套、变速杆手柄套和座位套，铺设脚垫。

(5) 在车内拉动发动机舱盖手柄，在车外打开并支撑发动机舱盖（图 2-122）。

(6) 粘贴翼子板和前部磁力护裙。

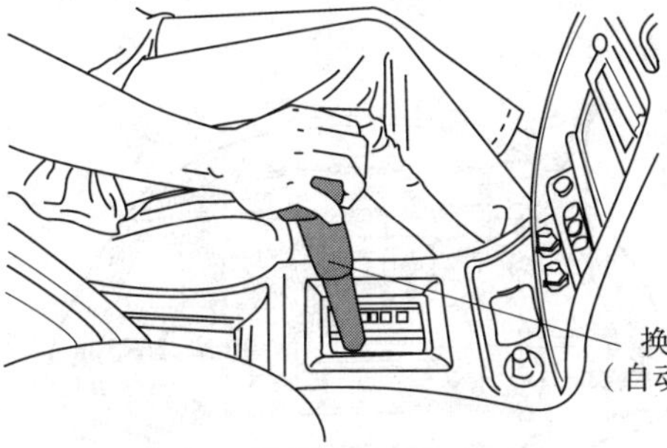

图2-121 换入P挡

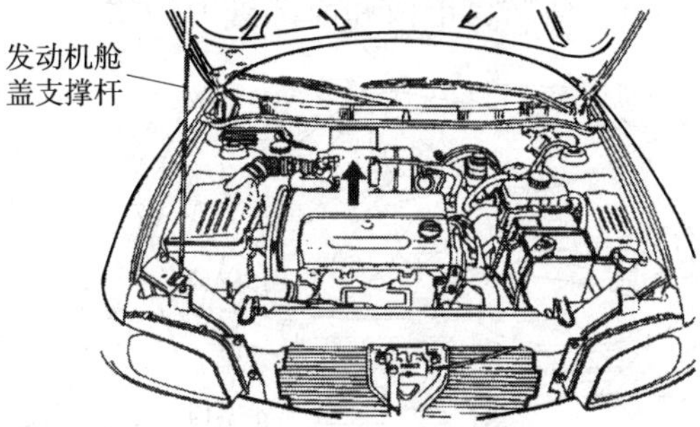

图2-122 支撑发动机舱盖

四、操作步骤

(1) 使 ATF 变暖。

(2) 拆下传动桥壳左前侧的检测螺塞并连接 SST，如图 2-123 所示。

(3) 完全拉紧驻车制动器并塞住 4 个车轮。

(4) 将智能检测仪连接到 DLC3。

(5) 起动发动机并检查怠速。

(6) 用左脚踩住制动踏板并换至 D 位置。

(7) 在发动机怠速运转时测量管路压力。

(8) 将油门踏板踩到底。发动机转速达到失速转速时，迅速读取最高管路压力。

(9) 用同样的方法在 R 位置进行测试。

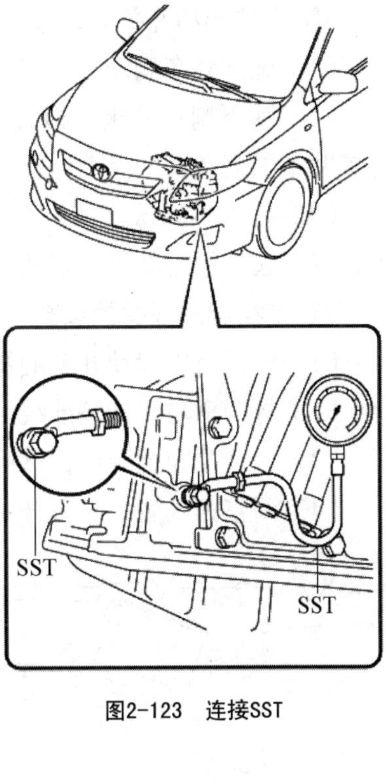

图2-123 连接SST

3.5.4 空挡起动开关的检查和调整

一、技术标准与要求

(1) 换挡杆在 N 或 P 位置时发动机能起动。

(2) 换挡杆在 R 位置时倒车灯点亮，倒挡警告蜂鸣器鸣响。

二、实训器材

扭力扳手、组合工具。

三、作业准备

(1) 汽车进入工位前，将工位清理干净，准备好相关的器材。

(2) 将车辆停放在水平地面上，并施加驻车制动。

（3）拉紧驻车制动器操纵杆，并将变速杆置于驻车挡（P 挡）位置（图 2–124）。

（4）套上转向盘护套、变速杆手柄套和座位套，铺设脚垫。

（5）在车内拉动发动机舱盖手柄，在车外打开并支撑发动机舱盖（图 2–125）。

（6）粘贴翼子板和前部磁力护裙。

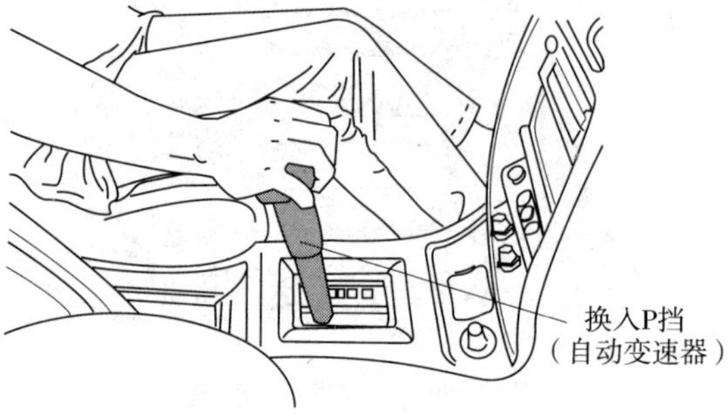

图2-124 换入P挡

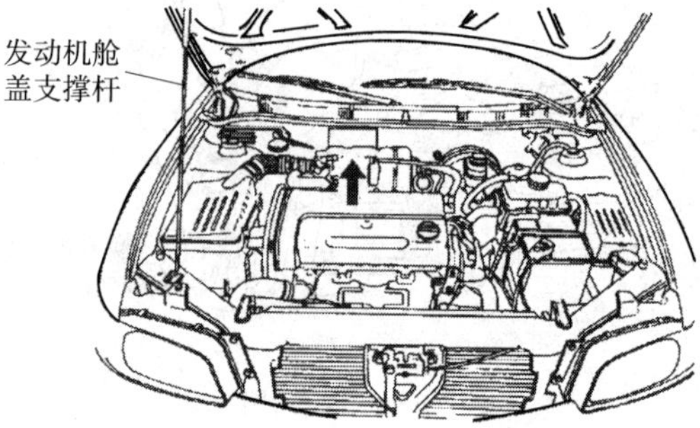

图2-125 支撑发动机舱盖

四、操作步骤

❶ 空挡起动开关的检查

（1）施加驻车制动并将点火开关置于 ON（IG）位置。

（2）踩下制动踏板，检查并确认换挡杆在 N 或 P 位置时发动机能起动，而在其他位置时不能起动。

（3）检查并确认当换挡杆在 R 位置时倒车灯点亮，倒挡警告蜂鸣器鸣响，但在其他位置不起作用。如果发现故障，则应检查空挡起动开关的导通性。

❷ 空挡起动开关的调整

（1）松开空挡起动开关的螺栓，如图 2–126 所示，并将换挡杆置于 N 位置。

（2）将凹槽与空挡基准线对准，如图 2–127 所示。

（3）将开关固定到位，然后拧紧两个螺栓。力矩：5.4N · m。

（4）调整完成后，进行开关工作情况检查。

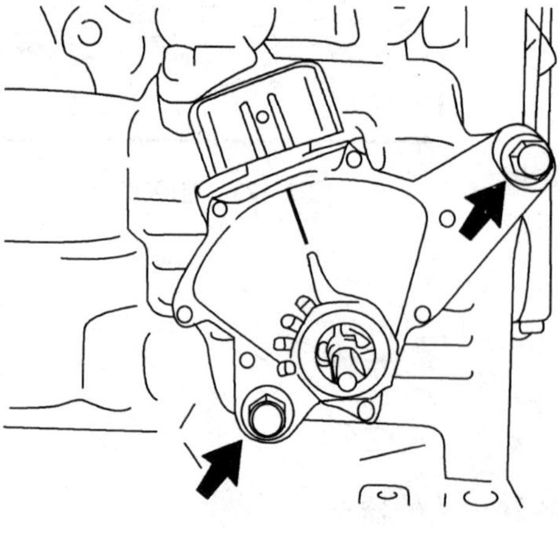

图2-126 松开空挡起动开关螺栓

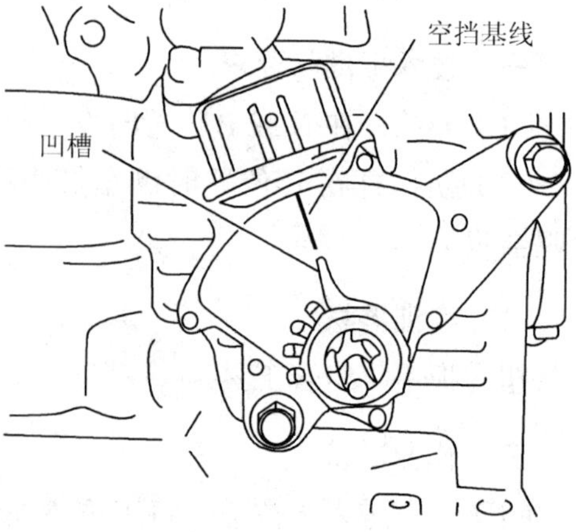

图2-127 空挡起动开关调整

理论测试

一 填空题

1. 自动变速器按结构、控制方式的不同，可以分为________自动变速器、________自动变速器和____________自动变速器。

2. 自动变速器主要由___________、__________、__________、__________和________电子控制系统等组成。

3. 液力变矩器通常由________、____________和__________三个元件组成，称为三元件液力变矩器。

4. 导轮位于__________与_________之间，通过__________支承在固定套管上，使得导轮只能单向旋转。

5. 液力变矩器工作时，发动机带动壳体旋转，壳体带动__________旋转，其叶片将ATF带动起来，并冲击到___________的叶片。

6. 锁止离合器在工作时将___________和___________直接连接起来，这样可减少液力变矩器在高速比时的能量损耗。

7. 自动变速器的换挡执行元件主要包括__________、_________ 和_______。

8. 制动器的功用是固定行星齿轮机构中的元件，防止其转动。常见的制动器有________和___________两种形式。

9. 自动变速器的电子控制系统包括________、_________ 和________三部分。

10. 自动变速器油温传感器一般是一个______________的热敏电阻，当温度升高时，电阻会__________ 。

二 选择题

1. 在自动变速器中，当液力变矩器的泵轮和涡轮转速差值越大时，则______。 （ ）

(A) 输出转矩越大 (B) 输出转矩越小

(C) 效率越高 (D) 输出功率越大

2. 液力变矩器的锁止电磁阀的作用是当车速升到一定值后，控制油液能把______锁为一体。 （ ）

(A) 泵轮和导轮 (B) 泵轮和涡轮

(C) 泵轮和单向离合器 (D) 涡轮和导轮

3. 输出轴处于增矩工况下时，自动变速器的液力变矩器中的导轮处于______状 态。 （ ）

(A) 自由　(B) 锁止

(C) 与涡　轮同速　(D) 与泵轮同速

4. 在自动变速器的行星齿系机构中，只有当______时，才能获得倒挡。　(　)

(A) 行星架制动，齿圈主动　(B) 行星架主动、太阳齿轮制动

(C) 齿圈制动，太阳齿轮主动　(D) 太阳齿轮主动，行星架制动

5. 关于自动变速器的液力变矩器，下列说法中正确的是______。　(　)

(A) 能将发动机的转矩传递给变速器　(B) 涡轮与发动机转速相同

(C) 导轮由发动机直接驱动　(D) 导轮与涡轮之间通过单向离合器连接

6. 对于自动变速器的手动换挡阀，正确的说法是______。　(　)

(A) 由于选换挡杆带动手动换挡阀　(B) 手动换挡阀独立存在，不在阀体中

(C) 手动换挡阀与加速踏板连动　(D) 手动换挡阀直接控制前进挡的挡位

7. 自动变速器的油泵，是被______驱动的。　(　)

(A) 变矩器外壳　(B) 导轮间接

(C) 从泵轮抛向涡轮的油流　(D) 单向离合器

8. 在自动变速器中，当行星齿系中有锁止元件，并且行星架作为输入元件时，行星齿轮机构就______。　(　)

(A) 形成降速挡　(B) 形成降矩挡

(C) 输出与输入转向相反　(D) 形成增速挡

9. 决定自动变速器换挡时刻的主要传感信息是车速及______。　(　)

(A) 节气门开度　(B) 发动机转速

(C) 发动机空气流量计　(D) 变速器输入轴的转速

10. 在自动变速器中，液力变矩器的工作原理就像两台对置的电风扇，一台电风扇接通电源，另一台电风扇不接电源。那么通电电风扇与不通电电风扇分别相当于液力变矩器中的______。　(　)

(A) 泵轮与涡轮　(B) 导轮与涡轮

(C) 涡轮与行星齿轮　(D) 行星齿轮与导轮

三 判断题

1. 根据换挡工况的需要，自动变速器中的单向离合器由液压系统控制其分离或锁止。　(　)

2. 所谓液力变矩器的“锁止”，其含义是把其内的导轮锁止不动，以提高传动效率。　(　)

3. 自动变速器中制动器的作用是把行星齿轮机构中的某两个元件连接起来，形成一个整体共同旋转。　(　)

4. 自动变速器中的单向离合器是以机械方式进行运作的，而多片式离合器则是利

用液压进行操纵的。（ ）

5. 当行星齿轮机构中的太阳齿轮、齿圈或行星架都不被锁止时，则会形成空挡。（ ）

6. 四挡辛普森式自动变速器，其结构特点是前后行星架组成一体。（ ）

7. 目前生产的本田“雅阁”自动变速器内，采用交叉式行星齿系机构。（ ）

8. 采用拉维挪式行星齿系的自动变速器，D_1 挡只有单行星排运作。（ ）

9. 自动变速器的内啮合式齿轮泵，是靠液力变矩器的输出轴驱动的。（ ）

10. 在液力变矩器中，当导轮处于锁止状态时，将反过来使泵轮的转矩增大。（ ）

四 简答题

1. 自动变速器基本组成及工作原理是什么？

2. 液力变矩器有哪些功用？

3. 液力变矩器由哪些元件组成，它是如何工作的？

4. 锁止离合器的作用是什么？简述其工作原理。

5. 自动变速器的换挡执行元件有哪些？各有什么功用?

6. 简述内啮合齿轮泵的结构及其工作原理。

7. 自动变速器常用的传感器及开关有哪些？各有什么功用?

8. 按图说明四挡辛普森式行星齿轮自动变速器各挡动力传动路线。

9. 按图说明拉威挪式行星齿轮自动变速器各挡动力传动路线。

10. 按图说明平行轴式自动变速器各挡动力传动路线。

Ⅳ 万向传动装置

知识目标：

1. 了解万向传动装置的功用和组成；
2. 掌握常用万向节的结构及工作原理；
3. 了解传动轴与中间支承的结构。

能力目标：

1. 掌握传动轴总成的拆装方法；
2. 掌握球笼式万向节总成的拆装方法；
3. 掌握三枢轴式万向节总成的拆装方法。

建议学时：

6学时

4.1 概述

4.1.1 万向传动装置的功用和组成

一、功用

万向传动装置在汽车上有很多应用，结构也稍有不同，但其功用都是一样的，即在轴线相交且相互位置经常发生变化的两转轴之间传递动力。

如图 2-128 所示为万向传动装置在汽车中最常见的应用，位于变速器与驱动桥之间。

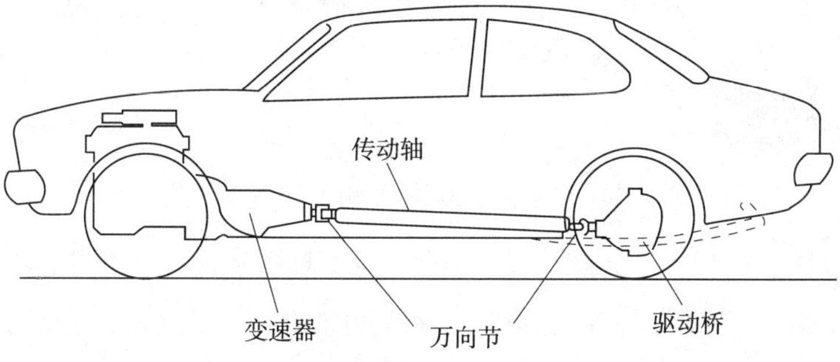

图2-128 变速器与驱动桥之间的万向传动装置

二、组成

万向传动装置主要包括万向节和传动轴，对于传动距离较远的分段式传动轴，为了提高传动轴的刚度，还设置有中间支承，如图 2–129 所示。

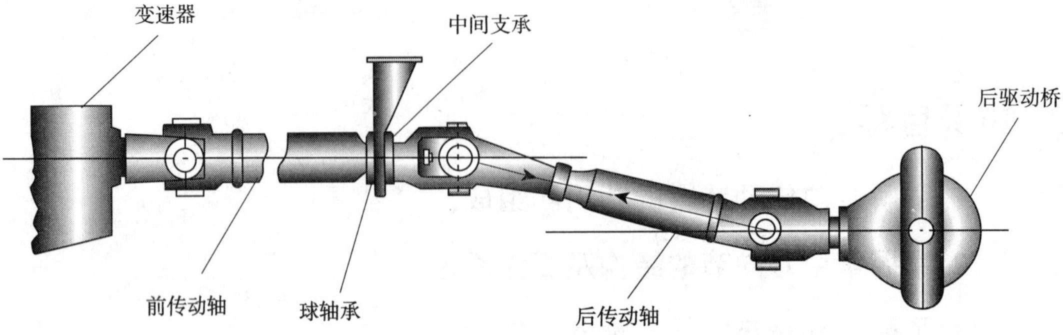

图2–129　万向传动装置的组成

4.1.2 万向传动装置的应用

万向传动装置在汽车上的应用主要有以下 5 个方面：

（1）变速器与驱动桥之间（4×2 汽车），如图 2–130 所示。一般汽车的变速器、离合器与发动机三者装合为一体装在车架上，驱动桥通过悬架与车架相连。在负荷变化及汽车在不平路面行驶时引起的跳动，会使驱动桥输入轴与变速器输出轴之间的夹角和距离发生变化，因此需要安装万向传动装置。

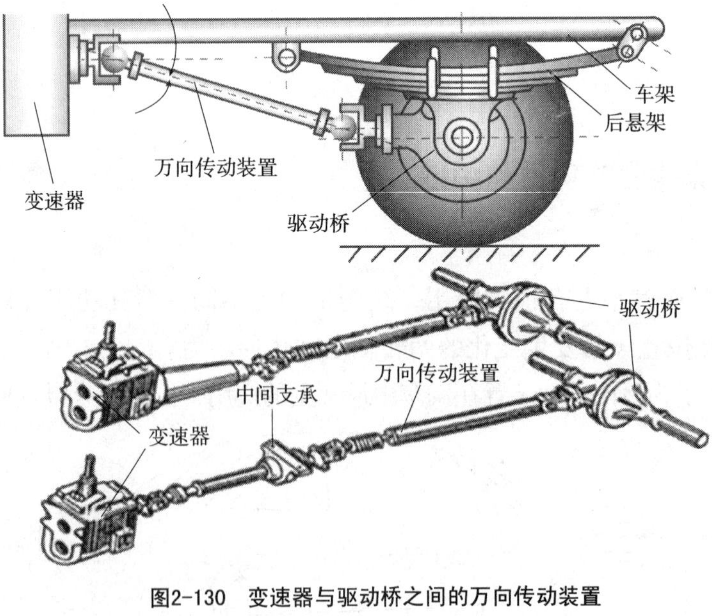

图2–130　变速器与驱动桥之间的万向传动装置

（2）变速器与分动器、分动器与驱动桥之间（越野汽车），如图 2–131 所示。为消除车架变形及制造、装配误差等引起的其轴线同轴度误差对动力传递的影响，需装有万向传动装置。

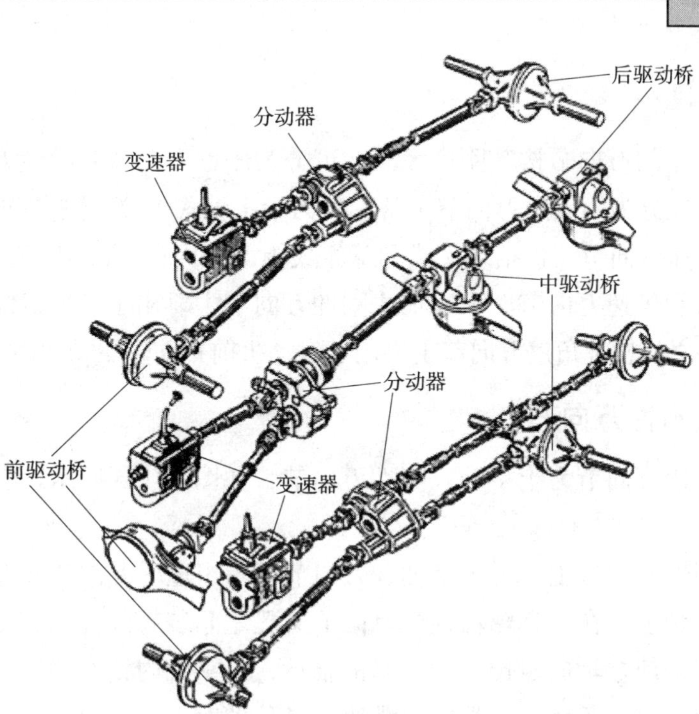

图2-131　变速器与分动器、分动器与驱动桥之间的万向传动装置

（3）转向驱动桥的内、外半轴之间，如图 2–132 所示。转向时两段半轴轴线相交且交角有变化，因此要用万向节。

（4）断开式驱动桥的半轴之间，如图 2–133 所示。主减速器壳在车架上是固定的，桥壳上下摆动，半轴是分段的，因此需用万向节。

（5）转向机构的转向轴和转向器之间，如图 2–134 所示。这有利于转向机构的总体布置。

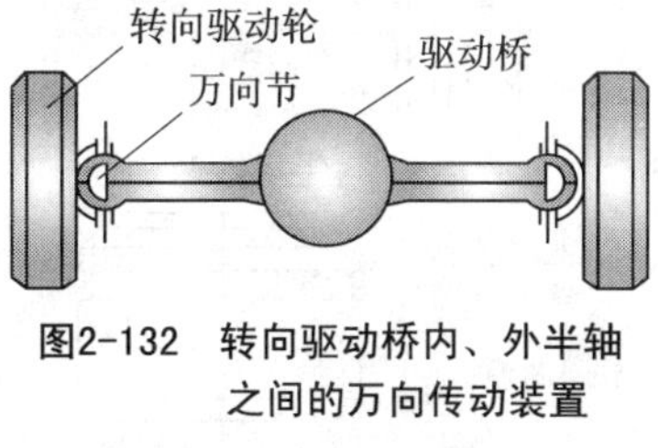

图2-132　转向驱动桥内、外半轴之间的万向传动装置

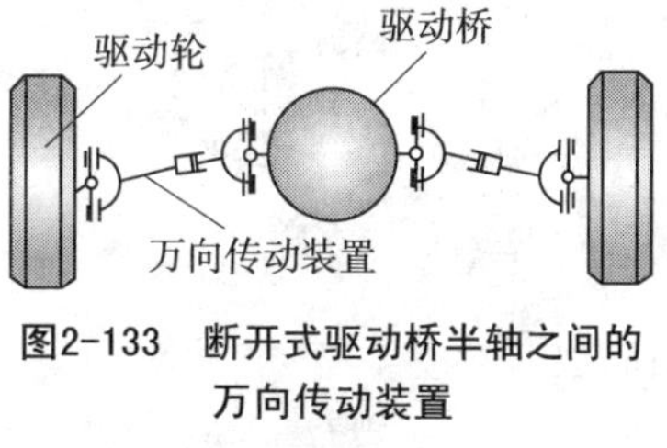

图2-133　断开式驱动桥半轴之间的万向传动装置

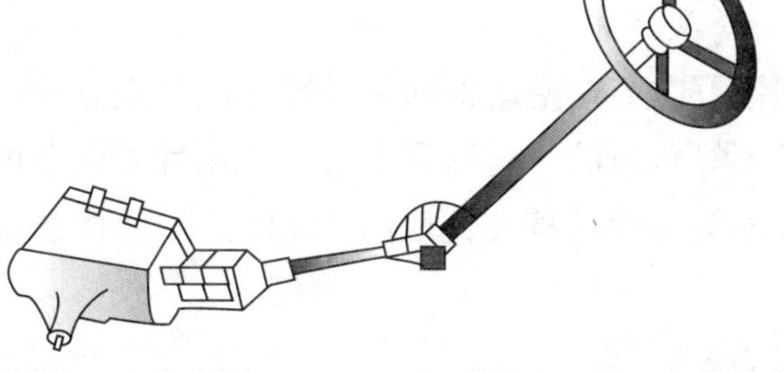

图2-134　转向机构的转向轴和转向器之间的万向传动装置

4.2 万向节

在汽车上使用的万向节按其刚度大小，可分为刚性万向节和柔性万向节。刚性万向节按其速度特性分为不等速万向节（常用的为十字轴式）、准等速万向节（双联式和三销轴式）和等速万向节（包括球叉式和球笼式等）。目前在汽车上应用较多的是十字轴式刚性万向节和等速万向节。十字轴式刚性万向节主要用于发动机前置后轮驱动的变速器与驱动桥之间，等角速万向节主要用于发动机前置前轮驱动的内、外半轴之间。

4.2.1 十字轴刚性万向节

常见的不等速万向节为十字轴式刚性万向节，如图 2-135 所示。它允许相邻两轴的最大交角为 15°~ 20° 。

十字轴式刚性万向节主要由十字轴、万向节叉等组成。万向节叉上的孔分别套在十字轴的四个轴颈上。在十字轴轴颈与万向节叉孔之间装有滚针和套筒，用带有锁片的螺钉和轴承盖来使之轴向定位。为了润滑轴承，十字轴内钻有油道，且与油嘴、安全阀相通，如图 2-136 所示。为避免润滑油流出及尘垢进入轴承，十字轴轴颈的内端套装着油封。

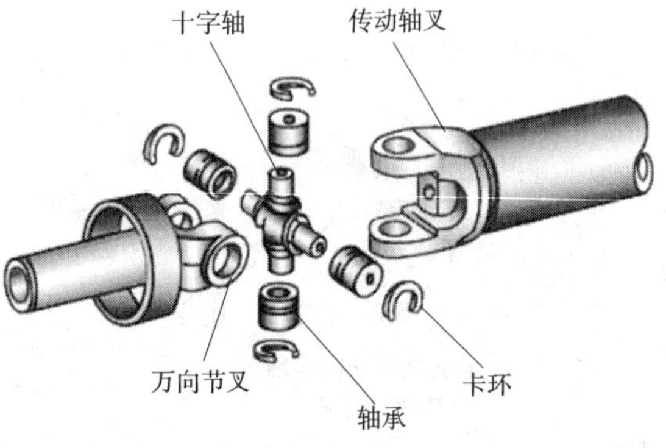

图2-135 十字轴式刚性万向节

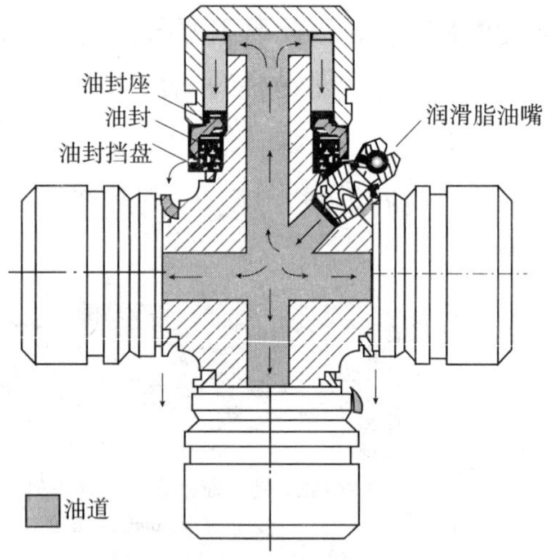

图2-136 润滑油道及密封装置

单个十字轴式刚性万向节在主动轴和从动轴之间有夹角的情况下，当主动叉等角速转动时，从动叉是不等角速的，这称为十字轴式刚性万向节的不等速特性。且两转轴之间的夹角越大，不等速性就越大，如图 2-137 所示为传动轴每转一圈时速度的变化情况。

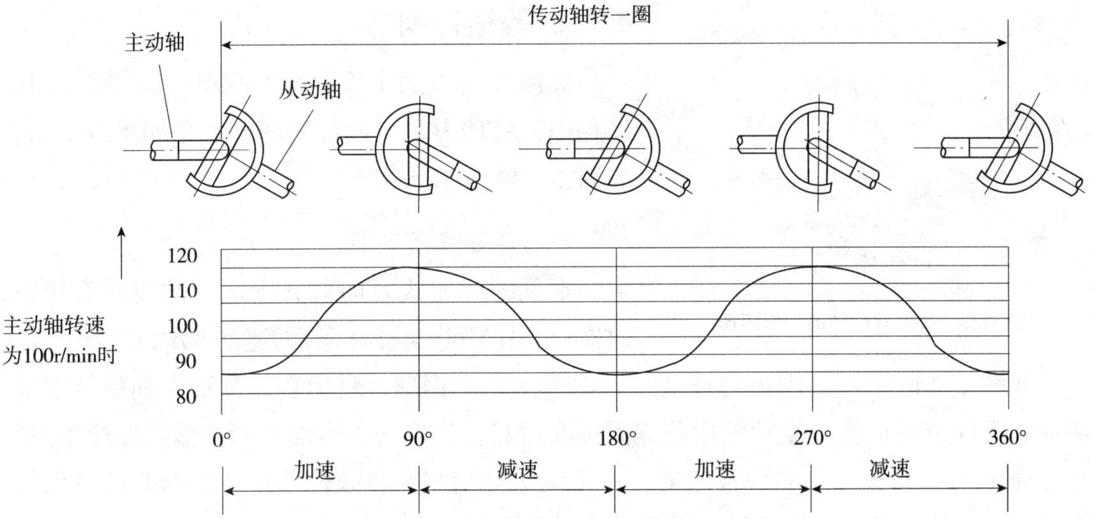

图2-137　十字轴式刚性万向节的不等速特性

十字轴式刚性万向节的不等速特性将使从动轴及其相连的传动部件产生扭转振动，从而产生附加的交变载荷，影响部件寿命。可以采用如图 2-138 所示的双十字轴刚性万向节的传动方式，第一万向节的不等速特性可以被第二万向节的不等速特性所抵消，从而实现两轴间的等角速传动。具体条件是：a）第一万向节两轴间夹角 α_1 与第二万向节两轴间夹角 α_2 相等；b）第一万向节的从动叉与第二万向节的主动叉处于同一平面。

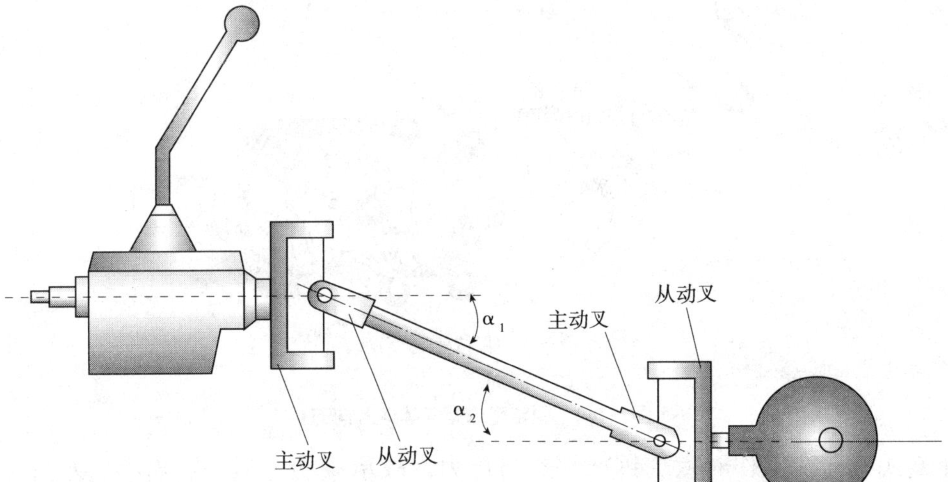

图2-138　双十字轴刚性万向节等速传动布置图

由于悬架的振动，不可能在任何时候都保证 $\alpha_1 = \alpha_2$，因此这种双十字轴刚性万向节的传动只能近似地解决等速传动问题，且由于两轴夹角最大只能是 20°，因此使用上受到限制。

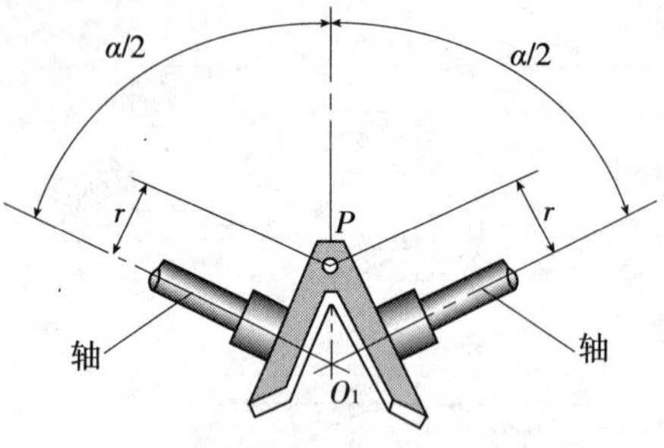

图2-139　等速万向节的工作原理

4.2.2 等速万向节

等速万向节的工作原理是保证万向节在工作过程中，其传力点永远位于两轴交角的平分面上，如图 2-139 所示。

一、球笼式万向节

常见的球笼式万向节有固定型球笼式等速万向节（RF 节）和伸缩型球笼式等速万向节（VL 节）。

如图 2-140 所示，固定型球笼式万向节由六个钢球、星形套、球形壳和保持架等组成。万向节星形套与主动轴用花键固接在一起，星形套外表面有六条弧形凹槽滚道，球形壳的内表面有相应的六条凹槽，六个钢球分别装在各条凹槽中，由球笼使其保持在同一平面内。动力由主动轴、钢球、球形壳输出。

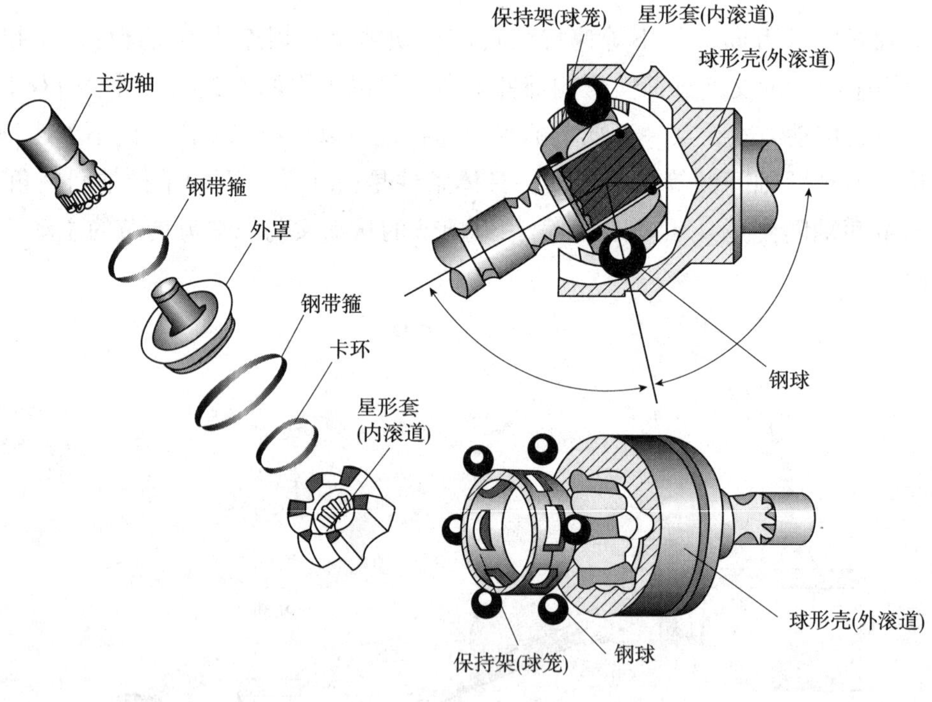

图2-140　固定型球笼式等速万向节

球笼式万向节工作时六个钢球都参与传力，故承载能力强、磨损小、寿命长。它被广泛应用于各种型号的转向驱动桥和独立悬架的驱动桥。

伸缩型球笼式等角速万向节又称直槽滚道型等速万向节。如图 2-141 所示，其结构与上述球笼式相近，只是内、外滚道为圆筒形直槽，使万向节本身可轴向伸缩（伸缩量可达 50mm），省去其他万向节传动中的滑动花键，且滚动阻力小，适用于断开式驱动桥的万向传动装置。这种万向节所连接的两轴夹角不能太大，因此常常和固定型球笼式等速万向节组合在一起使用，以保证在夹角和距离发生变化的条件下传递动力。

RF 节和 VL 节广泛应用于采用独立悬架的车型转向驱动桥，如红旗、桑塔纳、捷达、宝来、奥迪等汽车的前桥。其中 RF 节用于靠近车轮处，VL 节用于靠近驱动桥处，如图 2-142 所示。

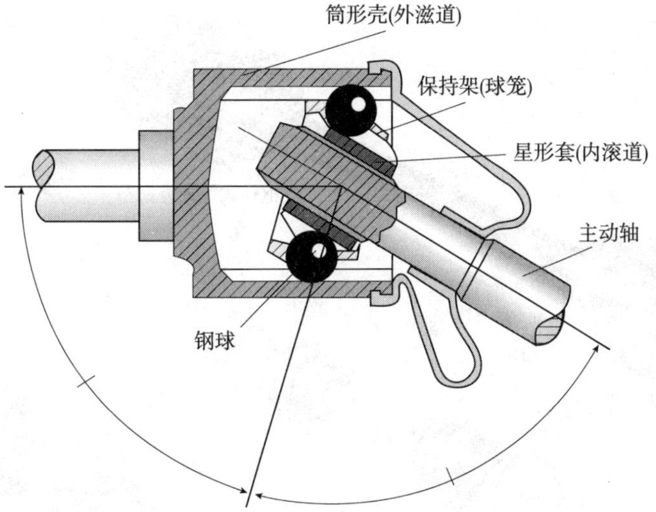

图2-141　伸缩型球笼式等速万向节

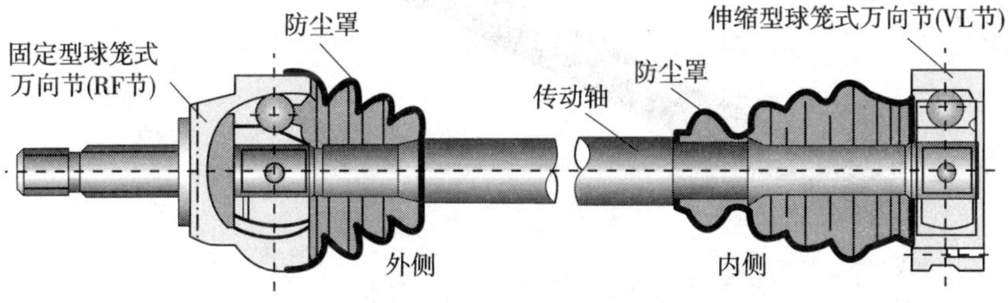

图2-142　RF节与VL节在转向驱动桥中的布置

二、三枢轴球面滚轮式等速万向节

三枢轴球面滚轮式等速万向节又称为自由三枢轴万向节，其结构如图 2-143 所示。其由三个位于同一平面内互成 120° 的枢轴构成，它们的轴线交于输入轴上一点，并且垂直于驱动轴。三个外表面为球面，滚子轴承分别活套在各枢轴上，一个漏斗形轴，在其筒形部分加工出三个槽形轨道。三个槽形轨道在筒形圆周上是均匀分布的，轨道配合面为部分同柱面，三个滚子轴承分别装入各槽形轨道，可沿轨道滑动。

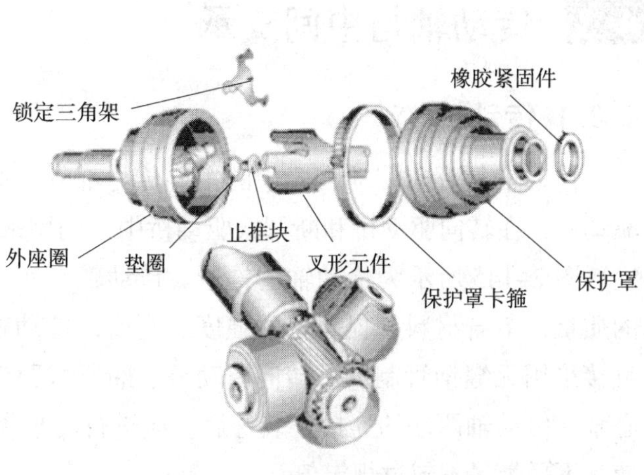

图2-143　三枢轴球面滚轮式等速万向节

如图 2–144 所示为别克凯越车型等速万向节和传动轴的结构。

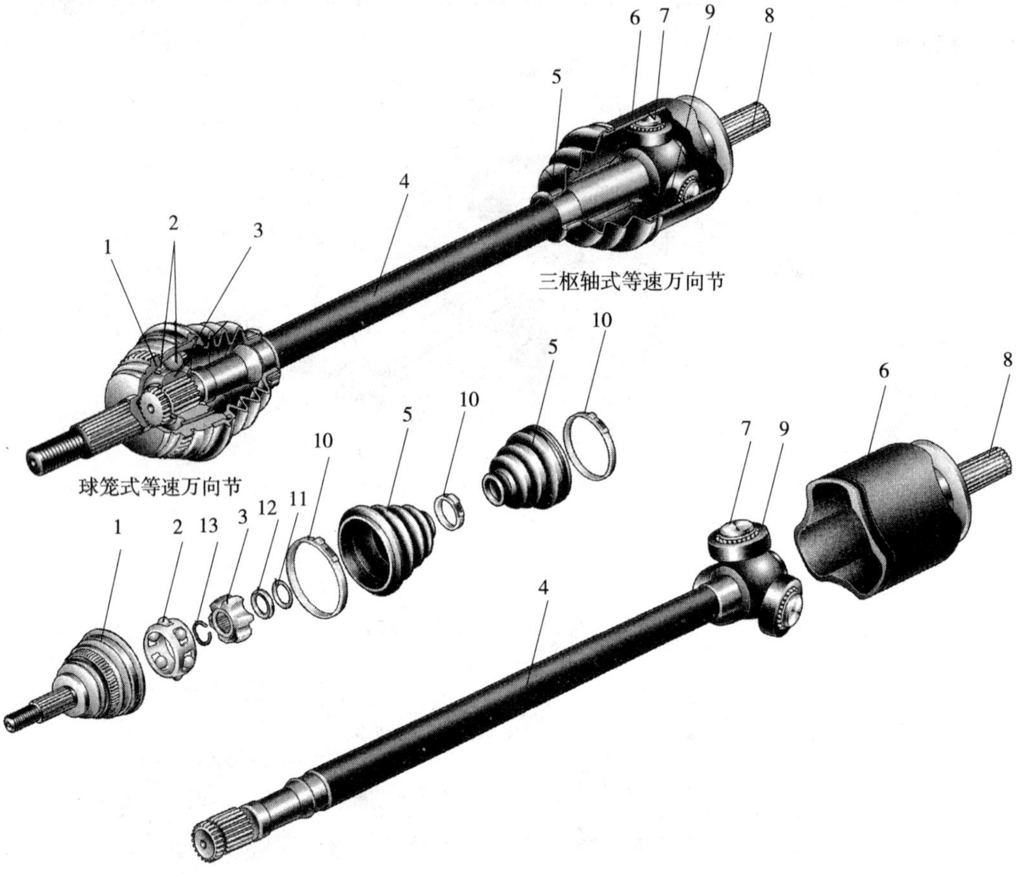

图2–144　等速万向节和传动轴

1–钟形壳；2–钢球与保持架；3–星形套；4–传动轴；5–橡胶护套；6–叉形元件；7–滚轮轴；8–输入轴；9–球面滚轮；10–固定卡箍；11、12–垫圈；13–弹性卡环

4.3 传动轴与中间支承

4.3.1 传动轴

传动轴是万向传动装置中的主要传力部件。通常用来连接变速器（或分动器）和驱动桥，在转向驱动桥和断开式驱动桥中，则用来连接差速器和驱动车轮。

图 2–145 所示为传动轴的构造。传动轴有实心轴和空心轴之分。为了减轻传动轴的质量，节省材料，提高轴的强度、刚度，传动轴多为空心轴，重型货车的传动轴则直接采用无缝钢管制成。转向驱动桥、断开式驱动桥或微型汽车的传动轴通常制成实心轴。传动轴两端的连接件装好后，应进行动平衡试验。在质量轻的一侧补焊平衡片，使其不平衡量不超过规定值。

汽车行驶过程中，变速器与驱动桥的相对位置会发生变化，随着传动轴角度的改变，其长度也会改变，因此采用滑动叉和花键组成的滑套连接，以实现传动轴长度的变化，如图2-146所示。

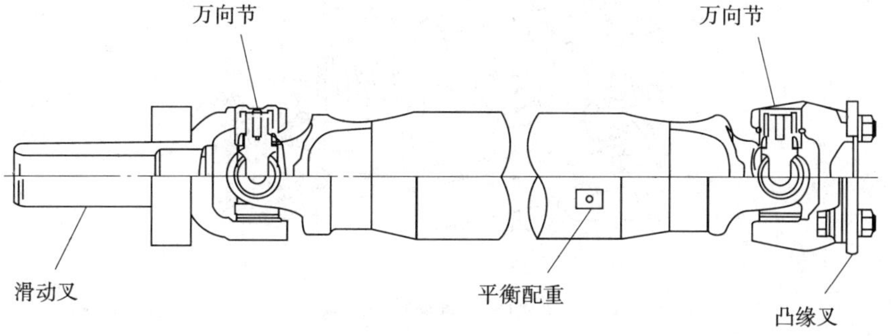

图2-145　传动轴的构造

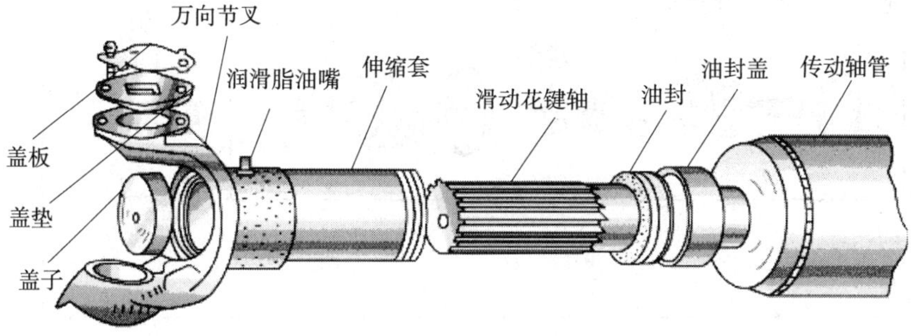

图2-146　滑动叉的构造

4.3.2 中间支承

传动轴分段时需加中间支承，中间支承通常装在车架横梁上，能补偿传动轴轴向和角度方向的安装误差，以及汽车行驶过程中因发动机窜动或车架变形等引起的位移。

如图2-147所示的中间支承是由支架和轴承等组成的，轴承固定在中间传动轴后部的轴颈上。带油封的支承盖之间装有弹性元件橡胶垫环，用三个螺栓紧固。紧固时，橡胶垫环会径向扩张，其外圆被挤紧在支架的内孔中。

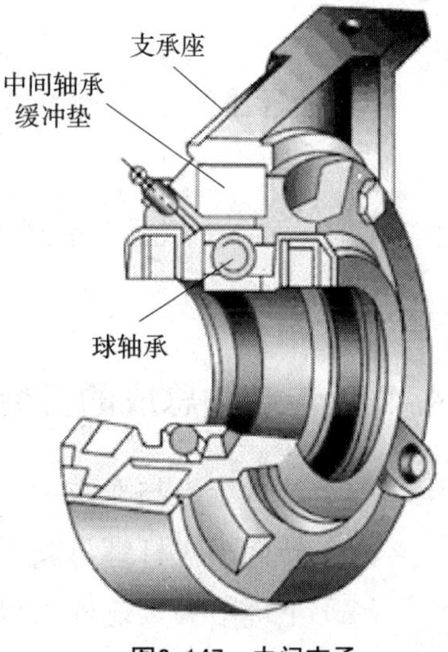

图2-147　中间支承

4.4 万向传动装置的维修

别克凯越车型传动轴位置如图2-148所示，传动轴总成分解图如图2-149所示。

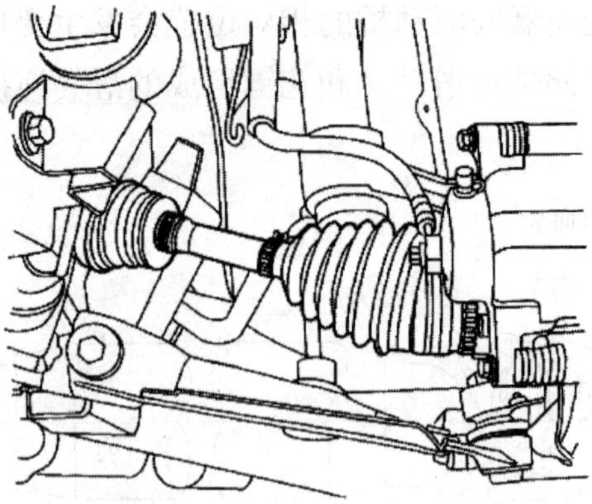

图2-148　传动轴的位置

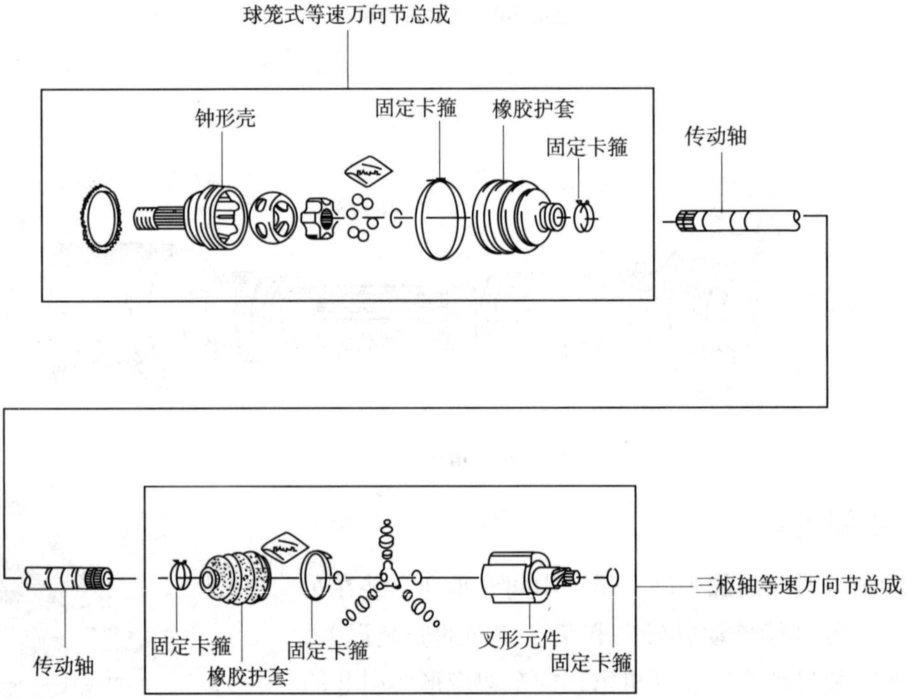

图2-149　凯越车型传动轴总成分解图

4.4.1 传动轴总成的拆装

一、技术标准与要求

（1）转向横拉杆螺母紧固力矩为55N・m。

（2）下球节夹紧螺栓螺母紧固力矩为60N・m。

（3）车轮螺母紧固力矩为100N・m。

（4）半轴轮毂螺母紧固力矩为300N・m。

（5）螺栓和螺母紧固力矩应符合规定，半轴轮毂螺母必须使用新件。

二、实训器材

球节拆卸工具 KM-507-B、半轴拆卸工具 KM-460-A、冲子和手锤、组合工具、扭力扳手。

三、作业准备

（1）汽车进入工位前，将工位清理干净，准备好相关的器材。

（2）将汽车停驻在举升机中央位置。

（3）拉紧驻车制动器操纵杆，并将变速杆换入空挡位置（图 2-150）。

（4）套上转向盘护套、变速杆手柄套和座位套，铺设脚垫。

四、操作步骤

❶ 拆卸程序

（1）举升并妥善支承车辆。

（2）拆卸车轮。

（3）拆卸半轴轮毂螺母，如图 2-151 所示。将螺母报废。

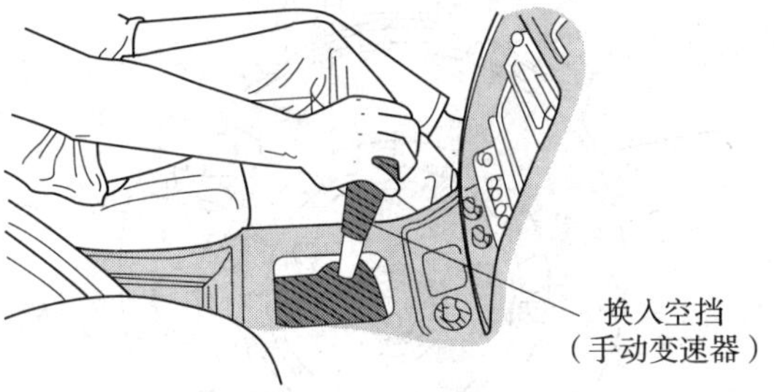

图2-150　换入空挡

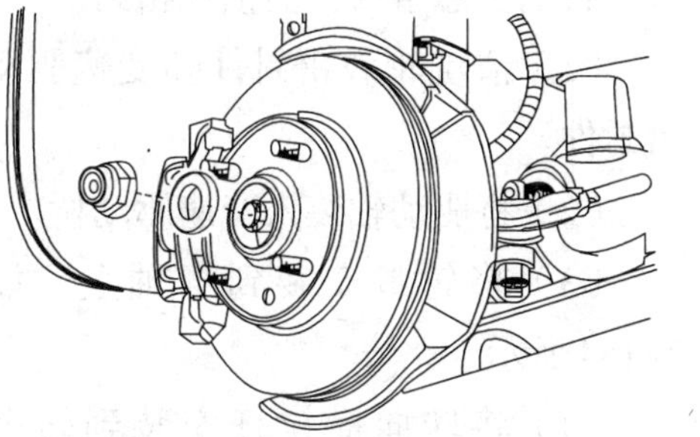

图2-151　拆卸半轴轮毂螺母

特别注意事项：仅用推荐的工具拆卸下球节。否则，会损坏球节和密封件。

（4）拆卸下球节夹紧螺栓和螺母。

（5）用球节拆卸工具 KM-507-B 从下球节上拆卸转向节。

（6）拆卸转向横拉杆螺母。

特别注意事项：仅用推荐的工具从转向节 / 支柱总成上拆卸转向横拉杆。否则，会损坏转向节 / 支柱总成。

（7）用球节拆卸工具 KM-507-B 拆卸转向横拉杆，如图 2-152 所示。

（8）从轮毂上拆卸驱动轴。

注意事项：支撑未紧固的驱动轴端。驱动轴从轮毂上拆卸后不要让其长时间在变速驱动桥上自由下垂。

注意事项：用接油盘放在变速驱动桥下，接收溢出的油液。拆卸驱动轴后，堵塞变速驱动桥上的驱动轴开孔，防止油液流出和污染物进入。

（9）用半轴拆卸工具 KM–460–A，从变速驱动桥上拆卸驱动轴，如图 2–153 所示。

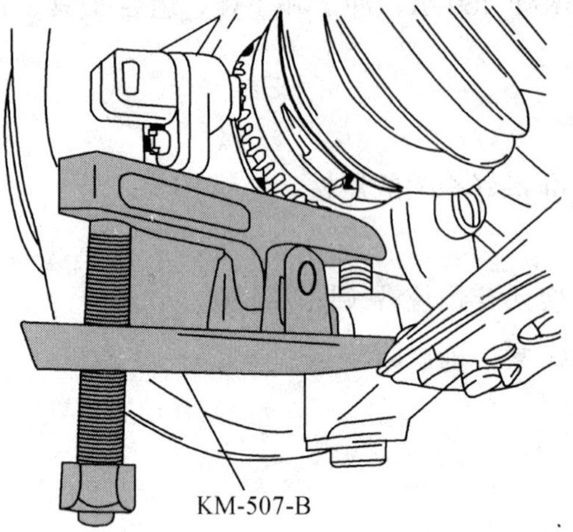

图2–152　拆卸转向横拉杆

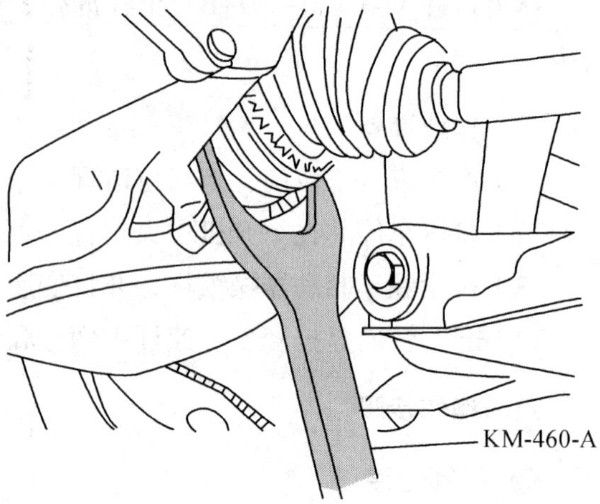

图2–153　拆卸驱动轴

❷ 安装程序

特别注意事项：勿损坏密封。

（1）清洗轮毂密封件和变速驱动桥密封件。

（2）将驱动轴装入变速驱动桥。

（3）将轮毂安装到半轴上，如图 2–154 所示。

（4）将转向横拉杆安装到转向节（支柱）上，再安装转向横拉杆螺母并紧固，如图 2–155 所示。

（5）安装下球节夹紧螺栓和螺母并紧固，如图 2–156 所示。

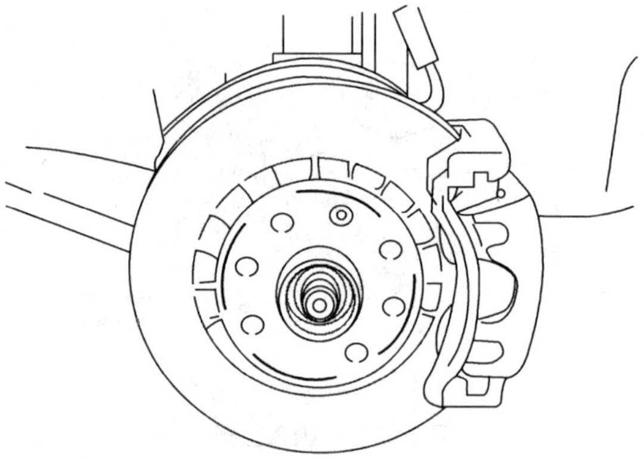
图2–154　安装轮毂

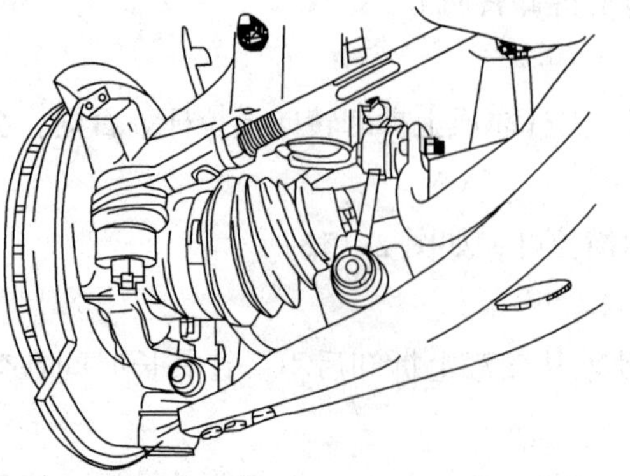
图2–155　安装转向横拉杆

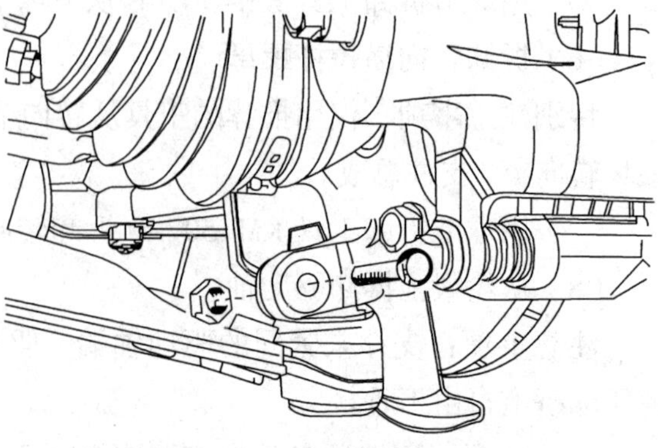
图2–156　安装下球节螺栓、螺母

(6) 松弛地装上新半轴轮毂螺母。务必使用新螺母，如图 2–157 所示。

(7) 安装车轮。松弛地装上螺母。

(8) 将车辆降到地面。紧固车轮螺母。

(9) 紧固半轴轮毂螺母，如图 2–158 所示。

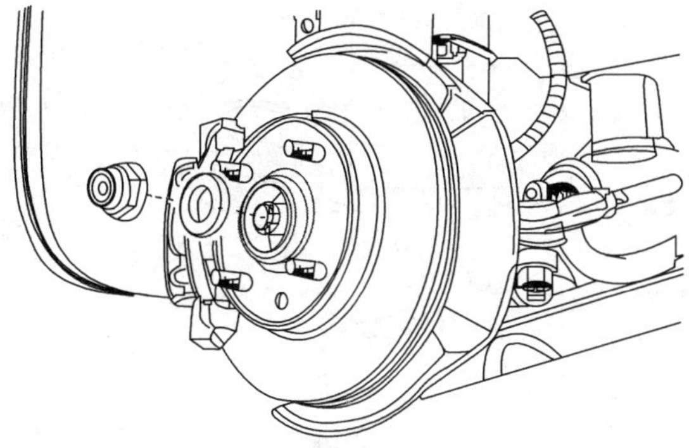

图2-157 松弛地装上半轴轮毂螺母

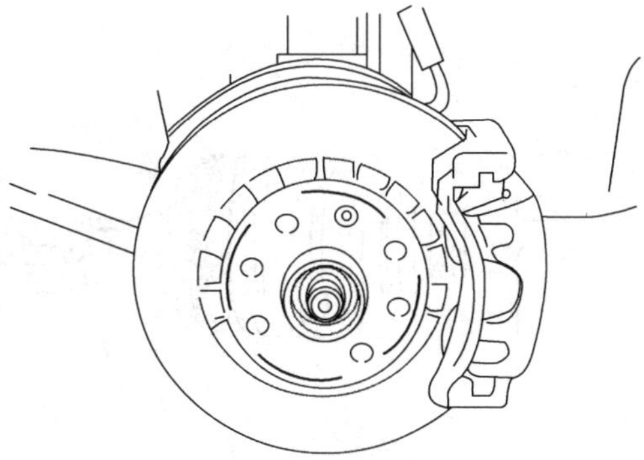

图2-158 紧固半轴轮毂螺母

(10) 用冲子和手锤敲击轮毂螺母，直到螺母在半轴轮毂上锁定到位。

(11) 重新加注变速驱动桥油液至正确液面。

4.4.2 球笼式万向节总成拆装

一、技术标准与要求

(1) 卡箍一经拆下必须报废。

(2) 使用厂家推荐的润滑脂。

二、实训器材

密封件夹紧钳子 J–35566、弹簧卡环钳子 J–8059、组合工具。

三、作业准备

(1) 汽车进入工位前，将工位清理干净，准备好相关的器材。

(2) 将汽车停驻在举升机中央位置。

(3) 拉紧驻车制动器操纵杆，并将变速杆换入空挡位置（图 2–159）。

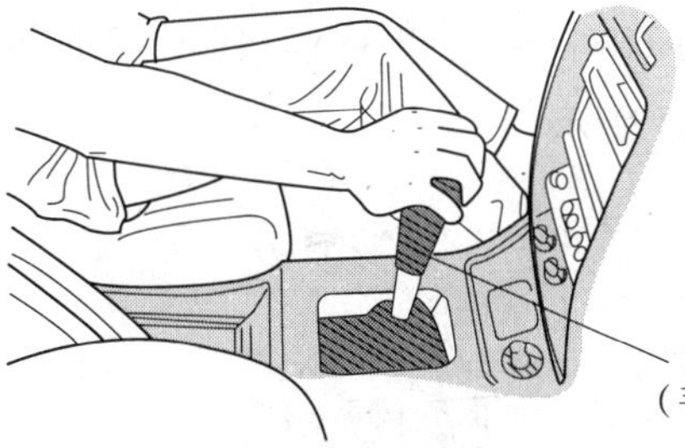

图2-159 换入空挡

(4) 套上转向盘护套、变速杆手柄套和座位套，铺设脚垫。

四、操作步骤

❶ 拆卸程序

(1) 从车上拆卸驱动轴。

（2）拆卸大密封件固定卡箍，如图 2-160 所示。将卡箍报废。

（3）拆卸小密封件固定卡箍。将卡箍报废。

（4）擦除球节上的润滑脂。

（5）用弹簧卡环钳子 J-8059 展开弹簧卡环并拆卸半轴外球节，如图 2-161 所示。

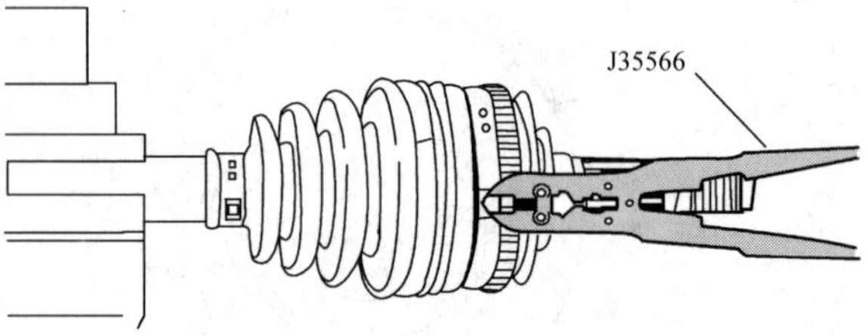

图2-160　拆卸卡箍

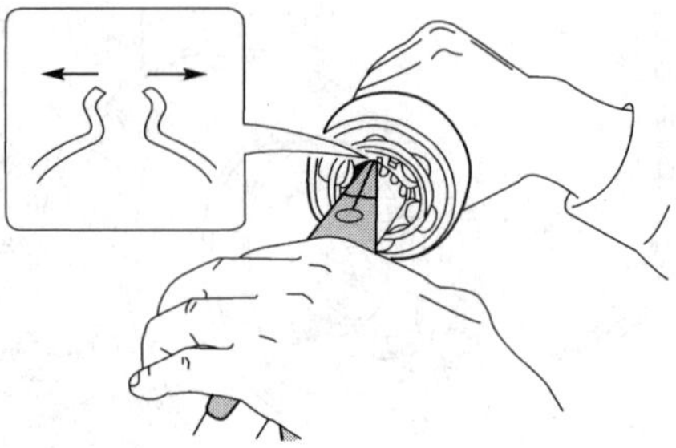

图2-161　展开弹簧卡环

告诫：禁止从外球节总成上拆卸半轴或拆卸外球节总成。其中的零件采用配装，不能单独维修。重新装配不当会对性能和安全性产生不良影响。

（6）从球节总成上拆卸密封件。

❷ 安装程序

（1）将密封件安装到半轴上。

（2）用弹簧卡环钳子 J-8059 展开弹簧卡环并拆卸半轴外球节，如图 2-162 所示。

（3）给球节密封件填入 110 ~ 130g 推荐的润滑脂。在球节中重新填入 110 ~ 130g 推荐的润滑脂。

（4）安装新大密封件固定卡箍和新小密封件固定卡箍。

（5）用密封夹紧钳子 J-35566 卷曲新小密封件固定卡箍和新大密封件固定卡箍，如图 2-163 所示。

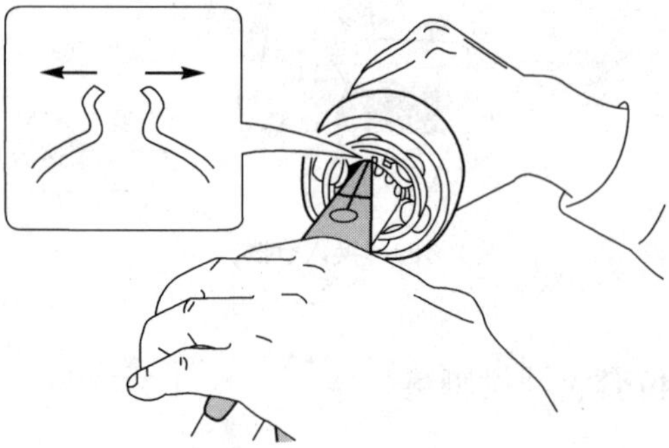

图2-162　展开弹簧卡环

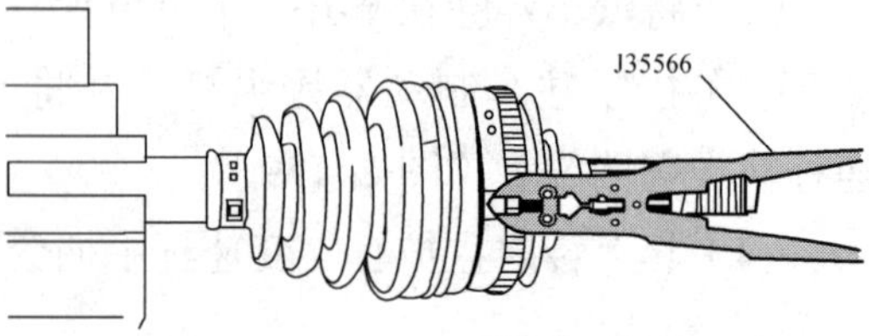

图2-163　安装卡箍

（6）将半轴安装到车上。

4.4.3 三枢轴式万向节总成拆装

一、技术标准与要求

（1）卡箍一经拆下必须报废。

（2）使用厂家推荐的润滑脂。

二、实训器材

密封件夹紧钳子 J–35566、弹簧卡环钳子 J–8059、组合工具。

三、作业准备

（1）汽车进入工位前，将工位清理干净，准备好相关的器材。

（2）将汽车停驻在举升机中央位置。

（3）拉紧驻车制动器操纵杆，并将变速杆换入空挡位置（图 2–164）。

图2-164　换入空挡

（4）套上转向盘护套、变速杆手柄套和座位套，铺设脚垫。

四、操作步骤

❶ 拆卸程序

（1）从车上拆卸驱动轴。

（2）拆卸大密封件固定卡箍，如图 2–165 所示。将卡箍报废。

（3）拆卸小密封件固定卡箍，如图 2–165 所示。将卡箍报废。

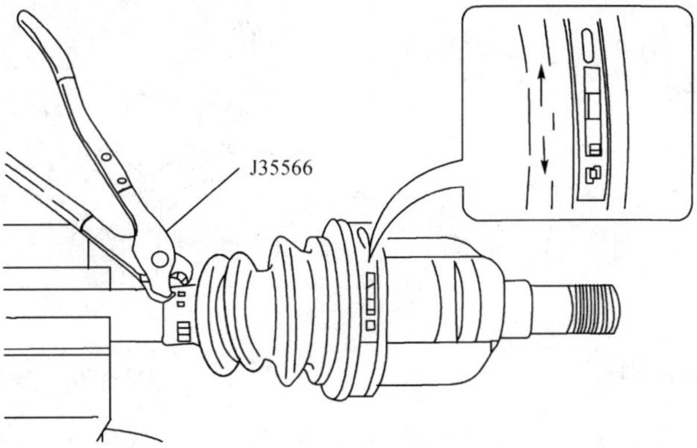

图2-165　拆卸卡箍

（4）从护套上拆开万向节壳体，如图 2-166 所示。

（5）清除三枢轴总成。

（6）用弹簧卡环钳子 J-8059 拆卸轴固定环，如图 2-167 所示。

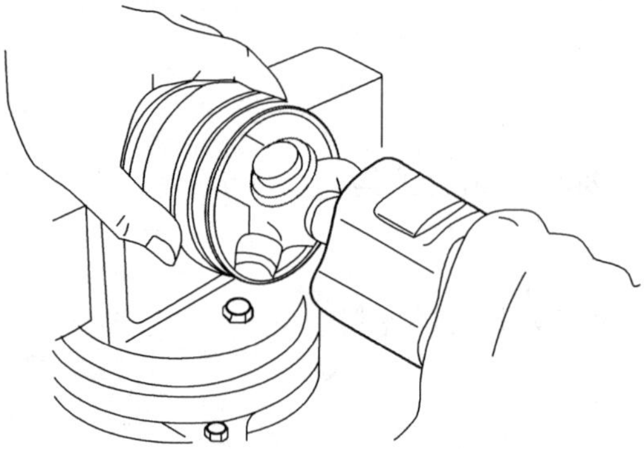

图2-166 拆开万向节壳体

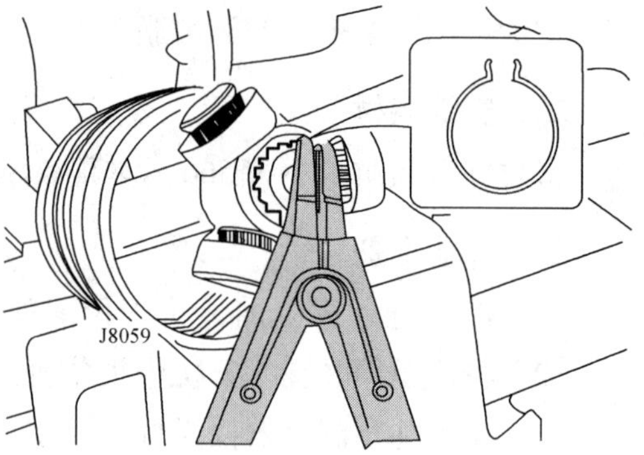

图2-167 拆卸轴固定环

（7）从半轴上拆卸三枢轴和三枢轴式万向节固定环，如图 2-168 所示。

（8）从半轴上拆卸三枢轴式万向节密封件。

❷ 安装程序

（1）将新小密封件固定卡箍安装到密封上。

（2）将密封件安装到半轴上，如图 2-169 所示。

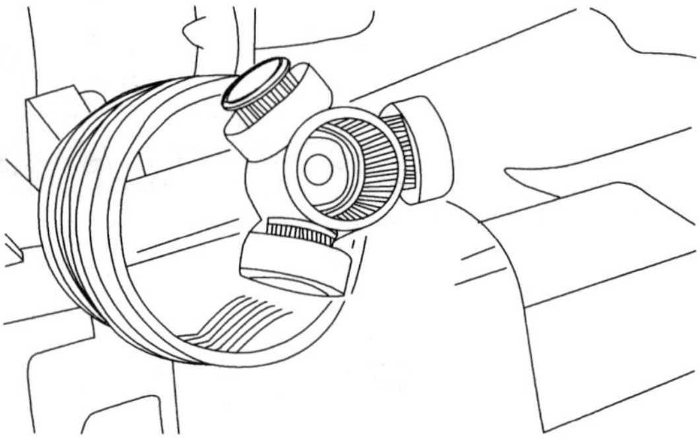

图2-168 拆卸三枢轴

（3）用弹簧卡环钳子 J-8059 将轴固定环安装到半轴上，如图 2-170 所示。

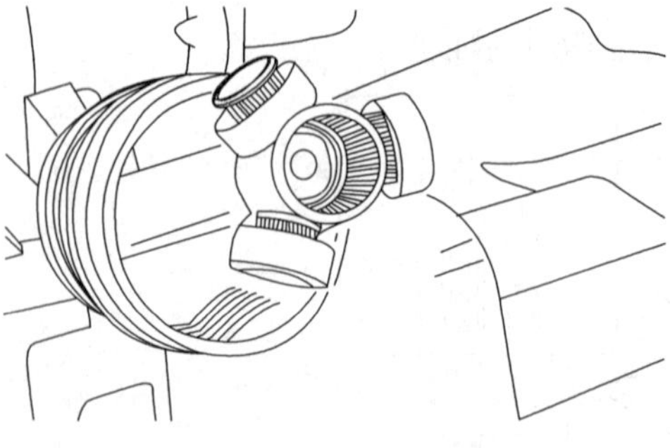

图2-169 安装密封件

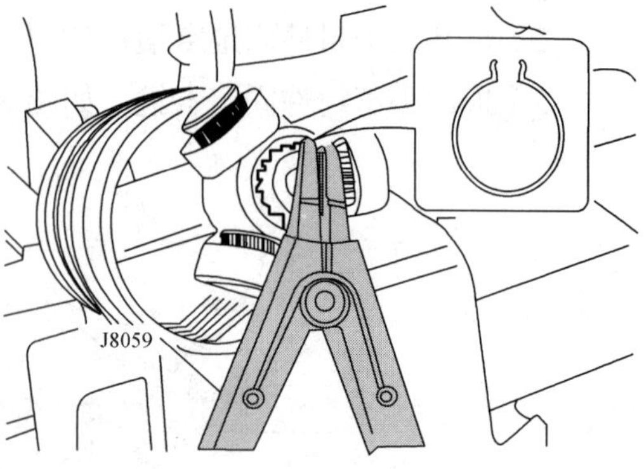

图2-170 安装轴固定环

（4）给叉形元件填入 195~215g 推荐的润滑脂。给三枢轴重新填入 195~215g 推荐的润滑脂。

（5）将护套安装到万向节壳体上，如图 2–171 所示。

（6）安装大密封件固定卡箍。用密封件夹紧钳子 J–35566 卷曲大密封件固定卡箍，如图 2–172 所示。

（7）用密封件夹紧钳子 J–35566 卷曲新小密封件固定卡箍，如图 2–172 所示。

（8）将半轴安装到车上。

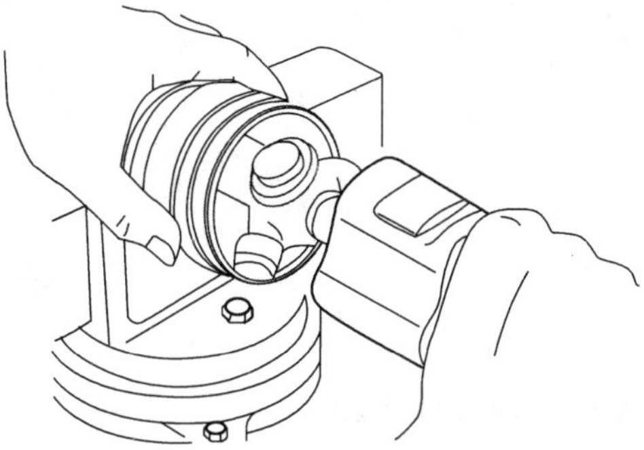

图2-171　安装护套

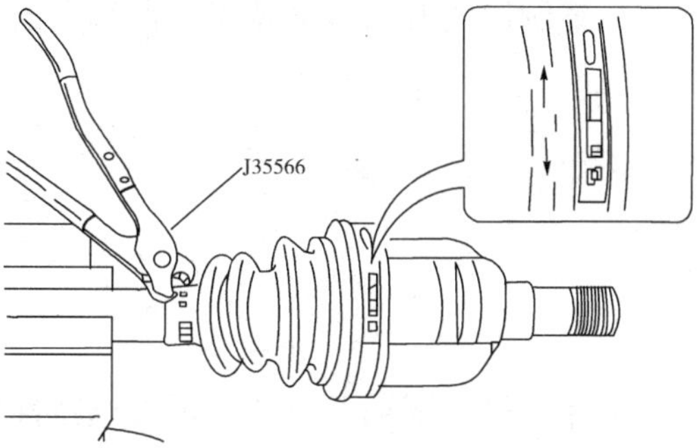

图2-172　安装卡箍

理论测试

一 填空题

1. 万向传动装置一般由_______、________和_______ 等组成。

2. 刚性万向节按其速度特性分为_____万向节、______万向节和_____万向节。

3. 十字轴式刚性万向节主要用于发动机前置后轮驱动的______与______之间，等角速万向节主要用于发动机前置前轮驱动的________之间。

4. 传动轴有实心轴和空心轴之分，车型的转向驱动桥的传动轴通常制成 ______。

二 选择题

1. 不等速万向节指的是______。（　）

(A) 球叉式万向节　(B) 三枢轴式万向节

(C) 十字轴刚性万向节　(D) 球笼式万向节

2. 十字轴式不等速万向节，当主动轴转过一周时，从动轴转过______。（　）

(A) 一周　(B) 小于一周　(C) 大于一周　(D) 不一定

3. 等角速万向节的基本原理是从结构上保证万向节在工作过程中，其传力点永远位于两轴交角的______。（　）

(A) 平面上　　(B) 垂直平面上　　(C) 平分面上　　(D) 平行面上

三 判断题

1. 汽车行驶中，传动轴的长度可以自动变化。 （　）
2. 传动轴的安装，应注意使两端万向节叉位于同一平面内。 （　）

四 简答题

1. 举例说明万向传动装置在汽车上的典型应用。

2. 什么是十字轴万向节的不等速特性？如何才能实现等速传动？

3. 常用的等速万向节有哪些，各有什么特点？

V 驱动桥

知识目标：

1. 了解驱动桥的组成及种类；
2. 掌握主减速器的功用、类型及结构；
3. 掌握差速器的结构及工作原理。

能力目标:

掌握差速器的拆装方法。

建议学时:

8学时

5.1 概述

驱动桥的功用是将由万向传动装置传来的发动机转矩传给驱动车轮，并经降速增矩、改变动力传动方向，使汽车行驶，而且允许左右驱动车轮以不同的转速旋转。

5.1.1 驱动桥的组成

驱动桥是传动系的最后一个总成，一般由主减速器、差速器、半轴和桥壳等组成，如图 2–173 所示。驱动桥的主要零部件都装在驱动桥的桥壳中。

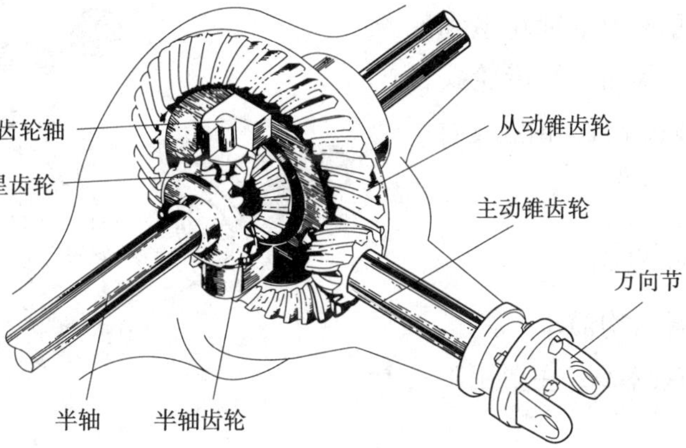

图2–173　驱动桥的组成

5.1.2 驱动桥的分类

按照悬架结构的不同，驱动桥可以分为整体式驱动桥和断开式驱动桥。整体式驱动桥又称为非断开式驱动桥。

整体式驱动桥与非独立悬架配用。其驱动桥壳为一刚性的整体，驱动桥两端通过悬架与车架或车身连接，左右半轴始终在一条直线上，即左右驱动轮不能相互独立地跳动。当某一侧车轮通过地面的凸出物或凹坑升高或下降时，整个驱动桥及车身都要随之发生倾斜，车身波动大。

断开式驱动桥与独立悬架配用。其主减速器固定在车架或车身上，驱动桥壳制成分段并用铰链连接，半轴也分段并用万向节连接。驱动桥两端分别用悬架与车架或车身连接。这样，两侧驱动车轮及桥壳可以彼此独立地相对于车架或车身上下跳动。

5.2 主减速器

5.2.1 主减速器的功用

主减速器的功用是：将发动机转矩传给差速器；在动力的传动过程中要将转矩增大并相应降低转速；对于纵置发动机，还要将转矩的旋转方向改变 90° 。

5.2.2 主减速器的类型

按参加传动的齿轮副数目，可分为单级式主减速器和双级式主减速器。有些重型汽车又将双级式主减速器的第二级圆柱齿轮传动设置在两侧驱动车轮附近，称为轮边减速器。

按主减速器传动比个数，可分为单速式和双速式主减速器。单速式的传动比是固定的，而双速式则有两个传动比供驾驶人选择。

按齿轮副结构形式，可分为圆柱齿轮式（又可分为定轴轮系和行星轮系）主减速器和圆锥齿轮式（又可分为螺旋锥齿轮式和准双曲面锥齿轮式）主减速器。

5.2.3 单级主减速器

单级主减速器结构简单，质量小，体积小，传动效率高，主要用于中型以下客货车。

对于发动机纵向布置的汽车，由于需要改变动力传递方向，单级主减速器都采用一对圆锥齿轮传动，如桑塔纳 2000、东风 EQ1090 等；对于发动机横向布置的汽车，单级主减速器采用一对圆柱齿轮即可，如夏利 7130、宝来 1.8T 等。

图 2-174 所示为桑塔纳 2000 车型主减速器和差速器的零件分解图。由于发动机纵向前置前轮驱动，整个传动系都集中布置在汽车前部，因此其主减速器装于变速器

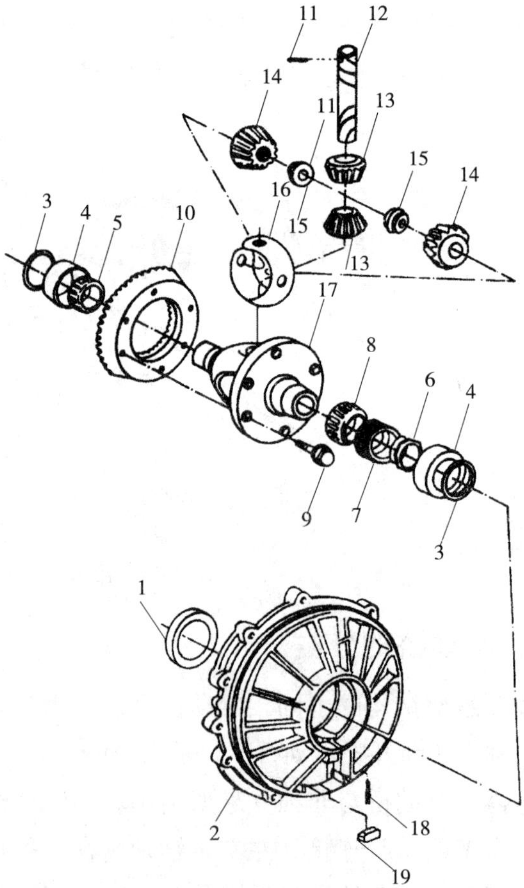

图2-174 桑塔纳2000车型主减速器和差速器的零件分解图

1-密封圈；2-主减速器盖；3-从动锥齿轮的调整垫片；4-轴承外座圈；5-差速器轴承；6-锁紧套筒；7-车速表主动齿轮；8-差速器轴承；9-螺栓（拧紧力矩70N·m）；10-从动锥齿轮；11-夹紧销；12-行星齿轮轴；13-行星齿轮；14-半轴齿轮；15-螺纹套；16-复合式止推垫片；17-差速器壳；18-磁铁固定销；19-磁铁

壳体内，没有专门的主减速器壳体。由于省去了变速器到主减速器之间的万向传动装置，所以变速器输出轴即为主减速器主动轴。

5.3 差速器

5.3.1 差速器的功用

差速器的功用是将主减速器传来的动力传给左、右两半轴，并在必要时允许左、右半轴以不同转速旋转，使左、右驱动车轮相对地面纯滚动而不是滑动。

当汽车转弯行驶时，内外两侧车轮中心在同一时间内移过的曲线距离显然不同，即外侧车轮移过的距离大于内侧车轮，如图 2-175 所示。若两侧车轮都固定在同一刚性转轴上，两轮角速度相等，则此时外轮必然是边滚动边滑移，内轮必然是边滚动边滑转。

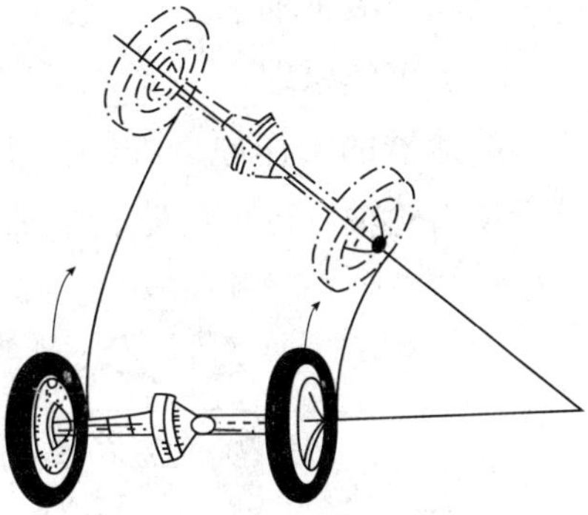

图2-175　汽车转向时驱动车轮的运动示意图

5.3.2 差速器的结构和工作原理

应用最广泛的普通齿轮差速器为锥齿轮差速器。如图 2-176 所示为桑塔纳 2000 差速器。

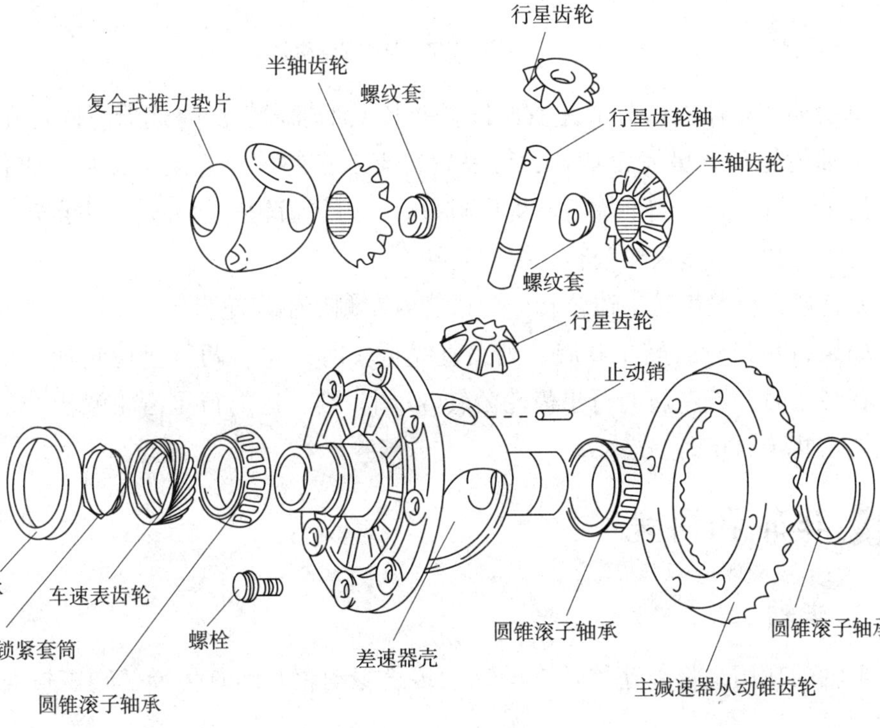

图2-176　桑塔纳2000车型差速器

（1）结构。

由差速器壳、行星齿轮轴、两个行星齿轮、两个半轴齿轮、球面垫片和垫圈等组成。行星齿轮轴装入差速器壳体后用弹簧销定位。行星齿轮和半轴齿轮的背面制成球面，与球面垫片和垫圈相配合，以减摩、耐磨。螺纹套用于紧固半轴齿轮。差速器通过一对圆锥滚子轴承支承在变速器壳体中。

（2）工作原理。

差速器的工作原理如图 2–177 所示。主减速器传来的动力带动差速器壳转动，经过行星齿轮轴、行星齿轮、半轴齿轮、半轴，最后传给两侧驱动车轮。

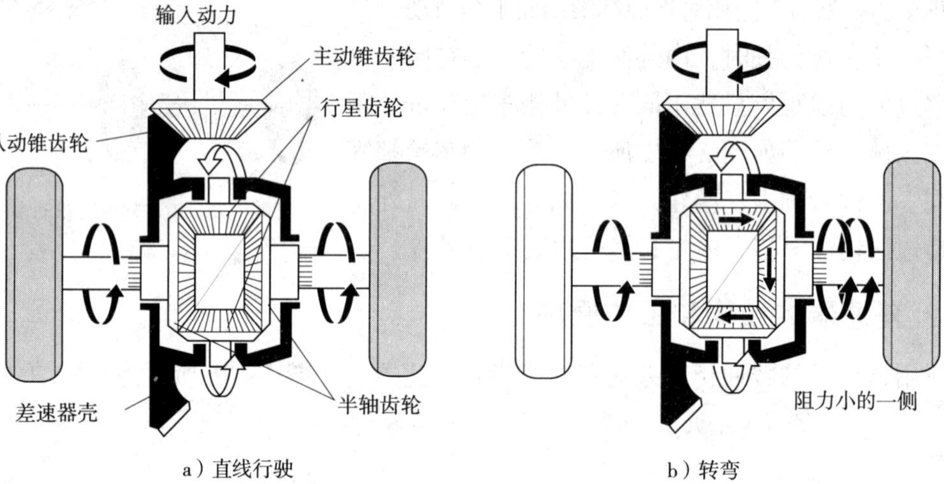

图2–177　差速器运动原理

驱动轴在差速器内分成左右两段，并装上半轴齿轮。差速器壳固定在从动锥齿轮上，半轴齿轮和行星齿轮啮合，行星齿轮支承在差速器壳上。当从动锥齿轮旋转时，行星齿轮公转。当单侧半轴齿轮受到阻力时，行星齿轮一边公转一边自转。

直线行驶：行星齿轮公转，没有自转。

左转弯：行星齿轮一边公转，一边绕着左侧半轴齿轮自转。

如果行星齿轮公转 100 周，则在直线行驶时，左右两行星齿轮加起来就共转 200 周。在转弯时，若左边的行星齿轮公转 50 周，则右边的行星齿轮就转 150 周，左右两行星齿轮共转 200 周。

5.4 半轴和桥壳

5.4.1 半轴

半轴的功用是将差速器传来的动力传给驱动轮。因其传递的转矩较大，常制成实心轴。

半轴的结构因驱动桥结构形式的不同而异。整体式驱动桥中的半轴为一刚性整轴。

而转向驱动桥和断开式驱动桥中的半轴则分段并用万向节连接。

现代汽车常采用全浮式和半浮式两种半轴支承形式。

（1）全浮式半轴支承。

全浮式半轴支承广泛应用于各型货车上。如图2-178所示为全浮式半轴支承的示意图。半轴外端锻造有半轴凸缘，用螺栓紧固在轮毂上，轮毂用一对圆锥滚子轴承支承在半轴套管上，半轴套管与空心梁压配成一体，组成驱动桥壳。这种半轴支承形式，半轴与桥壳没有直接联系，半轴只在两端承受转矩，不承受其他任何反力和弯矩，所以称为全浮式半轴支承。

（2）半浮式半轴支承。

如图2-179所示为半浮式半轴支承的示意图。半轴用一个圆锥滚子轴承直接支承在桥壳凸缘的座孔内。车轮与桥壳之间无直接联系，而支承于悬伸出的半轴外端。因此，地面作用于车轮的各种反力都须经半轴外端的悬伸部分传给桥壳，使半轴外端不仅要承受转矩，而且还要承受各种反力及其形成的弯矩。半轴内端通过花键与半轴齿轮连接，不承受弯矩，故称这种支承形式为半浮式半轴支承。

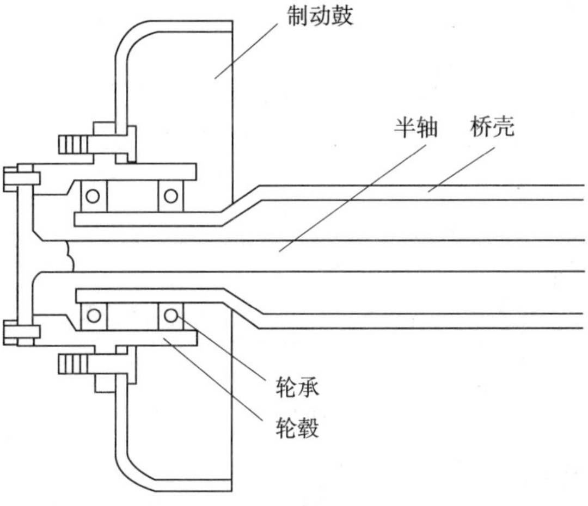

图2-178　全浮式半轴示意图

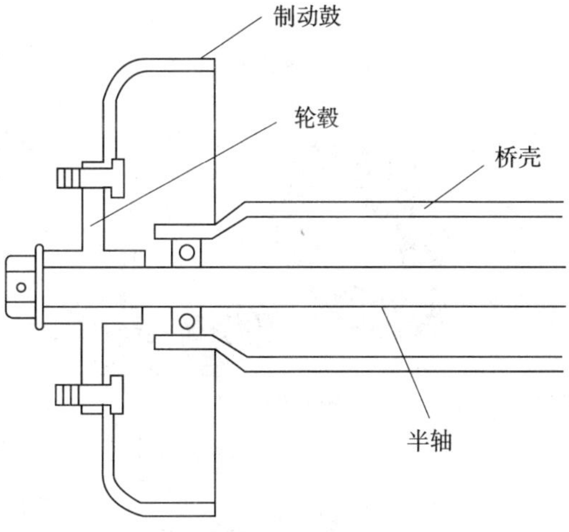

图2-179　半浮式半轴示意图

5.4.2 桥壳

驱动桥壳既是传动系的组成部分，同时也是行驶系的组成部分。作为传动系的组成部分，其功用是安装并保护主减速器、差速器和半轴。作为行驶系的组成部分，其功用是安装悬架或轮毂，和从动桥一起支承汽车悬架以上各部分质量，承受驱动轮传来的反力和力矩，并在驱动轮与悬架之间传力。

驱动桥壳可分为整体式桥壳和分段式桥壳两种类型。整体式桥壳一般是铸造，具有较大的强度和刚度，且便于主减速器的拆装和调整，适用于中型以上货车。分段式桥壳一般分为两段，由螺栓将两段连成一体，现已很少应用。

5.5 差速器的拆卸与装配

别克凯越车型差速器的结构如图 2-180 所示。

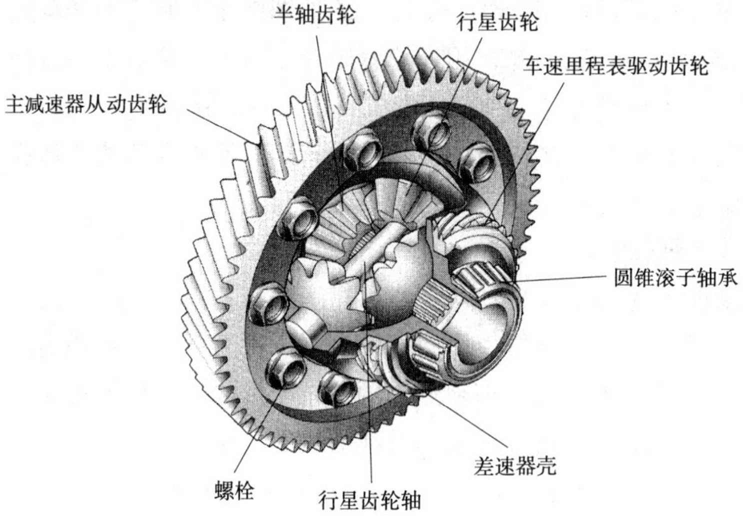

a）结构图

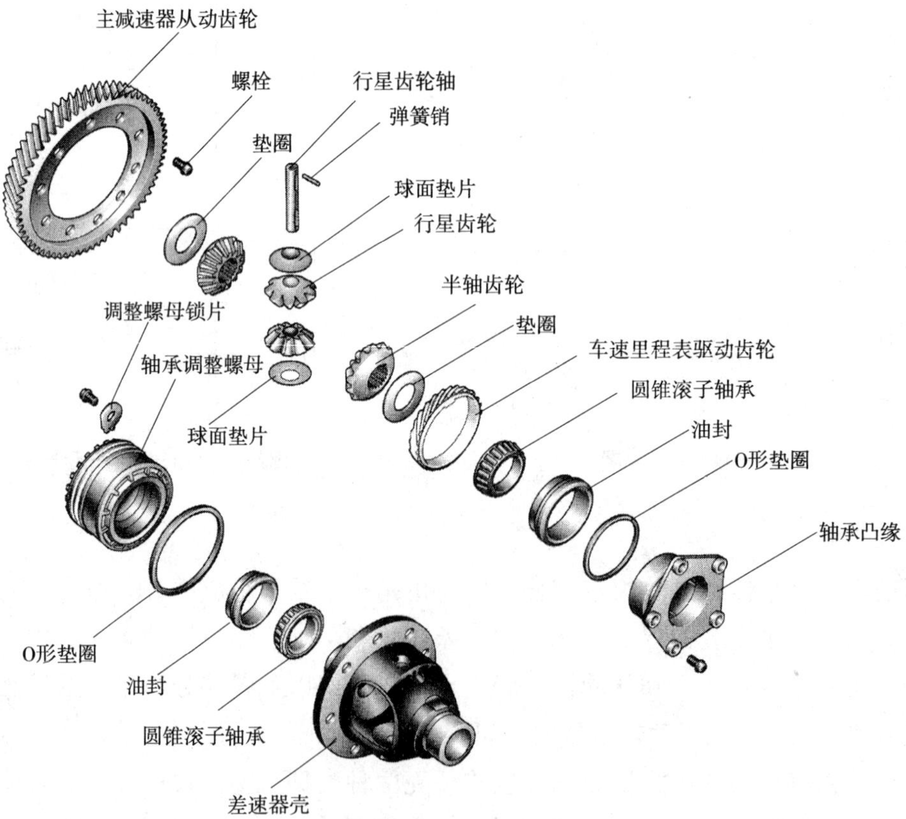

b）零件分解图

图2-180　别克凯越车型差速器的结构

5.5.1 技术标准与要求

（1）齿圈螺栓紧固力矩为 70N·m。

（2）右侧轴承固定器螺栓紧固力矩为 25 N·m。

（3）轴承调节环固定板螺栓紧固力矩为 5 N·m。

（4）差速器盖板螺栓紧固力矩为 40 N·m。

5.5.2 实训器材

KM–520 拆卸工具 / 安装工具、KM–525 安装工具、J–22888–20–A 轴承拔出器，带 J–22888–35 拔出器爪、KM–522 安装工具、组合工具、扭力扳手。

5.5.3 作业准备

（1）汽车进入工位前，将工位清理干净，准备好相关的器材。

（2）将汽车停驻在举升机中央位置。

（3）拉紧驻车制动器操纵杆，并将变速杆换入空挡位置（图 2–181）。

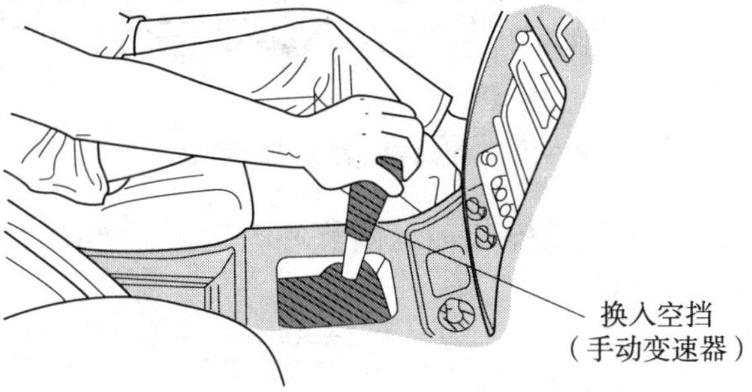

图2–181　换入空挡

（4）套上转向盘护套、变速杆手柄套和座位套，铺设脚垫。

（5）在车内拉动发动机舱盖手柄，在车外打开并支撑发动机舱盖（图 2–182）。

（6）粘贴翼子板和前部磁力护裙。

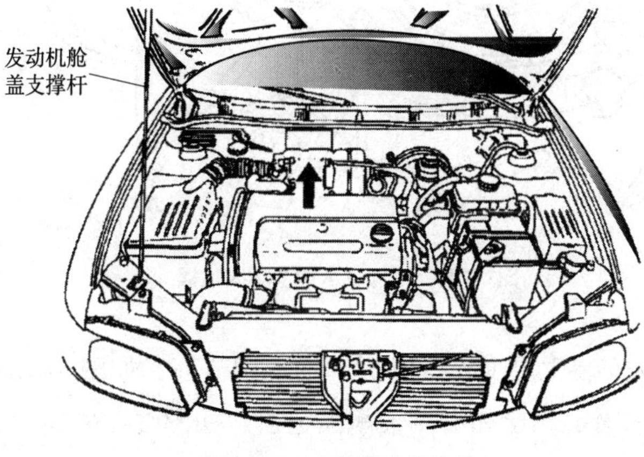

图2–182　支撑发动机舱盖

5.5.4 操作步骤

❶ 拆卸程序

（1）从车上拆卸手动变速驱动桥总成。

（2）拆卸差速器盖板螺栓、差速器盖板和差速器盖板衬垫，如图 2–183 所示。

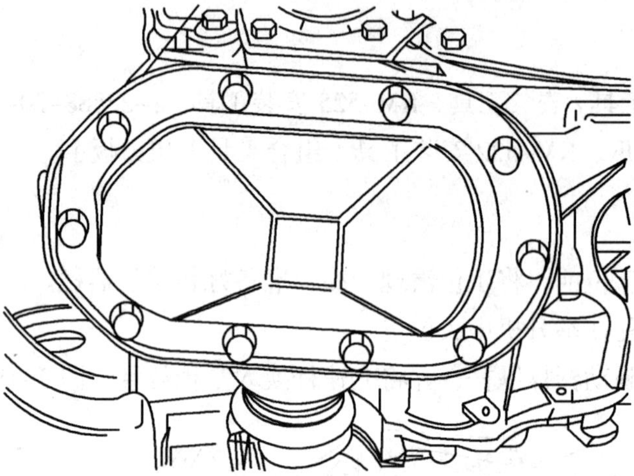

图2–183　拆卸差速器盖板、衬垫

（3）拆卸轴承调节环固定板螺栓和轴承调节环固定板，如图 2–184 所示。

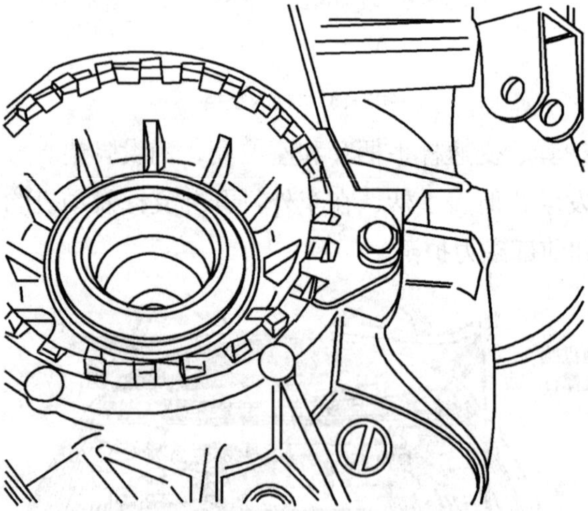

图2–184　拆卸轴承调节环固定板

（4）用拆卸工具 / 安装工具 KM–520 拆卸轴承调节环，如图 2–185 所示。

（5）拆卸右侧轴承固定螺栓和右侧轴承固定器，如图 2–186 所示。

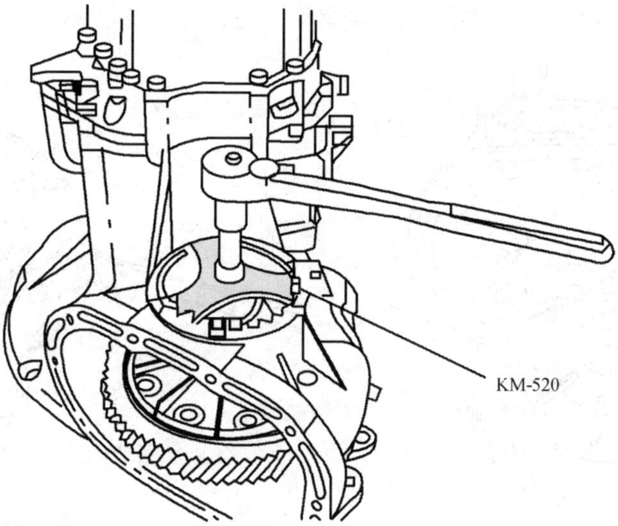

图2-185　拆卸轴承调节环

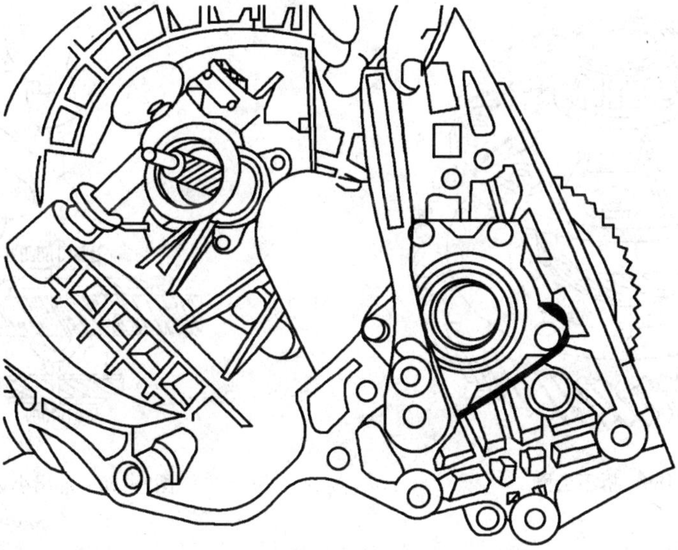

图2-186　拆卸右侧轴承固定器

（6）从变速驱动桥外壳上拆卸差速器总成，如图 2-187 所示。

（7）拆卸齿圈螺栓，如图 2-188 所示。

（8）从差速器壳体上拆下齿圈，如图 2-189 所示。

（9）从差速器壳体和小齿轮轴上冲出小齿轮轴锁销，如图 2-190 所示。

（10）拆卸小齿轮轴，如图 2-191 所示。

（11）拆卸小齿轮和垫圈。

（12）拆卸侧齿轮和侧止推垫圈，如图 2-192 所示。

（13）用轴承拔出器 J-22888-20-A 及拔出器爪 J-22888-35 拆卸两个差速器轴承，如图 2-193 所示。

（14）从差速器齿轮箱上拆卸车速表驱动齿轮，如图 2-194 所示。

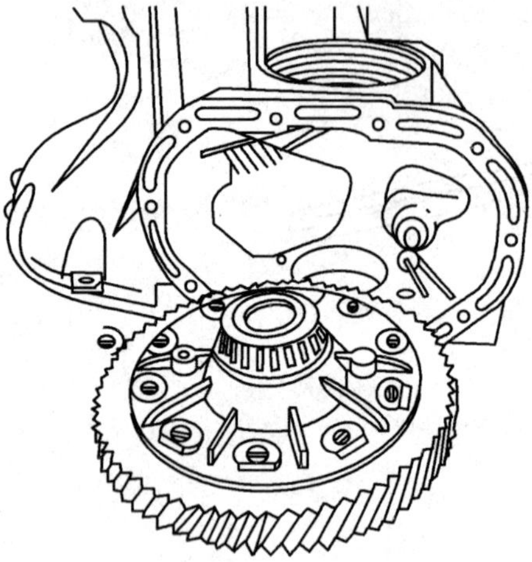

图2-187　拆卸差速器总成

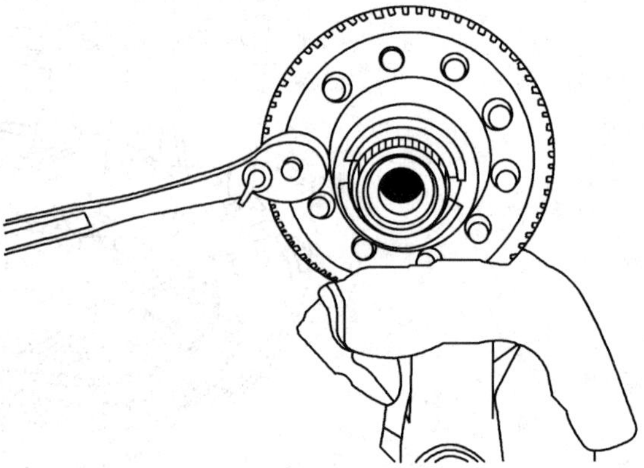

图2-188　拆卸齿圈螺栓

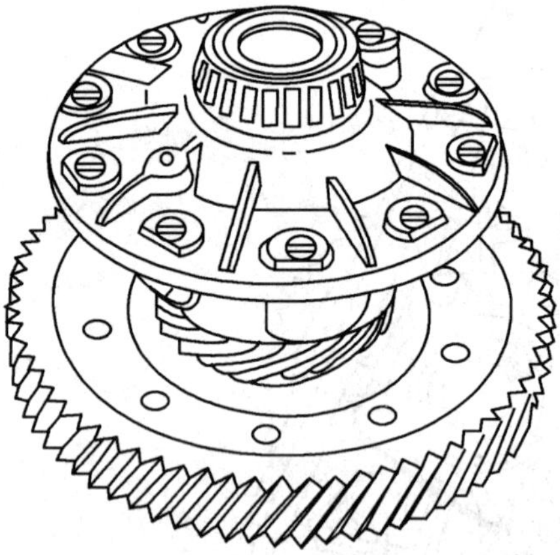

图2-189　拆下齿圈

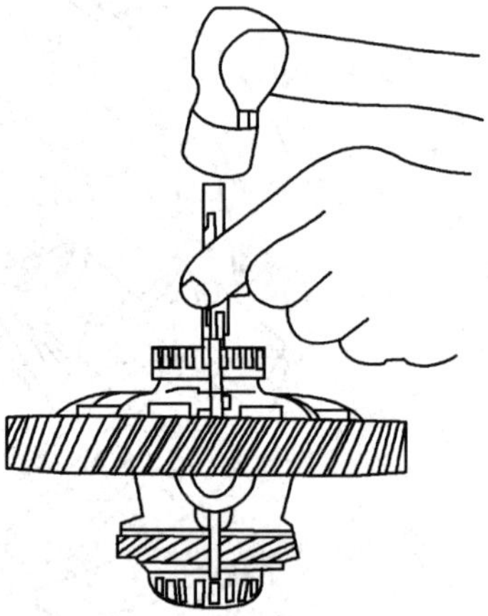

图2-190　冲出小齿轮轴锁销

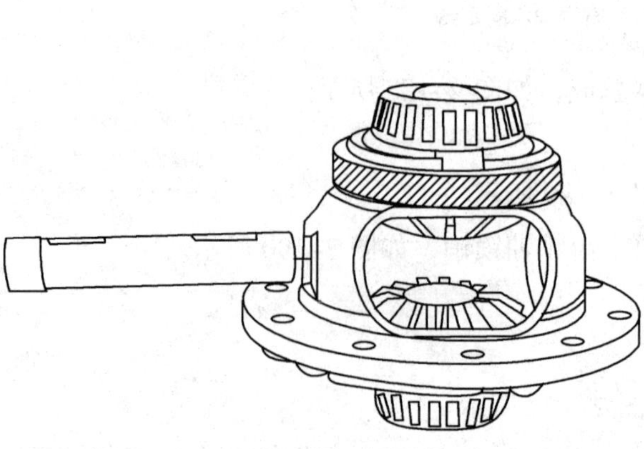

图2-191　拆卸小齿轮轴

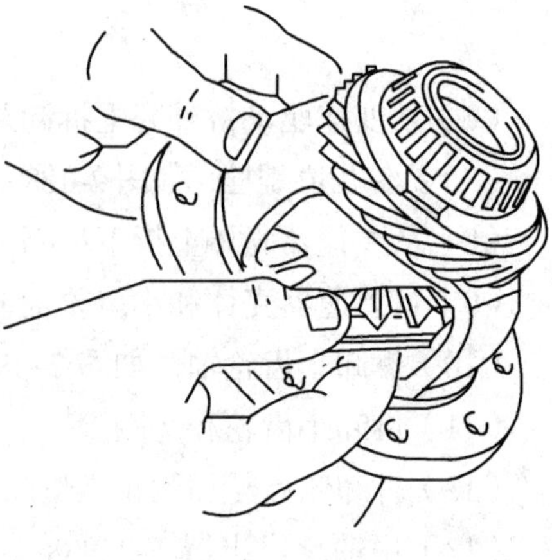

图2-192　拆卸侧齿轮和侧止推垫圈

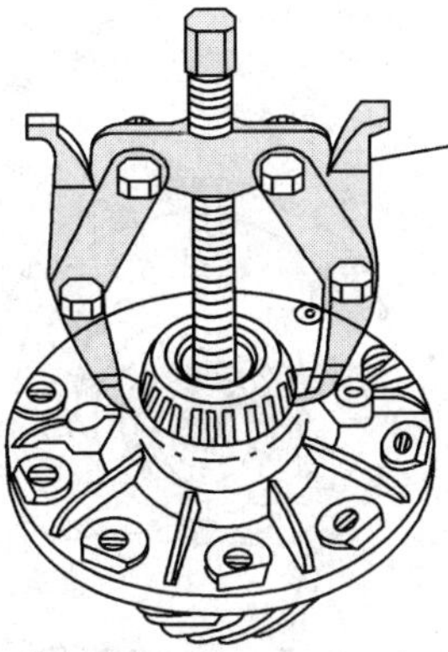

图2-193　拆卸差速器轴承

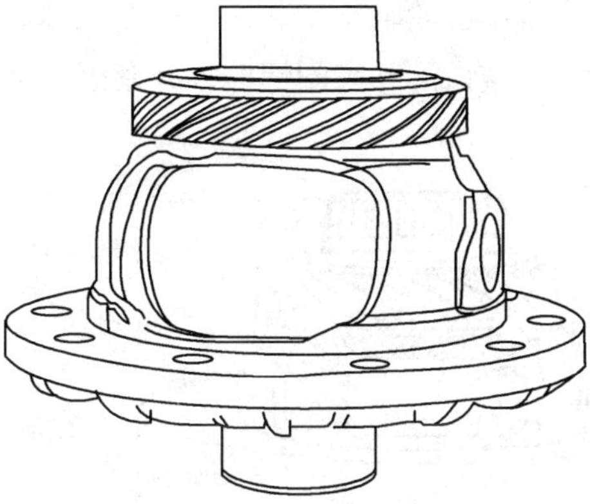
图2-194　拆卸车速表驱动齿轮

❷ 装配程序

（1）用安装工具 KM–525 将车速表驱动齿轮安装到差速器齿轮箱上，如图 2–195 所示。

（2）用安装工具 KM–522 安装两个差速器轴承，如图 2–196 所示。

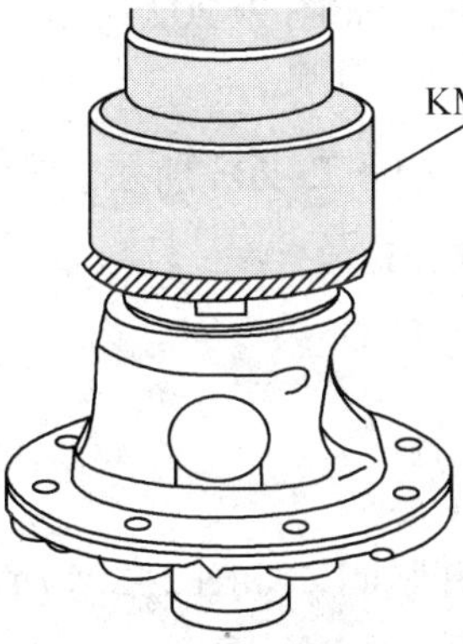

图2-195　安装车速表驱动齿轮

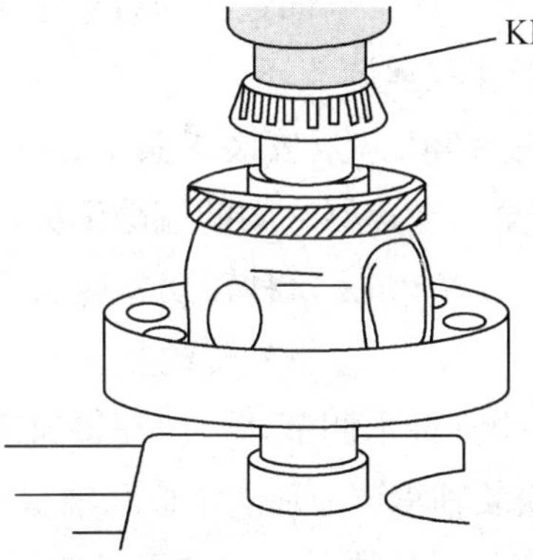

图2-196　安装差速器轴承

（3）将侧齿轮和侧止推垫圈装入差速器壳体，如图 2–197 所示。

（4）将差速器小齿轮和差速器小齿轮垫圈装入差速器壳体。

（5）将小齿轮轴装入差速器壳体，如图 2–198 所示。

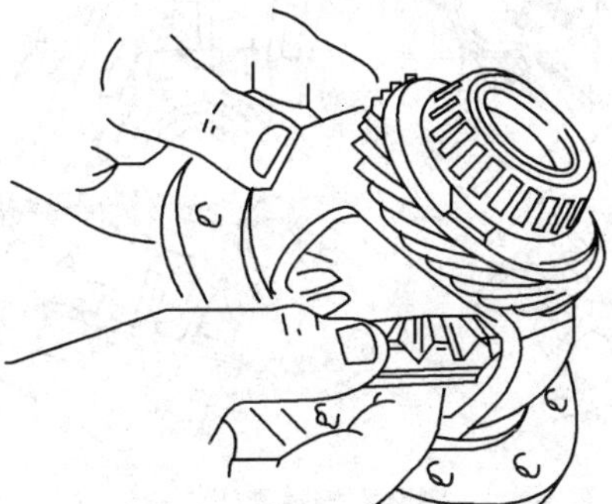
图2-197　安装侧齿轮和侧止推垫圈

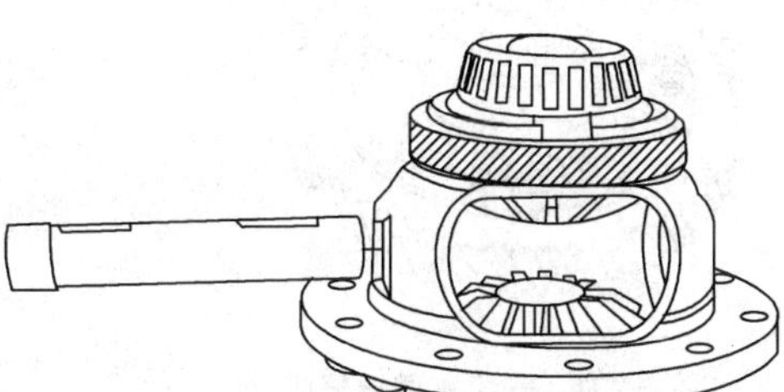
图2-198　安装小齿轮轴

（6）将小齿轮轴锁销装入差速器壳体和小齿轮轴，如图 2-199 所示。

（7）安装齿圈和齿圈螺栓，并紧固，如图 2-200 所示。

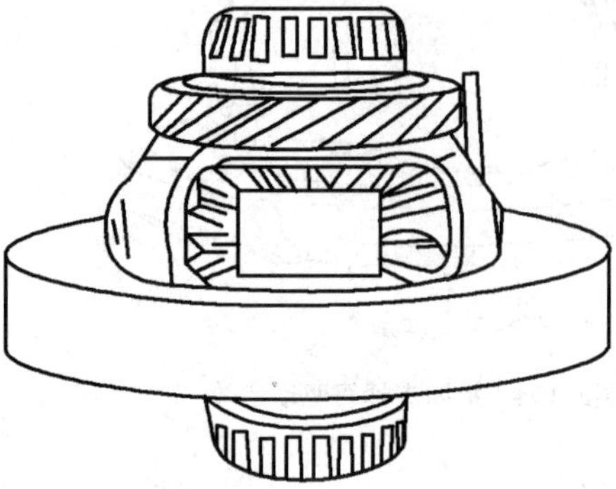

图2-199　安装小齿轮轴锁销

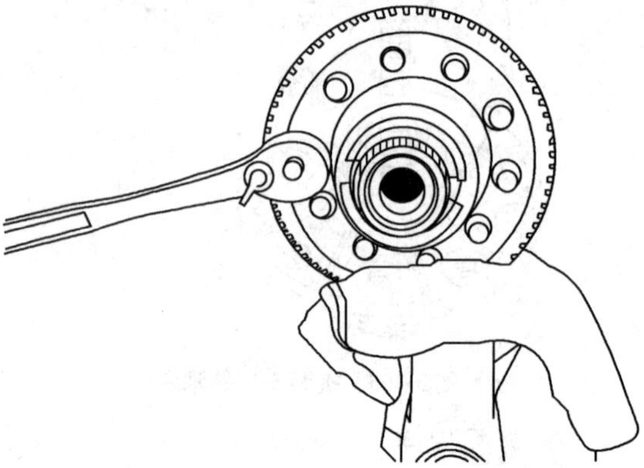

图2-200　安装齿圈和齿圈螺栓

（8）将差速器总成安装到变速驱动桥外壳上，如图 2-201 所示。

（9）安装右侧轴承固定器和右侧轴承固定器螺栓，并紧固，如图 2-202 所示。

（10）安装轴承调节环。

（11）用拆卸工具 / 安装工具 KM-520 紧固轴承调节环，如图 2-203 所示。紧固轴承调节环直至与差速器之间的端隙消失。调节差速器轴承预紧力。

旧轴承：1 N · m，每秒转动差速器 1 圈。

新轴承：2 N · m，每秒转动差速器 1 圈。

紧固或松开轴承调节环，以获得所需轴承预紧力。

（12）安装轴承调节环固定板和轴承调节环固定板螺栓，并紧固，如图 2-204 所示。

（13）安装差速器盖板衬垫、差速器盖板和差速器盖板螺栓，并紧固。

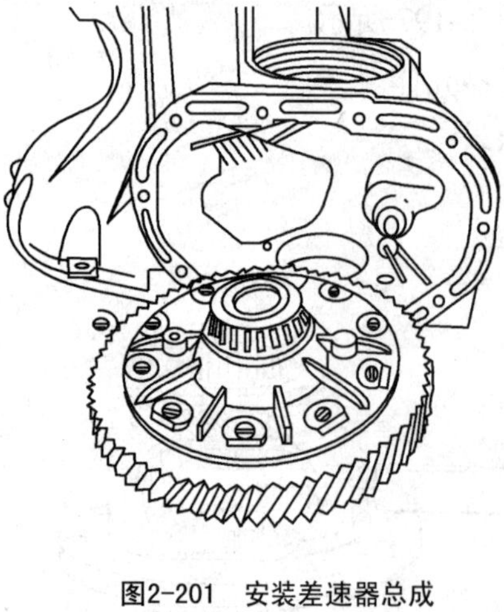

图2-201　安装差速器总成

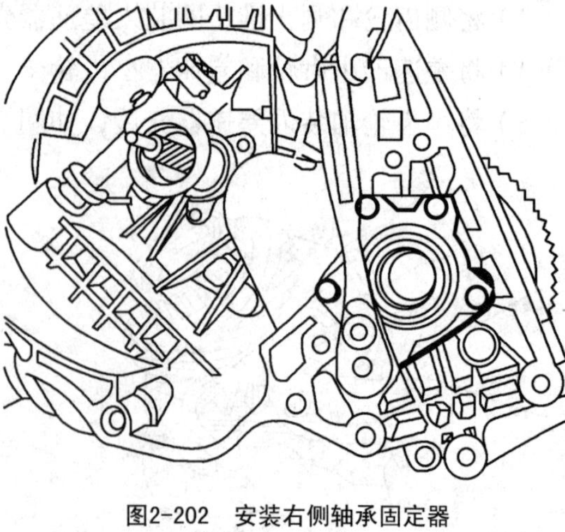

图2-202　安装右侧轴承固定器

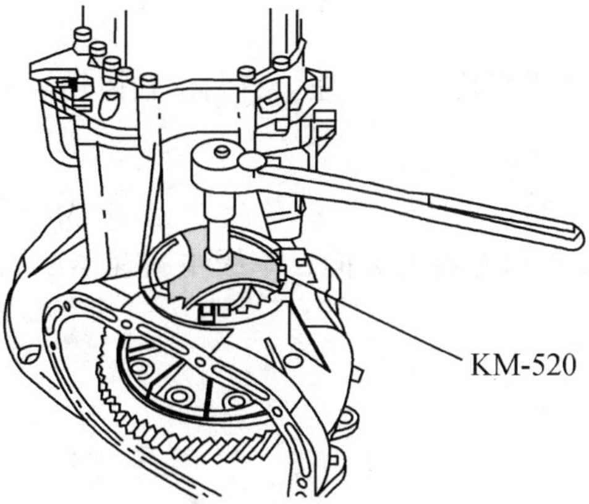

图2-203　安装轴承调节环

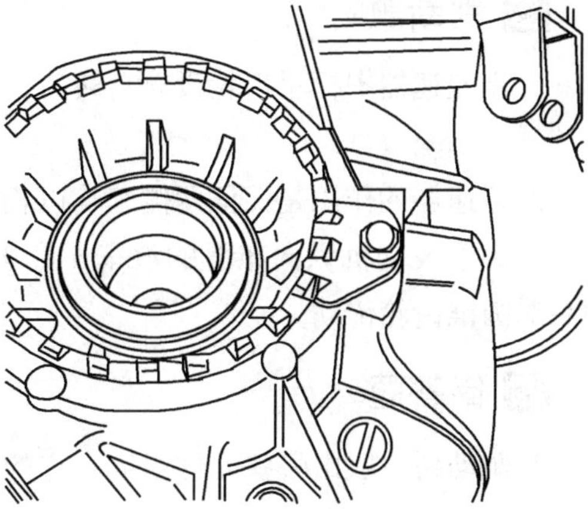
图2-204　安装轴承调节环固定板

理论测试

一 填空题

1. 驱动桥一般由______、______、______和______等组成。
2. 按照悬架结构的不同，驱动桥可以分为______驱动桥和______驱动桥。

二 选择题

1. 汽车转弯行驶时，差速器中的行星齿轮______。（　）
   (A) 只有自转，没有公转
   (B) 只有公转，没有自转
   (C) 既有公转，又有自转
   (D) 静止不动
2. 驱动桥主减速器是用来改变传动方向，降低转速和______。（　）
   (A) 产生离地间隙
   (B) 产生减速比
   (C) 增大力矩
   (D) 减少力矩
3. 发动机前置前轮驱动的汽车，变速驱动桥是将______合二为一，成为一个统一的整体。（　）
   (A) 驱动桥壳体和变速器壳体
   (B) 变速器壳体和主减速器壳体
   (C) 主减速器壳体和差速器壳体
   (D) 差速器壳体和驱动桥壳体

三 判断题

1. 当差速器中行星齿轮没有自转时，总是将转矩平均分配给左、右两半轴齿轮。 ( )

2. 差速器的作用是保证两侧车轮以相同转速旋转。 ( )

3. 对于发动机纵向布置的汽车，由于需要改变动力传递方向，单级主减速器都采用一对圆锥齿轮传动。 ( )

四 简答题

1. 驱动桥一般由哪些元件组成，它的功用是什么？

2. 主减速器的功用有哪些，常见的主减速器有哪些类型？

3. 简述差速器的结构及其工作原理。

单元3

行驶系统

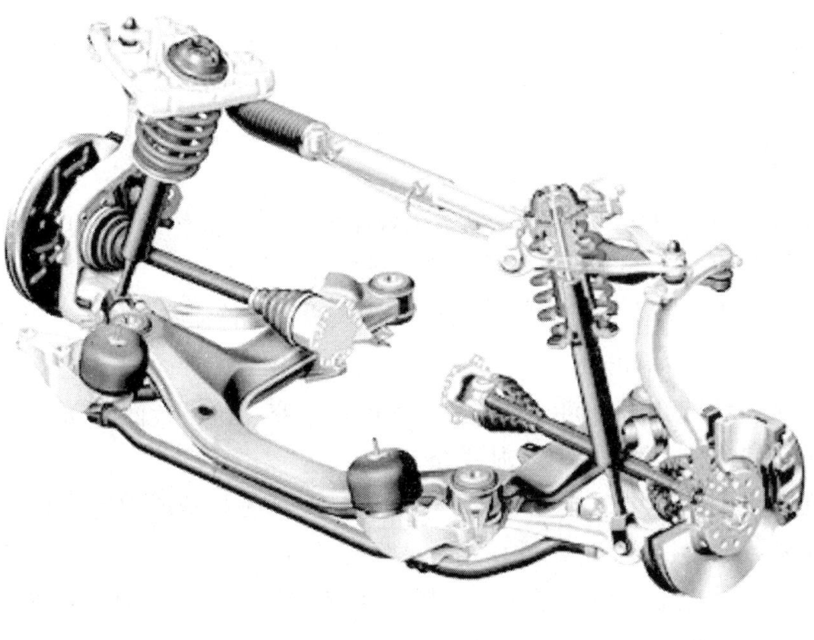

I 车桥及车轮定位

知识目标：

1. 了解汽车底盘的总体结构；
2. 了解汽车底盘各组成部分的功用；
3. 了解汽车传动系统布置形式及各自特点。

能力目标：

结合实物说明汽车底盘各组成部分的名称及功用。

建议学时：

4学时

1.1 车桥

车桥位于悬架与车轮之间，其两端安装车轮，通过悬架与车架（或车身）相连，其功用是传递车架（或车身）与车轮之间各种载荷。

按悬架结构不同，车桥分为整体式和断开式两种。整体式车桥与非独立悬架配用；断开式车桥与独立悬架配用。

按车桥上车轮的作用不同，车桥分为转向桥、驱动桥、转向驱动桥和支持桥四种类型。其中转向桥和支持桥都属于从动桥。

在后轮驱动的汽车中，前桥不仅用于承载，而且兼起转向作用，称为转向桥；后桥不仅用于承载，而且兼起驱动的作用，称为驱动桥。

越野汽车和前轮驱动汽车的前桥，除了承载和转向的作用外，还兼起驱动作用，所以称为转向驱动桥。

只起支承作用的车桥称为支持桥。挂车的车桥就是支持桥。支持桥除不能转向外，其他功能和结构与转向桥相同。

1.1.1 转向桥

转向桥通常位于汽车前部，故也称为前桥。转向桥的作用是支承部分重量，安装前轮及制动器（前），连接车架，承受车架与车轮之间的作用力及其产生的弯矩和转矩，同时还要使前轮偏转以实现转向。转向桥基本结构由前轴、转向节、主销、轮毂等部分组成，如图 3-1 所示。前轴是转向桥的主体，根据断面形状分有“工”字梁式和管式两种。

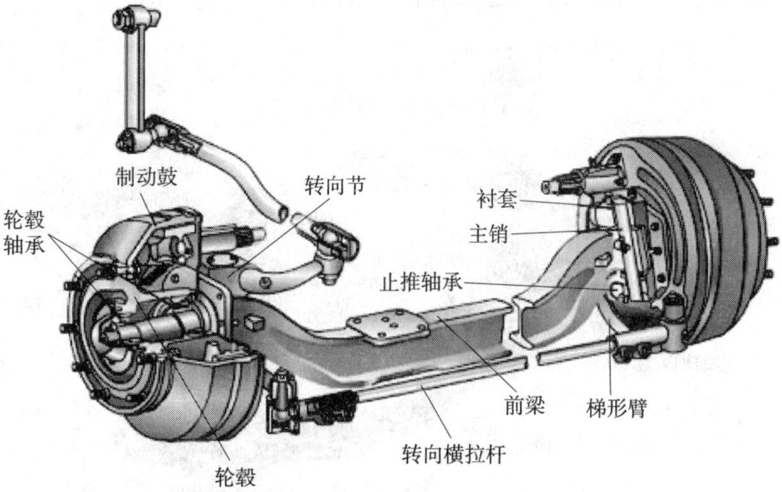

图3-1　汽车整体式转向桥结构

1.1.2 转向驱动桥

转向驱动桥如图 3-2 所示，它同一般驱动桥一样，由主减速器、差速器、半轴和桥壳组成。但由于转向时转向车轮需要绕主销偏转一个角度，故与转向轮相连的半轴必须分成内外两段（内半轴和外半轴），其间用万向节（一般多用等角速万向节）连接，同时主销也因此而分制成两段（或用球头销代替）。转向节轴颈部分做成中空的，以便外半轴穿过其中。

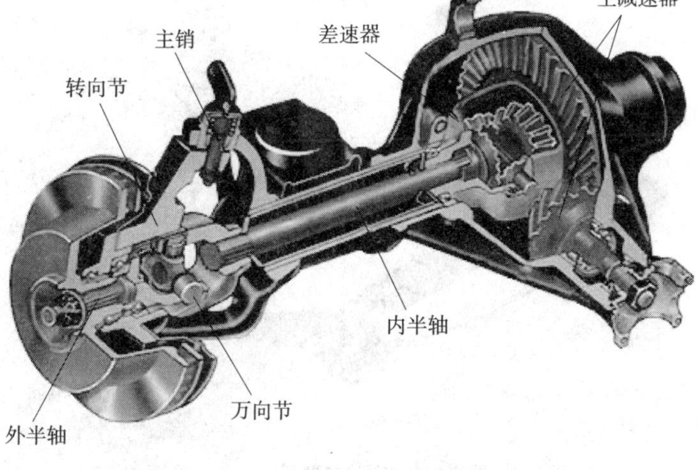

图3-2　转向驱动桥示意图

如图 3-3 所示为桑塔纳 2000 车型的前桥总成，采用的是断开式、独立悬架转向驱动桥。车桥上端通过左、右悬架与承载式车身相连接，下端通过左、右下摆臂与固定在车身上的副车架相连接。悬架车轮轴承壳与下摆臂之间通过可移动球形接头连接，从而使前轮固定，并通过下摆臂上的长孔可调整车轮外倾角，为了减小车辆转向时的车身倾斜，在副车架与下摆臂之间还装有横向稳定器。

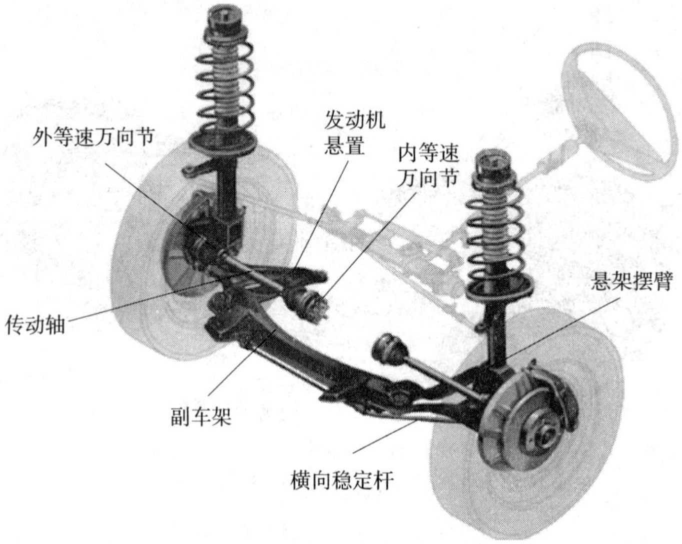

图3-3　桑塔纳2000车型的转向驱动桥

1.1.3 支持桥

桑塔纳车型后桥是纵向摆臂式非驱动桥，其结构如图 3-4 所示。

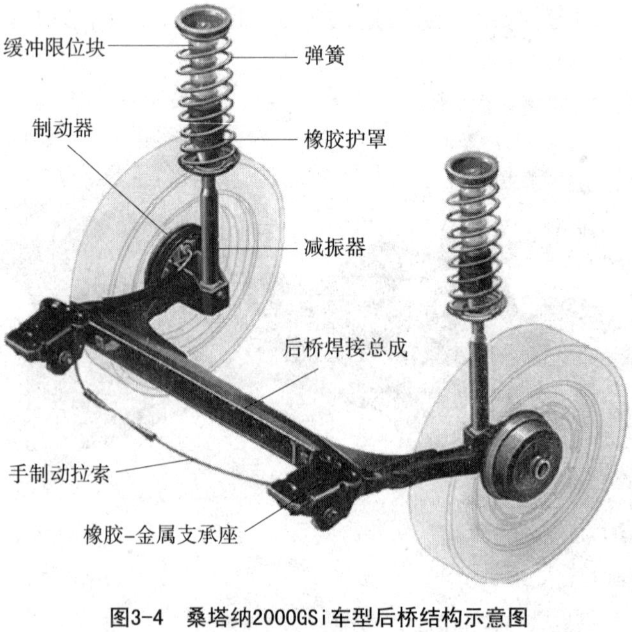

图3-4　桑塔纳2000GSi车型后桥结构示意图

该车桥轮毂、制动鼓以及车轮与车桥的连接方式与转向桥一样，通过轴承支承，轴向定位。车桥只向其传递横、纵向推力或拉力，不传递转矩。

1.2 车轮定位

1.2.1 转向轮定位

为了保证汽车直线行驶的稳定性和操纵的轻便性，减少轮胎和其他机件的磨损，转向轮、转向节和前轴三者与车架的安装应保持一定的相对位置关系，这种安装位置关系称为转向车轮定位，也称前轮定位。

对于两端装有主销的转向桥，汽车转向时，转向车轮会围绕主销轴线偏转，如图3-5a）所示。但在大多数断开式转向桥中没有主销，采用上、下球头销代替主销，上、下球头销球头中心的连心线相当于主销轴线，如图 3-5b）所示。

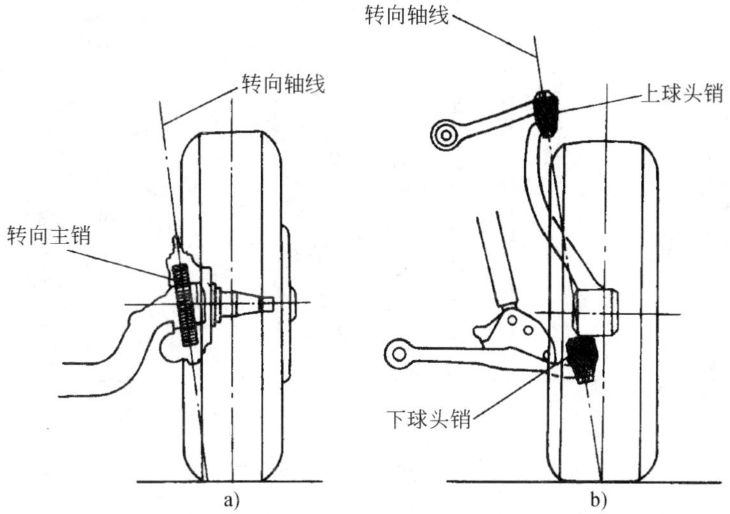

图3-5　主销的不同形式

转向轮定位包括前轮外倾、主销后倾、主销内倾及前束四个参数。现以有主销的转向桥为例说明转向车轮定位。

一、主销后倾

主销安装在前轴上，其上端略向后倾斜，这种现象称为主销后倾。在垂直于汽车支承平面的纵向平面内，主销轴线与汽车支承平面垂线之间的夹角 γ 称为主销后倾角，如图 3-6 所示。

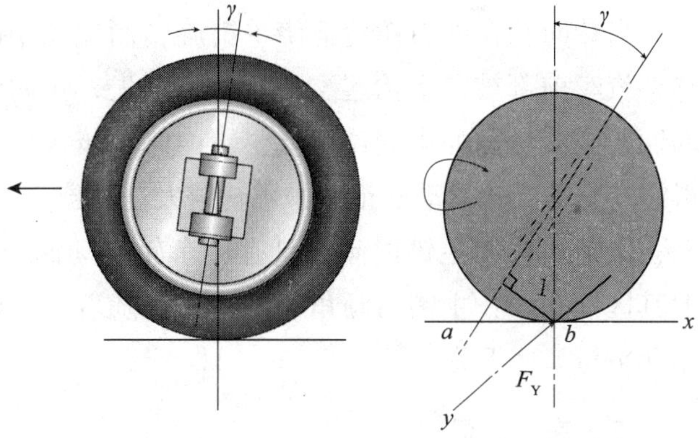

图3-6　主销后倾

主销后倾的功用是形成回正力矩，保证汽车直线行驶的稳定性，并使汽车转向后回正操纵轻便。主销后倾角越大、车速越高，回正力矩越大，转向轮偏转后自动回正的能力也越强。

此外，有些汽车由于采用超低压轮胎，弹性增加，转向时因轮胎弹性变形而使轮胎与路面的接触点后移，使回正力矩增加，故主销后倾角可以减小，甚至为负值（即主销前倾）。

主销后倾角一般是将前轴连同悬架安装在车架上时，使前轴向后倾斜而形成的。

二、主销内倾

主销安装在前轴上，其上端略向内侧倾斜，这种现象称为主销内倾。在垂直于汽车支承平面的横向平面内，主销轴线与汽车支承平面垂线之间的夹角 β 称为主销内倾角，如图 3–7 所示。

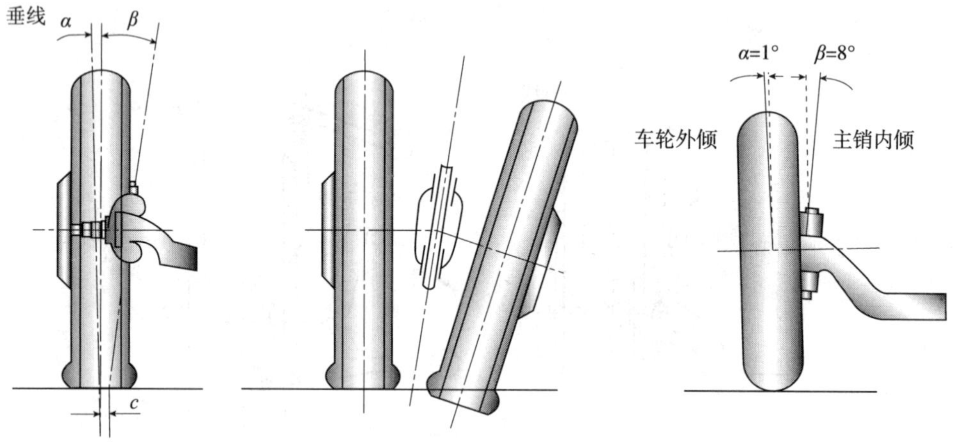

图3–7　主销内倾及车轮外倾

主销内倾的功用是使转向轮自动回正，并使转向操纵轻便。

由于主销内倾，转向时，路面作用在转向轮上的阻力对主销轴线产生的力矩减小，从而可减少转向时驾驶人施加在转向盘上的力，使转向操纵轻便。同时还可以减小因路面不平而从转向轮传到转向盘上的冲击力。

当转向轮在外力作用下绕主销旋转而偏离中间位置时，由于主销内倾，车轮连同整个汽车前部被向上抬起。一旦外力消失，转向轮就会在汽车前部重力作用下力图自动回正到旋转前的中间位置。主销内倾角越大、转向轮偏转角越大，汽车前部就抬起得越高，转向轮自动回正的作用就越大。

主销后倾和主销内倾都具有使车轮自动回正及保证汽车直线行驶稳定性的作用，但其区别在于：主销后倾角的回正作用随着车速的增高而增大，而主销内倾的回正作用几乎与车速无关。

三、车轮外倾

转向轮安装在转向节上时，其旋转平面上端向外倾斜，这种现象称为转向车轮外倾。车轮旋转平面与垂直于车辆支承面的纵向平面之间的夹角 α 称为车轮外倾角，如图 3–8 所示。

车轮外倾角的功用是提高车轮工作的安全性和转向操纵的轻便性。

由于主销与衬套之间、轮毂与轴承等处都存在着装配间隙，若空车时车轮的安装正好垂直于路面，则满载时上述间隙将发生变化，车桥也因承载而变形，从而引起车轮向内倾斜。车轮内倾将使路面对车轮的垂直反作用力的轴向分力压向轮毂外端的小轴承，使该轴承及其锁紧螺母等件承受的载荷增大，降低了它们的使用寿命，严重时会损坏锁紧螺母而使车轮脱落。为此，安装车轮时预先留有一定的外倾角，以防止上述不良影响。此外，车轮有一定的外倾角也可以与拱形路面相适应。

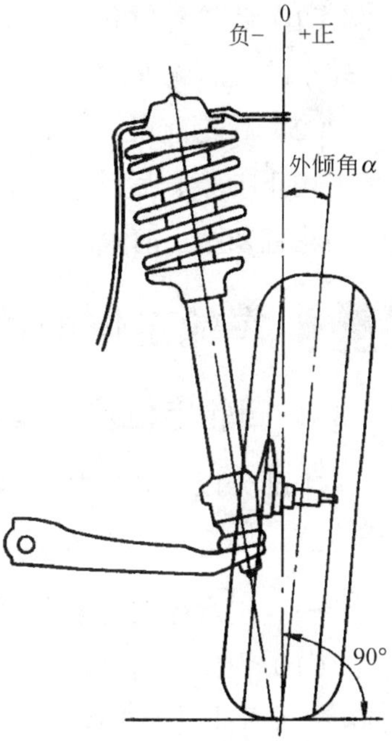

图3–8　车轮外倾

四、前轮前束

车轮安装在车桥上，两前车轮的中心平面不平行，其前端略向内侧收束，这种现象称为前轮前束。两前轮后端距离 *A* 大于前端距离 *B*，其差值 *A–B* 称为前轮前束值。如图 3–9 所示。

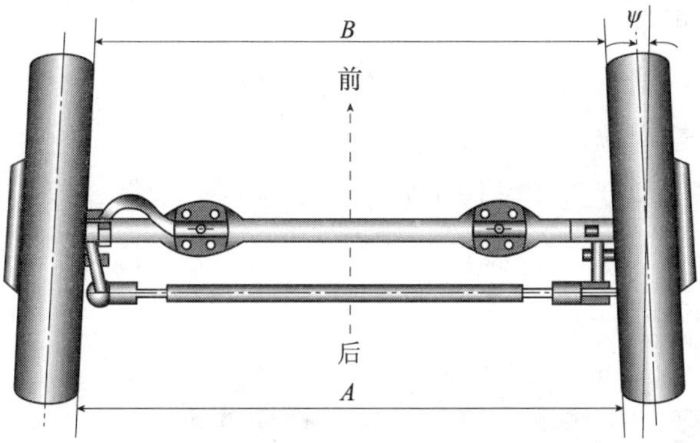

图3–9　前轮前束俯视图

前轮前束的功用是消除因车轮外倾所造成的不良后果，保证车轮不向外滚动，防止车轮侧滑和减轻轮胎的磨损。

1.2.2 非转向轮定位

后轮与后轴之间的相对安装位置关系，称为后轮定位。随着车速的不断提高，为了提高汽车高速行驶的稳定性，在结构设计上应确保汽车具有不足转向特性。为此，转向轮定位的内容已扩展到非转向轮（后轮）。汽车后轮具有一定程度的外倾角和前束。

后轮定位内容主要包括后轮外倾角和后轮前束。

（1）后轮外倾角。为了对载荷进行补偿，采用独立后悬架的大多数车辆常带有一个较小的正后轮外倾角。

（2）后轮前束。后轮前束的作用与前轮前束基本相同。一般前驱汽车，前驱动轮宜采用正前束，后从动轮宜采用负前束；对于后驱汽车，前从动轮宜采用负前束，后驱动轮宜采用正前束。

1.3 车轮定位的检查与调整

1.3.1 四轮定位仪的使用

本部分以百斯巴特 VAG1995K 型定位仪为例介绍用四轮定位仪检测车轮定位的操作方法。

一、技术标准与要求

（1）为便于检测和调整，被检汽车需放在地沟上或举升平台上，地沟或举升平台应处于水平状态，四轮定位仪则安装在地沟两旁或举升平台上。

（2）汽车在空载条件下，方可进行车轮定位的检查或调整。

（3）轮胎气压符合规定要求。

（4）汽车悬架系统性能正常。

（5）汽车转向系统无间隙与损伤。

（6）车轮动平衡正常。

（7）同一车桥的两侧轮胎花纹深度差不超过 2mm。

（8）正确操作车轮定位仪。

（9）汽车车轮定位角度应符合规定要求。

二、实训器材

车轮定位仪、组合工具。

三、作业准备

（1）汽车进入工位前，将工位清理干净，准备好相关的器材。

（2）套上转向盘护套、变速杆手柄套和座位套，铺设脚垫。

（3）如图 3-10 所示，将汽车行驶到检测仪上。汽车驶上时，应保证转角盘和后滑板的销子都销到位，使前轮正好位于转角盘中心时停车；车停稳后，拉紧驻车制动以确保车辆不移动，松开转盘的锁紧销。

图3-10　车辆停在检测仪上

（4）检查底盘各零部件，包括胶套、轴承、摆臂、三角架球头、减振器、拉杆球头和转向盘是否有松动及磨损，检查轮胎气压和轮胎规格以及两前轮花纹是否相同，两后轮花纹深浅是否一致。

（5）将快速卡具安装在4个车轮上，如图3-11所示。依照轮胎所标记的尺寸，调节两个较低位置的卡爪，将其卡在轮辋边缘，移动顶部的卡爪到轮辋边缘并用星型手柄锁紧，将可调整的夹紧臂放在轮胎上，用力向车轮方向压下两侧夹紧用的杠杆，把夹紧臂移到胎纹中，在松开夹紧臂之前确信两端都已调好。

图3-11　安装快速卡具

对于前轮，当夹紧臂安装好之后，应将夹紧用的杠杆取出（因为在车轮转向过程中，此杆可能碰撞到翼子板）。为了更好的在无沿铝合金钢圈上安装，可在卡爪上插上专用的卡爪套管。

（6）将传感器安装到卡具上，如图3-12所示。前轴车轮上的传感器小端指向车头前进方向，后轴车轮上的传感器小端指向与前轴传感器相反的方向。

图3-12　安装传感器

（7）依照水平气泡指示调整传感器水平，并拧紧卡具上的固定螺钉，如图3-13中箭头所示。

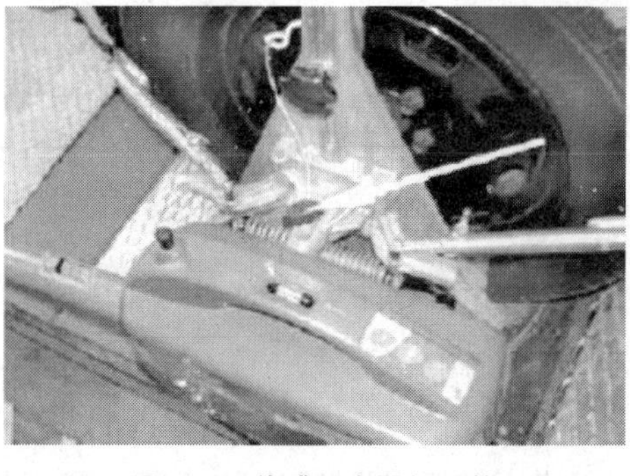

图3-13　传感器水平的调整

传感器上粘贴的图标指示出传感器的安装位置，如图 3–14 所示。

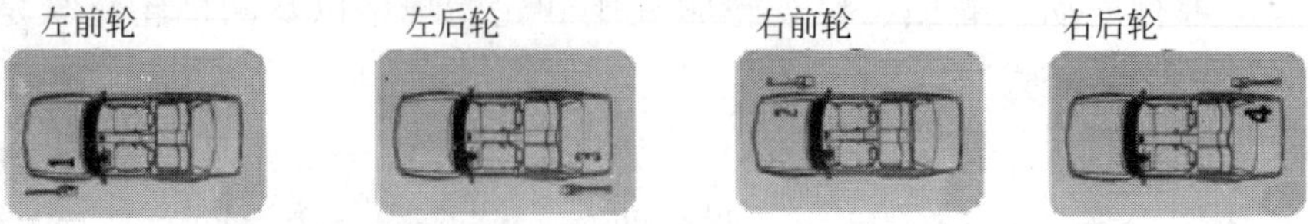

图3–14　传感器安装位置

（8）分别将 4 根电缆线连接到 4 个传感器的接线插座上，如图 3–15 所示。两根长通信电缆用来连接两个前部传感器到定位仪主机。稍短些的两根通信电缆用来连接前后传感器。

图3–15　连接传感器

（9）将四轮定位仪接上电源。

（10）将转向盘固定架放在驾驶座座椅上，压下手把使之顶住转向盘以锁定转向盘。

图3–16　安装制动踏板固定架

（11）将制动踏板固定架下端顶在制动踏板上，上端卡在座椅上，使车辆制动，如图 3–16 所示。

（12）给定位仪接通 220V 电源，打开计算机电源开关，系统自动启动，进入“登录”界面。点击进入后，系统自动引导进入定位程序初始状态。

四、操作步骤

（1）点击工具栏中的指向右侧的绿色“前进”图标，进入“客户选择”界面。在“客户选择”界面中，首先看到的是“客户档案列表”选项卡。

（2）点击“当前维修单信息”选项卡，进入用户信息输入画面。黄颜色条目为必填项目，其余项目可依需要填写。

（3）填写好客户信息之后，点击“前进”图标，即可进入车型选择画面。

在“车型资料来源”下拉菜单中列出了已安装的所有车型数据资料。选中“USER”，即可见到各种车型的车型数据。用鼠标双击列表栏里所给出的待测车辆所属的车型，稍候，则屏幕上会显示出选中车辆的标准车型数据。

（4）确认此车型数据与待测车辆车型相符，点击“前进”图标，进入下一步；如果所选车型有误，可点击“车辆选择”选项卡，返回车辆选择画面，重新选择正确的车型数据。

（5）点击“前进”图标进入下一步，屏幕显示“车辆状况”画面。在此画面下可以输入待测车辆的各部分已知的存在的故障，用以在定位之前对车辆进行总体状况描述。

（6）点击“前进”图标可进入“准备工作”画面。准备工作的说明包括对举升机平台的要求，传感器的安装以及卡具的安装说明及注意事项。

（7）点击“前进”图标接着进入“偏位补偿”画面，在此画面下可以进行钢圈偏位补偿的操作。具体操作方法见“偏位补偿操作”。

说明：如果使用的是快速卡具，则只在下列情况下才需要进行钢圈偏位补偿的操作。

① 钢圈存在有较明显的失圆。

② 卡具的卡爪存在磨损的状况。

③ 特殊钢圈，例如边缘呈弧型凸起表面或无沿钢圈，需要配合使用卡爪套管才能装卡的情况。

④ 需要保证足够高的测量精度的情况。

（8）如果不需要进行钢圈的偏位补偿操作，则可直接点击“前进”图标进入“调整前检测”操作。

❶ 调整前检测

在开始进行调整前检测操作之前，请安装好制动锁，以保证后倾角和主销内倾角的准确测量。

（1）正前打直。

① 转动转向盘，使白色箭头对到半圆型区中央黑线处，如图 3-17 所示。请尽可能把方向对准到中央黑线位置，以得到更高的测量精度。

② 如图 3-18 所示为方向对中之后的屏幕显示。定位程序为：先进行后轴数据测量。

图3-17　转向盘对中调整（一）

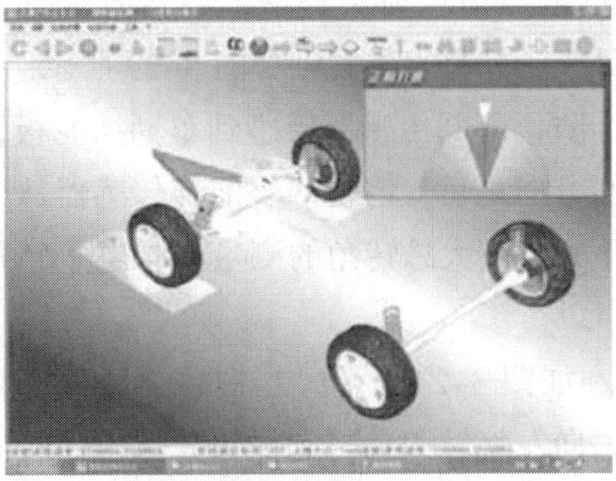

图3-18　转向盘对中调整（二）

③ 一旦正前打直方向之后，屏幕提示会提醒操作员安装制动锁，然后程序就会检查传感器是否处于水平状态。传感器水平状态提示画面如图 3–19 所示，依照屏幕提示，调整相应传感器的水平。当所有传感器都处于水平状态之后，程序就会自动进入后轴数据测量步骤。

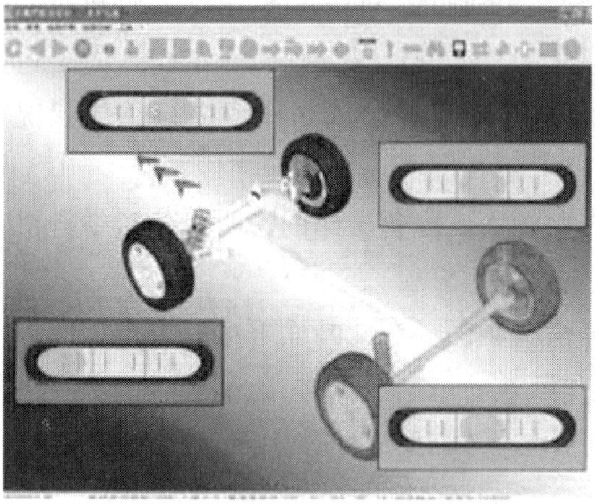

图3–19　传感器水平状态提示

（2）20° 转向操作。

① 依照屏幕图标提示，向左侧转动转向盘，直到方向对中中央黑线位置，如图 3–20 所示。

② 然后再依照屏幕白色箭头所示，向右侧转动转向盘，直到方向对中中央黑线位置。

③ 按程序引导进入正前打直操作，方向对中之后，屏幕上就会显示出调整前检测所测量出的前轮前束值，如图 3–21 所示。

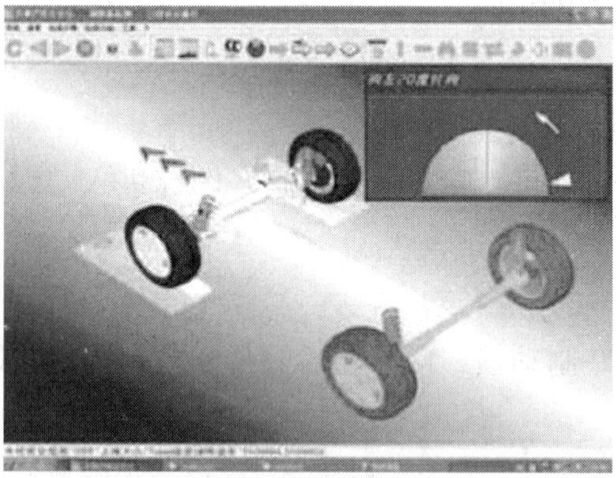

图3–20　转向盘调整（一）

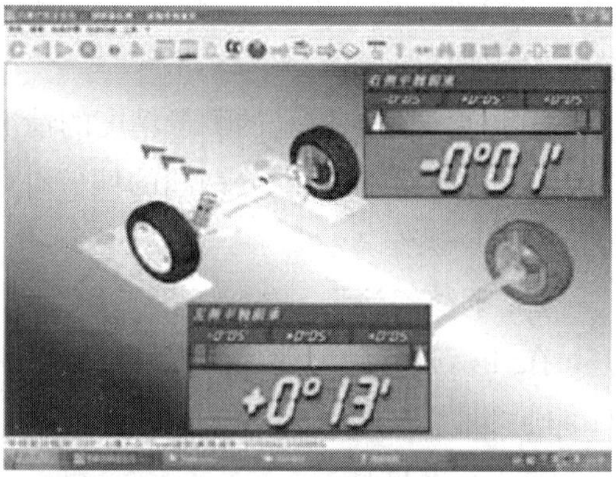

图3–21　前轮前束显示

④ 点击“前进”图标，进入“最大总转角”检测画面。

（3）测量最大总转角。

① 依照白色箭头提示，将转向盘打到使车轮处于正前打直位置，如图 3–22 所示。

为防止前部传感器臂碰到车辆挡泥板，正前打直方向之后，请把两个前部传感器从卡具上取下来。最大总转角的测量只与电子转角盘相关。

② 如图 3–23 所示，当白色箭头处于最右侧时，向左将转向盘打到尽头并保持住转向盘位置以等待测量完成。

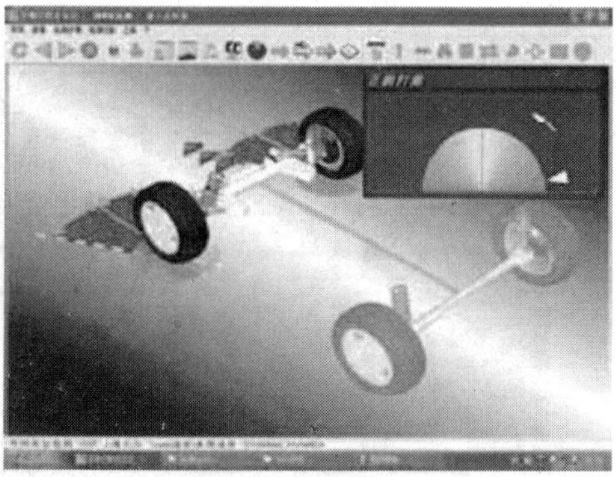

图3–22　转向盘调整（一）

③ 屏幕显示如图 3–24 所示。之后，白色箭头会转到最左侧，再向右将转向盘打到尽头并保持住转向盘位置以等待测量完成。

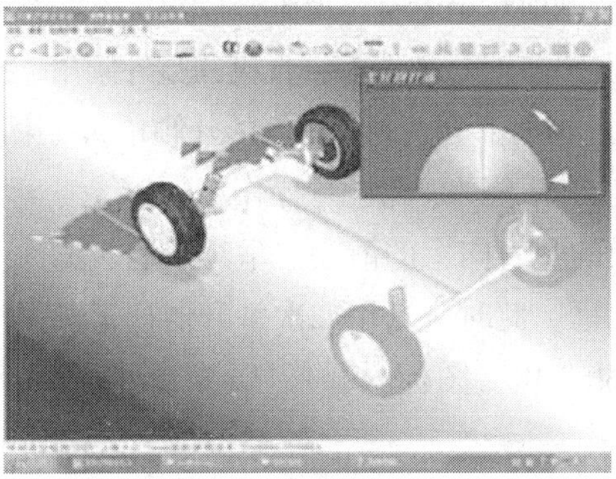

图3-23　转向盘调整（二）

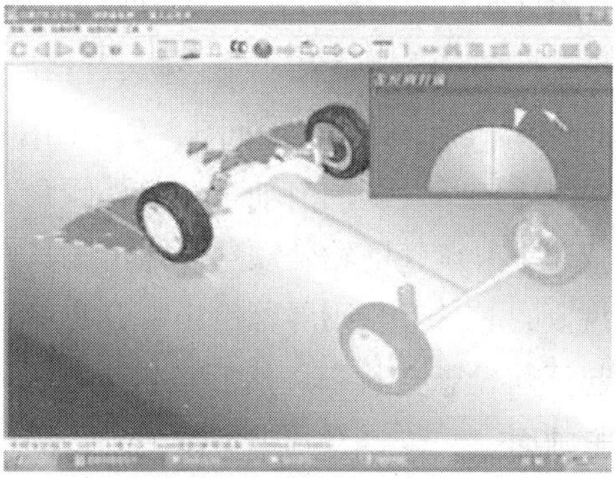

图3-24　转向盘调整（三）

④ 依照白色箭头提示，将转向盘打到使车轮回到正前打直状态。然后重新把两个前部传感器装到卡具上。

⑤ 屏幕上自动出现调整前检测的检测数据报告，检测报告有表格形式和图形方式。

⑥ 点击“前进”图标可进入“定位调整”操作。

❷ 定位调整

① 使车辆处于正前打直方向。

② 检查转向盘是否处于水平状态。如果转向盘完全水平，则可直接在此位置下安装转向盘锁；如果转向盘不水平，则需要把转向盘调整到完全水平的状态，然后安装制动锁。

③ 把车辆举升到定位调整的高度。

④ 如果后轴车轮定位数据不合格需要调整，并且该定位数据是可调整的话，则可在如图 3–25 所示画面下调整后轮的外倾角和前束。否则按“前进”图标进入下一步。

⑤ 程序进入“调整前轴后倾角”画面，如图 3–26 所示。如果前轴车轮的后倾角可调整，则可在此画面下调整前轮的后倾角。否则按“前进”图标进入下一步。

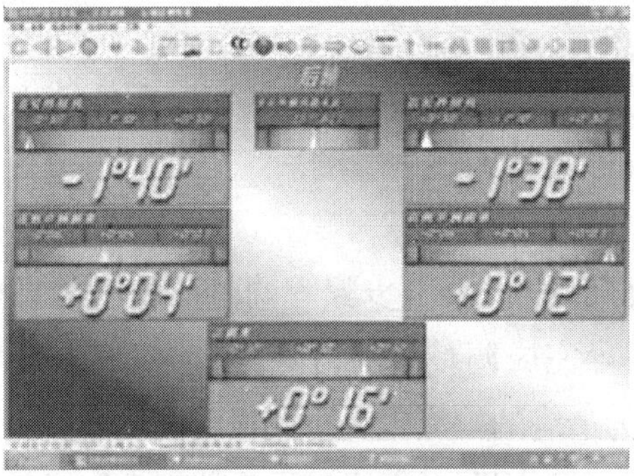

图3-25　后轴定位参数显示

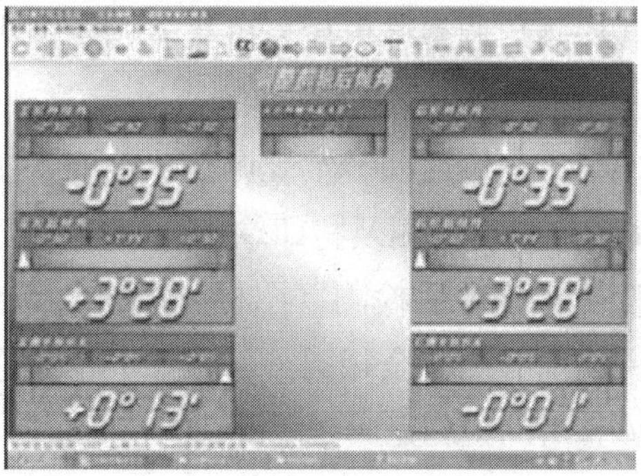

图3-26　调整前轴后倾角

（1）前轮外倾角和前束的调整。前轮外倾角和前束的调整顺序是先调整外倾角，再调整前束，因为外倾角的调整会影响前束的数值。

车轮外倾角的调整方式一般有两种：举升车辆前轮至悬空，调整外倾角；不必举升车辆前轮就直接调整外倾角。对于第二种情况，在“前轴”画面下可直接调整外倾角，然后再调整前束。前轴调整画面如图 3–27 所示，在此画面下分别调整前轮的外倾角和前束。

如果需要举升车辆前轴来调整外倾角，则可按下列步骤进行操作。

（2）举升调整前轮外倾角。点击工具栏中的竖直向上的箭头“举升车辆”图标（或按键盘上的 F7 键），则屏幕给出举升车辆提示框。此时应当用二次举升器把车辆前轴平稳顶起至前轮悬空状态。然后点击提示框中的“OK”图标。屏幕显示出外倾角顶升悬空调整画面。

（3）外倾角顶升调整。

① 如图 3–28 所示，在此画面下调整左右两侧的前轮外倾角。当外倾角的数值都达到合格范围之后，点击工具栏中的红色“退出”图标。

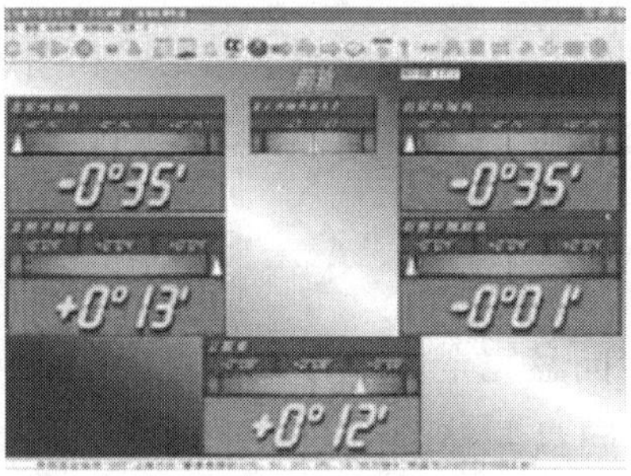

图3-27　前轴调整

图3-28　前轮外倾角调整

② 此时屏幕显示出结束顶升调整的提示框，这时再放下二次举升器，使两前轮回到转角盘上。然后上下拉动副车架几次，以使车辆前悬架回位。再点击提示框中的“OK”图标。

③ 程序重新返回“前轴检测数据”画面。如果外倾角数值是合格的，则可继续调整前束。如果外倾角仍不合格，则需重新举升前轴调整外倾角操作，直至外倾角数据合格。外倾角调整结束后，可接着调整前束。

④ 前轴外倾角和前束调整结束之后，点击工具栏中的红色“退出”图标结束定位调整操作。程序返回“常规调整”画面，接着可进行调整后检测。

❸ 调整后检测及打印输出

选择“调整后检测”图标，就可进入调整后检测操作步骤。调整后检测的操作流程与调整前检测完全相同。可依照屏幕操作引导完成调整后的检测。

调整后的检测完成之后得到的检测报告即为最终的检测报告。此报告的最右侧一列数据就是调整后的车辆实际定位数据。通常还可以看到用图形方式显示的调整后车辆的四轮定位数据。点击工具栏内的“打印机”图标即可打印出完整的四轮定位检测调整报告。

❹ 偏位补偿操作

（1）准备工作。

① 拉紧车辆手制动，然后用二次举升器举升车辆前轴，使前轮高出检测平台约6cm。转动转向盘使车辆大致处于正前打直方向。

② 在偏位补偿过程中请勿转动转向盘。

③ 松开卡具上用来固定传感器销的紧固螺栓，使传感器能自由转动。

④ 在偏位补偿过程中，请保持传感器处于大致水平的状态。

操作说明：偏位补偿对车轮的顺序没有要求，可以先对悬空车轮中的任意一个车轮进行偏位补偿，也可对两个悬空的车轮同时进行偏位补偿。如果二次举升器可使车辆的四个车轮同时悬空，则四个车轮可同时进行偏位补偿。

（2）操作步骤。

① 转动左前轮，使快速卡具的三个卡爪之一指向正上方。参照水平气泡把传感器大致调水平，然后按一下传感器面板上的偏位补偿键，等待偏位补偿灯闪亮。

② 偏位补偿灯熄灭之后，屏幕上的左前轮图标会有一块变为绿色，如图3-29所示，按照车轮行驶的方向把车轮大致转动90°。把传感器调成水平状态，按一下偏位补偿键，等待偏位补偿灯闪亮。

③ 偏位补偿灯熄灭之后，屏幕上的车轮图标会有两块变为绿色，如图3-30所示。按照车轮行驶的方向把车轮再转动90°，此时卡具卡爪转过180°。把传感器调成水平状态，按一下偏位补偿键，等待偏位补偿灯闪亮。

图3-29　偏位补偿（一）

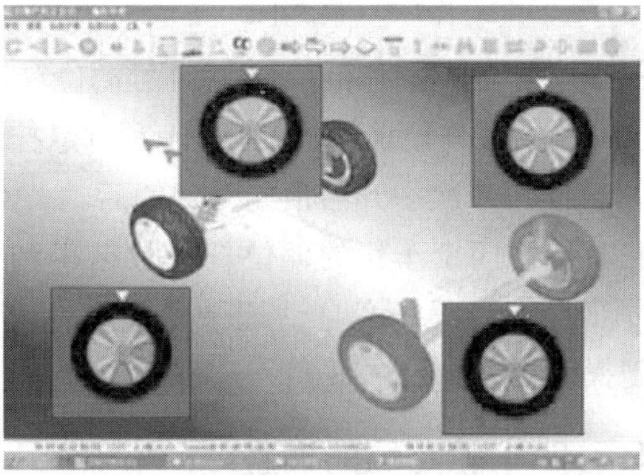

图3-30　偏位补偿（二）

④ 偏位补偿灯熄灭之后，屏幕上的车轮图标会有三块变为绿色，如图3-31所示。按照车轮行驶的方向把车轮再转动90°，此时卡具卡爪转过270°。把传感器调成水平状态，按一下偏位补偿键，等待偏位补偿灯闪亮。

⑤ 偏位补偿灯熄灭之后，车轮图标圆环上的所有四个部分都变成绿色，如图3-32所示。按照车轮行驶的方向把车轮再转动90°，使卡具卡爪重新回到起始位置，卡爪指向正上方。

⑥ 把左前传感器调成水平状态，然后拧紧卡具上紧固传感器销的螺栓。按下传感器上的偏位补偿计算键。相应的偏位补偿计算灯会闪亮。

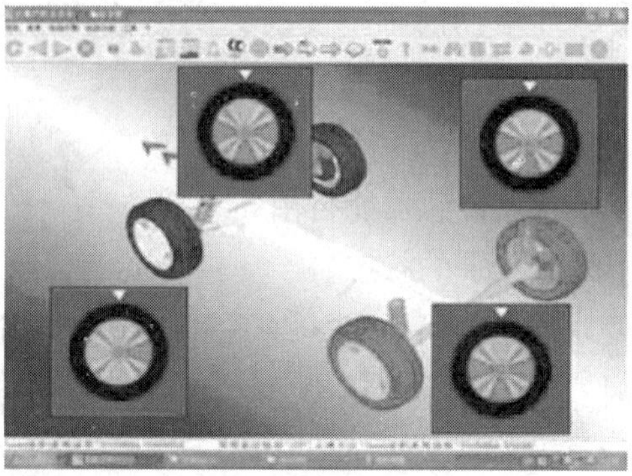

图3-31　偏位补偿（三）

图3-32　偏位补偿（四）

图3-33　偏位补偿（五）

⑦ 屏幕上左前轮的图标上会出现偏位补偿的最大数值，并用黄色指针指示出最大偏位补偿量出现的位置，如图 3-33 所示。

⑧ 同样的方法，对右前轮做偏位补偿。右前轮偏位补偿完成之后，把左右前轮恢复到按偏位补偿计算键时车轮所处的位置，放下前轴。

注意：

车轮落回转角盘之后，前轮位置仍保留在按偏位补偿计算键时车轮所处的位置。

⑨ 晃动车辆前部，放松车辆前部悬挂。

⑩ 用二次举升器顶起车辆的后轴，对两后轮进行偏位补偿，操作方法与前轴车轮相同。四个车轮的偏位补偿数据得到之后，点击屏幕上的“前进”图标进入下一步操作。程序会自动记录此偏位补偿数据用于修正测量数据，不需要用户做任何操作。

1.3.2 车轮定位的调整

一、技术标准与要求

（1）轮胎气压符合规定要求。

（2）汽车悬架系统性能正常。

（3）汽车转向系统无间隙与损伤。

（4）车轮动平衡正常。

（5）同一车桥的两侧轮胎花纹深度差不超过 2mm。

（6）汽车车轮定位角度应符合规定要求。别克凯越车型车轮定位规格见表 3-1。

车轮定位规格　　表3-1

应用	前	后
外倾	-0.33° ± 30′	-1° ± 30′
主销后倾	4° ± 30′	-
前束（无人，油箱装满）	0° ± 5′	0.17° ± 5′

二、实训器材

扭力扳手、组合工具。

三、作业准备

（1）汽车进入工位前，将工位清理干净，准备好相关的器材。

（2）将汽车停驻在举升机中央位置。

（3）拉紧驻车制动器操纵杆，并将变速杆置于空挡位置（图 3-34）。

（4）套上转向盘护套、变速杆手柄套和座位套，铺设脚垫。

（5）检查轮胎充气是否合适，胎面磨损是否正常，车轮和轮胎跳动量是否正确，车轮轴承是否松动。

（6）检查球节和转向横拉杆端头是否松动，齿条和小齿轮是否松动。

（7）检查车辆翘头高度，是否存在操作不正确的支柱，控制臂是否松动。

四、操作步骤

❶ 前轮前束调整

（1）从转向节总成上断开外转向横拉杆，如图 3-35 所示。

图3-34　换入空挡

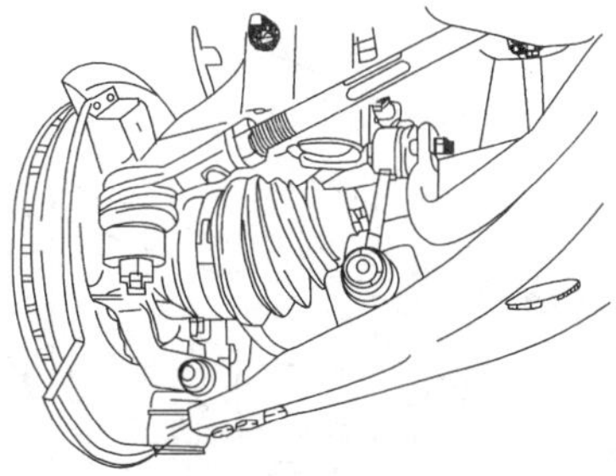

图3-35　断开外转向横拉杆

（2）旋转右、左外转向横拉杆和调节螺母，使前束对准 0.0 ± 0.17°。

（3）将外转向横拉杆重新连接到转向节总成上。

特别注意事项：在此项调整中，右、左外转向横拉杆长度必须相同，否则会造成轮胎不均匀磨损。

❷ 前轮外倾和主销后倾检查

前轮外倾和前主销后倾不可调。在测量前轮外倾或主销后倾前，摇动保险杠三次，以免读数不正确。如果前轮外倾或主销后倾测量值偏离规格，应确定并更换或修理任何损坏、松动、弯曲、凹进或磨损的悬架零件。如果故障与车身有关，则修理车身。

❸ 后轮外倾检查

后轮外倾不可调。如果后轮外倾偏离规格，找出故障原因并排除故障。如果发现悬架零件损坏、松动、弯曲、凹进或磨损，应修理或更换。如果故障与车身有关，则修理车身。

❹ 后轮前束调整

（1）松开平行连杆至横梁螺栓上的螺母，如图 3–36 所示。

（2）旋转平行连杆调整螺栓，直到得到理想的后轮前束规格，如图 3–37 所示。

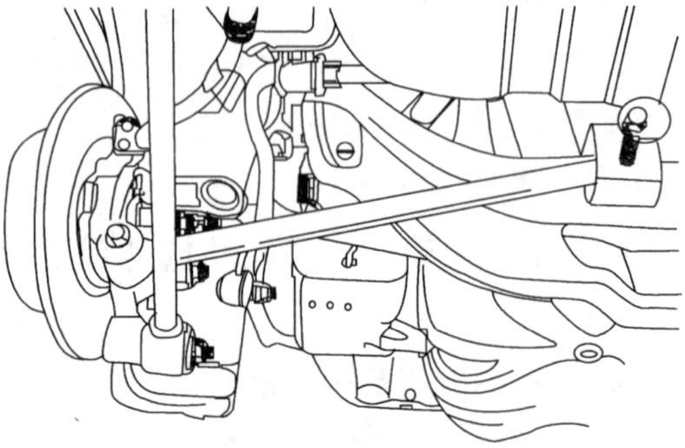

图3–36　松开平行连杆至横梁螺栓上的螺母

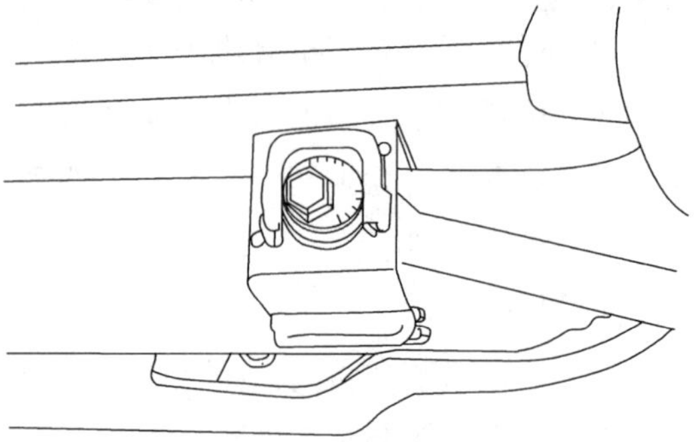

图3–37　旋转平行连杆调整螺栓

（3）握住平行连杆调整螺栓并紧固平行连杆至横梁螺母，如图 3–38 所示。紧固平行连杆至横梁螺母，紧固力矩为 90N · m。

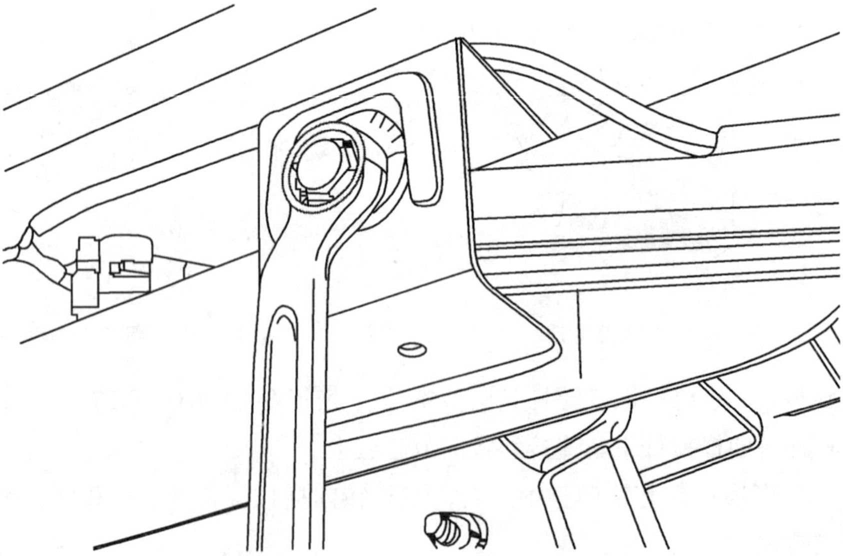

图3–38　紧固平行连杆至横梁螺母

理论测试

一 填空题

1. 根据车桥作用的不同，车桥可分为______、______、______和 ______四种。

2. 转向桥由 ________、________、________和 ________等主要部分组成。

3. 前轮定位包括 ________、________、________和 ________四个参数。

4. 按悬架结构不同，车桥分为 ________和 ________两种。________车桥与非独立悬架配用，________车桥与独立悬架配用。

5. 主销安装在前轴上，其上端略向后倾斜，这种现象称为________；其上端略向内侧倾斜，这种现象称为________。

二 选择题

1. 转向轮绕着______摆动。 (　)
(A) 转向节　(B) 主销　(C) 前梁　(D) 车架

2. 车轮定位中，______可通过改变横拉杆的长度来调整。 (　)
(A) 主销后倾　(B) 主销内倾　(C) 前轮外倾　(D) 前轮前束

3. 汽车车架的结构形式主要有中梁式车架、______和边梁式车架等几种形式。(　)
(A) 后梁式车架　(B) 下梁式车架　(C) 综合式车架　(D) 前梁式车架

4. 越野汽车的前桥属于______。 (　)
(A) 转向桥　(B) 驱动桥　(C) 转向驱动桥　(D) 支承桥

5. 前轮定位中，转向操纵轻便主要是靠______。 (　)
(A) 主销后倾　(B) 主销内倾　(C) 前轮外倾　(D) 前轮前束

三 判断题

1. 转向轮偏转时，主销随之转动。 (　)

2. 主销后倾角和主销内倾角都起到使车轮自动回正，沿直线行驶的作用。 (　)

3. 主销内倾角能使汽车转向系统在转向后回复直线行驶的位置。 (　)

4. 车轮前束为两侧轮胎上缘间的距离与下缘间的距离之差。 (　)

5. 汽车转向轮定位参数中的主销后倾角，直接影响汽车的操纵稳定性，若倾角过大，汽车将因转向过于灵敏而行驶不稳，过小则转向沉重。 (　)

6. 一般载货汽车的前桥是转向桥，后桥是驱动桥。 (　)

7. 越野汽车的前桥的功用通常是转向兼驱动。 (　)

8. 主销内倾角导致轮胎形成圆锥滚动效应，为了避免这种效应带来的不良后果，将两前轮适当向内偏转，即形成前轮前束。 (　)

四 简答题

1. 车桥是如何进行分类的，都有哪些类型？

2. 与转向桥相比，转向驱动桥有哪些不同？

3. 转向轮定位包括哪些参数，各有什么功用？

II 车轮与轮胎

知识目标：

1. 了解车轮总成的基本组成及功用；
2. 了解车轮的结构；
3. 掌握轮胎的结构；
4. 掌握轮胎规格表示方法。

能力目标：

1. 掌握轮胎的检查方法；
2. 掌握车轮的拆装方法；

3. 掌握轮胎的更换方法；

4. 掌握车轮动平衡的检查与调整方法。

建议学时：

8学时

2.1 概述

汽车车轮总成如图 3–39 所示，是由车轮和轮胎两大部分组成的，是汽车行驶系中极其重要的部件之一，它处于车轴和地面之间，具有如下基本功用：

（1）支承整车质量，包括在汽车质量上下运动时产生的惯性动载荷。

（2）缓和由路面传递来的冲击载荷。

（3）通过轮胎和路面之间的附着作用，产生驱动和阻止汽车运动的外力，即为汽车提供驱动力和制动力。

（4）产生平衡汽车转向离心力的侧向力，以便顺利转向，并通过轮胎产生的自动回正力矩，使车轮具有保持直线行驶的能力。

（5）承担跨越障碍的作用，保证汽车的通过性。

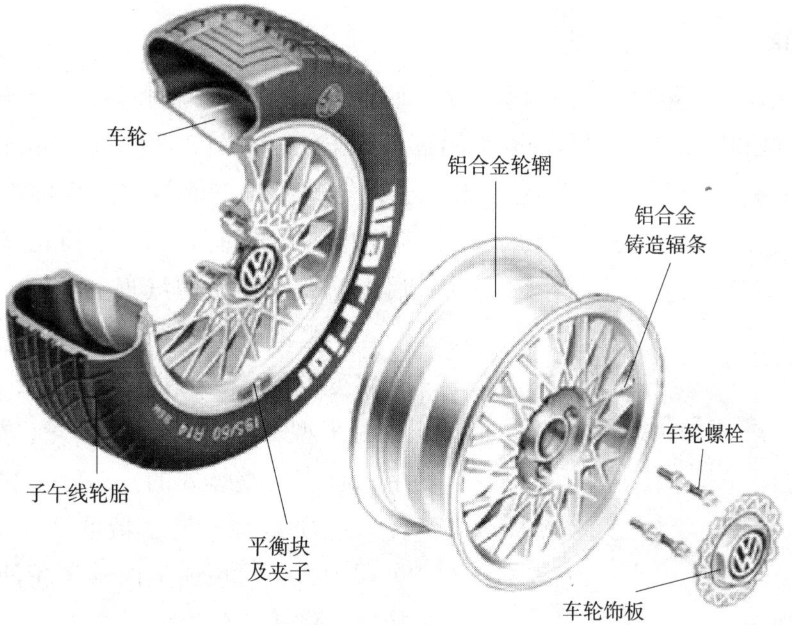

图3-39　车轮总成

针对车轮和轮胎的使用持点，要求它们具有：足够的强度和刚度；质量轻；散热能力强；轮胎具有良好的弹性特性和摩擦特性；足够的使用寿命。

2.2 车轮

车轮是介于轮胎和车桥之间承受负荷的旋转组件，其功用是安装轮胎，承受轮胎与车桥之间的各种载荷的作用。

车轮一般是由轮毂、轮辋和轮辐组成，如图 3-40 所示。轮毂通过圆锥滚子轴承装在车桥或转向节轴径上，用于连接车轮与车桥。轮辋用于安装和固定轮胎。轮辐用于将轮毂和轮辋连接起来，并通过螺栓与轮毂连接起来。

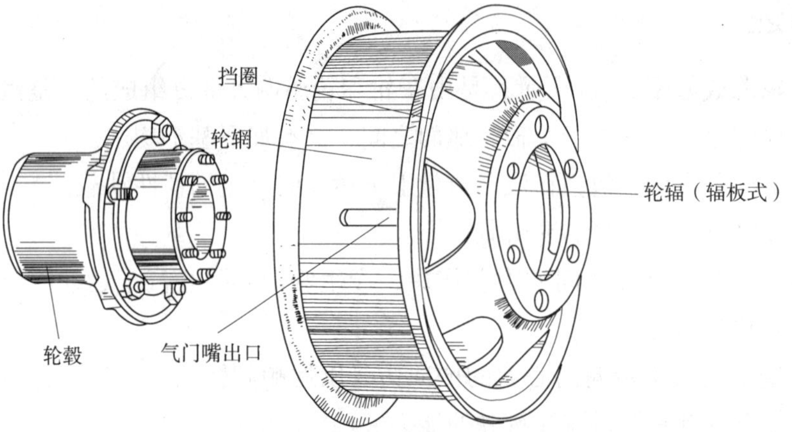

图3-40 车轮的组成

2.2.1 轮辐

按轮辐结构的不同，车轮可以分为两种形式：辐板式车轮和辐条式车轮。

普通车型和轻、中型货车普遍采用辐板式车轮，如图 3-39 所示，由挡圈、轮辋、辐板和气门嘴伸出口组成。车轮中用以连接轮毂和轮辋的钢质圆盘称为辐板，大多是冲压制成的，少数是和轮毂铸成一体，后者主要用于重型汽车。

车型的辐板所用板料较薄，常冲压成起伏多变的形状，以提高其刚度，目前广泛采用的车型车轮为铝合金车轮，如图 3-41 所示，且多为整体式的，即轮辋和轮辐铸成一体。它质量轻，尺寸精度高，生产工艺好，美观大方，可以明显改善车轮的空气动力学特性，降低汽车油耗。

辐条式车轮按辐条结构的不同分为钢丝辐条式车轮和铸造辐条式车轮，如图 3-42 所示。

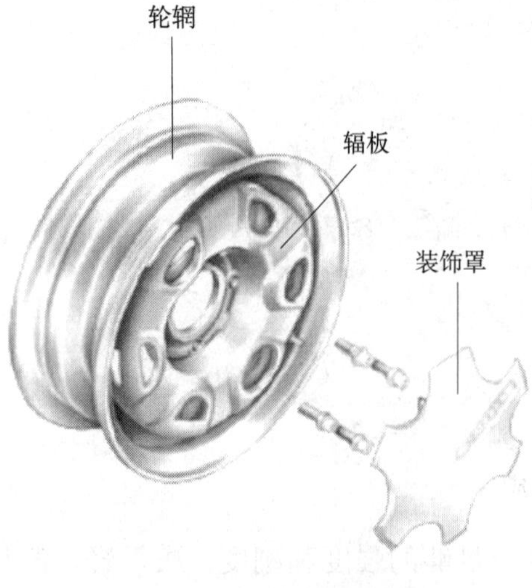

图3-41 车型铝合金车轮

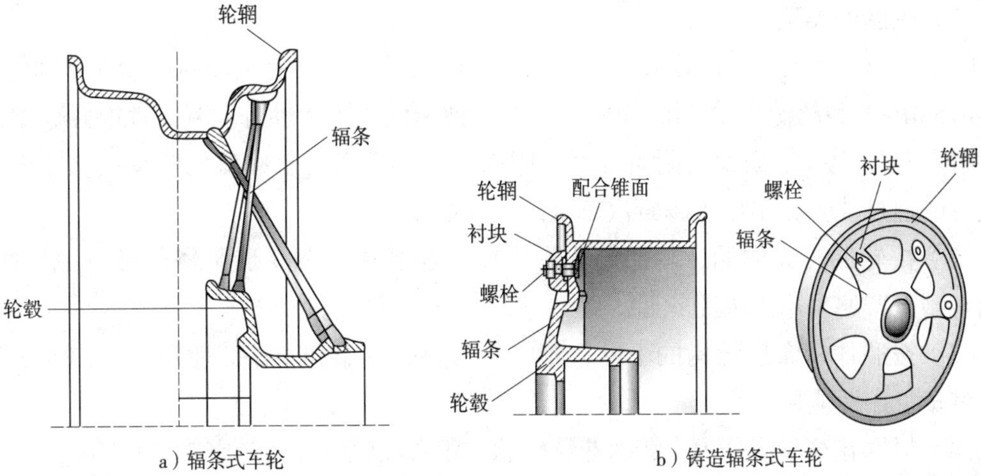

图3-42　辐条式车轮

2.2.2 轮辋

轮辋用于安装和固定轮胎。按其结构不同，轮辋的常见结构形式有：深槽轮辋、平底轮辋和对开式轮辋，如图 3-43 所示。此外，还有半深槽轮辋、深槽宽轮辋、平底宽轮辋、全斜底轮辋等。

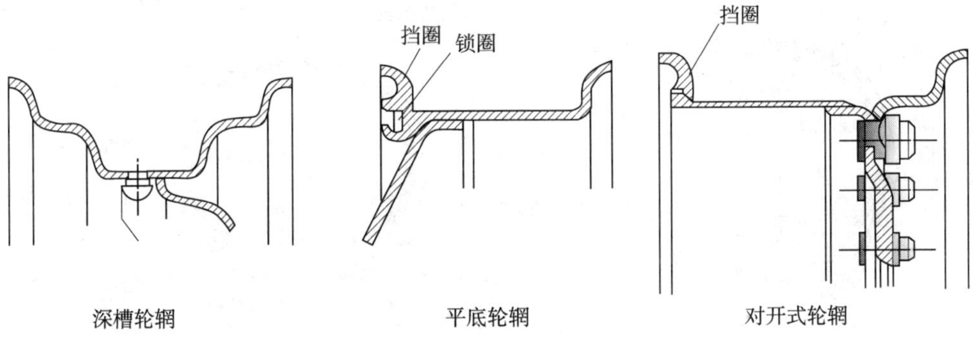

图3-43　轮辋的常见结构形式

2.3 轮胎

2.3.1 轮胎的功用和类型

一、轮胎的功用

现代汽车都采用充气式轮胎，轮胎安装在轮辋上，直接与路面接触，它的功用是：

（1）支承汽车的质量，承受路面传来的各种载荷的作用。

（2）和汽车悬架共同来缓和汽车行驶中所受到的冲击，并衰减由此而产生的振动，以保证汽车有良好的乘坐舒适性和行驶平顺性。

（3）保证车轮和路面有良好的附着性，以提高汽车的动力性、制动性和通过性。

二、轮胎的类型

（1）按轮胎内空气压力的大小，轮胎分为高压胎（0.5~0.7MPa）、低压胎（0.2~0.5MPa）和超低压胎（0.2MPa以下）三种。低压胎弹性好、减振性能强、壁薄散热性好、与地面接触面积大附着性好，因而广泛用于车型。超低压胎在松软路面上具有良好的通过能力，多用于越野汽车及部分高级车型。

（2）按轮胎有无内胎，轮胎分为有内胎轮胎和无内胎轮胎（俗称真空胎）两种。目前车型上普遍采用无内胎轮胎。

（3）按胎体帘布层结构的不同，轮胎分为斜交轮胎和子午线轮胎。目前，子午线胎在汽车上广泛应用。

（4）根据花纹不同分为：普通花纹轮胎、组合花纹轮胎、越野花纹轮胎。

（5）根据帘线材料不同分为：人造丝（R）轮胎、棉帘线（M）轮胎、尼龙（N）轮胎、钢丝（G）轮胎。

目前车型上应用的轮胎主要是低压（超低压）、无内胎的子午线轮胎。

2.3.2 轮胎的结构

充气轮胎按结构不同，可分为有内胎轮胎和无内胎轮胎两种，如图3-44所示。

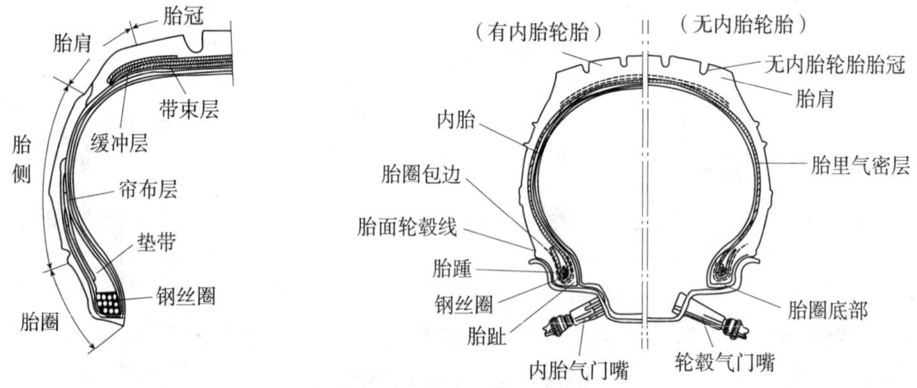

图3-44　轮胎的结构

有内胎轮胎由外胎、内胎和垫带等组成，使用时安装在汽车车轮的轮辋上。无内胎轮胎俗称真空胎，在外观上与普通轮胎相似，但是没有内胎及垫带。它的气门嘴用橡胶垫圈和螺母直接固定在轮辋上，空气直接充入外胎中，其密封性由外胎和轮辋来保证。

外胎是轮胎的主要组成部分，它是用耐磨橡胶以及帘线制成的强度较高而又有弹性的外壳，直接与地面接触来保护内胎，使其不受损伤，主要由胎面、胎圈和胎体等组成。

一、胎面

胎面是轮胎的外表面，可分为胎冠、胎肩和胎侧三部分。

胎冠也称行驶面，它与路面直接接触，直接承受冲击与摩擦，并保护胎体免受机械损伤。为使轮胎与地面有良好的附着性能，防止纵、横向滑移，在胎面上制有各种形状的花纹。如图 3–45 所示，主要有普通花纹、组合花纹、越野花纹等。

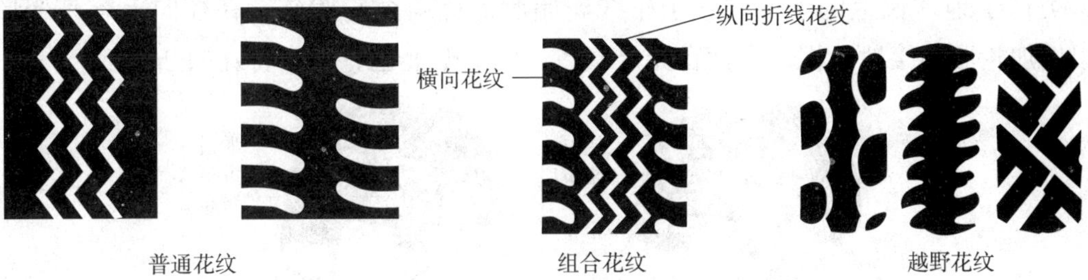

图3–45　胎面花纹

胎肩是较厚的胎冠和较薄的胎侧间的过渡部分，一般也制有各种花纹，以提高该部位的散热性能。

胎侧又称胎壁，它由数层橡胶构成，覆盖轮胎两侧，保护内胎免受外部损坏。胎侧可承受较大的挠曲变形，在行驶过程中，不断地在载荷作用下挠曲变形。胎侧上标有厂家名称、轮胎尺寸及其他资料。

胎冠部分磨损到磨损标记以下后将非常危险。如图 3–46 所示，胎面磨损标志位于胎面花纹沟底部，当胎面磨损到此处时，花纹沟断开，表明轮胎必须停止使用并送去翻新或报废。为便于用户找到磨损标志，通常在磨损标志对应的胎肩处标出“△”符号。这种磨损标志按国家标准的规定，每只轮胎应沿圆周等距离设置，不少于 4 个。

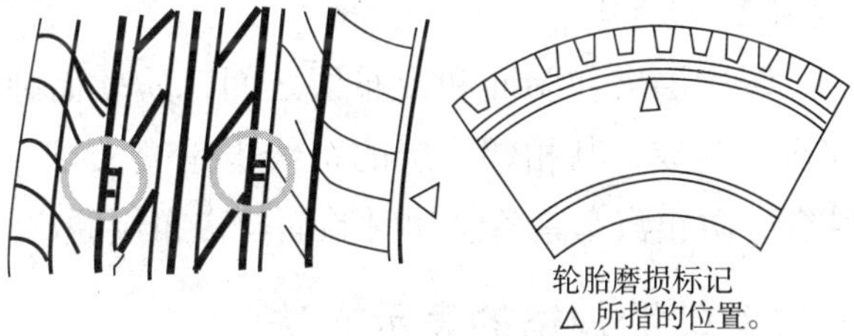

图3–46　轮胎磨损标记

二、胎圈

胎圈是帘布层的根基，由钢丝圈、帘布层包边和胎圈包布组成，具有很大的刚度和强度，可以使外胎牢固地安装在轮辋上。

三、胎体

胎体由帘布层和缓冲层组成。

（1）帘布层。

帘布层是外胎的骨架，主要用于承受载荷，保持外胎的形状和尺寸，并使其具有足够的强度。为使载荷均匀分布，帘布层通常由成偶数的多层帘布用橡胶贴合而成，相邻层的帘线交叉排列。帘布层数越多，轮胎的强度越大，但弹性下降。在外胎表面上标有帘布层数。

按照帘布层帘线排列方式的不同，外胎可以分为斜交轮胎和子午线轮胎，如图 3–47 所示。

斜交轮胎帘布层的帘线按一定角度交叉排列，帘线与轮胎横断面的交角通常为50°。子午线轮胎帘布层帘线排列的方向与轮胎横断面一致，即垂直于轮胎胎面中心线，类似于地球仪上的子午线。子午线轮胎胎侧比斜交轮胎软，在径向上容易变形，可以增加轮胎的接地面积，即使在充足气后，两侧壁上也有一个特殊的凸起部。

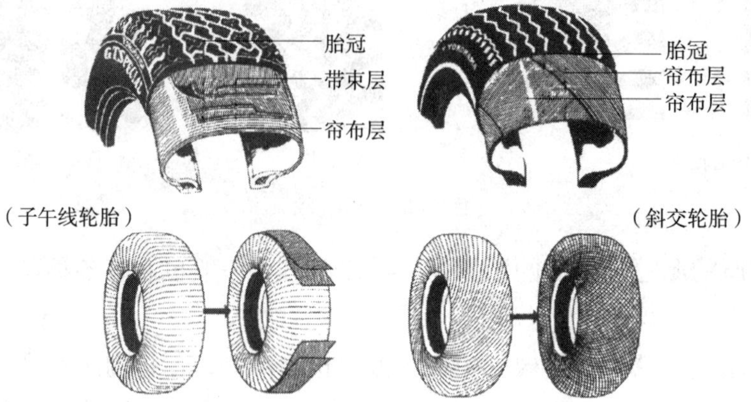

图3-47　轮胎的结构形式

子午线胎与斜交轮胎相比较具有行驶里程长、滚动阻力小、节约燃料、承载能力大、减振性能好、附着性能好、不易爆胎等优势，目前在汽车上应用广泛。

（2）缓冲层。

缓冲层夹在胎面和帘布层之间，质软而弹性大，一般由两层或数层较稀疏的帘布和橡胶制成，其相邻两层的帘线也是交叉排列的。其作用是加强胎面与帘布层之间的结合，防止汽车紧急制动时胎面与帘布层脱离，并缓和汽车行驶时所受到的路面冲击。

2.3.3 轮胎规格的表示方法

轮胎的尺寸标注如图 3-48 所示。

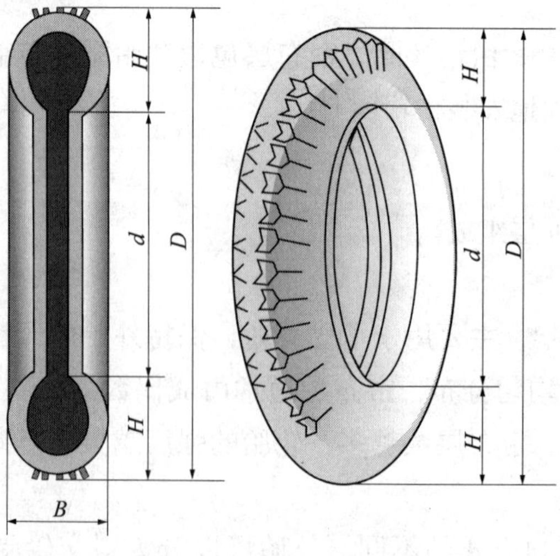

图3-48　轮胎的尺寸标注

D—轮胎外径；　*d*—轮胎内径；　*H*—轮胎断面高度；　*B*—轮胎断面宽度

一、斜交轮胎的规格

普通斜交轮胎的规格用 $B\text{–}d$ 表示，载货汽车斜交轮胎和车型斜交轮胎的尺寸 B 和 d 均使用英寸（inch）为单位。示例如下：

9.00—20

└——轮辋直径 20in

└——轮胎断面宽度 9.00in

二、子午线轮胎的规格

子午线轮胎的规格如图 3–49 所示。

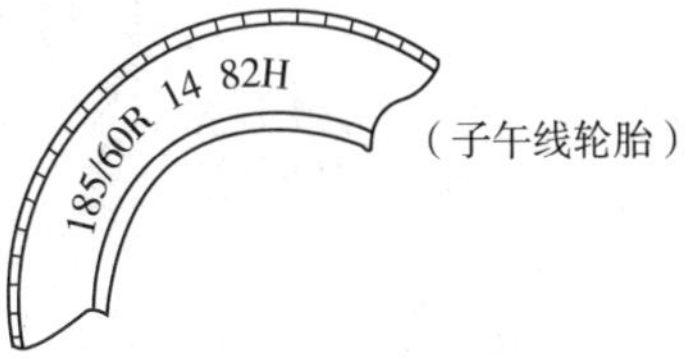

图3–49 子午线轮胎的规格

① 185——轮胎名义断面宽度代号，表示轮胎宽度为 185mm。

② 60——轮胎名义扁平比代号，表示扁平比为 60%。扁平比为轮胎高度 H 与宽度 B 之比，有 60、65、70、75、80 五个级别。

③ R——子午线轮胎结构代号，即“Radial”的第一个字母。

④ 14——轮胎名义直径代号，表示轮胎内径 14 英寸（inch）。

⑤ 82——荷重等级，即最大载荷质量。荷重等级为 82 的轮胎的最大载荷质量为 475kg。

⑥ H——速度等级代号，表明轮胎能行驶的最高车速。常见的速度等级及对应的最高车速见表 3–2。

速度等级及对应的最高车速 表3–2

速度等级	最高车速（km/h）	速度等级	最高车速（km/h）
L	120	T	190
M	130	U	200
N	140	H	210
P	150	V	240
Q	160	Z	240 以上
R	170	W	270 以下
S	180	Y	300 以下

三、轮胎侧面标记

轮胎侧面标记如图 3–50 所示。在轮胎规格前加“P”表示车型轮胎；在胎侧标有“REINFORCED”表示经强化处理，“RADIAL”表示子午线胎，“TUBELESS”（或 TL）

表示无内胎（真空胎），“M + S”（Mud and Snow）表示适用于泥地和雪地，“→”表示轮胎旋向，不可装反。

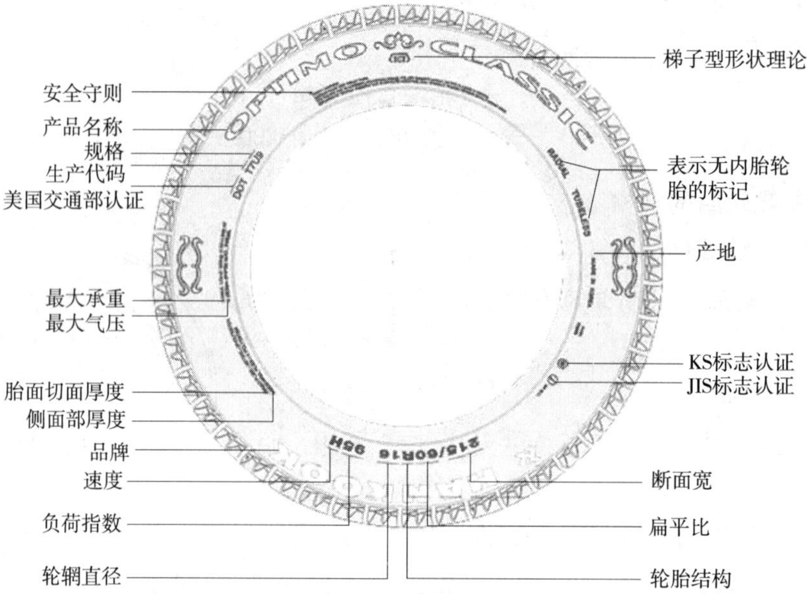

图3-50　轮胎侧面标记

2.4 车轮和轮胎的维修

2.4.1 轮胎的检查

一、技术标准与要求

（1）别克凯越车型轮胎规格：195 / 55R15。

（2）轮胎气压：210kPa（前轮）；210kPa（后轮）。

（3）前轮轮胎比后轮轮胎花纹磨损严重时，应进行车辆换位。

（4）车轮动不平衡应符合规定要求。

（5）当胎面花纹接近磨损指示器时，应更换轮胎。

二、实训器材

深度尺直板尺、轮胎气压表、轮胎扳手。

三、作业准备

（1）汽车进入工位前，将工位清理干净，准备好相关的器材。

（2）将汽车停驻在举升机中央位置。

（3）拉紧驻车制动器操纵杆，并将变速杆置于空挡位置（图 3-51）。

（4）套上转向盘护套、变速杆手柄套和座位套，铺设脚垫。

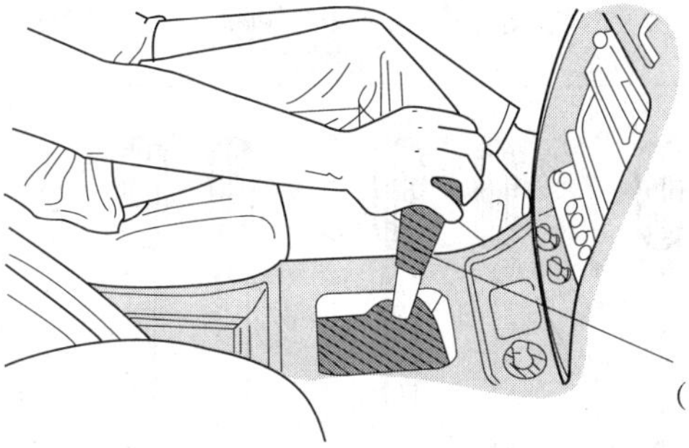

图3-51 换入空挡

四、操作步骤

（1）举升车辆，缓慢转动轮胎，检查轮胎是否有胎体变形、鼓包、橡胶开裂、异常磨损及穿刺异物等现象。检查并清除轮胎花纹中堆积的杂物等。

（2）胎面花纹深度检查。具体方法是：擦净轮胎花纹顶面及纹槽；将深度尺垂直插入纹槽中，保持深度尺的测量平面与两侧花纹顶面可靠接触；观察并读取深度尺外壳顶端与标尺对齐的刻度线指示的数值，该数值即为轮胎花纹深度值，如图 3-52 所示。

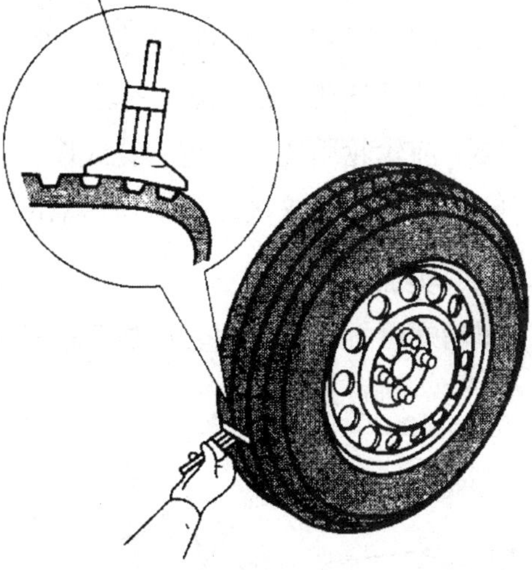

图3-52 胎面花纹深度检查

如果轮胎花纹接近磨损指示器，应更换轮胎。如果经过测量，前轮轮胎比后轮胎花纹磨损严重，应进行车辆换位。这样可保持汽车各个轮胎磨损基本均匀，达到延长轮胎使用寿命的目的。

（3）轮胎气压的检查。轮胎气压可用气压表进行检查。不同的车辆，轮胎的气压值也许不同，检查时应参看相应车辆的维修手册。

（4）轮胎换位。

① 按时换位可使轮胎磨损均匀，约可延长 20% 的使用寿命，应结合车辆二级维护定期换位。在路面拱度较大的地区或夏季，轮胎磨损差别较大，可适当增加换位次数。

② 轮胎换位方法常用的有交叉换位法和单边换位法，如图 3-53 所示。

③ 轮胎换位后，应按所换的胎位要求，重新调整气压。

④ 轮胎换位后须作好记录，下次换位仍要按上次选定的换位方法换位。

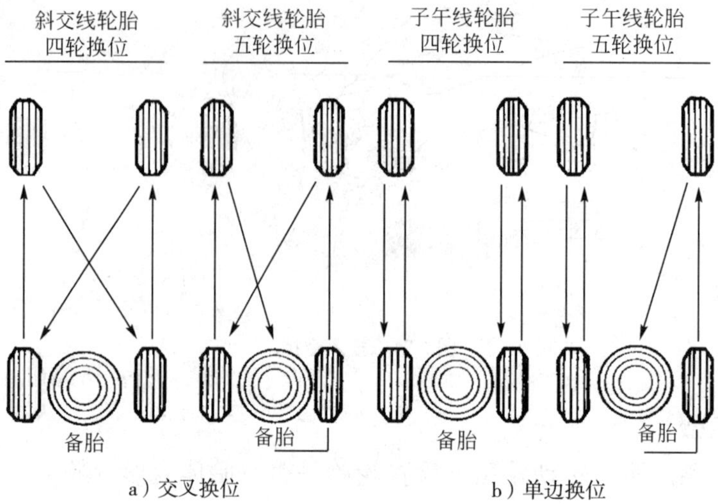

图3-53　四轮二桥汽车轮胎换位法

2.4.2 车轮总成的拆装

一、技术标准与要求

（1）别克凯越车型轮胎规格：195/55R15。

（2）轮胎气压：210kPa（前轮）；210kPa（后轮）。

（3）前轮轮胎比后轮轮胎花纹磨损严重时，应进行车辆换位。

（4）当胎面花纹接近磨损指示器时，应更换轮胎。

二、实训器材

车轮螺母拆装机或用套筒扳手、扭力扳手、三角木。

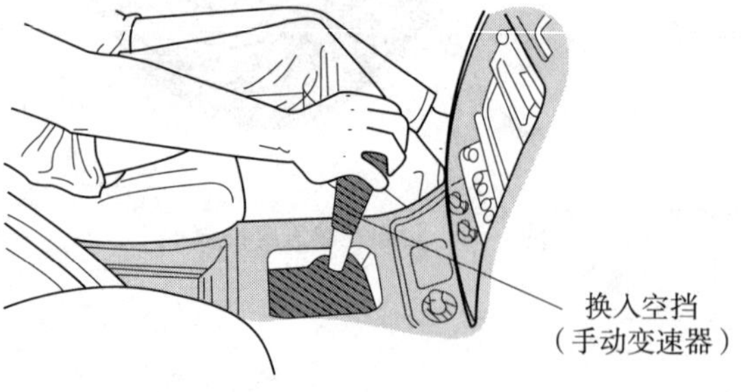

图3-54　换入空挡

三、作业准备

（1）汽车进入工位前，将工位清理干净，准备好相关的器材。

（2）将汽车停驻在举升机中央位置。

（3）拉紧驻车制动器操纵杆，并将变速杆换入空挡位置（图 3-54）。

（4）套上转向盘护套、变速杆手柄套和座位套，铺设脚垫。

四、操作步骤

❶ 车轮总成的拆卸

（1）停稳车辆，用三角木掩住各车轮。

（2）取下车轮上的装饰罩，弄清汽车左右侧车轮与轮毂连接螺栓的螺旋方向，使用车轮螺母拆装机或用套筒扳手初步拧松各连接螺母，如图 3-55 所示。

（3）将车辆停在举升架上，升起车辆，使车轮稍离开地面。也可用千斤顶顶在指定的位置，使被拆车轮稍离地面。

（4）拧下车轮与轮毂连接的全部螺母，取下垫圈，并摆放整齐。

（5）边向外拉边左右晃动车轮，从车轴上取下车轮总成。

❷ 车轮总成的安装

（1）顶起车桥，套上车轮，将螺母初步拧在螺柱上。

（2）放下车轮并在车轮前后用三角木掩住，用扭力扳手或车轮螺母拆装机，按对角线顺序分 2 ~ 3 次拧紧车轮螺母，最后一次要按规定力矩拧紧，如图 3–56 所示。

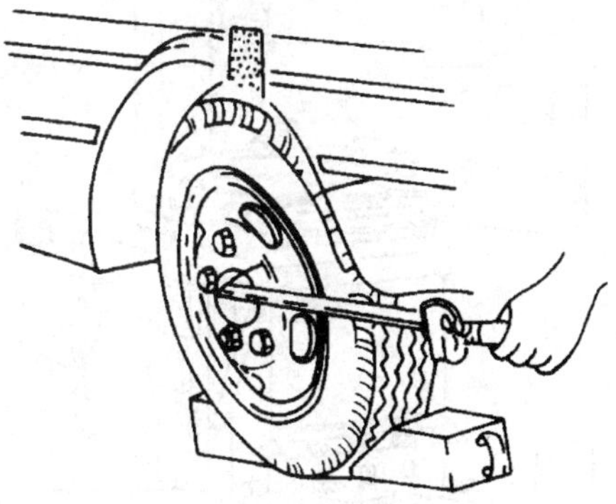

图3–55　拆卸车轮

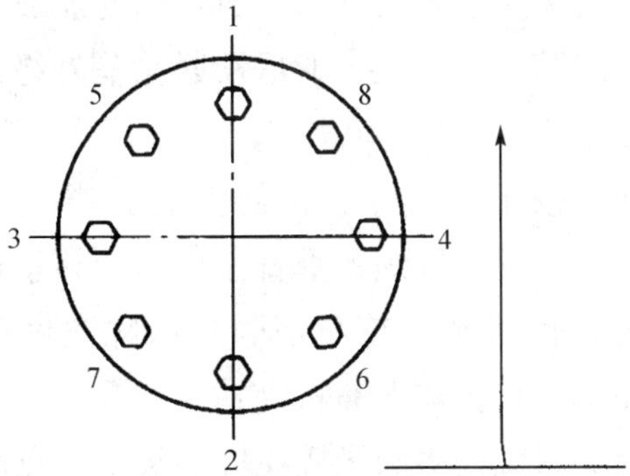

图3–56　车轮螺母紧固顺序

（3）安装后轮双胎时，要先拧紧内侧车轮的内螺母，再装外侧轮胎。在安装过程中，应用千斤顶分两次顶起车桥，分别安装内、外两个车轮。双轮胎高低搭配要合适，一般较低的胎装于里侧，较高的胎装于外侧。应注意内侧轮胎和外侧轮胎的气门嘴应互成 180° 位置。

2.4.3 轮胎的更换

一、技术标准与要求

（1）别克凯越车型轮胎规格：195 / 55R15。

（2）轮胎气压：210kPa（前轮）；210kPa（后轮）。

二、实训器材

轮胎拆装机、撬杠、润滑膏或肥皂水、轮胎气压表。

三、作业准备

（1）进入工位前，将工位清理干净，准备好相关的器材。

（2）将轮胎内空气放尽，去掉车轮上的平衡块，以免发生危险。

四、操作步骤

目前车型几乎都是采用无内胎的子午线轮胎，最常见的拆装轮胎的专用设备是轮胎拆装机，如图 3–57 所示。

❶ 轮胎脱开

把车轮竖起放在地上，靠近支撑胶板，压好后，踩下踏板，慢慢转动车轮，重复上述动作，直到把胎唇全部撬开。

❷ 轮胎分解

（1）扳动锁紧杆，松开垂直立杆。

（2）将轮胎锁紧在转盘上，锁紧方式有两种：

① 外夹：将轮胎放于旋转工作台上，踩踏开启踏板，使卡爪将轮胎锁紧。

② 里夹：先将卡爪外张开，将轮胎放置转盘上，踩踏锁紧踏板，卡爪锁紧轮辋外缘。对胎口较紧的轮胎推荐里夹。

（3）按下垂直立杆，使拆装头靠近轮胎边缘，并用锁紧杆锁紧垂直立杆。调整悬臂定位螺栓，使机头滚轮与钢圈外缘隔离间隙为5 ~ 7mm，上下提升3mm左右。

（4）用撬杠将胎缘撬在拆装头上，点踩踏板，让转盘顺时针旋转，直到胎缘脱落为止。

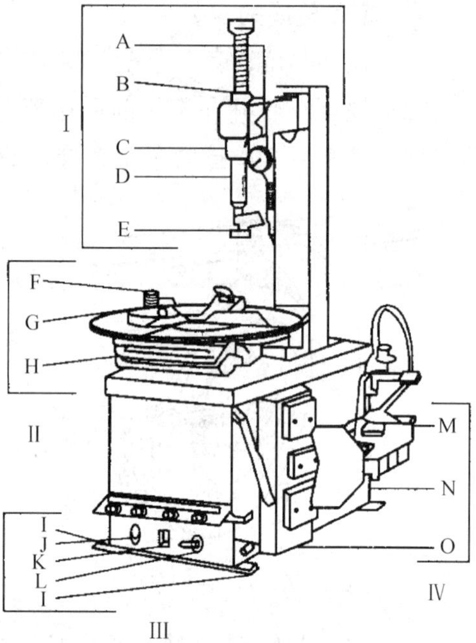

图3-57　轮胎拆装机的使用说明

A– 定位螺栓；B– 锁紧杆；C– 悬臂；D– 垂直立杠；E– 拆装头；F– 卡爪；G– 滑动卡座；H– 转盘；I– 转盘转动踏板；J– 卡爪闭合踏；K– 卡爪开启踏板；L– 大铲压胎踏板；M– 大铲臂；N– 大铲；O– 支撑胶板；Ⅰ– 操作杆系统；Ⅱ– 自动定心卡；Ⅲ– 脚踏板控制系统；Ⅳ– 胎唇拆卸器

注意：

- 如拆胎受阻，应立即停车，点踩踏板，让转盘逆时针转动，消除障碍。

❸ 轮胎装配

（1）用除锈机或钢丝刷除去轮辋、挡圈和锁圈上的锈迹。

（2）将轮辋在转盘上锁定。

（3）先给胎唇涂上润滑膏或肥皂水，然后把轮胎套在钢套上把拆装头固定到工作位置。

（4）将胎缘置于拆装头尾部上面，机头下部，同时压低胎肚。

（5）顺时针旋转转盘让胎缘落入钢圈槽内。

（6）重复以上步骤，装上另一胎缘。

（7）调整轮胎位置，使轮胎平衡点位置与气门嘴有180° 角，然后进行安装。

（8）松开钳住钢圈的卡爪，给轮胎充气。

❹ 轮胎充气

（1）轮胎充气应按照该型汽车使用说明书上规定的标准气压执行，并在冷态时用气压表测量，若在热态时测量，应略高于标准气压，取适当的修正值。气压表应定期校准，以保证读数准确。

（2）轮胎装好后，先充入少量空气，待内胎充气伸展后再继续充至要求气压。

（3）充气前应检查气门芯与气门嘴是否配合平整，并擦净灰尘。充气后应检查是否漏气，并将气门帽装紧。

（4）充入的空气不得含有水分和油雾。

（5）充气时应注意安全防护，充气开始时用手锤轻击锁圈，使其平稳嵌入轮辋圈槽内，以防锁圈跳出。

2.4.4 车轮动平衡的检查与调整

车轮的动平衡试验有离车式和就车式两种方法。常见的为离车式车轮的动平衡试验。

利用离车式车轮动平衡机对车轮进行动平衡检测时，需将车轮从车上拆下。如图 3–58 所示为常见的车轮动平衡机。该动平衡机主要由驱动装置、转轴与支承装置、显示与控制装置、制动装置及防护罩组成。为了使显示的不平衡量恰是轮辋边缘所加平衡块的质量，必须将测得的轮辋直径 d、轮辋宽度 b 和轮辋边缘至平衡机机箱的距离 a（轮辋外悬尺寸），通过键盘或选择器旋钮输入微机。

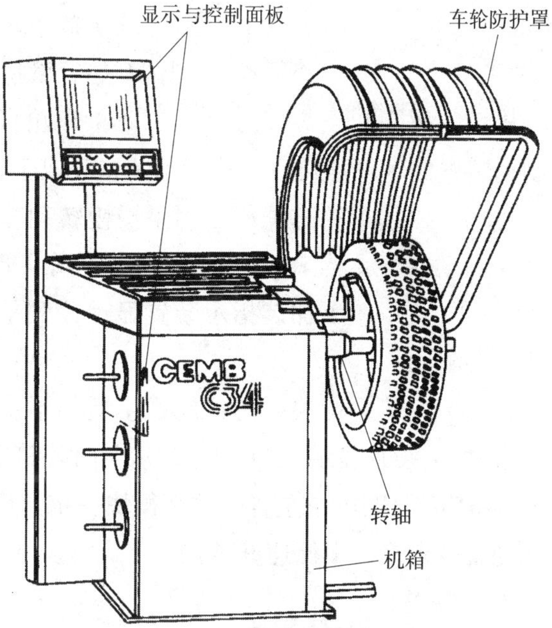

图3-58　离车式车轮动平衡机

一、技术标准与要求

（1）正确使用车轮动平衡机。

（2）被测车轮上的泥土、石子和旧平衡块等要清除干净。

（3）轮胎气压符合汽车制造厂的规定值。

（4）不平衡量 <5g，或指示装置显示“00”或“OK”时才符合要求。

二、实训器材

车轮动平衡机、轮胎气压表、动平衡机专用卡尺、配重。

三、作业准备

（1）进入工位前，将工位清理干净，准备好相关的器材。

（2）清除被测车轮上的泥土、石子和旧平衡块。

（3）检查轮胎气压，视必要充至汽车制造厂的规定值。

四、操作步骤

（1）根据轮辋中心孔的大小选择锥体，仔细地装上车轮，用大螺距螺母上紧。

（2）打开电源开关，检查指示与控制装置的面板是否指示正确。

（3）用卡尺测量轮辋宽度 *b*、轮辋直径 *d*（也可由胎侧读出），用平衡机上的标尺测量轮辋边缘至机箱距离 *a*，再用键入或选择器旋钮对准测量值的方法，将 *a*、*b*、*d* 值输入到指示与控制装置中去。离车式车轮动平衡机的专用卡尺如图 3-59 所示，*a*、*b*、*d* 三尺寸如图 3-60 所示。为了适应不同计量制式，平衡机上的所有标尺一般都同时标有英制和米制刻度。

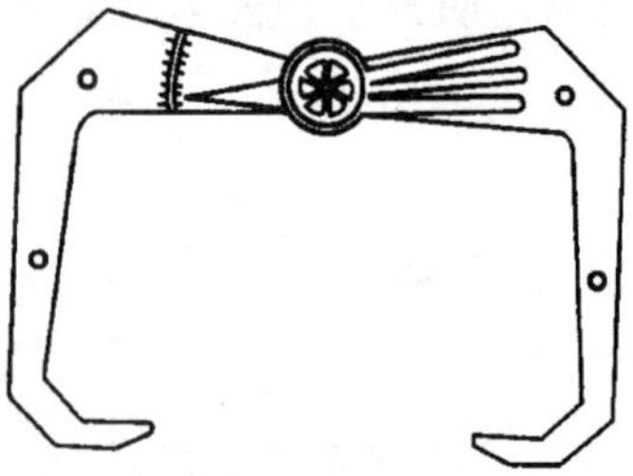

图3-59　动平衡机专用卡尺

（4）放下车轮防护罩，按下启动键，车轮旋转，平衡测试开始，微机自动采集数据。

（5）车轮自动停转或听到“笛”声按下停止键并操纵制动装置使车轮停转后，从指示装置读取车轮内、外两侧不平衡量和不平衡位置。

（6）抬起车轮防护罩，用手慢慢转动车轮。当指示装置发出指示（音响、指示灯亮、制动、显示点阵或显示检测数据等）时停止转动。在轮辋的内侧或外侧的上部（时钟 12 点位置）加装指示装置显示该侧平衡块质量。内、外侧要分别进行，平衡块装卡要牢固。

（7）安装平衡块后有可能产生新的不平衡，应重新进行平衡试验，直至不平衡量 <5g，指示装置显示“00”或“OK”时才符合要求。当不平衡量相差 10g 左右时，如按图 3-61 沿轮辋边缘左右移动平衡块一定角度，将可获得满意的效果。平衡过程中，实践经验越丰富，平衡速度越快。

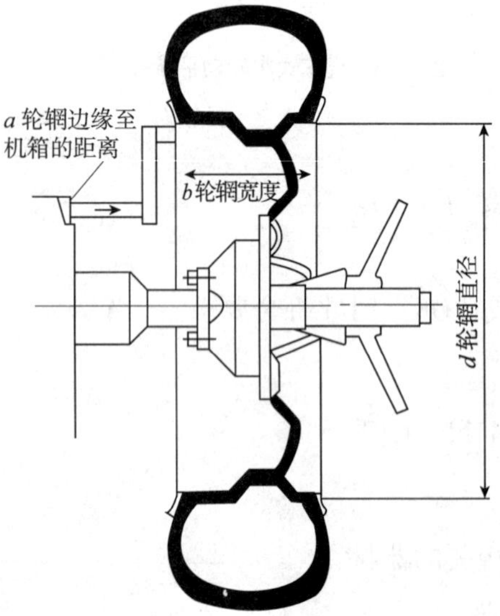

图3-60　车轮在平衡机上的安装

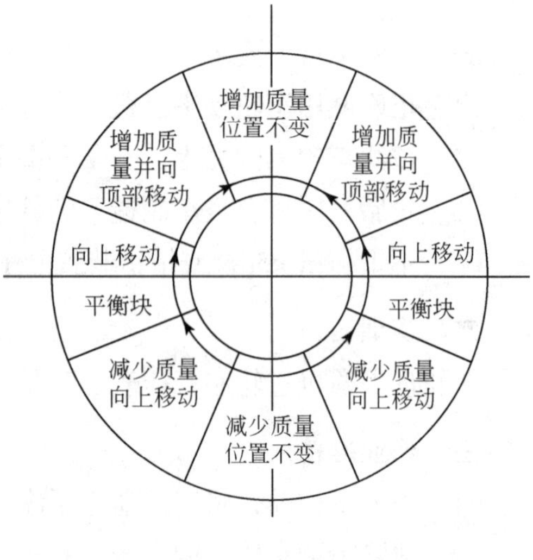

图3-61　复查时平衡块质量和位置的调整方法

（8）测试结束，关闭电源开关。

车轮动平衡机的平衡重也称配重，通常有卡夹式和粘贴式两种类型，如图 3-62 所示。卡夹式配重适用于轮辋有卷边的车轮。对于铝镁合金轮辋，因无卷边可夹，可使用粘贴式配重。粘贴式配重的外弯面有不干胶，粘贴于轮辋内表面。

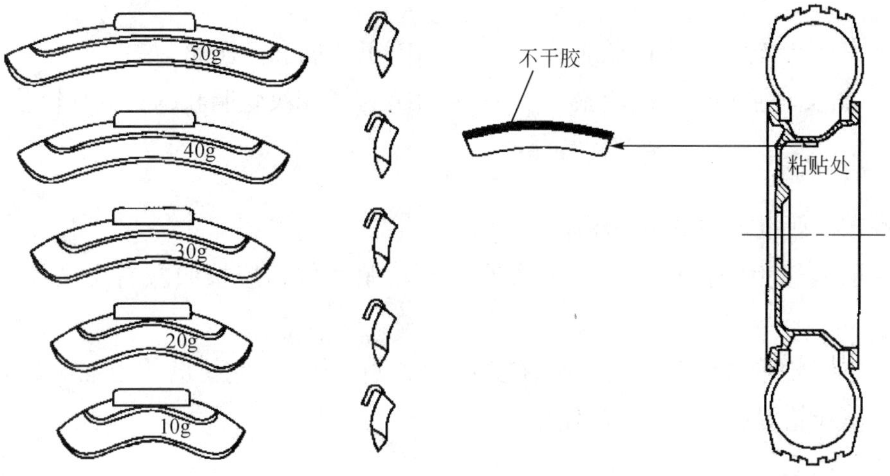

图3-62　配重的类型

理论测试

一 填空题

1. 车轮介于轮胎和车桥之间，其功用是________，承受________与________之间的各种载荷的作用。

2. 按轮辐结构的不同，车轮可以分为________车轮和________车轮。

3. 按胎体帘布层结构的不同，轮胎分为________轮胎和________轮胎。

4. 外胎是轮胎的主要组成部分，主要由__________、__________和__________等组成。

5. 胎面是轮胎的外表面，可分为________、________和________三部分。

二 选择题

1. 按胎内的空气压力大小，充气轮胎可分为高压胎、低压胎和超低压胎三种。气压在 0.15 ~ 0.45MPa 的轮胎称为______。（　）

(A) 超高压胎　(B) 高压胎　(C) 低压胎　(D) 超低压胎

2. 某子午线轮胎速度等级为 H，名义直径为 195in 的轮胎，其最高行驶速度为______km/h。（　）

(A)150　(B)160　(C)180　(D)210

3. 某车型子午线轮胎规格 205/70SR15 中 S 的含义为______。（　）

(A) 行驶里程　　(B) 国际单位秒　　(C) 负荷指数　　(D) 表示最大车速符号

4. 现代汽车几乎都采用充气轮胎，轮胎按胎体帘布层结构不同可分为______。（　）

(A) 有内胎轮胎和无内胎轮胎　　(B) 低压胎和高压胎

(C) 斜交轮胎和子午线轮胎　　(D) 普通花纹轮胎和越野花纹轮胎

三 判断题

1. 现在一般汽车均采用高压胎。（　）

2. 为了使轮胎磨损均匀，子午线轮胎的轮胎换位，应按照左右交叉换位的规范进行。（　）

3. 子午线轮胎虽比斜交线轮胎有较大的滚动阻力，但它抗磨能力强，耐冲击性能好，故子午线轮胎仍得到广泛的使用。（　）

四 简答题

1. 车轮总成由哪几部分组成，它的功用是什么？

2. 轮胎的功用有哪些？

3. 子午线轮胎和普通斜交胎相比，有什么区别和特点？

4. 以 195/60R1485H 为例说明子午线轮胎规格的含义？

Ⅲ 车架与悬架

知识目标:

1. 了解车架的种类及结构;
2. 了解悬架的基本组成、功用及种类;
3. 掌握弹性元件及减振器的结构及工作原理;
4. 掌握常见悬架的结构及工作原理。

能力目标:

1. 掌握悬架下摆臂及球节的更换方法;
2. 掌握减振器的更换方法。

建议学时:

10学时

3.1 车架

3.1.1 概述

车架俗称“大梁”,它是跨接在前后车轮上的桥梁式结构,是构成整个汽车的骨架,是整个汽车的装配基体,汽车绝大多数的零部件、总成(如发动机、变速器、传动机构、操纵机构、车桥、车身等)都要安装在车架上。

汽车上采用的车架有4种类型:边梁式车架、中梁式车架、综合式车架和无梁式车架。目前汽车上多采用边梁式车架和无梁式车架。

3.1.2 车架的结构

一、边梁式车架

边梁式车架由两根位于两边的纵梁和若干横梁组成,用铆接法或焊接法将纵梁与横梁连接成坚固的刚性构架(图3–63)。

边梁式车架结构简单，便于整车的布置，在各种类型的汽车上都得到广泛应用。

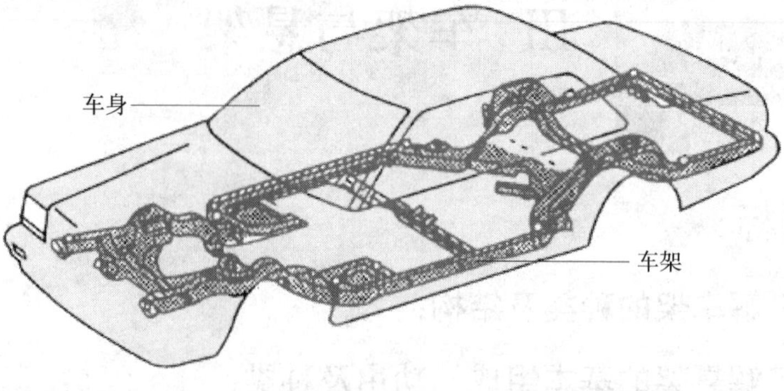

图3-63　边梁式车架

二、中梁式车架

中梁式车架又称脊梁式车架，由一根贯穿汽车纵向的中央纵梁和若干根横向悬伸托架所组成（图 3-64）。中梁的断面一般是管形或箱形，其前端做出伸出支架，用以固定发动机。传动轴在中梁内穿过。主减速器壳通常固定在中梁的尾端，形成断开式后驱动桥，中梁上的悬伸托架用以支承汽车车身和安装其他机件。

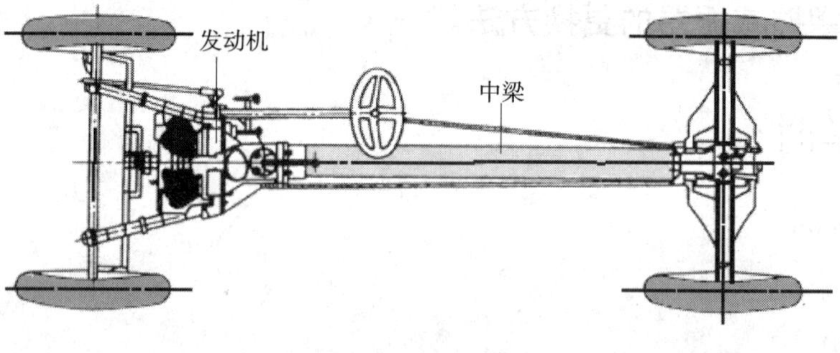

图3-64　中梁式车架

三、综合式车架

综合式车架是由边梁式和中梁式车架结合而成的，如图 3-65 所示。车架前段或后段近似边梁式结构，便于分别安装发动机或驱动桥。传动轴从中梁中间穿过。这种结构制造工艺复杂，目前应用得不多。

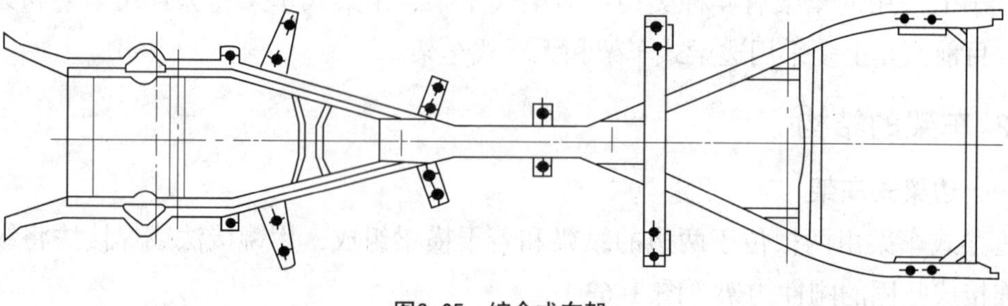

图3-65　综合式车架

四、无梁式车架

部分车型和客车为减轻自身质量，以车身代替车架，这种车身又称为承载式车身或无梁式车架，图 3-66 所示为桑塔纳 2000 车型的车身组成件。采用承载式车身的特点是没有车架（大梁），车身就作为发动机和底盘各总成的安装基础，各种载荷全部由车身承受。

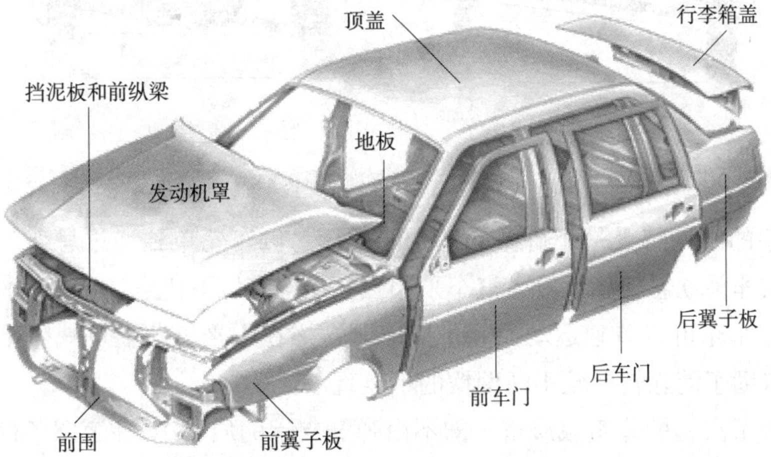

图3-66　桑塔纳2000车型车身组成件

车型车身总成结构主要包括：车身壳体、车门、车窗、车前后钣金件、车身内外装饰件、车身附件、座椅以及通风装置等。车身壳体是一切车身部件和零件的安装基础，由纵、横梁支柱等主要承力元件，以及与它们相连接的钣金件经焊接而共同组成的刚性空间结构。车前后钣金件，包括散热器框架前后围板、发动机罩、前后翼子板、挡泥板等。这些钣金件形成了容纳发动机、车轮等部件的空间。

3.2 悬架

3.2.1 概述

一、悬架的功用

悬架是车架（或车身）与车桥（或车轮）之间一切传力连接装置的总称。悬架具有如下的功用：

（1）连接车架（或车身）和车轮，把路面作用到车轮的各种力传给车架（或车身）。

（2）缓和冲击、衰减振动，使乘坐舒适，具有良好的平顺性。

（3）保证汽车具有良好的操纵稳定性。

二、悬架的种类

汽车悬架可分为两大类：非独立悬架和独立悬架（图 3-67）。

非独立悬架的特点是左右车轮安装在一根整体式车桥两端，车桥则通过悬架与车架相连。当一侧车轮发生位置变化后会导致另一侧车轮的位置也发生变化。

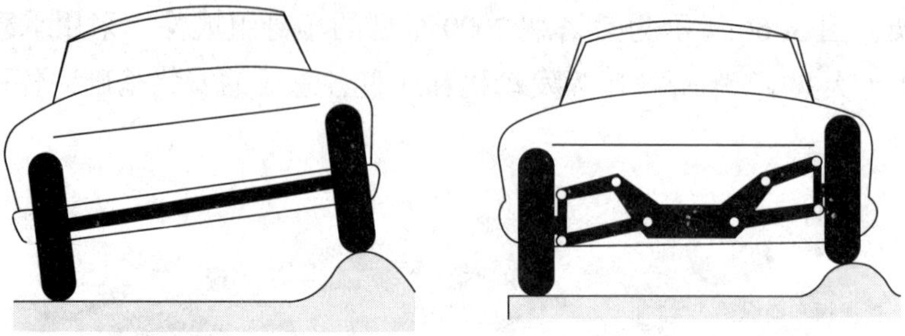

非独立悬架　　独立悬架

图3-67　非独立悬架与独立悬架的示意图

独立悬架的结构特点是车桥做成断开的，每一侧车轮单独通过悬架与车架（或车身）连接。与非独立悬架相比较，汽车采用独立悬架有以下优点：

（1）两侧车轮可以单独运动而互不影响，这样在不平道路上可减少车架和车身的振动，而且有助于消除转向轮不断偏摆的不良现象。

（2）减少了汽车的非簧载质量（即不由弹簧支承的质量）。在道路条件和车速相同时，非簧载质量越小，悬架受到的冲击载荷也就越小，因而采用独立悬架可以提高汽车的平均行驶速度。

（3）由于采用断开式车桥，发动机总成的位置可以降低和前移，使汽车重心下降，因而可提高汽车的行驶稳定性；同时由于赋予了车轮较大的上下运动的空间，故可以将悬架刚度设计得较小，以降低车身振动频率，改善行驶平顺性。

（4）越野汽车全部车轮采用独立悬架还可保证汽车在不平道路上行驶时，所有车轮和路面有良好的接触，从而可增大牵引力；此外，可增大汽车的离地间隙，使汽车的通过性能大大提高。

由于具有以上优点，独立悬架被现代汽车广泛采用。但是，独立悬架结构复杂，制造成本高，保养维修不便，在一般情况下，车轮跳动时，由于车轮外倾角与轮距变化较大，轮胎磨损较严重。

3.2.2 悬架的结构

现代汽车的悬架虽有不同的结构形式，但一般都由弹性元件、减振器、导向机构等组成，车型一般还有横向稳定器。悬架的组成如图 3-68 所示。

弹性元件使车架（或车身）与车桥（或车轮）之间做弹性连接，可以缓和由于不平路面带来的冲击，并承受和传递垂直载荷。减振器可以衰减由于路面冲击产生的振动，使振动的振幅迅速减小。

导向机构包括纵向推力杆和横向推力杆，用于传递纵向载荷和横向载荷，并保证车轮相对于车架（或车身）的运动关系协调。

横向稳定器可以防止车身在转向等情况下发生过大的横向倾斜。

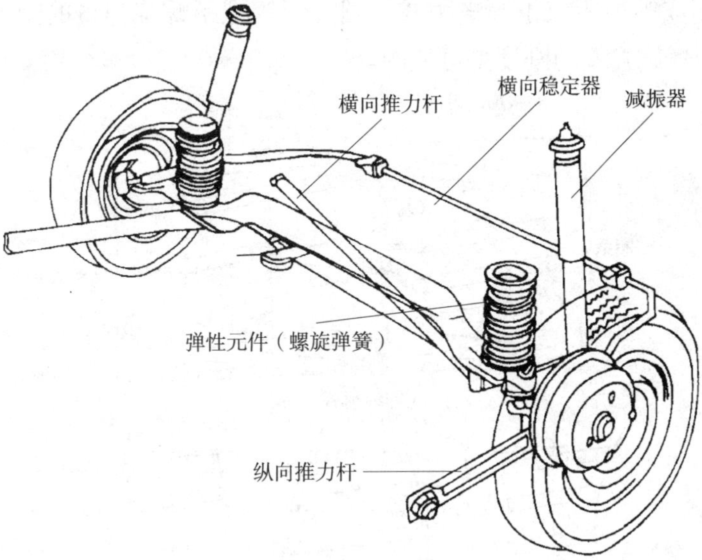

图3-68　悬架的组成

一、弹性元件

汽车上常用的弹性元件包括钢板弹簧、螺旋弹簧、扭杆弹簧和气体弹簧等。

❶ 钢板弹簧

钢板弹簧也称叶片弹簧，其结构如图3-69所示，在车桥靠近车架或车身时靠钢板弹簧的弹性形变来起缓冲作用，并在车桥靠近和离开车架或车身的整个过程中，通过各片相互之间的滑动摩擦，部分衰减路面的冲击作用。

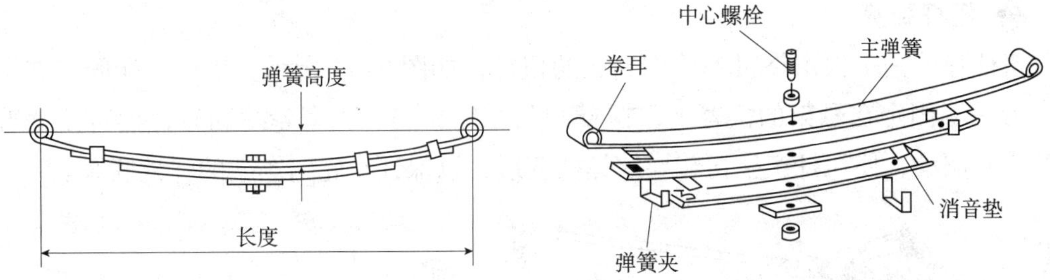

图3-69　钢板弹簧结构

一副钢板弹簧通常由很多曲率半径不同、长度不等、宽度一样、厚度相等的弹簧钢板片叠成，在整体上近似等强度的弹性梁。第一片最长的钢板弹簧，称为主片，其两端或一端弯成卷耳状。在钢板弹簧全长内装有2～4个钢板夹。钢板弹簧的中部通过“U”形螺栓和压板与车桥刚性固定，两端用销子铰接在车架的支架和吊耳上。

❷ 螺旋弹簧

螺旋弹簧广泛应用于独立悬架，有些车型的后轮非独立悬架也采用螺旋弹簧做弹性元件。螺旋弹簧如图 3-70 所示，由特殊的弹簧钢棒卷制而成，可以制成圆柱形或圆锥形，也可以制成等螺距或不等螺距式。圆柱形等螺距螺旋弹簧的刚度是不变的，圆锥形或不等螺距螺旋弹簧的刚度是可变的。

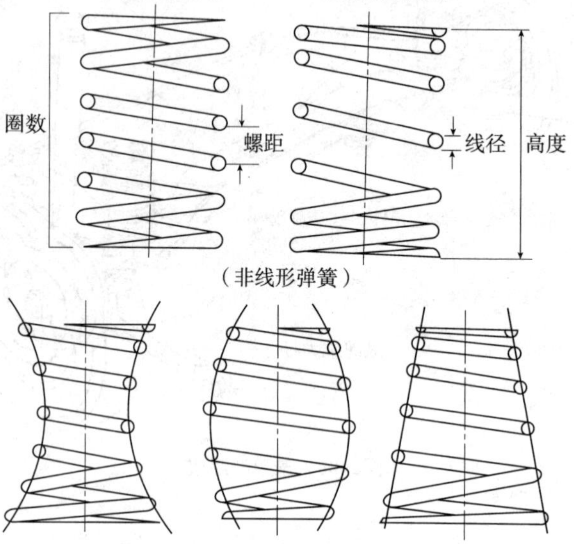

图3-70　螺旋弹簧

螺旋弹簧与钢板弹簧相比，无需润滑，防污能力强，质量小，单位质量的能量吸收率较高。但是，螺旋弹簧本身减振作用很差，因此在螺旋弹簧悬架中，必须另装减振器；螺旋弹簧只能承受垂直载荷，故必须加装导向装置，以传递垂直力以外的各种力和力矩。

❸ 扭杆弹簧

扭杆弹簧是一根由铬钒弹簧钢制成的扭杆，如图 3-71 所示。扭杆一端固定在车架上，另一端固定在悬架的摆臂上，摆臂则与车轮相连。当车轮跳动时，摆臂便绕着扭杆轴线而摆动，使扭杆产生扭转导致弹性变形，以保证车轮与车架的弹性联系。

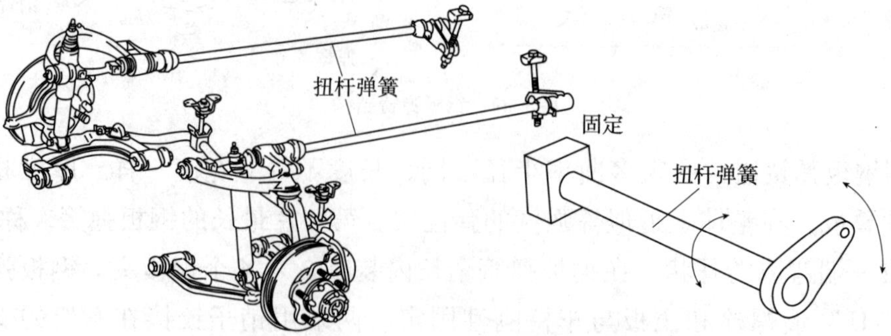

图3-71　扭杆弹簧示意图

扭杆弹簧在制造时，经热处理后预先施加一定的扭转力矩，使之产生一个永久的扭转变形，从而使其具有一定的预应力。左、右扭杆的预加扭转的方向都与扭杆安装在车上后承受工作载荷时扭转的方向相同，目的是减少工作时的实际应力，以延长使用寿命。如果左、右扭杆换位安装，则将导致扭杆弹簧的实际工作应力加大，使用寿命缩短。因此，左右扭杆弹簧刻有不同的标记，不可互换。

二、减振器

（1）减振器的功用及原理。

减振器在汽车中的作用是迅速衰减由车轮通过悬架弹簧传给车身的冲击和振动，提高汽车行驶的平顺性能。减振器在汽车悬架中是与弹性元件并联安装的（图 3–72）。

目前，汽车悬架系统中广泛采用液压减振器，其基本原理如图 3–73 所示。当车架与车桥作往复的相对运动而使活塞在缸筒内往复移动时，减振器壳体内的油液便反复地从内腔通过一些窄小的孔隙流入另一内腔，此时孔壁与油液间的摩擦及液体分子内的摩擦便形成对振动的阻尼力，使车身和车架的振动能量转化为热能被油液和减振器壳体所吸收，然后扩散到大气中。减振器阻尼力的大小随车架与车桥（或车轮）间相对速度的变化而增减，并且与油液的黏度有关。

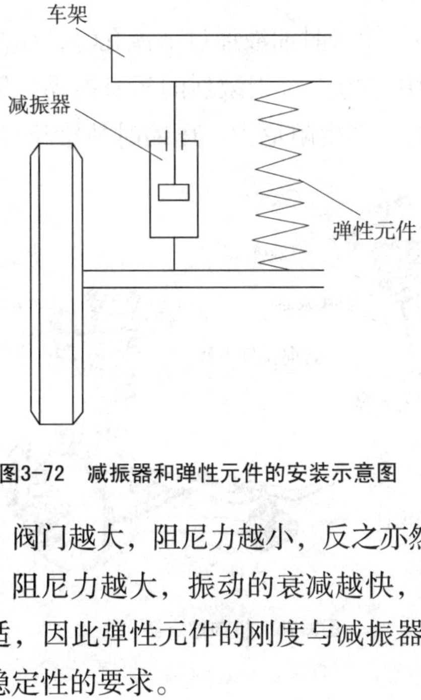

图3-72　减振器和弹性元件的安装示意图

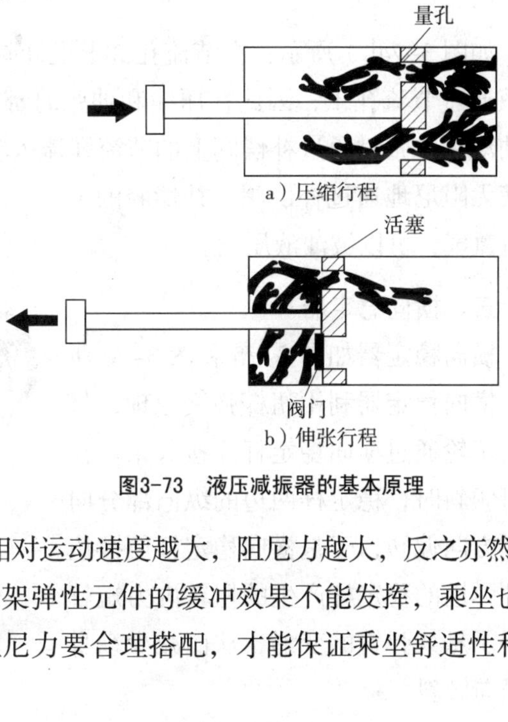

图3-73　液压减振器的基本原理

阀门越大，阻尼力越小，反之亦然。相对运动速度越大，阻尼力越大，反之亦然。

阻尼力越大，振动的衰减越快，但悬架弹性元件的缓冲效果不能发挥，乘坐也不舒适，因此弹性元件的刚度与减振器的阻尼力要合理搭配，才能保证乘坐舒适性和操纵稳定性的要求。

（2）双向作用筒式减振器。

液力减振器按作用方式可分为双向作用式减振器和单向作用式减振器。双向作用式减振器在伸张行程和压缩行程都具有阻尼减振作用，目前在汽车上应用最广泛。

双向作用筒式减振器如图 3–74 所示。双向作用筒式减振器在内筒和外筒之间设计了补偿孔，它可以调整油液量以适应活塞杆的移动体积。

如图 3–74a）所示：在节流孔①上设置阀门，节流孔②没有阀门。压缩时，阀门①

打开，下腔的油液通过节流孔①和②流到上腔，使活塞容易下行。伸张时，阀门①关闭，上腔的油液只能通过节流孔②流回下腔，使活塞上行阻尼增大。这样就实现了减振效果，它可以很快地吸收路面的冲击，但汽车在坏路面上行驶时的行驶平顺性较差。

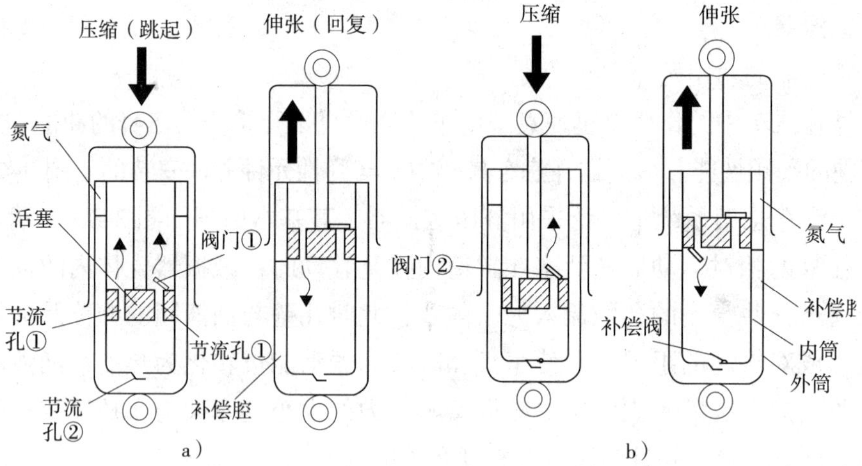

图3-74　双向作用筒式减振器的结构及工作原理

如图 3-74b）所示：在节流孔②上设计阀门②，伸张时油液通过节流孔②，压缩时油液通过节流孔①，因此在压缩和伸张时都受到阻尼力。对于激烈的车身振动，下腔的油液在伸张时通过补偿阀上的节流孔流入补偿腔，产生阻尼力；压缩时补偿阀打开，油液无阻尼地通过补偿阀。补偿腔的上部有氮气，可以被油液压缩。

三、横向稳定器

横向稳定器如图 3-75 和图 3-76 所示。横向稳定器利用扭杆弹簧原理，将左右车轮通过横向稳定杆连接起来。在车身倾斜时，稳定杆两边的纵向部分向不同方向偏转，于是横向稳定杆便被扭转。弹性的稳定杆产生的扭转内力矩就阻碍了悬架弹簧的变形，从而减少车身的横向倾斜。

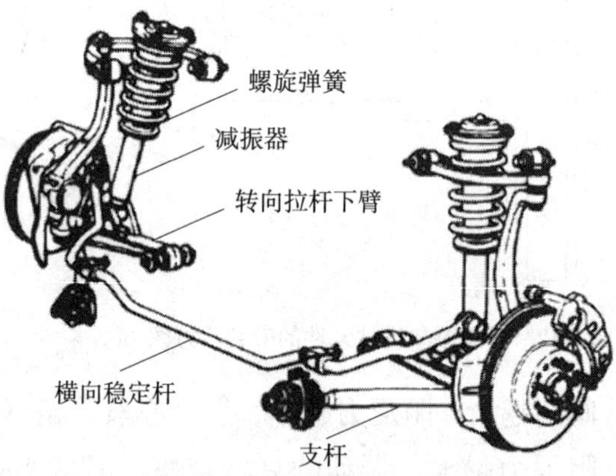

图3-75　横向稳定器

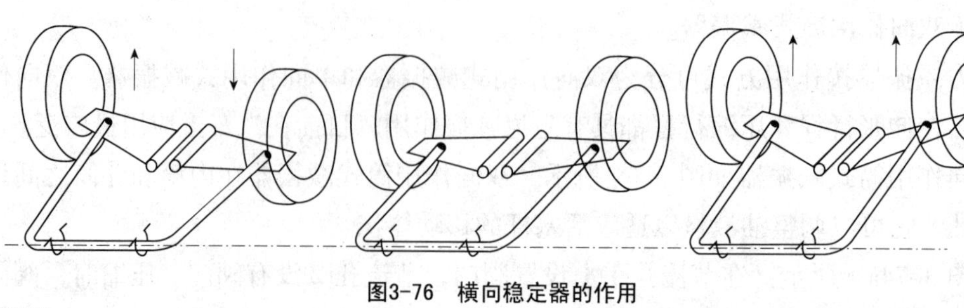

图3-76　横向稳定器的作用

3.2.3 非独立悬架

非独立悬架结构简单，工作可靠，一些车型的后悬架中采用这一结构类型。

按照采用弹性元件的不同，非独立悬架可以分为钢板弹簧式非独立悬架和螺旋弹簧式非独立悬架。

一、钢板弹簧式非独立悬架

如图 3–77 所示为钢板弹簧式非独立悬架。钢板弹簧中部通过U形螺栓（骑马螺栓）固定在前桥上。钢板弹簧的前端卷耳用弹簧销与前支架相连，形成固定式铰链支点，起传力和导向作用；而后端卷耳则用吊耳销与可在车架上摆动的吊耳相连，形成摆动式铰链支点，从而保证了弹簧变形时两卷耳中心线间的距离有改变的可能。

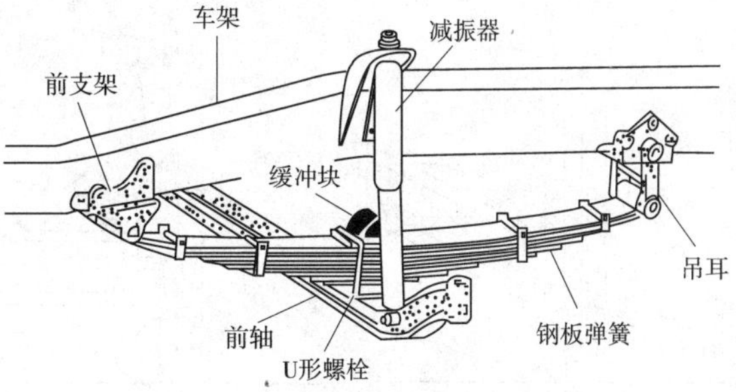

图3–77 钢板弹簧式非独立悬架

减振器的上、下两个吊环通过橡胶衬套和连接销分别与车架上的上支架和车桥上的下支架相连接。盖板上装有橡胶缓冲块，以限制弹簧的最大变形，并防止弹簧直接碰撞车架。

二、螺旋弹簧式非独立悬架

螺旋弹簧式非独立悬架由螺旋弹簧、减振器、纵向推力杆和横向推力杆组成。一般只用于车型的后悬架，如图 3–78 所示。

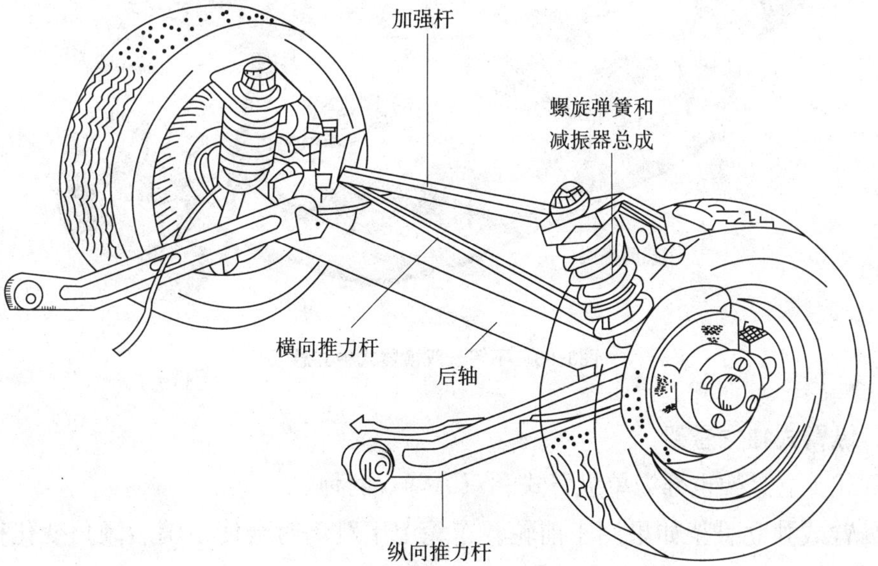

图3–78 螺旋弹簧式非独立悬架

单元3

3.2.4 独立悬架

一、横臂式独立悬架

横臂式独立悬架分为单横臂式和双横臂式两种，目前单横臂式独立悬架应用较少。

双横臂式独立悬架的两个横摆臂有等长的和不等长的，如图 3–79 所示。摆臂等长的独立悬架当车轮上下跳动时，虽然车轮平面不倾斜、主销轴线的方向也不发生变化，但轮距发生较大的变化，这将引起车轮的侧滑和轮胎的磨损。而摆臂不等长的独立悬架当车轮上下跳动时，虽然车轮平面、主销轴线、轮距都发生变化，但如果选择长度比例合适，可使车轮和主销的角度及轮距变化不大，这种独立悬架被广泛用在车型前轮上。图 3–80 所示为奥迪车型不等长双横臂式螺旋弹簧独立悬架。

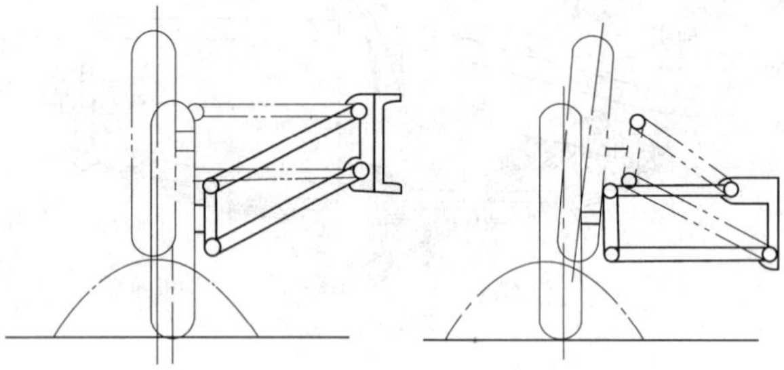

a）摆臂等长的独立悬架　b）摆臂不等长的独立悬架

图3-79　双横臂式独立悬架示意图

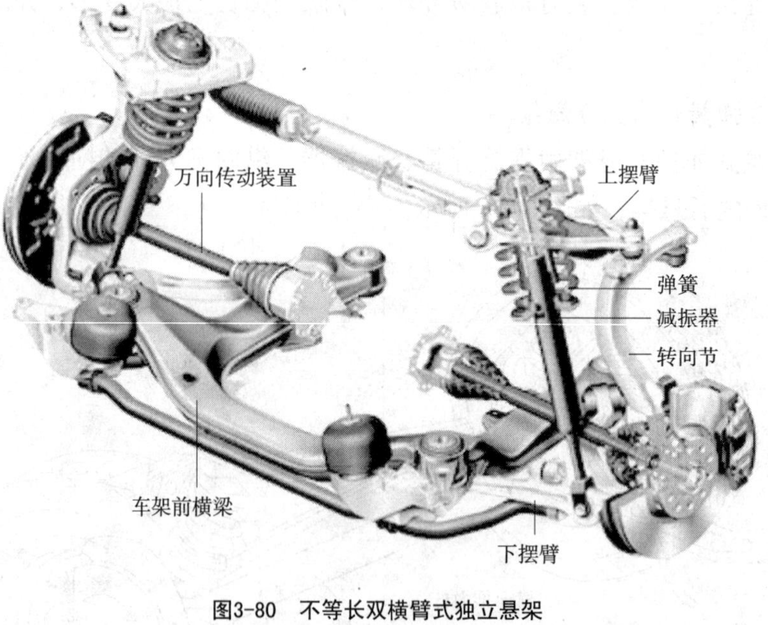

图3-80　不等长双横臂式独立悬架

二、纵臂式独立悬架

纵臂式独立悬架也分为单纵臂式和双纵臂式两种。

单纵臂式独立悬架如果用于前轮，车轮上下跳动时会使主销后倾角变化很大，所以单纵臂式独立悬架都用于后轮。

双纵臂式独立悬架的两纵摆臂一般长度相等，形成平行四连杆机构，如图 3–81 所示。这种悬架当车轮上下跳动时，车轮外倾角、轮距和主销后倾角都不发生变化，所以适用于前轮。

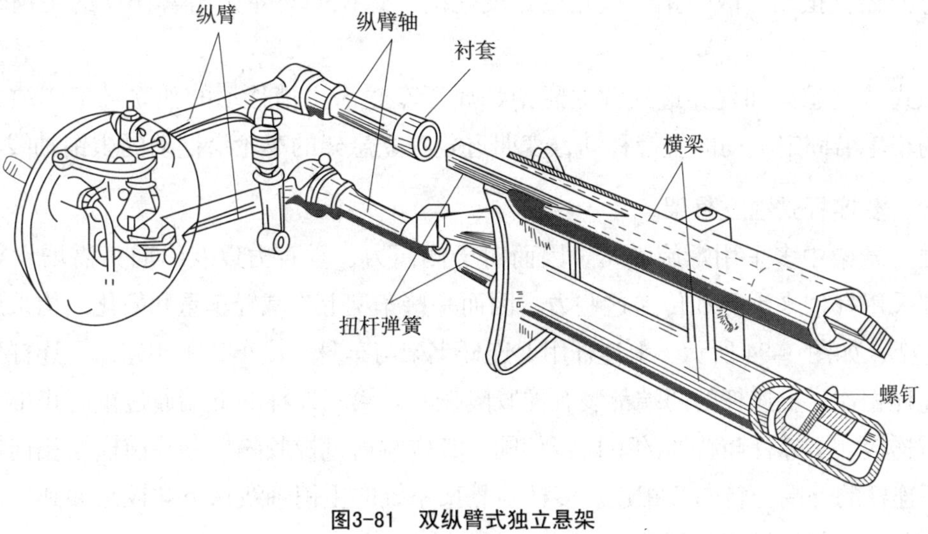

图3-81　双纵臂式独立悬架

三、烛式独立悬架

如图 3-82 所示为烛式独立悬架，主销的上下两端刚性地固定在车架上。套在主销上的套管固定在转向节上。套管的中部固定装着螺旋弹簧的下支座。筒式减振器的下端与转向节相连，上端与车架相连。悬架的摩擦部分套着防尘罩。通气管与防尘罩内腔相通，以免罩中空气被密封而影响悬架的弹性。

其优点是当悬架变形时，主销的定位角不会发生变化，仅轮距、轴距稍有改变；有利于汽车的转向操纵性和行驶稳定性。缺点是侧向力全部由套筒和主销承受，二者间的摩擦阻力大，磨损严重。因此，这种结构形式目前很少采用。

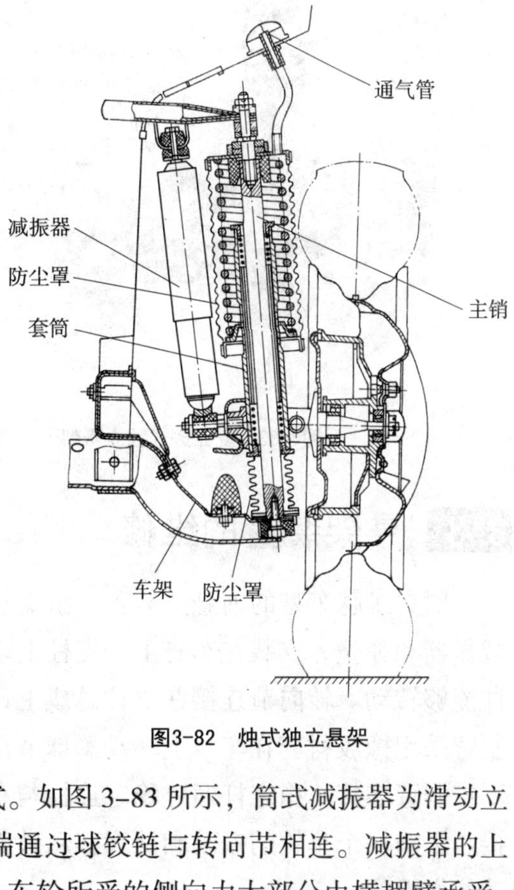

图3-82　烛式独立悬架

四、麦弗逊式独立悬架

麦弗逊式悬架是目前前置前驱动车型和某些轻型客车应用比较普遍的悬架结构形式。如图 3-83 所示，筒式减振器为滑动立柱，横摆臂的内端通过铰链与车身相连，外端通过球铰链与转向节相连。减振器的上端与车身相连，减振器的下端与转向节相连，车轮所受的侧向力大部分由横摆臂承受，其余部分由减振器活塞和活塞杆承受。筒式减振器上铰链的中心与横摆臂外端球铰链中心的连线为主销轴线，此结构也为无主销结构。当车轮上下跳动时，减振器下支点随前悬架摇臂摆动，故主销轴线角度是变化的，这说明车轮是沿着摆动的主销轴线而运动。

烛式独立悬架和麦弗逊式独立悬架都属于车轮沿主销移动的独立悬架，烛式独立悬架的车轮沿固定不动的主销移动，麦弗逊式独立悬架的车轮沿摆动的主销轴线移动。

五、多连杆式独立悬架

独立悬架中多采用螺旋弹簧，因而对于侧向力、垂直力以及纵向力需增设导向装置，即采用杆件来承受和传递这些力，因而一些车型上为减轻车重和简化结构采用多连杆式悬架，如图 3-84 所示。上连杆用上连杆支架与车身（或车架）相连，上连杆外端与第三连杆相连。上连杆的两端都装有橡胶隔振套。第三连杆的下端通过重型止推轴承与转向节连接。下连杆与普通的下摆臂相同，其内端通过橡胶隔振套与前横梁相连接，球铰将下连杆的外端与转向节相连。多杆前悬架系统的主销轴线从下球铰延伸到上面的轴承，它与上连杆和第三连杆无关。

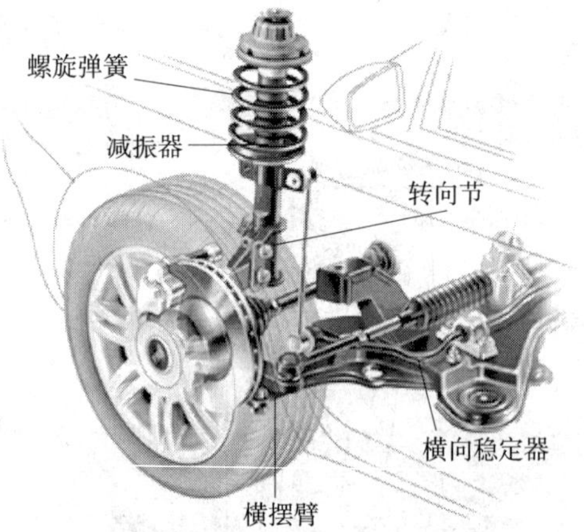

图3-83　麦弗逊式独立悬架

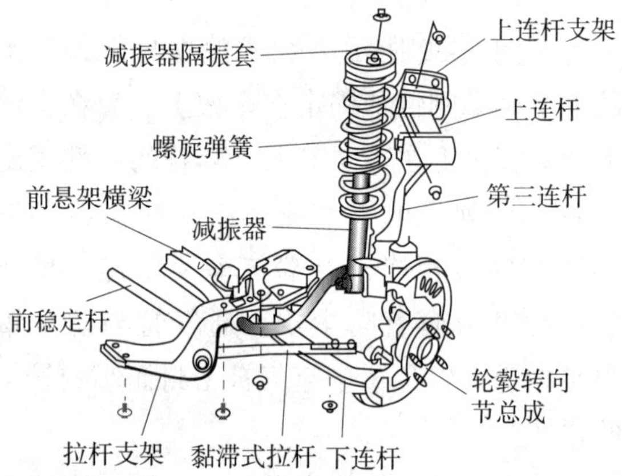

图3-84　多连杆前悬架系统

3.3 悬架装置的维修

别克凯越车型的前悬架装置，由支柱总成和转向节总成组成。支柱总成包括支柱减振器和弹簧，安装在车身上。支柱上端采用橡胶垫隔离，并有一个轴承，以便使支柱能够转动。转向节连接在支柱总成上，能在用螺栓与控制臂连接的球节上转动。控制臂采用橡胶衬套在车身上转动。球节用夹紧螺栓和螺母紧固在转向节上，用铆钉与下控制臂连接。稳定杆通过稳定连杆与车辆的两个支柱总成互连，并与前悬架横梁连接。影响一个车轮的振动和回弹移动被部分传递到车辆的另一车轮，起到稳定车身滚动的作用。

别克凯越车型的后悬架为全独立式，包括一个横梁及4只平行连杆、两根牵引杆、带螺旋弹簧和绝缘体的两个支柱总成和包括轮毂和轴承总成在内的两个转向节。支柱总成利用分布在支柱减振器周围的螺旋弹簧支撑汽车重量。螺旋弹簧位于与支柱总成上支座和下弹簧座连接的绝缘体上。平行连杆和牵引杆支架两端拥有橡胶减震套，连接在横梁和转向节上。后平行连杆通过用于调节前束的调节凸轮，与横梁连接。牵引杆一端通过牵引杆支架与车身连接，另一端与转向节连接。锻造转向节通过螺栓与每个支柱总成连接。转向节的横向移动受平行连杆控制。转向节的前后移动由牵引杆控制。

3.3.1 悬架控制臂及球节的更换

一、技术标准与要求

（1）更换别克凯越车型配套的悬架控制臂及球节。

（2）更换悬架控制臂及球节后，必须进行车轮定位的检查与调整。

（3）车轮固定螺栓应按照“对角多遍”的要求拧松或拧紧。

（4）自锁螺母只作一次性使用，拆卸后更换新件。

（5）相关螺栓（螺母）紧固力矩为：

球节夹紧螺栓螺母紧固力矩为60N · m；前控制臂至横梁螺栓紧固力矩为125N · m；后控制臂至横梁螺栓紧固力矩为110N · m；球节至控制臂螺母紧固力矩为100N · m。

二、实训器材

KM-507-B球节拆卸工具、12mm（0.47inch）钻头、车轮扳手、扭力扳手、组合工具。

三、作业准备

（1）汽车进入工位前，将工位清理干净，准备好相关的器材。

（2）将汽车停驻在举升机中央位置。

（3）拉紧驻车制动器操纵杆，并将变速杆换入空挡位置（图3-85）。

（4）套上转向盘护套、变速杆手柄套和座位套，铺设脚垫。

四、操作步骤

❶ 悬架控制臂的拆卸

（1）举升并妥善支承车辆。让控制臂自由下垂。

（2）拆卸车轮。

（3）拆卸球节夹紧螺栓和螺母，如图3-86所示。

（4）用球节拆卸工具KM-507-B从转向节总成上断开球节，如图3-87所示。

（5）拆卸控制臂至横梁螺栓。

（6）从车上拆卸控制臂，如图 3-88 所示。

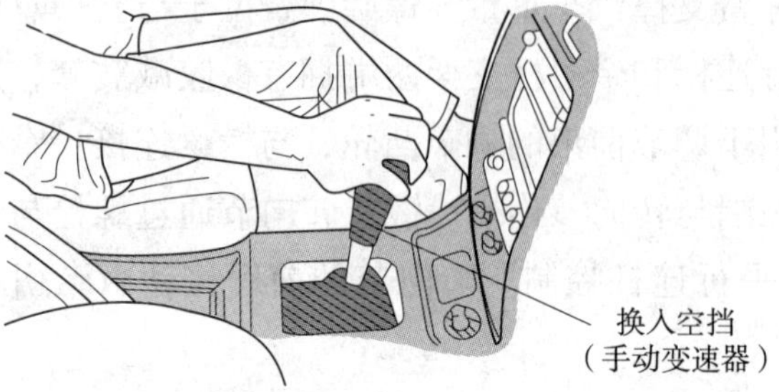

图3-85　换入空挡

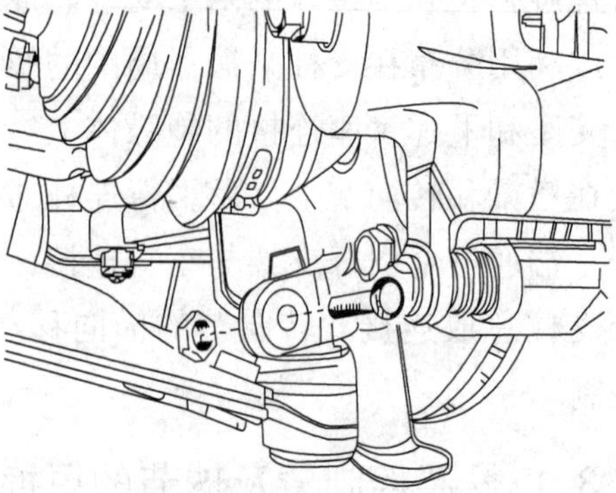

图3-86　拆卸螺栓和螺母

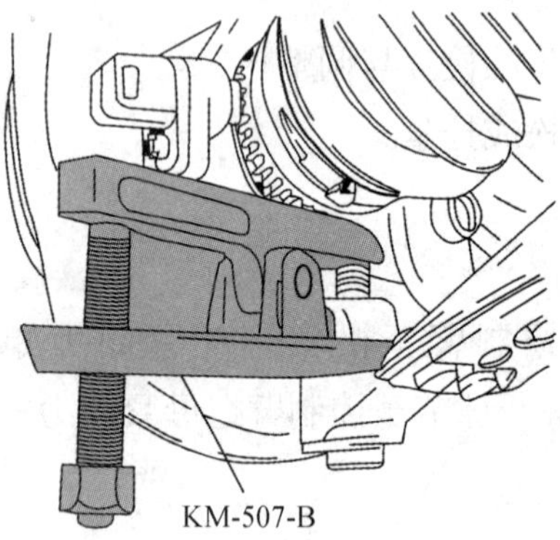

图3-87　断开球节

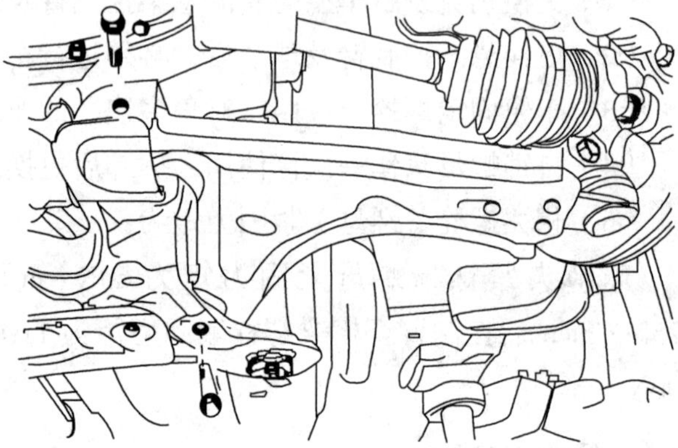

图3-88　拆卸控制臂

❷ 球节的拆卸

（1）拆卸控制臂。

（2）用 12mm（0.47in）钻头钻掉两条铆钉头，如图 3-89 所示。

（3）用冲子冲出铆钉。

❸ 球节的装配

（1）从控制臂下部插入两只球节螺栓，将球节连接到控制臂上，并紧固，如图 3-90 所示。

（2）安装控制臂。

❹ 悬架控制臂的安装

（1）安装控制臂。

（2）安装控制臂至横梁螺栓，如图 3-91 所示。勿紧固螺栓。

（3）将球节连接到转向节上。

（4）安装球节夹紧螺栓和螺母，并紧固，如图 3-92 所示。

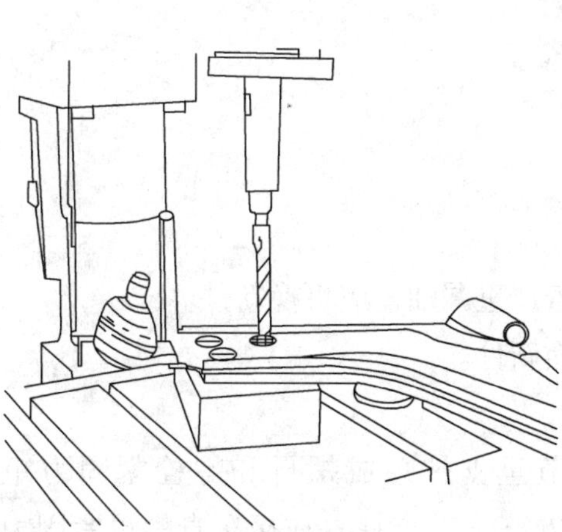

图3-89　拆卸球节

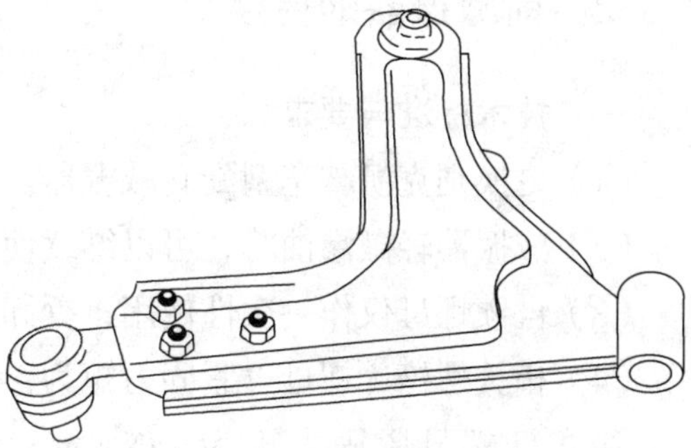

图3-90　安装球节

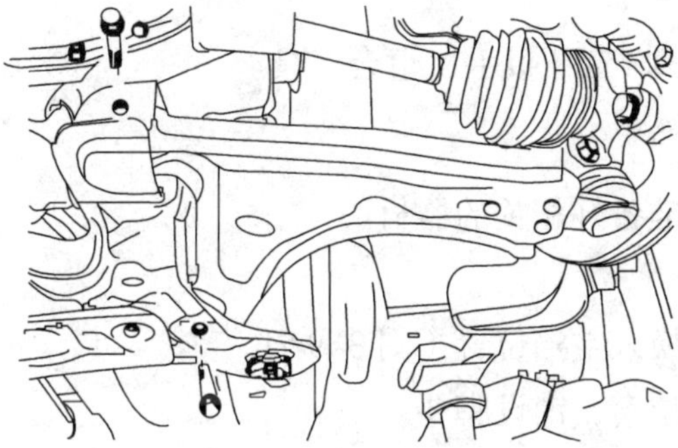

图3-91　安装控制臂至横梁螺栓

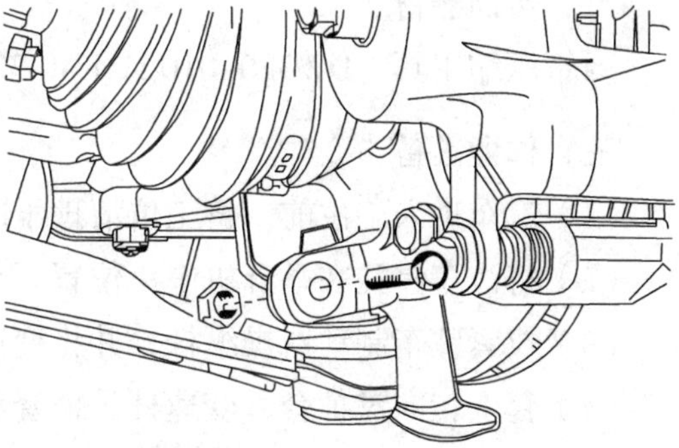

图3-92　安装球节夹紧螺栓和螺母

（5）安装控制臂至横梁螺栓并紧固，如图 3-93 所示。

（6）安装车轮。

（7）降下车辆。

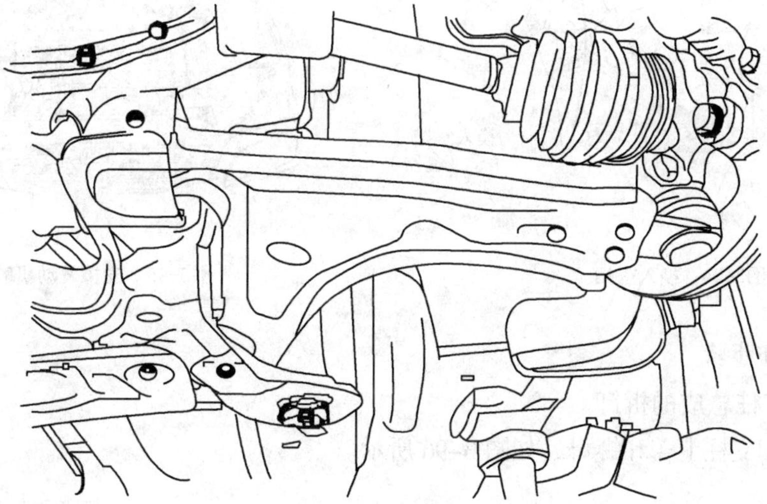

图3-93　安装控制臂至横梁螺栓

3.3.2 前减振器的更换

一、技术标准与要求

（1）更换别克凯越车型配套减振器。

（2）减振器轻微渗油时，可以继续使用。若严重漏油，应更换新件。

（3）自锁螺母仅作一次性使用，拆卸后更换新件。

（4）相关螺栓（螺母）紧固力矩为：

活塞杆螺母紧固力矩为75N·m；转向节至支柱总成螺母和螺栓紧固力矩为120N·m；稳定连杆至支柱螺母紧固力矩为47N·m；支柱总成至车身螺母紧固力矩为65N·m。

二、实训器材

弹簧压缩工具（DW320-010或KM-329-A）、双环扳手、组合工具。

三、作业准备

（1）汽车进入工位前，将工位清理干净，准备好相关的器材。

（2）将汽车停驻在举升机中央位置。

（3）拉紧驻车制动器操纵杆，并将变速杆换入空挡位置（图3-94）。

（4）套上转向盘护套、变速杆手柄套和座位套，铺设脚垫。

（5）在车内拉动发动机舱盖手柄，在车外打开并支撑发动机舱盖（图3-95）。

（6）粘贴翼子板和前脸磁力护裙。

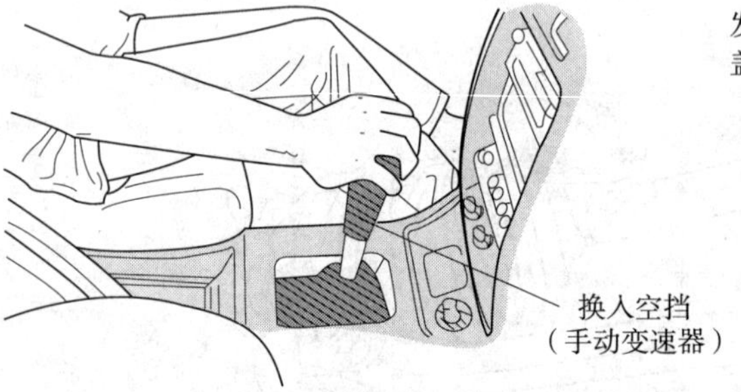

图3-94 换入空挡

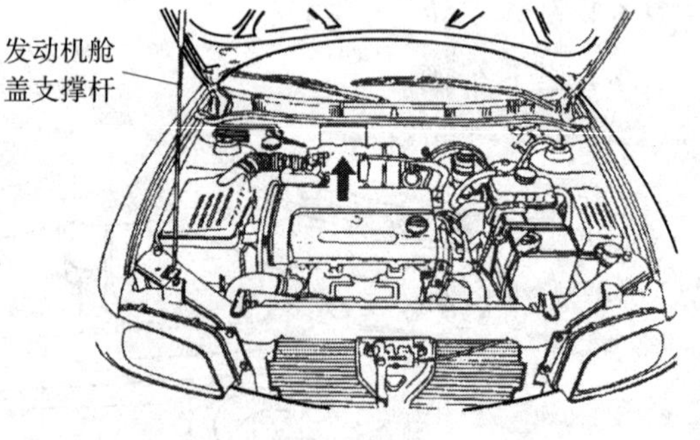

图3-95 支撑发动机舱盖

四、操作步骤

❶ 前支柱总成的拆卸

（1）拆卸支柱上盖和螺母，如图3-96所示。

（2）举升并妥善支承车辆。

（3）拆卸车轮。

（4）在装备防抱死制动系统（ABS）的车辆上，从支柱总成上断开 ABS 传感器线路。

（5）从支柱总成的固定架上拆卸制动油管，如图 3-97 所示。

（6）拆卸稳定连杆至支柱总成螺母，断开稳定连杆，如图 3-98 所示。

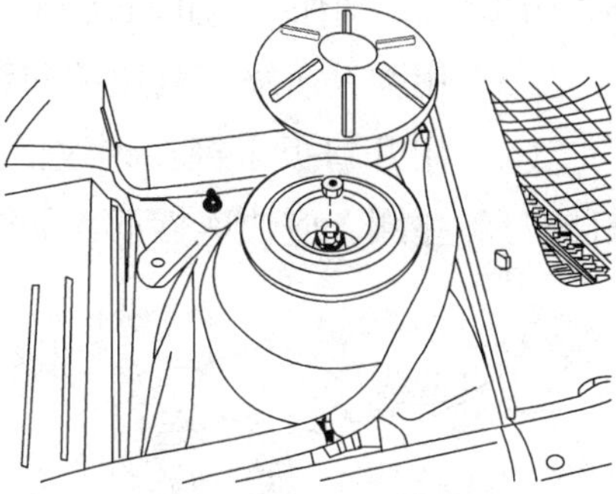

图3-96　拆卸支柱上盖和螺母

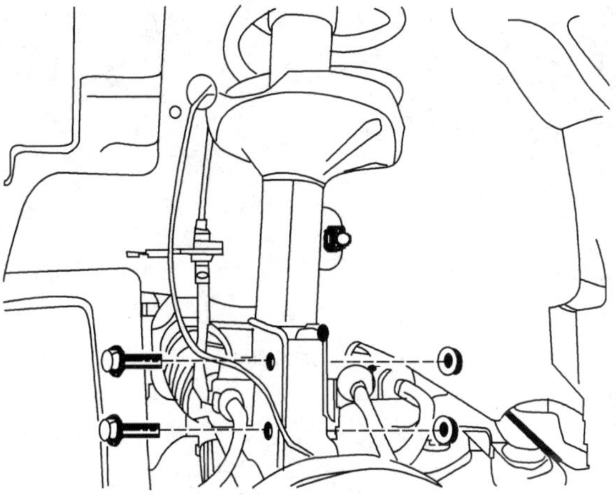

图3-97　拆卸制动油管

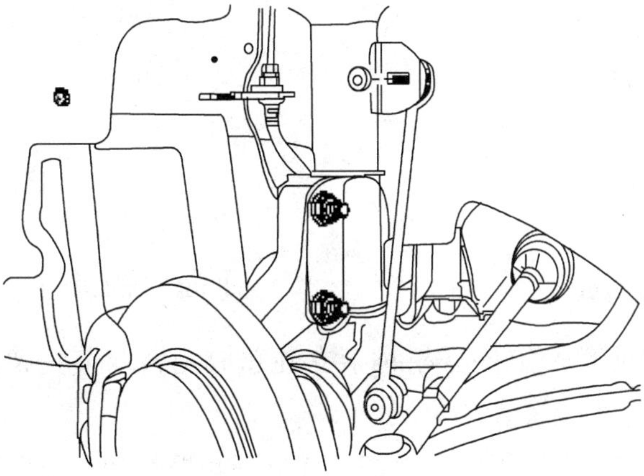

图3-98　断开稳定连杆

（7）拆卸转向节至支柱总成螺母和螺栓，以便断开转向节，如图 3-99 所示。

（8）拆卸支柱总成，如图 3-100 所示。

❷ 前减振器的分解

（1）拆卸支柱总成。

（2）将支柱总成固定到弹簧压缩工具（DW320-010 或 KM-329-A）上，如图

3-101 所示。确保挂钩正确支撑在支柱弹簧上。

（3）用弹簧压缩工具压缩前弹簧。

（4）用开口扳手握住螺纹活塞杆，同时用可以在市场上买到的双环扳手拆卸活塞杆螺母和垫圈，应快速拆下，如图 3-102 所示。

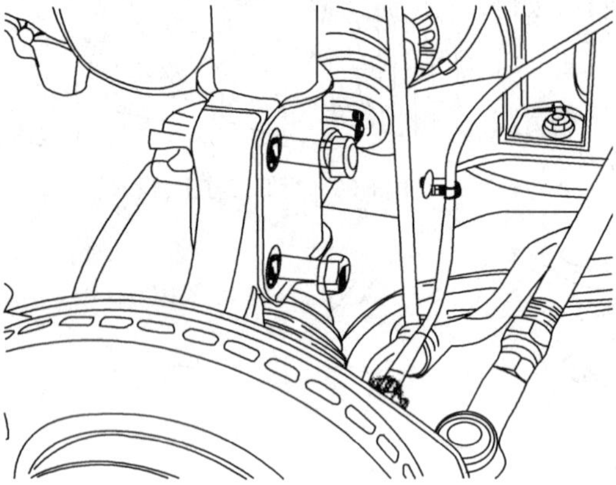

图3-99　断开转向节

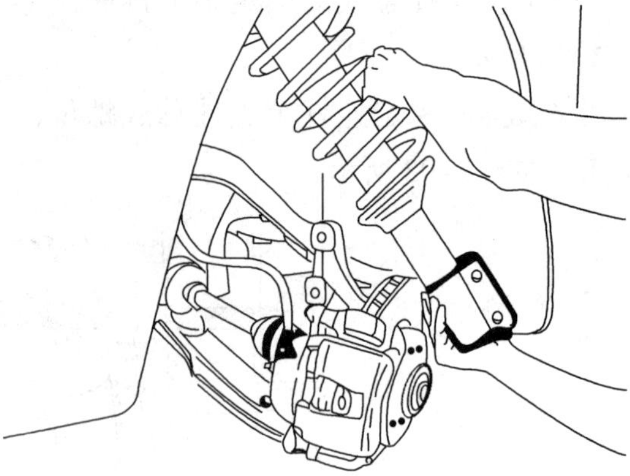

图3-100　拆卸支柱总成

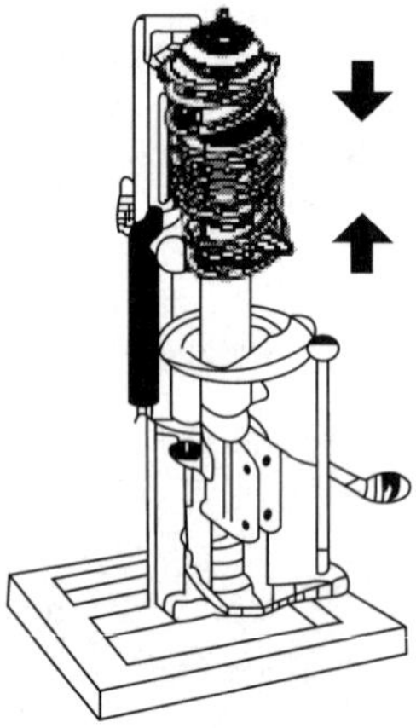

图3-101　弹簧压缩工具的安装

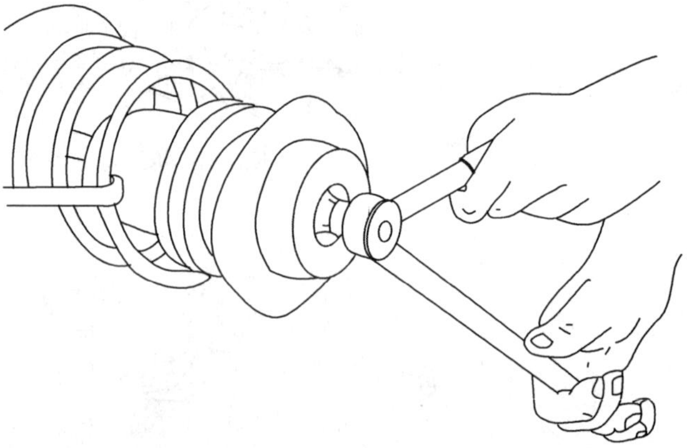

图3-102　拆卸活塞杆螺母

注意事项：记录前弹簧定位器相对于支柱总成至转向节托架的位置。在装配时，将前弹簧定位器放回原来位置。

（5）拆卸上支柱座、座轴承、上弹簧座、上环减振垫和空心保险杠。

（6）松开弹簧。

（7）拆卸弹簧和下环减振垫。

❸ 前减振器的组装

（1）安装下环减振垫和弹簧。

（2）用弹簧压缩工具 KM-329-A 压缩弹簧。

（3）安装空心保险杠、上环减振垫、前弹簧定位器、上弹簧座、上支柱座和座轴承。确保上弹簧座卡在前弹簧定位器上。

（4）安装活塞杆螺母并紧固，如图3-103所示。

（5）松开弹簧压缩工具KM-329-A。

❹ 前支柱总成的安装

（1）安装支柱总成，如图3-104所示。

（2）安装转向节至支柱总成螺母和螺栓，将支柱总成连接到转向节上，如图3-105所示。紧固转向节至支柱总成螺母和螺栓。

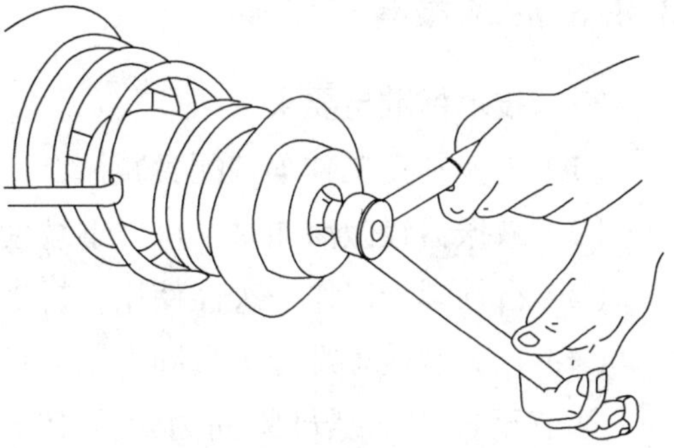

图3-103　安装活塞杆螺母

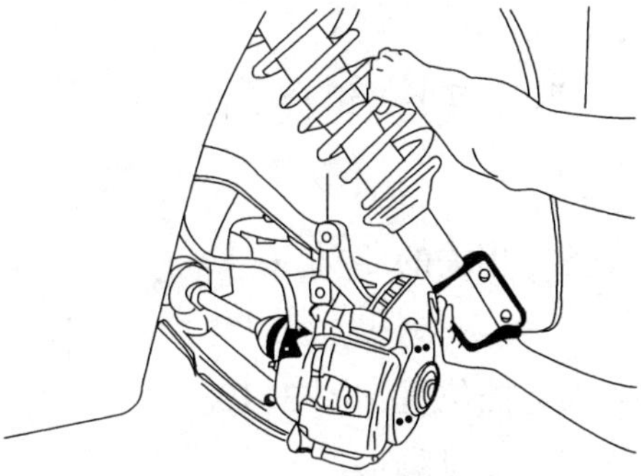

图3-104　安装支柱总成

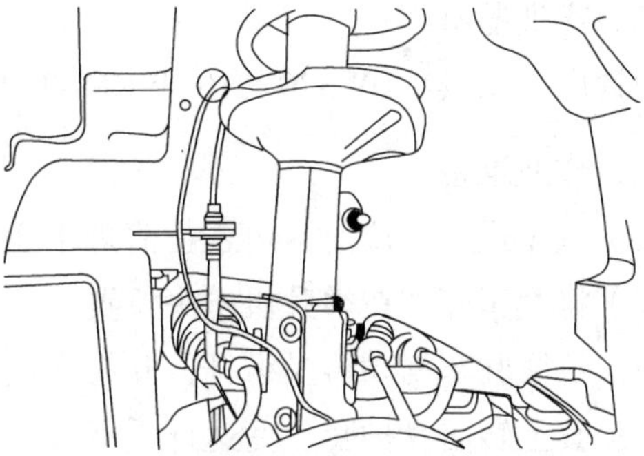

图3-105　安装支柱总成到转向节

（3）连接稳定连杆至支柱总成螺母，将稳定连杆连接到支柱总成上，如图3-106所示。紧固稳定连杆至支柱螺母。

（4）将制动器油管安装到支柱总成固定架上。

（5）在装备防抱死制动系统（ABS）的车辆上，将ABS传感器线路连接到支柱总成上。

（6）安装车轮。

（7）降下车辆。

（8）安装支柱总成至车身的固定螺母，如图3-107所示。紧固支柱总成至车身螺母。

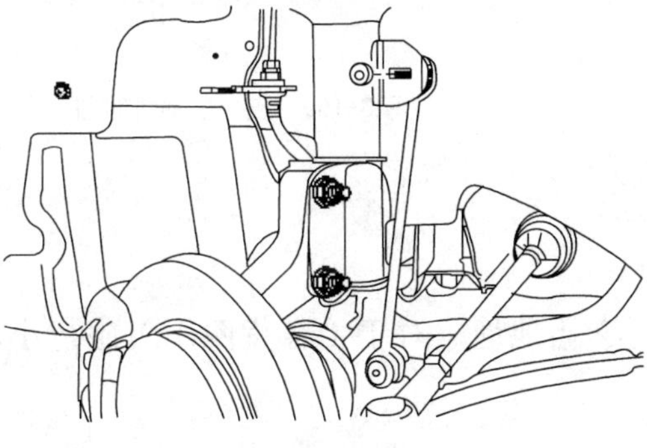

图3-106　连接稳定连杆

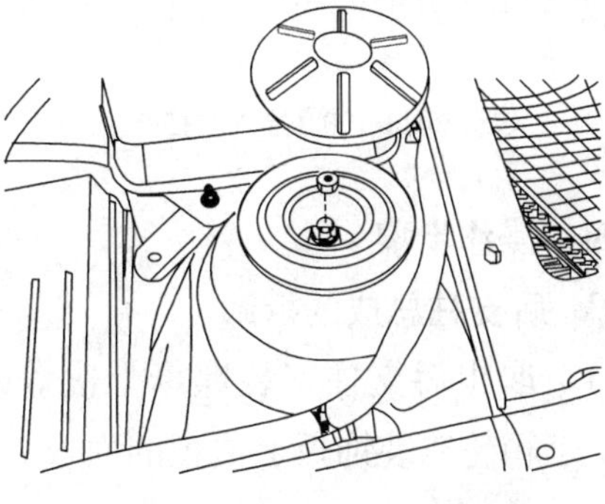

图3-107　安装支柱上盖和螺母

3.3.3 后减振器的更换

一、技术标准与要求

（1）更换别克凯越车型配套减振器。

（2）减振器轻微渗油时，可以继续使用。若严重漏油，应更换新件。

（3）自锁螺母仅作一次性使用，拆卸后更换新件。

（4）相关螺栓（螺母）紧固力矩为：

球节至控制臂螺母紧固力矩为100N·m，支柱减震器至支柱座螺母紧固力矩为75N·m，转向节至支柱总成螺母紧固力矩为100N·m，支柱座至车身螺母紧固力矩为30N·m，稳定连杆至支柱螺母紧固力矩为47N·m。

二、实训器材

弹簧压缩工具（DW320-010或KM-329-A）、双环扳手、组合工具。

三、作业准备

（1）汽车进入工位前，将工位清理干净，准备好相关的器材。

（2）将汽车停驻在举升机中央位置。

（3）拉紧驻车制动器操纵杆，并将变速杆换入空挡位置（图3-108）。

（4）套上转向盘护套、变速杆手柄套和座位套，铺设脚垫。

（5）在车内拉动发动机舱盖手柄，在车外打开并支撑发动机舱盖（图3-109）。

（6）粘贴翼子板和前脸磁力护裙。

图3-108　换入空挡

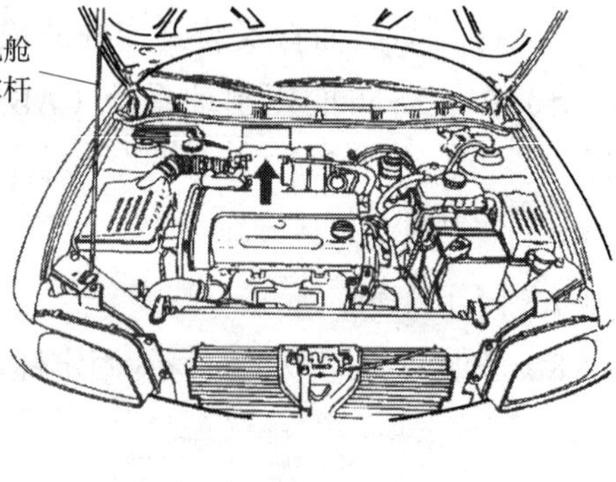

图3-109　支撑发动机舱盖

四、操作步骤

❶ 后支柱总成的拆卸

（1）取出后支柱安装螺母上覆盖的行李箱地毯。对于（客货两用）旅行小车型，拆卸行李箱轮罩装饰板上覆盖的面板。

（2）拆卸后支柱安装螺母，如图 3–110 所示。

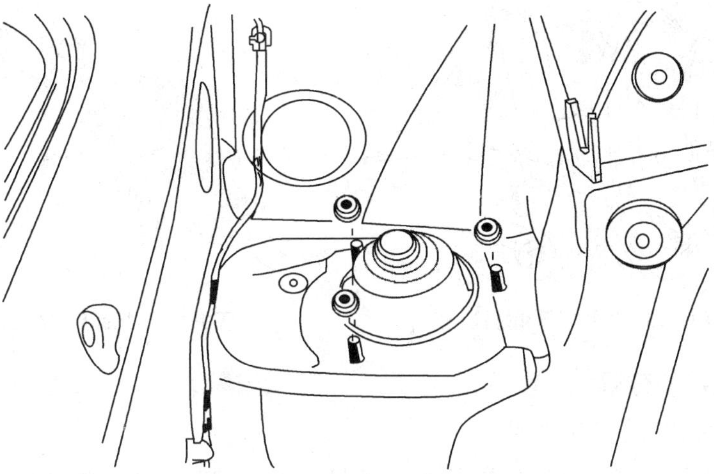

图3-110　拆卸后支柱安装螺母

（3）举升并妥善支承车辆。

（4）拆卸车轮。

（5）断开驻车制动器。

注意事项：在装备后鼓式制动器的车辆上，从车上拆卸总成时，制动软管很容易从支柱总成上断开。在装备后盘式制动器的车辆上，可随时从支柱总成上断开制动软管。

（6）拆卸制动软管至支柱总成卡夹，如图 3–111 所示。

（7）拆卸稳定连杆至支柱总成螺母，从支柱总成上断开稳定连杆，如图 3–112 所示。

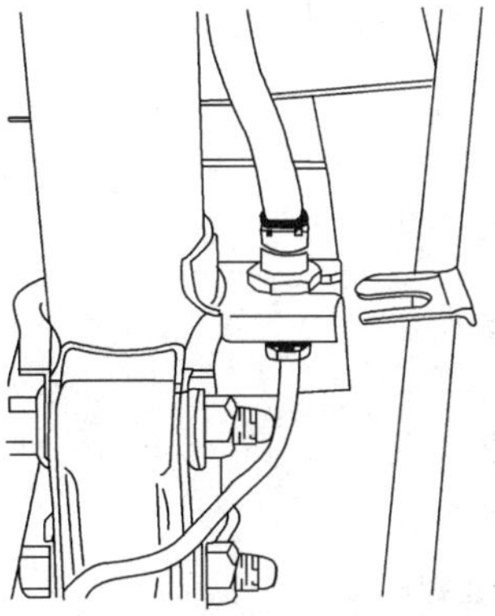

图3-111　拆卸制动软管卡夹

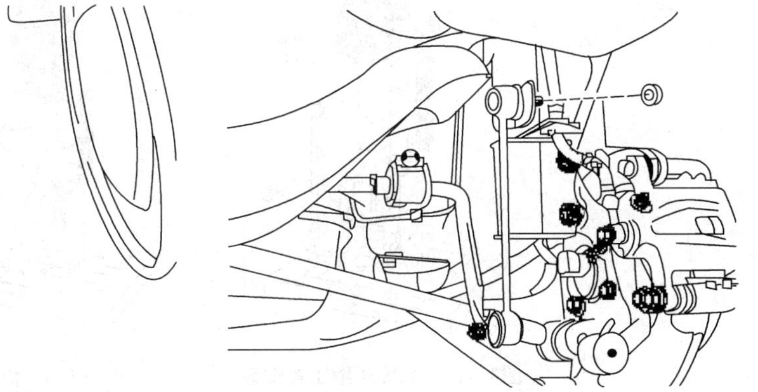

图3-112　断开稳定连杆

（8）拆卸转向节至支柱总成螺母和螺栓，如图 3–113 所示。

（9）在装备后鼓式制动器的车辆上，降下支柱总成并从支柱总成上拆开制动油管。

（10）从车上拆卸后支柱总成，如图 3–114 所示。

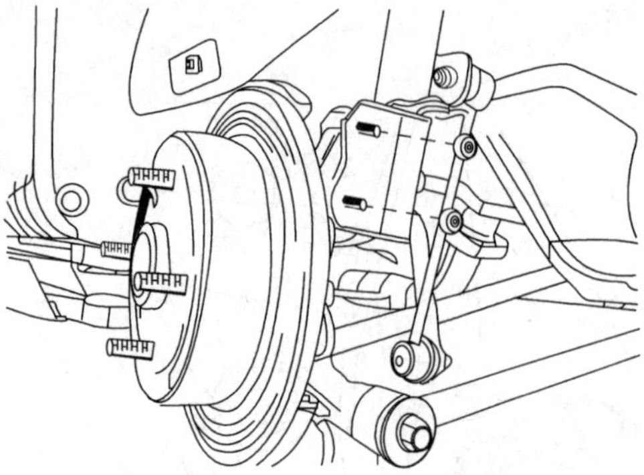

图3-113　拆卸螺母和螺栓

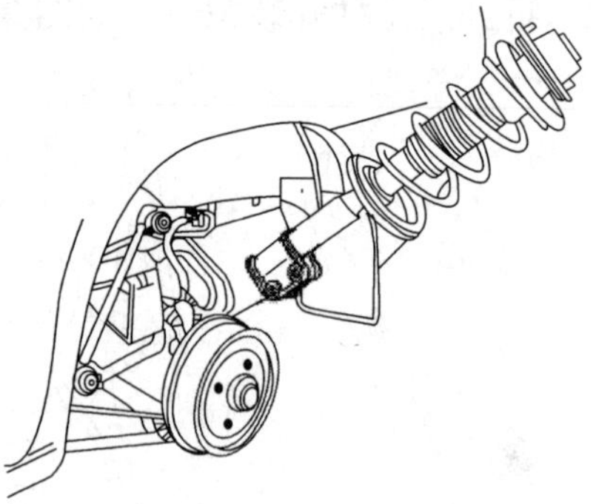

图3-114　拆卸后支柱总成

❷ 后减振器的分解

（1）从车上拆卸后支柱总成。

（2）将后支柱总成固定到弹簧压缩工具（KM-329-A 或 DW320-010）上，如图 3-115 所示。确保挂钩正确挂接。

（3）压缩弹簧。

（4）从支柱减振器杆上拆卸锁止螺母，如图 3-116 所示。

（5）拆卸后支柱座。

（6）拆卸后弹簧上座、防尘罩和空心保险杠。

（7）松开弹簧。

（8）拆卸后弹簧和后弹簧下座。

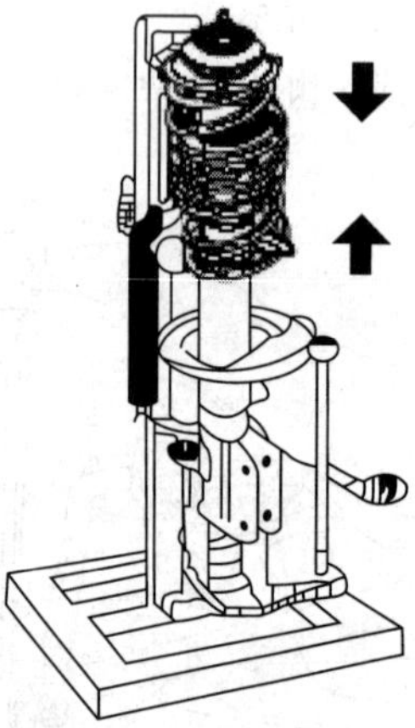

图3-115　弹簧压缩工具安装

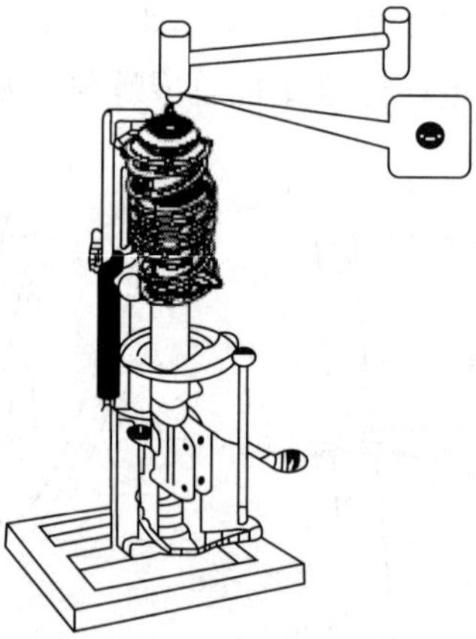

图3-116　拆卸锁止螺母

❸ 后减振器的组装

（1）安装后弹簧下座和后弹簧。

（2）压缩弹簧。

（3）安装空心保险杠、防尘罩和后弹簧上座。

（4）安装后支柱座。

（5）将锁止螺母安装到支柱减振器杆上，如图 3-117 所示。紧固球节至控制臂螺母，紧固支柱减振器至支柱座螺母。

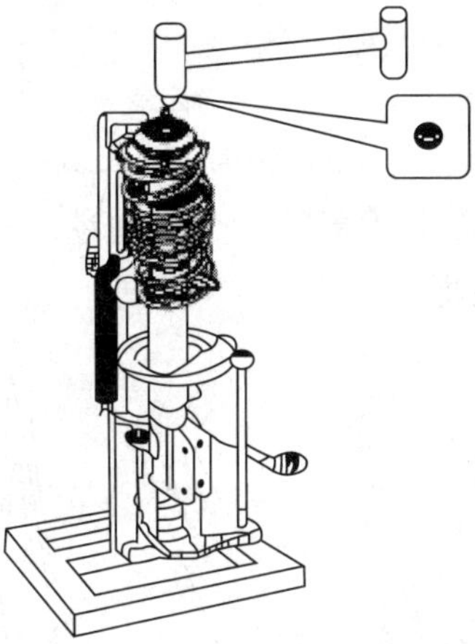

图3-117　安装锁止螺母

（6）松开弹簧。

（7）从弹簧压缩工具拆卸支柱总成，将支柱总成安装到车上。

❹ 后支柱总成的安装

注意事项：在装备后鼓式制动器的车辆上，在车上安装总成时，制动软管将很容易连接到支柱总成上。在装备后盘式制动器的车辆上，在将总成安装到车上后，可随时将制动软管连接到支柱总成上。

（1）将后支柱总成安装到车上。在装备后鼓式制动器的车辆上，在总成就位后，将制动油管固定到支座上。

（2）松弛地套上支柱座至车身螺母，固定支柱总成。

（3）安装转向节至支柱总成螺母和螺栓，如图 3-118 所示。此时，勿紧固螺母、螺栓。

（4）安装制动软管至支柱总成的固定卡夹，如图 3-119 所示。紧固转向节至支柱总成螺母。

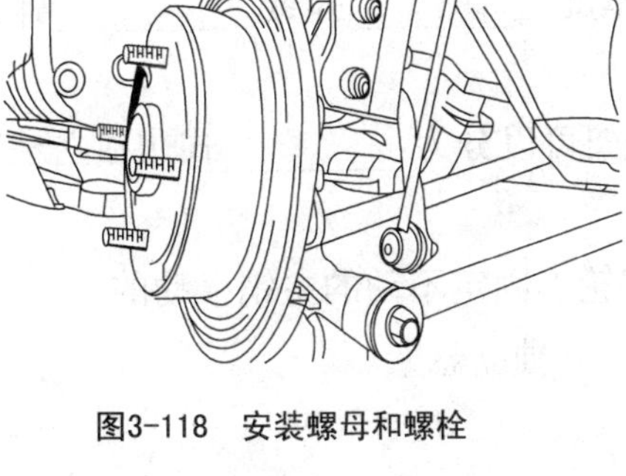

图3-118　安装螺母和螺栓

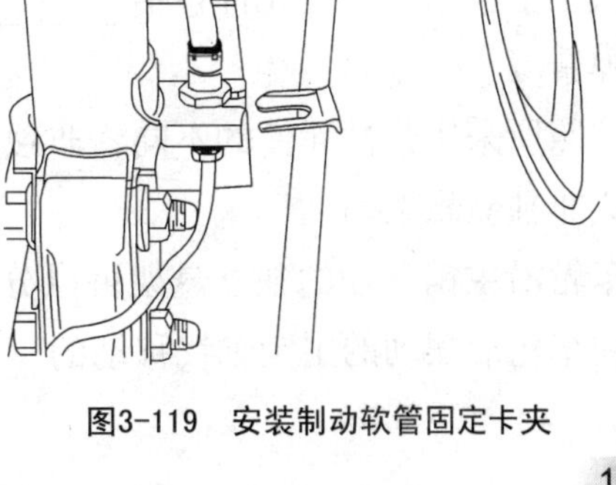

图3-119　安装制动软管固定卡夹

（5）连接稳定连杆至支柱总成，安装稳定连杆至支柱总成螺母，如图 3-120 所示。紧固稳定连杆至支柱螺母。

（6）连接驻车制动器。

（7）安装车轮。

（8）降下车辆。紧固支柱座至车身螺母，如图 3-121 所示。

（10）装上后支柱安装螺母上覆盖的行李箱地毯。对于（客货两用）旅行车，拆卸行李舱轮罩装饰板上覆盖的面板。

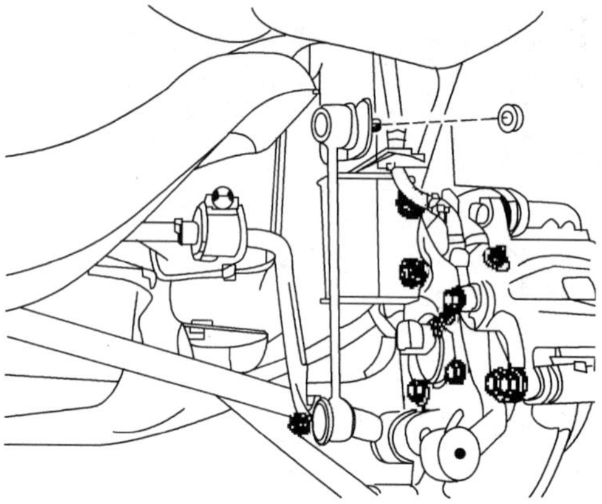

图3-120　安装稳定连杆

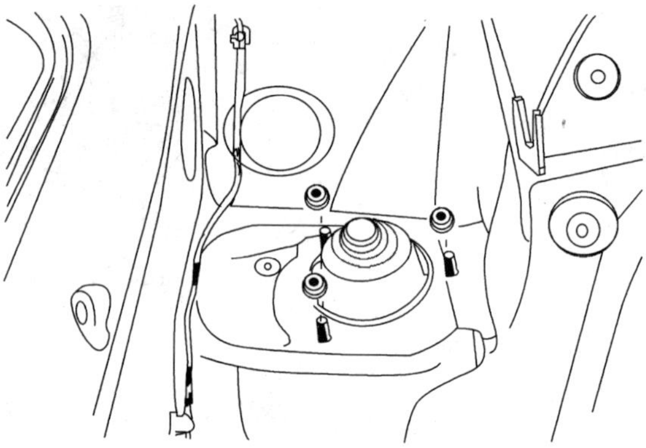

图3-121　紧固支柱座至车身螺母

理论测试

一 填空题

1. 汽车上采用的车架有________车架、________车架、________车架和________车架 4 种类型。

2. 汽车悬架可分为两大类：即________悬架和________悬架。

3. 现代汽车的悬架虽有不同的结构形式，但一般都由__________、__________、________等组成，车型一般还有____________。

4. 汽车上常用的弹性元件包括________弹簧、________弹簧、________弹簧和________弹簧等。

5. 按照所采用弹性元件的不同，非独立悬架可以分为________式非独立悬架和________式非独立悬架。

6. 车轮沿主销移动的独立悬架可以分为车轮沿固定不动的主销移动的________独立悬架和车轮沿摆动的主销轴线移动的________独立悬架。

二 选择题

1. 横向稳定杆的作用是防止______。 ( )

(A) 车身的上下跳动

(B) 汽车转弯时倾斜

(C) 制动时点头

(D) 加速前进时后仰

2. 汽车麦弗逊式悬架为______。 ( )

(A) 非独立悬架

(B) 组合式

(C) 独立悬架

(D) 刚性式

3. 关于汽车减振器，以下正确的说法是______。 ( )

(A) 减振器承担一部分车身质量

(B) 减振器的阻尼力减弱后车身高度降低

(C) 减振器将汽车振动的机械能转变为热能

(D) 以上都不正确

4. 汽车减振器广泛采用的是______。 ( )

(A) 单向作用筒式

(B) 双向作用筒式

(C) 阻力可调式

(D) 摆臂式

三 判断题

1. 采用独立悬架的车桥通常为断开式。 ( )

2. 钢板弹簧各片在汽车行驶过程中会出现滑移。 ( )

3. 扭杆弹簧的左右扭杆，经过一段时间的装车使用后，为了避免疲劳损坏，只要安装位置合适，左右扭杆可以互换安装使用。 ( )

4. 汽车悬架的作用是弹性地连接车桥和车架（或车身），缓和行驶中车辆受到的冲击力。 ( )

四 简答题

1. 车架的功用有哪些？常见的车架有哪些类型？各有什么特点？

2. 说明悬架的功用和种类，为什么现在的汽车广泛采用独立悬架？

3. 悬架由哪几部分组成？各有什么功用？

4. 双向作用筒式减振器的工作原理是什么？

5. 横向稳定器的作用是什么？它是如何工作的？

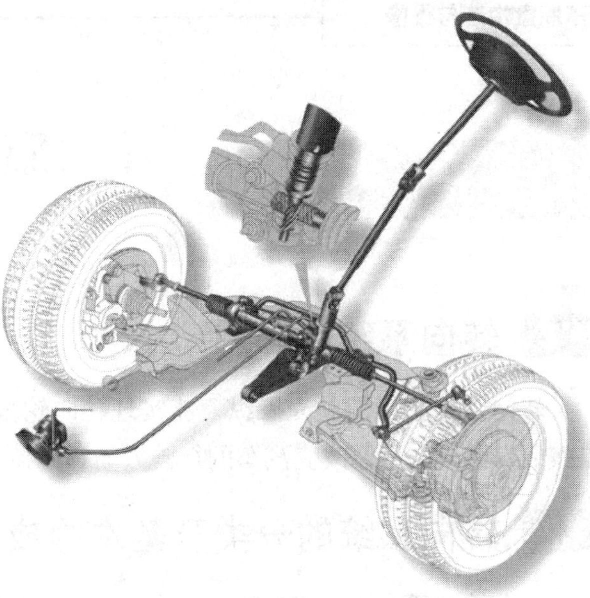

单元4

转向系统

知识目标:

1. 了解转向系统的功用、类型及转向理论;
2. 掌握机械转向器的结构及工作原理;
3. 掌握液压动力转向系统的结构及工作原理;
4. 了解电控动力转向系统的结构及工作原理。

能力目标:

1. 掌握动力转向油液的添加与检查方法;
2. 掌握球头的检查与更换方法。

建议学时:

12学时

Ⅰ 概述

1.1 转向系统的功用

转向系是指由驾驶人操纵，能实现转向轮偏转和回位的一套机构。转向系的功用是按照驾驶人的意愿改变汽车的行驶方向和保持汽车稳定地沿直线行驶。

1.2 转向系统的分类及基本组成

汽车转向系按转向动力源的不同分为机械转向系和动力转向系两大类。

机械转向系以驾驶人的体力作转向动力源，系统的所有传动件都是机械的，如图4-1所示。

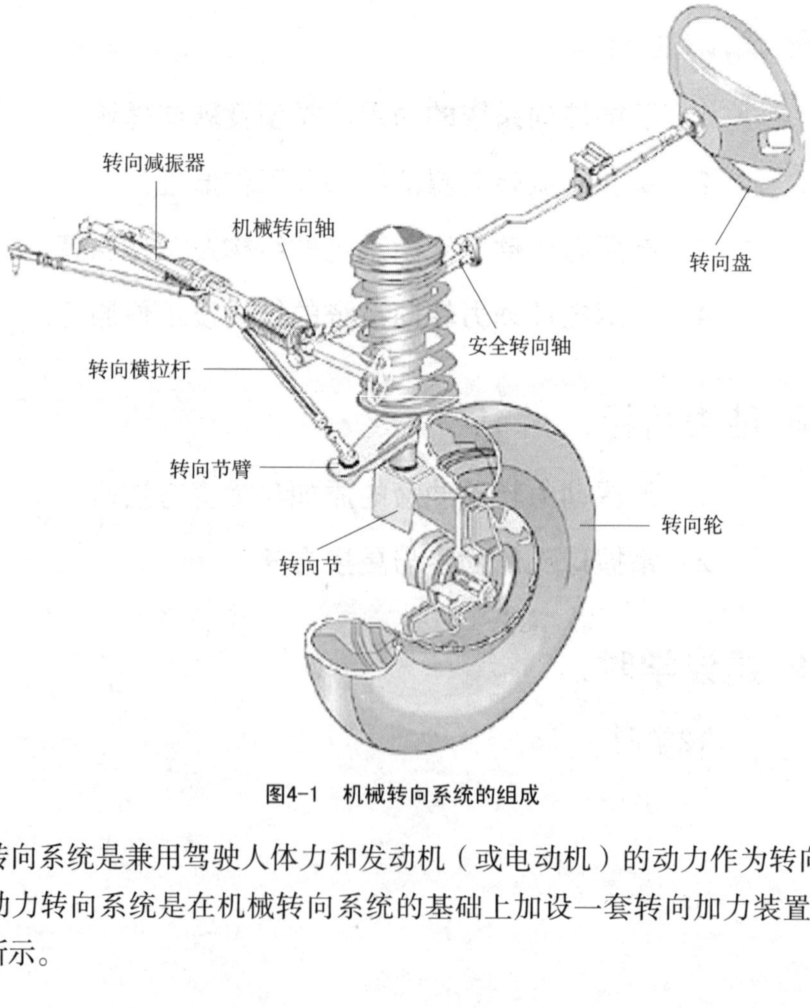

图4-1 机械转向系统的组成

动力转向系统是兼用驾驶人体力和发动机（或电动机）的动力作为转向能源的转向系统。动力转向系统是在机械转向系统的基础上加设一套转向加力装置而形成的，如图4-2所示。

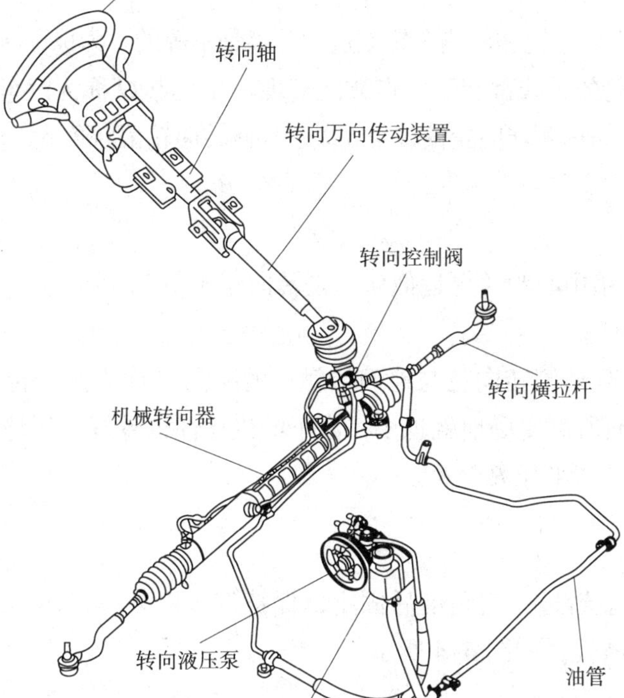

图4-2　动力转向系统的组成

1.3 转向理论

1.3.1 转向系角传动比

转向系角传动比是指转向盘的转角与转向盘同侧的转向轮偏转角的比值，一般用 i_w 表示。转向系角传动比是转向器角传动比 i_1 和转向传动机构角传动比 i_2 的乘积。转向器角传动比是转向盘转角和转向摇臂摆角之比。转向传动机构角传动比是转向摇臂摆角与同侧转向轮偏转角之比。

1.3.2 转向盘的自由行程

转向盘的自由行程是指转向盘在空转阶段的角行程，这主要是由于转向系各传动件之间的装配间隙和弹性变形所引起的。由于转向系各传动件之间都存在着装配间隙，而且这些间隙将随零件的磨损而增大，因此在一定的范围内转动转向盘时，转向节并不马上同步转动，而是在消除这些间隙并克服机件的弹性变形后，才做相应的转动，即转向盘有一空转过程。

转向盘自由行程对于缓和路面冲击及避免驾驶人过于紧张是有利的，但过大的自由行程会影响转向灵敏性。

1.3.3 转向时车轮运动规律

汽车转向时，内侧车轮和外侧车轮滚过的距离是不等的。为保证转向过程中车轮做纯滚动，要求所有车轮的轴线都交于一点方能实现。此交点 O 称为汽车的转向中心，如图 4–3 所示。汽车转向时内侧转向轮偏转角 β 大于外侧转向轮偏转角 α。α 与 β 的关系是：

$$\cot\alpha = \cot\beta + \frac{B}{L}$$

式中：B——两侧主销中心距（可近似认为是转向轮轮距）；

L——汽车轴距。

从转向中心 O 到外侧转向轮与地面接触点的距离 R 称为汽车转弯半径。转弯半径 R 越小，则汽车转向所需要场地就越小，汽车的机动性也越好。当外侧转向轮偏转角达到最大值 α_{max} 时，转弯半径 R 最小。

1.3.4 转向特性

驾驶人将转向盘转过一定角度后固定，保持汽车以某一稳定车速开始转向，可能出现以下几种转向特性，如图 4–4 所示。

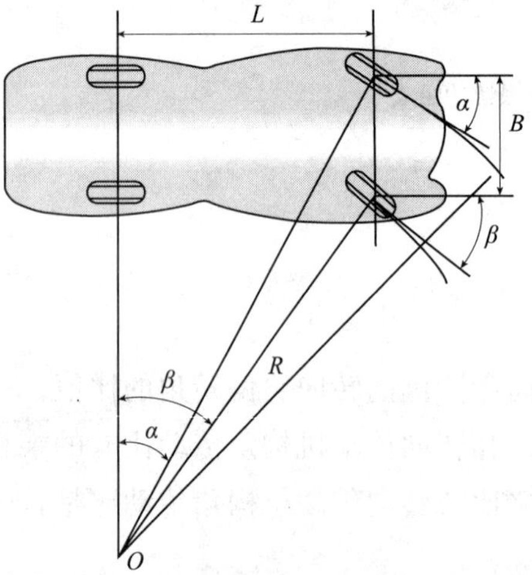

图4-3 汽车转向示意图

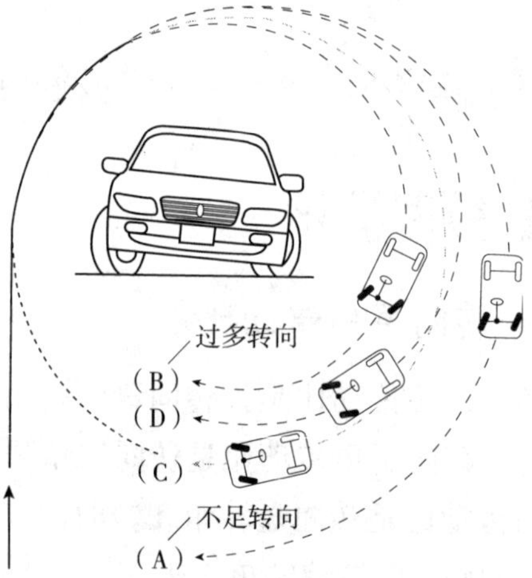

图4-4 汽车转向特性

不足转向：偏离圆周轨迹向外运动，且转弯半径越来越大。

过多转向：偏离圆周轨迹向内运动，且转弯半径越来越小。

中性转向：沿着圆周轨迹运动。

交变转向：最初偏离轨迹向外运动，过一段时间后突然开始向内运动。

对于不足转向，汽车转弯半径越来越大，这种运动状态和人的运动感觉一致。对于过多转向，转弯半径越来越小，这和人的运动感觉不一致，转弯时驾驶人重心向内倾斜，使驾驶人难以往回打转向盘。因此除了特殊的赛车，一般都将汽车设计成具有轻微的不足转向特性。交变转向特性只极少地应用于后置发动机的汽车。

Ⅱ 机械转向系统

汽车机械转向系统由转向操纵机构、机械转向器和转向传动机构三大部分组成。

2.1 机械转向器

转向器是转向系中的降速增矩传动装置，其功用是增大由转向盘传到转向节的力，并改变力的传动方向。

转向器传动效率是指转向器输出功率与输入功率之比。当功率由转向盘输入，从转向摇臂输出时，所求得的传动效率称为正传动效率；反之，转向摇臂受到道路冲击而传到转向盘的传动效率则称为逆效率。

按转向器中的传动副的结构形式分，可以分为循环球式、齿轮齿条式、蜗杆曲柄指销式、蜗杆滚轮式等几种。

按传动效率的不同，转向器还可以分为可逆式转向器、极限可逆式转向器和不可逆式转向器。

2.1.1 齿轮齿条式转向器

齿轮齿条式转向器分两端输出式和中间（或单端）输出式两种，如图 4–5 所示。齿轮齿条式转向器采用一级传动副，主动件是齿轮，从动件是齿条。

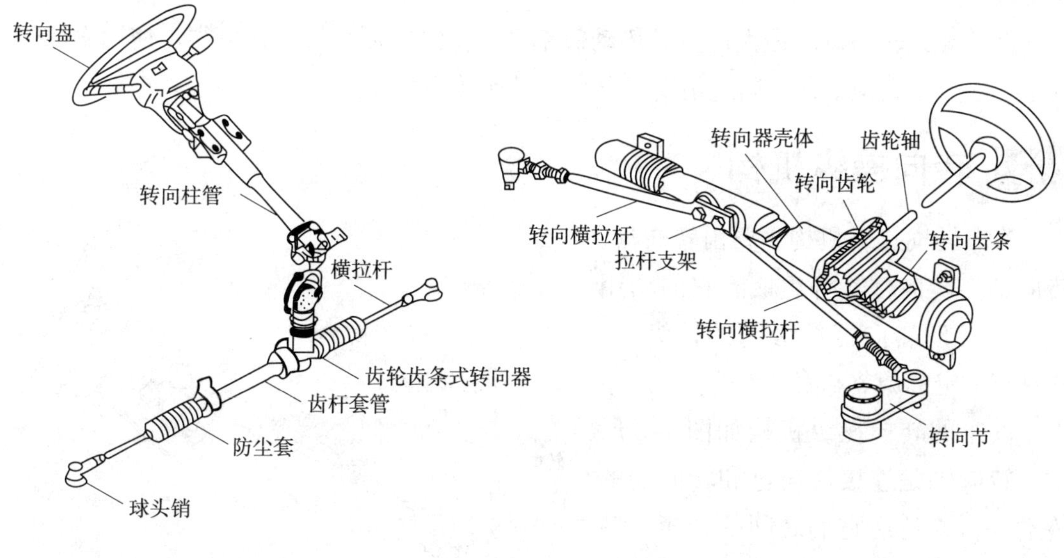

a）两端输出式　　b）中间输出式

图4–5　齿轮齿条式转向器结构形式

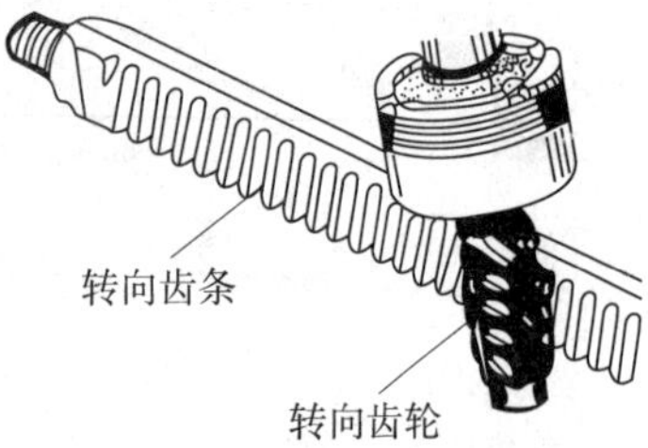

图4-6　齿轮齿条传动原理

齿轮齿条式转向器是利用齿轮顺时针或逆时针方向的转动带动齿条左右移动，再通过横拉杆推动转向节，达到转向的目的，如图 4-6 所示。

齿轮齿条式转向器结构简单，可靠性好，便于独立悬架的布置；同时，由于齿轮齿条直接啮合，转向灵敏、轻便，在各类型汽车上的应用越来越多。

2.1.2 循环球式转向器

循环球式转向器由侧盖、底盖、壳体、钢球、带齿扇的垂臂轴、圆锥轴承、制有齿形的螺母、转向螺杆等组成，如图 4-7 所示。

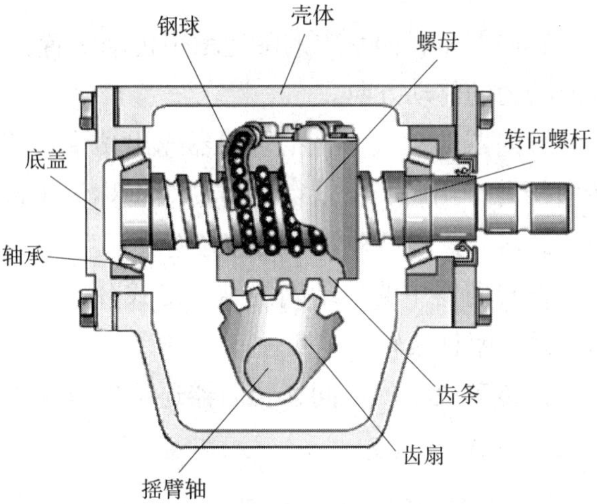

图4-7　循环球式转向器

循环球式转向器采用两级传动副，第一级是螺杆与螺母，第二级是齿条与齿扇。

循环球式转向器工作时，转向螺杆转动，在摩擦力的作用下，所有钢球在螺母与螺杆之间形成“球流”，并推动齿形螺母沿螺杆轴线前后移动，然后通过齿条带动齿扇摆动，并使摇臂轴旋转，带动摇臂摆动，最后由传动机构传至转向轮，使转向轮偏转以实现转向。

循环球式转向器的最大优点是传动效率高、操纵轻便，且工作可靠、使用寿命长。其主要缺点是结构复杂、制造精度要求高，且逆效率也高。

2.2 转向操纵机构

汽车转向操纵机构主要由转向盘、转向轴、转向柱管等组成。它的功用是产生转动转向器所必需的操纵力，并具有一定的调节和安全性能。

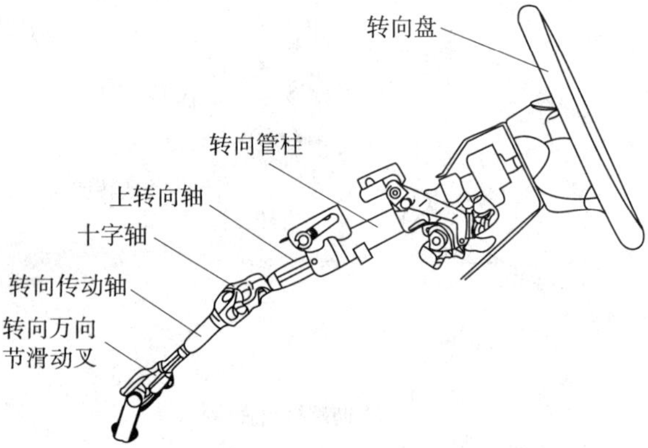

图4-8　转向操纵机构

汽车的转向操纵机构如图 4-8 所示。转向轴是连接转向盘和转向器的传动件，并传递它们之间的转矩。转向柱管安装在车身上，转向轴从转向柱管中穿过，支承在柱管内的轴承和衬套上。转向盘利用键和螺母将其固定在转向轴的轴端。

车型的转向操纵机构要求转向柱管必须装备能够缓和冲击的吸能装置。转向轴和转向柱管吸能装置的基本工作原理是：当转向轴受到巨大冲击而产生轴向位移时，通过转向柱管或支架产生塑性变形、转向轴产生错位等方式，吸收冲击能量。

2.3 转向传动机构

转向传动机构的功用是将转向器输出的力和运动传给转向轮，使两侧转向轮偏转以实现汽车转向，并保证左右转向轮的偏转角按一定关系变化。

2.3.1 转向摇臂

如图 4-9 所示为常见转向摇臂的结构形式。循环球式转向器和蜗杆曲柄指销式转向器通过转向摇臂与转向直拉杆相连。转向摇臂的大端用锥形三角细花键与转向器中摇臂轴的外端连接，小端通过球头销与转向直拉杆作空间铰链连接。

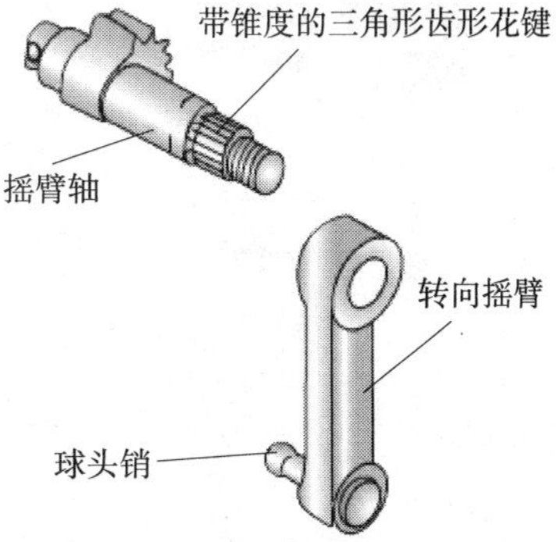

图4-9　转向摇臂

2.3.2 转向直拉杆

如图 4-10 所示为汽车的转向直拉杆，它是连接转向摇臂和转向节臂的杆件，具有传力和缓冲作用。在转向轮偏转且因悬架弹性变形而相对于车架跳动时，转向直拉杆与转向摇臂及转向节臂的相对运动都是空间运动，为了不发生运动干涉，三者之间的连接件都是球形铰链。

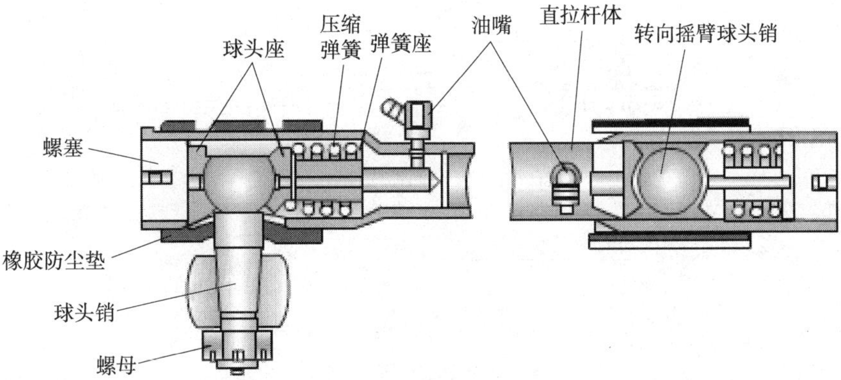

图4-10　转向直拉杆

2.3.3 转向横拉杆

如图 4-11 所示为转向横拉杆示意图，由横拉杆体和两个旋装在两端的拉杆接头组成。其特点是长度可调，通过调整横拉杆的长度，可以调整前轮前束。

如图 4–12 所示为断开式转向桥的横拉杆总成。转向器齿条的两端制有内螺纹。转向横拉杆的内端装有带螺纹的球头，并将其旋入齿条中。横拉杆的外端也通过螺纹与横拉杆接头连接，并用螺母锁紧。横拉杆接头外端通过球头销与转向节连接。松开锁紧螺母，转动转向横拉杆（左右两侧横拉杆的转动量应相同）可以调整前轮前束。

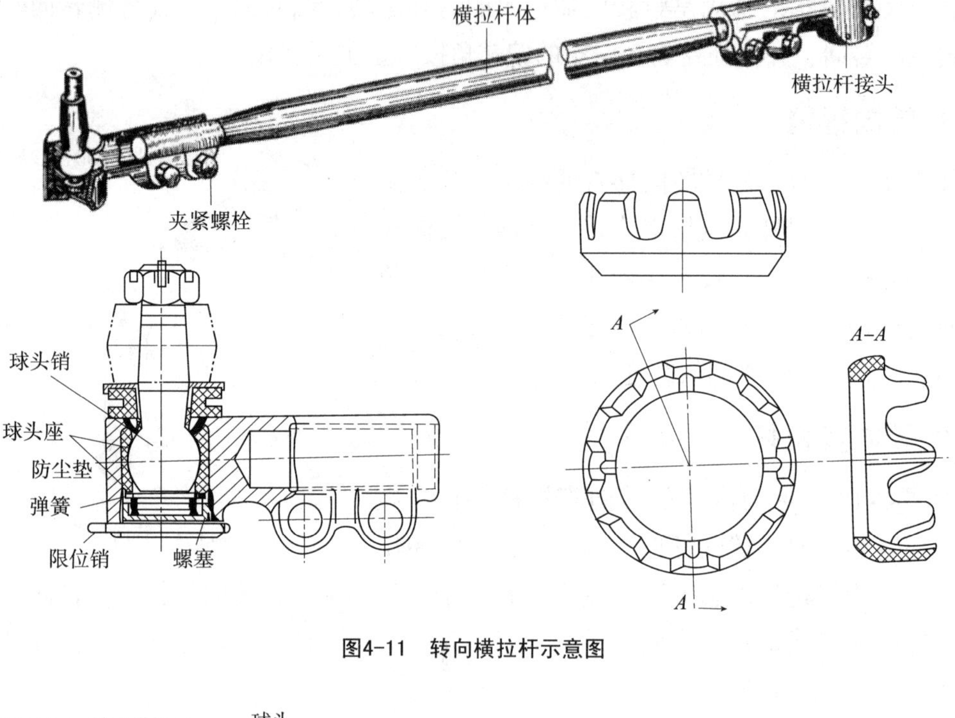

图4-11　转向横拉杆示意图

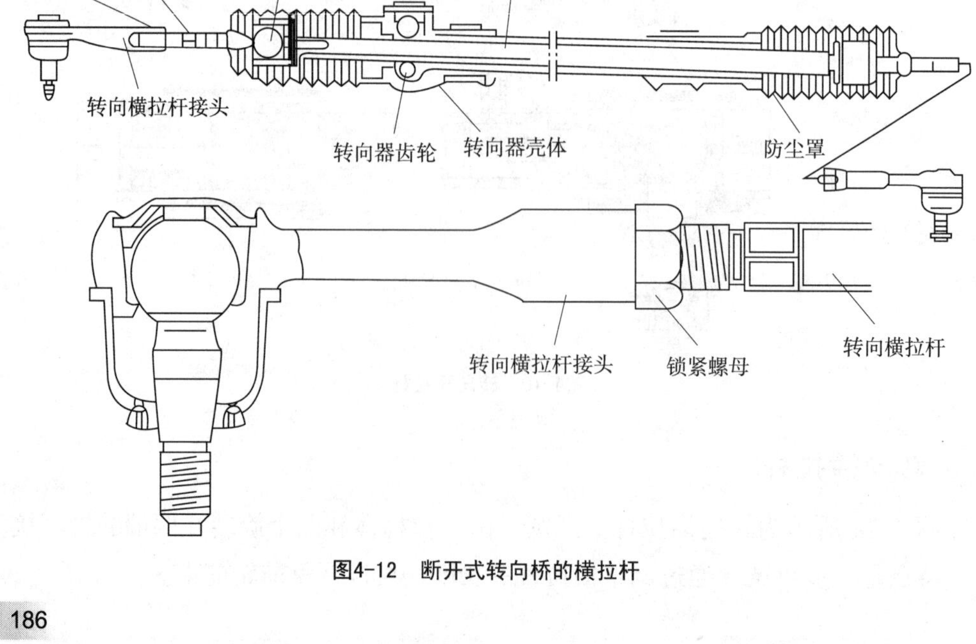

图4-12　断开式转向桥的横拉杆

2.3.4 转向减振器

为了衰减由于道路不平而传递给转向盘的冲击、振动，防止转向盘打手，稳定汽车行驶方向，许多车型均装有转向减振器。转向减振器一端与车身（或前桥）铰接，另一端与转向直拉杆（或转向器）铰接。转向减振器的结构如图 4-13 所示，其工作原理与悬架中的减振器相类似。减振器泄漏时，不能加油，只能更换。

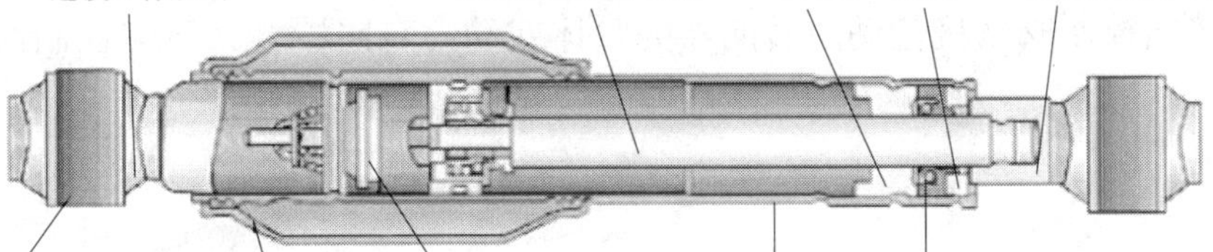

图4-13　转向减振器结构

Ⅲ 液压动力转向系统

为了减轻驾驶人的疲劳强度，改善转向系统的技术性能，目前很多汽车都采用了动力转向装置。采用动力转向的汽车转向时，所需的能量在正常情况下，只有小部分是驾驶人提供的体能，而大部分是发动机驱动转向油泵旋转，将发动机输出的部分机械能转化为压力能。并在驾驶人控制下，对转向传动装置或转向器中某一传动件施加不同方向的随动渐进压力，从而实现转向。

3.1 动力转向装置的分类

动力转向装置按传能介质的不同，可以分为气压式和液压式两种。

液压式动力转向装置按液流形式，可分为常压式和常流式两种。

根据转向加力装置的零部件布置和连接组合方式的不同，可以分为整体式动力转向系、半整体式动力转向系和组合式动力转向系三种。

液压式动力转向装置按其转向控制阀阀芯的运动力式，还可分为滑阀式和转阀式两种形式。

3.2 液压式动力转向系的组成、原理

动力转向装置由机械转向器、转向控制阀（转阀式）、转向动力缸以及将发动机输出的部分机械能转换为压力能的转向油泵（或空气压缩机）、转向油罐等组成，如图4-14所示为别克凯越车型的动力转向系统。转向油泵安装在发动机上，由曲轴通过皮带驱动运转向外输出油压，转向油罐有进、出油管接头，通过油管分别和转向油泵和转向控制阀联接。动力转向器为整体式动力转向器，其转向控制阀用以改变油路。

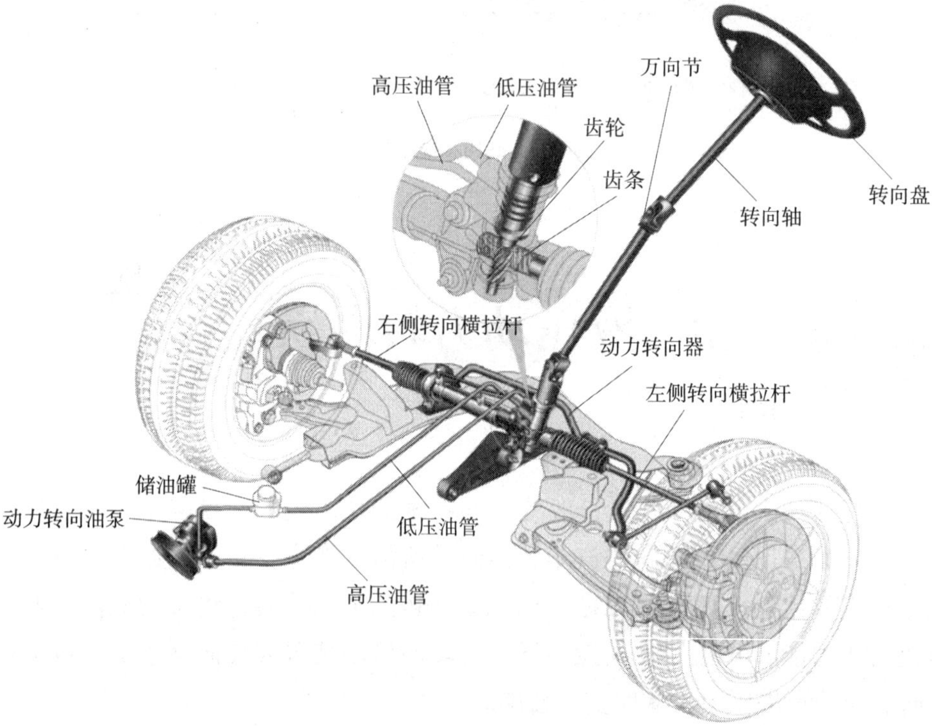

图4-14　别克凯越车型液压动力转向系统

3.2.1 液压动力转向装置

液压常流转阀式转向控制阀的结构如图4-15所示。转向控制阀的转子安装在转向齿轮轴上，在其中间插入控制阀扭杆并固定。在转向齿轮上部有控制阀体，它和控制阀扭杆相连。控制阀体和转向油泵相通，且在其两端有与动力缸相通的阀门孔，由其所处位置决定是否向动力缸供油。转向盘转动时，根据控制阀扭杆的扭转量提供相应的油压辅助力。转向油泵的供油压力由转向控制阀控制。高压油经过控制阀内的空隙进入动力活塞两端，使活塞左右运动，带动转向齿条运动。

动力转向装置的工作原理如图 4-16 所示。转向盘旋转时，带动控制阀扭杆旋转，使控制阀缸体旋转，阀门孔打开，开始供油。当转向盘转角很大时，控制阀扭杆转角大，进入动力缸的油液多，推动动力活塞运动，从而减轻转向操纵力。高速时，转向角转角小，进入动力缸的油液很少，转向操纵力大。当进入动力缸的油液流量很大时，过剩油液通过电磁阀流回储油罐。当转向盘停止旋转时，阀门孔被关闭，动力活塞两端的油压相同。

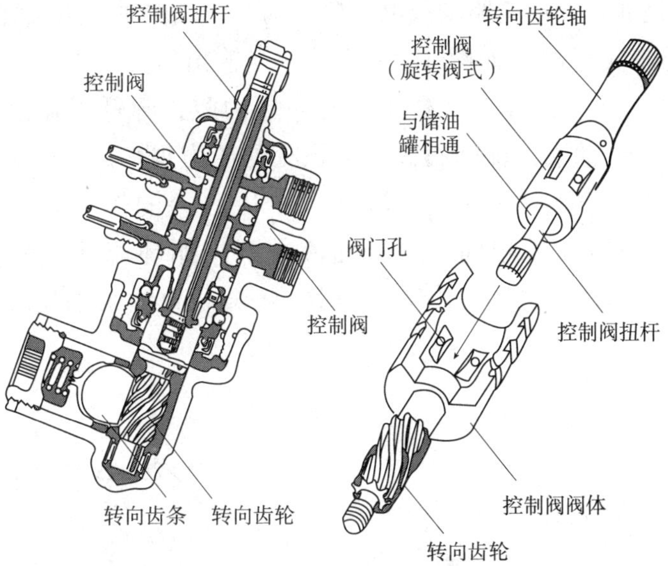

图4-15　转向控制阀的结构

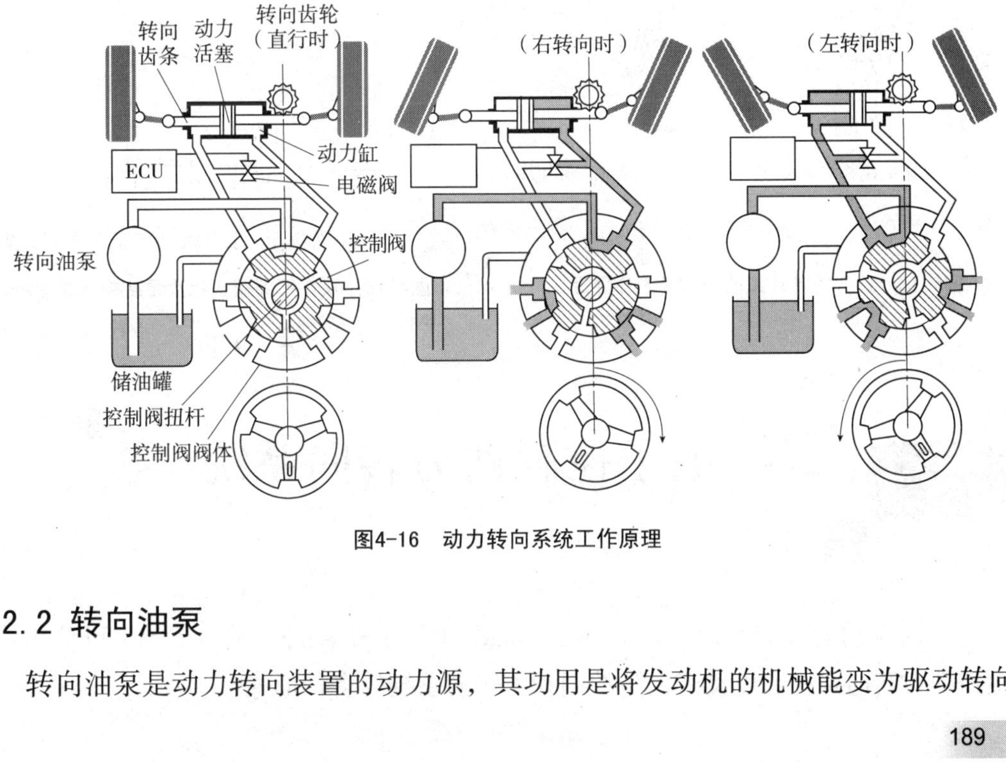

图4-16　动力转向系统工作原理

3.2.2 转向油泵

转向油泵是动力转向装置的动力源，其功用是将发动机的机械能变为驱动转向动力缸工作的液压能，再由转向动力缸输出的转向力，驱动转向车轮转向。

转向油泵的结构类型有多种，常见的有齿轮式、转子式和叶片式。目前最常用的是双作用叶片式转向油泵，其工作原理如图 4-17 所示。当发动机带动油泵逆时针旋转时，叶片在离心力的作用下紧贴在定子的内表面上，工作容积开始由小变大，从吸油口吸进油液，而后工作容积由大变小，压缩油液，经压油口向外供油。再转 180°，又完成一次吸压油过程。

油泵的转子是通过发动机驱动或电动机驱动的，工作时油压及流量的变化是通过安全阀和溢流阀来实现的，如图 4-18 所示。当输出压力过高时，这个压力传到溢流阀右侧，使安全阀左移开启，高压油流回进油腔，降低了输出油压。当输出油量过大时，节流孔处油液的流速很高，但该处的压力很小，此压力经横向油道传到溢流阀右侧，使节流阀左右两侧的压差增大，在压差的作用下，节流阀压缩弹簧右移，使进油道和出油道相同，部分油液在泵内循环流动，减少了出油量。当这两个阀出现弹簧过软、折断或不密封时，将会导致油泵油压和流量不足而出现故障。

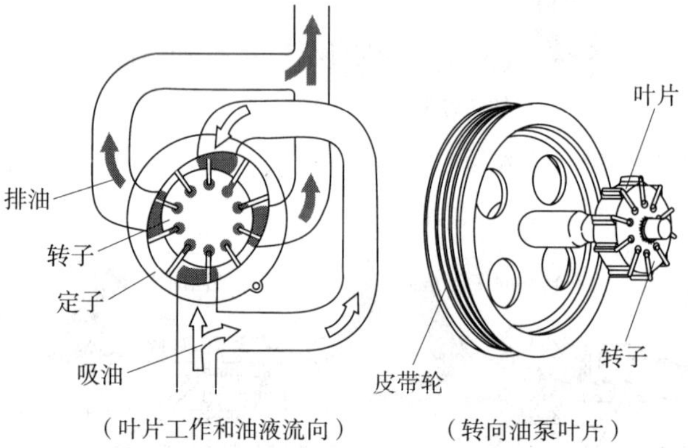

图4-17 双作用叶片泵的结构及工作原理

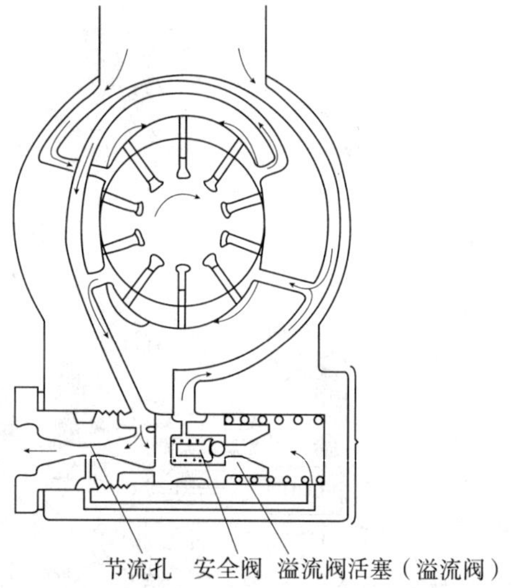

图4-18 双作用卸荷式叶片泵结构、原理示意图

Ⅳ 电子控制动力转向系统

电子控制动力转向系统（Electronic Control Power Steering，简称 EPS）可分为液压式电控动力转向系统和电动式电子控制动力转向系统等多种形式。

4.1 液压式电控动力转向系统

液压式电子控制动力转向系统是在传统的液压动力转向系统的基础上增设了电子控制装置而构成的，根据控制方式的不同，可分为流量控制式、反力控制式和阀灵敏控制式三种形式。本部分仅介绍反力控制式电控动力转向系统。

4.1.1 基本组成

如图 4-19 所示为反力控制式动力转向系统，主要由转向控制阀、电磁阀、分流阀、转向动力缸、转向油泵、储油罐、车速传感器和电子控制单元组成。

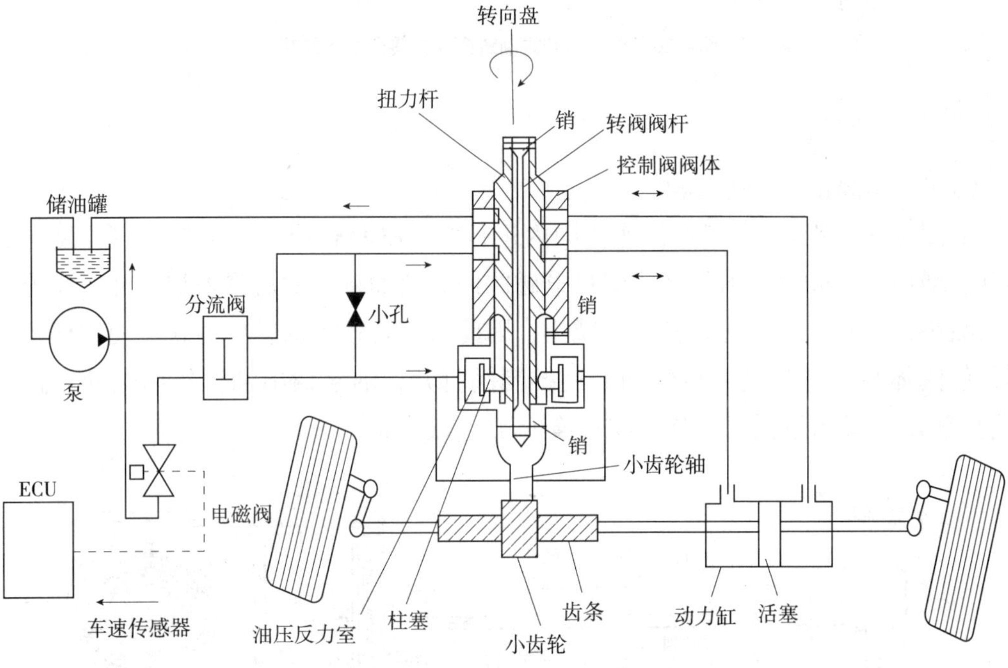

图4-19　反力控制式动力转向系的组成

反力控制式动力转向系统是按照车速的变化，由电子控制油压反力，调整动力转向器，从而使汽车在各种条件下转向盘上所需的转向操纵力都达到最佳状态。有时也把这种动力转向系统称为渐进型动力转向系统 PPS（Progressive Power Steering）。

电子控制式渐近型动力转向系统结构如图 4-20 所示，除了旧式动力转向装置中用来控制加力的主控制阀之外，又增设了反力油压控制阀和油压反力室。

经反力油压控制阀调整后的油压加到油压反力室内，扭杆与转向轴相连，当 PPS 根据油压反力的大小改变转向扭杆的扭曲量时，就可以控制转向时所要加的力。动力转向用的微机安装在电子控制单元（ECU）内，微机根据车速传感器的信号控制电磁阀的输入电流；电磁阀设在反力控制阀上。

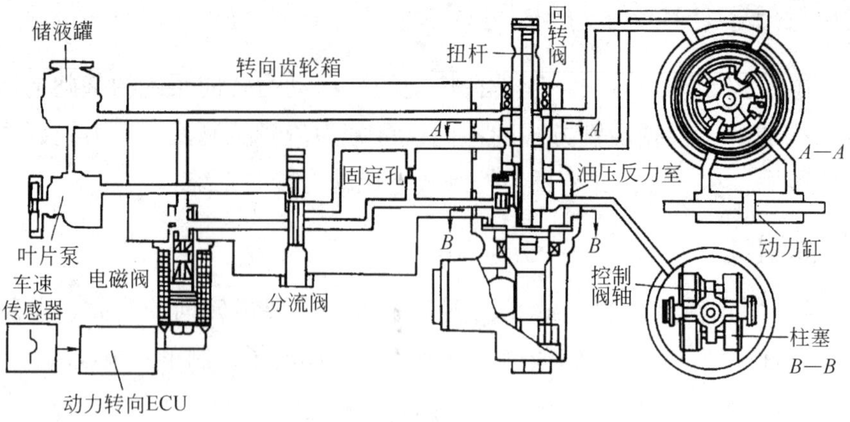

图4-20　电子控制式渐进型动力转向系统结构

4.1.2 工作原理

（1）汽车静止或低速行驶时。

如图4-21所示，汽车在低速范围内运行时，ECU输出一个大的电流，使电磁阀的开度增加，由分流分出的液体流过电磁阀回到储油罐中的流量增加。油压反力室的压力减小，柱塞推动控制阀杆的力减小，因此只需要较小的转向力就可使扭杆扭转变形，使阀体与阀杆发生相对转动而使控制阀打开，油泵输出油压作用到动力缸右室（或左室），使动力缸活塞左移（或右移），产生转向助力。

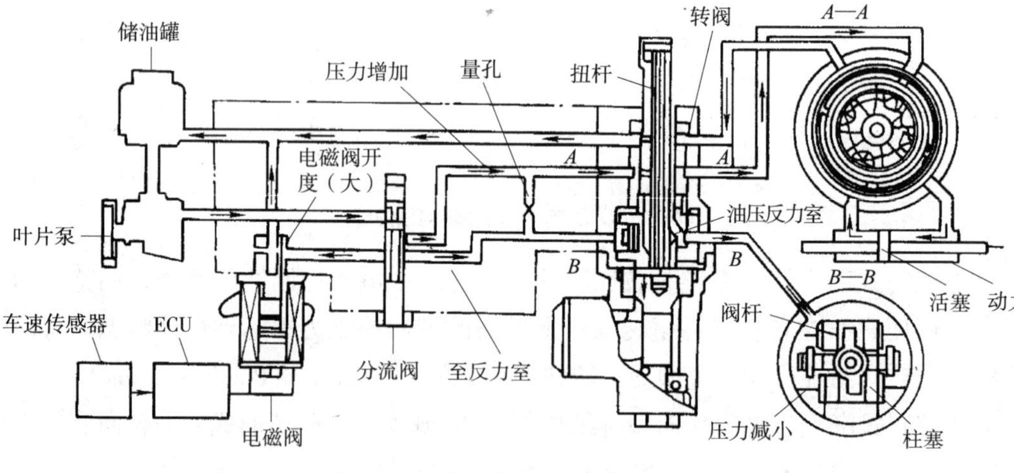

图4-21　停车或低速行驶时的工作情况

（2）汽车中、高速行驶时。

如图4-22所示，此时转向盘微量转动时，控制阀杆根据扭转角度而转动，转阀的开度减小，转阀里面的压力增加，流向电磁阀和油压反力室中的液流量增加。当车速增加时，ECU输出电流减小，电磁阀开度减小，流入油压反力室中的液流量增加，反力增大，使得柱塞推动控制阀杆的力变大。液流还从量孔流进油压反力室中，这也增大了油压反力室中的液体压力，故转向盘的转动角度增加时，将要求有一个更大的转向操纵力，使得在中高速时驾驶人可获得良好的转向手感和转向特性。

（3）中高速直行状态。

车辆直行时，转向偏摆角小，扭杆相对转矩小，控制阀油孔开度减小，控制阀侧油压升高。由于分流阀的作用，使电磁阀侧油量增加。同时，随着车速的升高，通电电流减小，通过电磁阀流回油箱的阻尼增大，油压反力室的反力增大，使柱塞推动控制阀阀杆的力矩增大，转向盘手感增强。

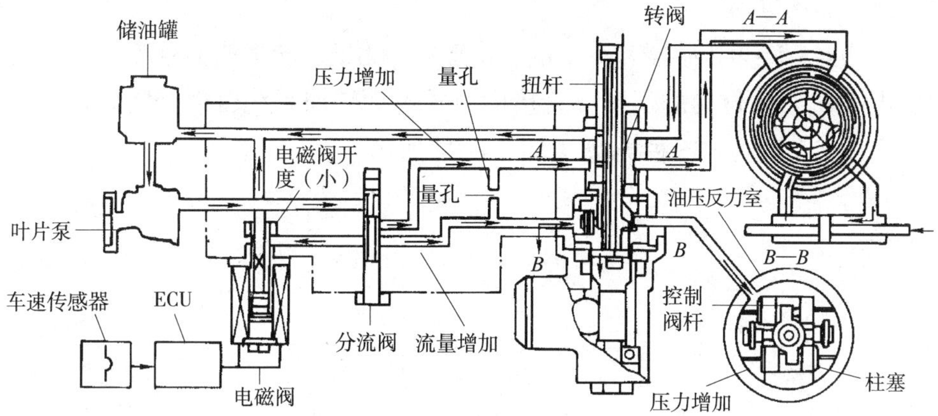

图4-22　中、高速行驶时的工作情况

4.2 电动式电控动力转向系统

4.2.1 基本组成和工作原理

电动式动力转向系统的基本组成如图 4-23 所示，主要由转矩传感器、转角传感器、车速传感器、电动机、电磁离合器、减速机构、电子控制单元等组成。

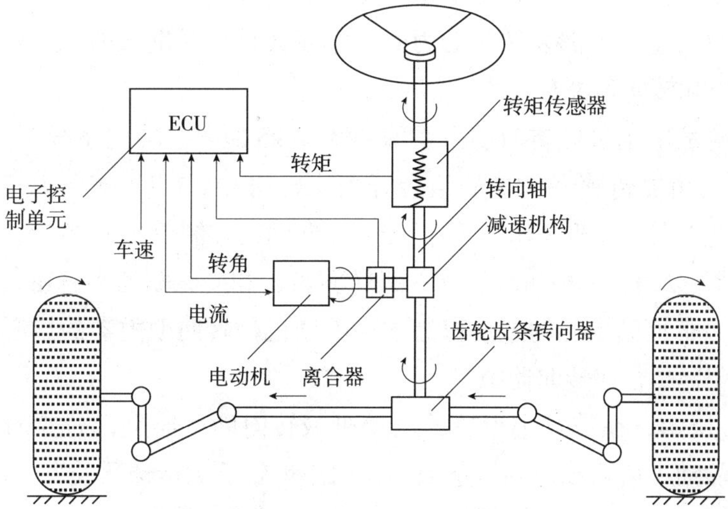

图4-23　电动式动力转向系的组成

电动式动力转向系统的基本原理是根据汽车行驶速度（车速传感器输出信号）及转矩、转向角信号，由 ECU 控制电动机及减速机构产生助力转矩，使汽车在低、中和高速下都能获得最佳的转向效果。

电动机连同离合器和减速齿轮一起，通过一个橡胶底座安装在左车架上。电动机的输出转矩由减速齿轮增大，并通过万向节、转向器中的助力小齿轮把输出转矩送至齿条，向转向轮提供转矩。

电子控制单元 ECU 根据各传感器的信号确定助力转矩的幅值和方向，并且直接控制驱动电路去驱动电动机。

转矩传感器、转角传感器和汽车速度传感器等为助力转矩的信号源。

根据电动机布置位置的不同，直接助力式电动转向系统可以分为转向轴助力式、齿轮助力式和齿条助力式三种类型，如图 4–24 所示。

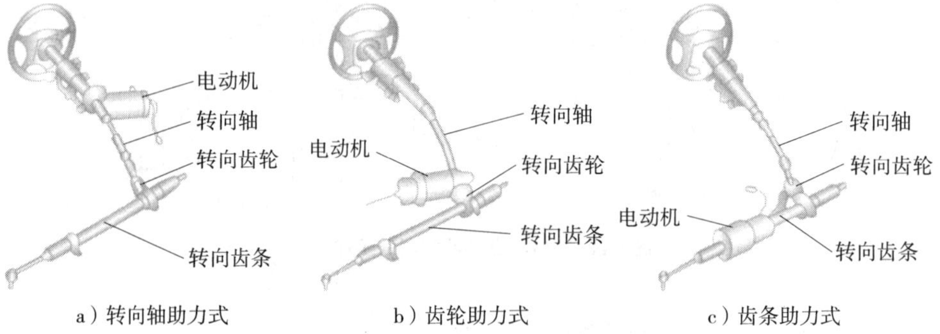

图4–24　电动式动力转向系统的类型

4.2.2 上海大众TOURAN（途安）电控机械式助力转向系统

上海大众 TOURAN 的电动机械转向助力器与传统的液压转向器相比，具有许多优点。它可以协助驾驶人行车，并减轻身体和心理负担。同时，它仅在需要时进行工作，也就是说，只有当驾驶人需要转向助力时，它便会自动提供帮助。此外，转向助力与车速、转向力矩和转向角等有关。

带双小齿轮的电动机械转向助力系统如图 4–25 所示。转向系统的部件主要包括：转向盘、带转向角度传感器 G85 的组合开关、转向柱 G527、转向力矩传感器 G269、电动机械转向助力器电动机 V187、转向器、转向辅助控制单元 J500 等。转向器由一只转向力矩传感器 G269、一根扭转棒、一只转向齿轮和一只驱动小齿轮、一只蜗轮传动装置，以及一只带控制单元的电动机组成。电动机械转向助力器的核心部件是一根齿条，它有两只花键啮合在转向器中。

如图 4–26 所示，在带双小齿轮的电动机械转向助力器上，需要的转向力是通过转向小齿轮和驱动小齿轮传送到齿条上。转向小齿轮负责传送驾驶人施加的转向力矩，驱动小齿轮则通过一只蜗轮传动装置，传送由电动机械转向助力器电动机提供的助力力矩。该电动机具有用于转向助力的控制单元和传感装置，并安装在第二只小齿轮上。这种结构可以使转向盘和齿条之间形成机械连接。所以，当伺服电动机失灵时，可以确保车辆仍能够进行机械转向，但此时不具备转向助力的功能，转向时会感到很沉重。

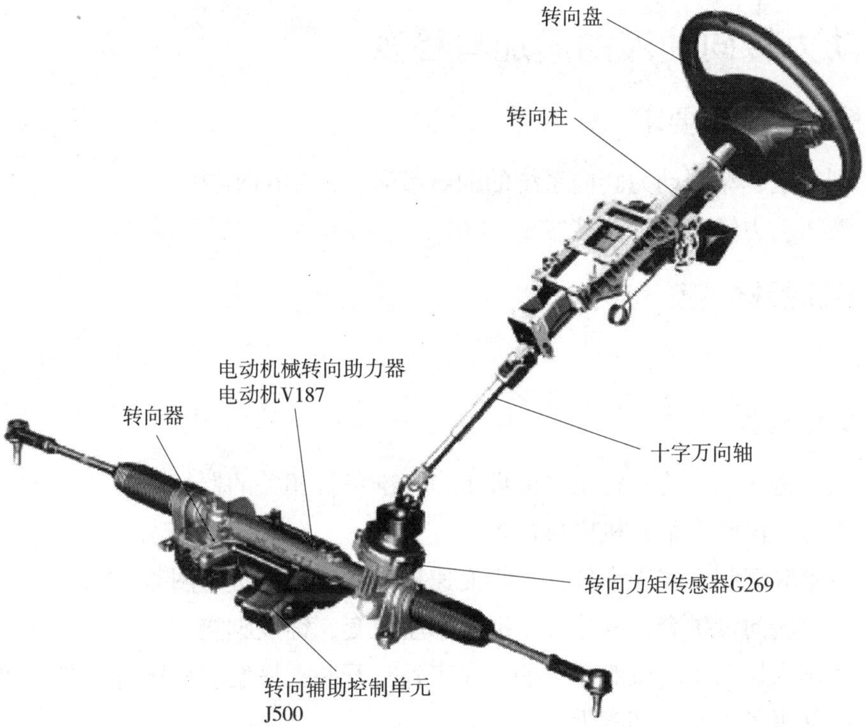

图4-25　TOURAN电动机械转向助力系统组成

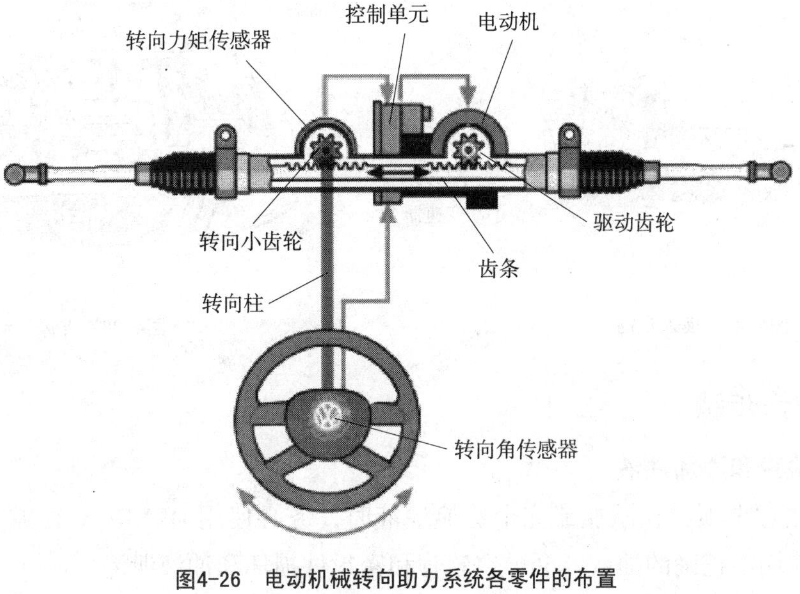

图4-26　电动机械转向助力系统各零件的布置

V 动力转向系统的维修

5.1 动力转向油液的添加与检查

5.1.1 技术标准与要求

（1）别克凯越车型动力转向系统的油液型号：DEXRON-III。

（2）液压动力转向装置油液容量：1.0L。

5.1.2 实训器材

接油容器。

5.1.3 作业准备

（1）汽车进入工位前，将工位清理干净，准备好相关的器材。

（2）将汽车停驻在举升机中央位置。

（3）拉紧驻车制动器操纵杆，并将变速杆换入空挡位置（图 4-27）。

（4）套上转向盘护套、变速杆手柄套和座位套，铺设脚垫。

（5）在车内拉动发动机舱盖手柄，在车外打开并支撑发动机舱盖（图 4-28）。

（6）粘贴翼子板和前部磁力护裙。

图4-27　换入空挡

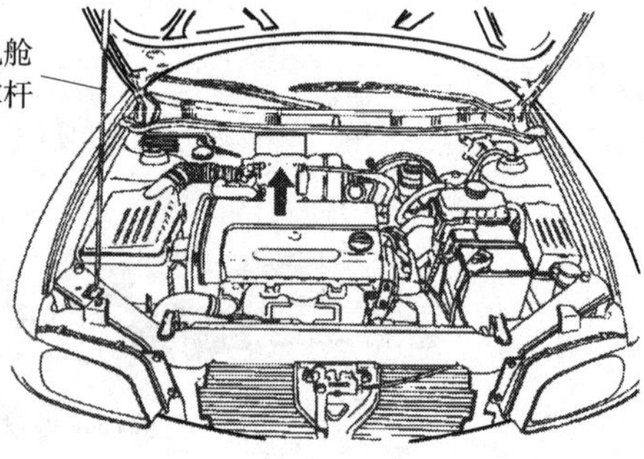

图4-28　支撑发动机舱盖

5.1.4 操作步骤

一、检查和添加油液

特别注意事项：在添加或完全更换油液时，务必使用 DEXRON-II 或 III 动力转向液。如果使用不正确的油液，会导致软管和密封件损坏和油液泄漏。

（1）动力转向液液面是用透明储液罐上的标记或储液罐盖上的油尺标记指示的。

（2）如果油液温度达到 66℃，液面应介于 MAX（最高）和 MIN（最低）标记之间。必要时添加油液。

（3）如果油液温度较凉，液面应位于 MIN（最低）标记处。必要时添加油液。

二、排放动力转向系统中的空气

如果维修了动力转向液压系统，必须放出系统中的空气，液面读数才能准确。按如下步骤排出系统中的空气。

（1）将转向盘向左打到底，将动力转向液添加至油液液面指示器的 MIN（最低）标记。

特别注意事项：在添加或完全更换油液时，务必使用 DEXRON-II 或 III 动力转向液。否则会导致软管和密封件损坏及油液泄漏。

（2）启动发动机。使发动机在快速怠速下运行，重新检查液面。必要时，添加油液，使液面达到 MIN（最低）标记。

（3）将转向盘从一侧打到另一侧，但在任一侧都不要打到底，放出系统中的空气。将液面保持在 MIN（最低）标记。必须放出油液中的空气，才能获得正常转向性能。

（4）使转向盘回到中心位置。使发动机继续运行 2 ~ 3min。

（5）路试车辆，确保转向功能正常且没有噪声。

（6）按步骤（1）和（2），重新检查液面。确保系统达到正常工作温度并稳定后，液面达到 MAX（最高）标记。必要时添加油液。

5.2 转向横拉杆球节的更换

5.2.1 技术标准与要求

（1）更换别克凯越车型配套转向横拉杆球节。

（2）更换转向横拉杆球节后，必须进行车轮定位的测量与调整。

（3）自锁螺母仅作一次性使用，拆卸后更换新件。

（4）相关螺栓（螺母）紧固力矩为：

转向横拉杆外球节调整螺母紧固力矩为 64N · m，外球节螺母紧固力矩为 50N · m，转向横拉杆内球节紧固力矩为 100N · m。

5.2.2 实训器材

KM-507-B 球节拆卸工具、KM-J-22610、扭力扳手、组合工具。

5.2.3 作业准备

（1）汽车进入工位前，将工位清理干净，准备好相关的器材。

（2）将汽车停驻在举升机中央位置。

（3）拉紧驻车制动器操纵杆，并将变速杆换入空挡位置（图 4–29）。

（4）套上转向盘护套、变速杆手柄套和座位套，铺设脚垫。

（5）在车内拉动发动机舱盖手柄，在车外打开并支撑发动机舱盖（图 4–30）。

（6）粘贴翼子板和前脸磁力护裙。

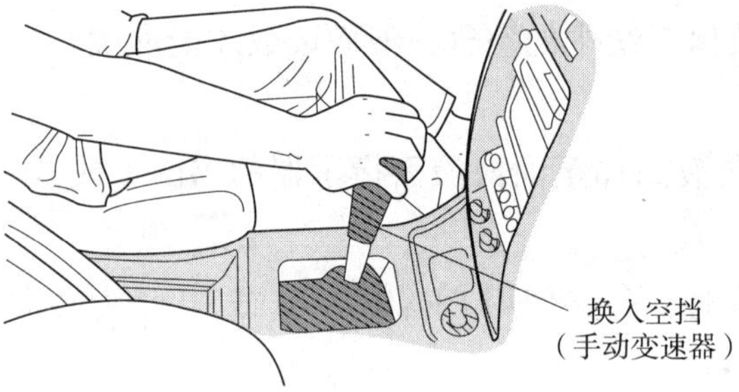

图4-29　换入空挡

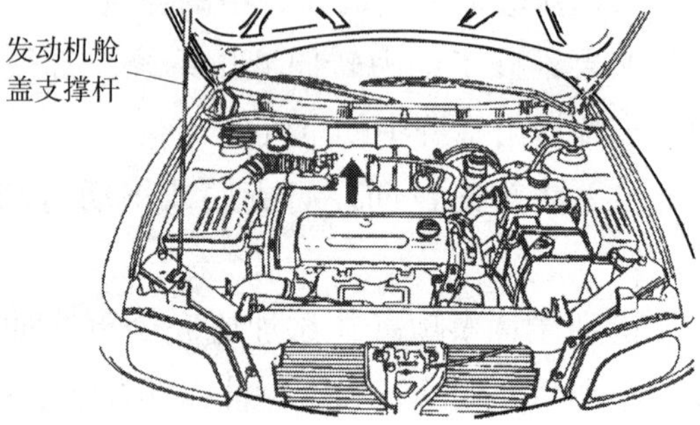

图4-30　支撑发动机舱盖

5.2.4 操作步骤

一、转向横拉杆外球节的拆卸

（1）拆卸车轮。

（2）标记转向横拉杆螺纹，以便重新定位调整螺母。

（3）拆卸外球节螺母，并用球节拆卸工具 KM–507–B 从转向节上断开外球节，如图 4–31 所示。

（4）松开转向横拉杆调整螺母，通过扭动从转向横拉杆上拆下外球节，如图 4–32 所示。

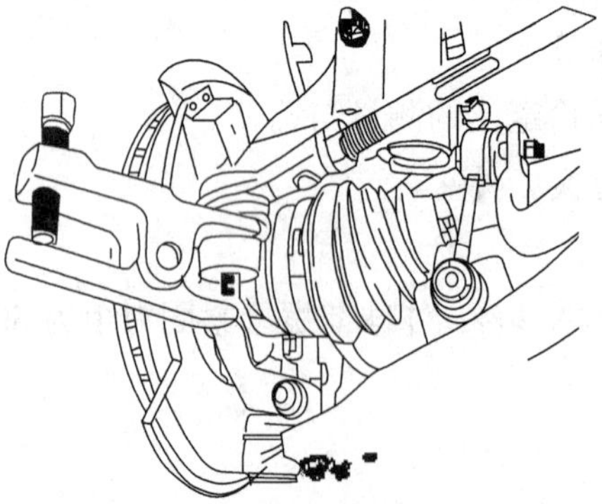

图4-31　从转向节上断开外球节

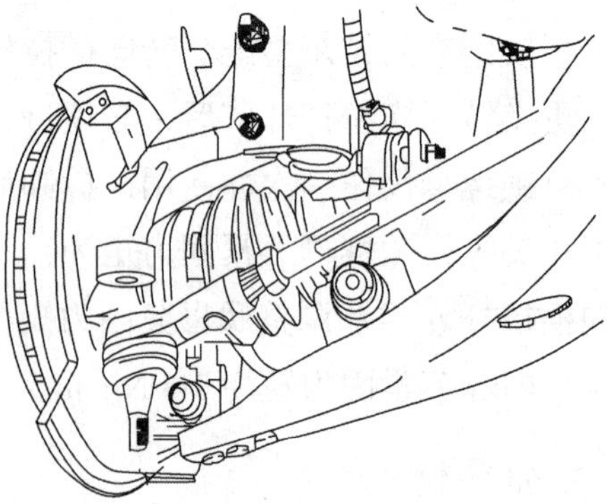

图4-32　拆卸外球节

二、转向横拉杆内球节的安装

（1）对准转向横拉杆上的标记，将调整螺母重新定位。

（2）通过扭动将外球节安装到转向横拉杆上，如图 4–33 所示。

（3）将外球节连接到转向节上，如图 4–34 所示。

（4）调整前轮前束。

（5）紧固转向横拉杆外球节调整螺母。

（6）安装外球节螺母。紧固外球节螺母。

（7）安装车轮。

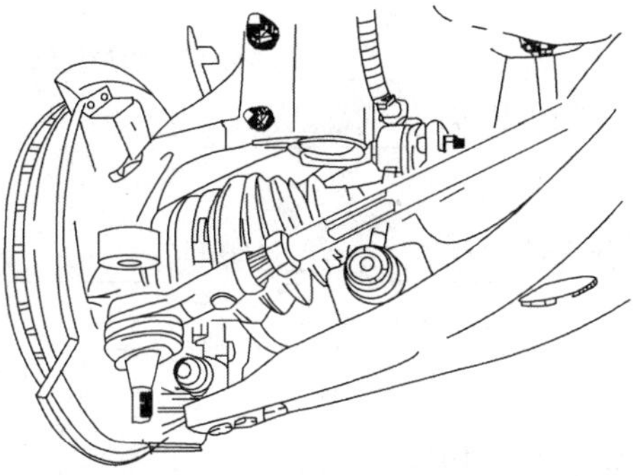

图4-33　安装外球节

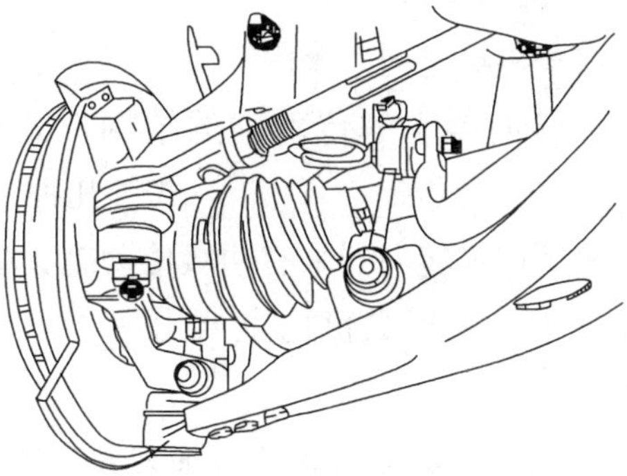

图4-34　连接外球节到转向节

三、转向横拉杆内球节的拆卸

（1）拆卸车轮。

（2）拆卸转向横拉杆外球节。

（3）拆卸防尘套固定夹，拆卸防尘套。

（4）拆卸转向横拉杆内球节，如图 4–35 所示。

四、转向横拉杆内球节的安装

（1）安装转向横拉杆内球节，并紧固。

（2）安装转向器防尘套，安装防尘套固定夹，如图 4–36 所示。

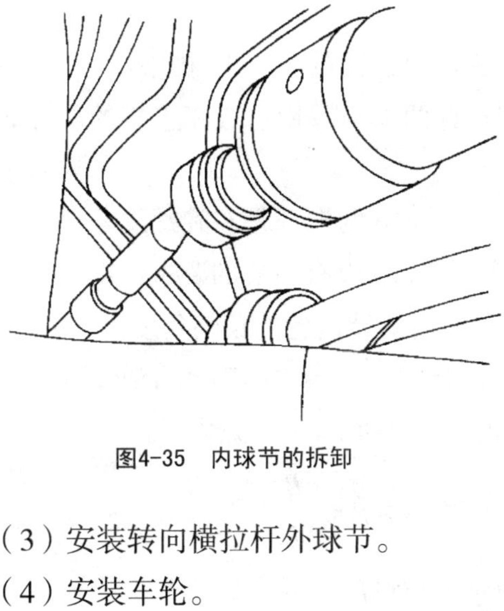

图4-35　内球节的拆卸

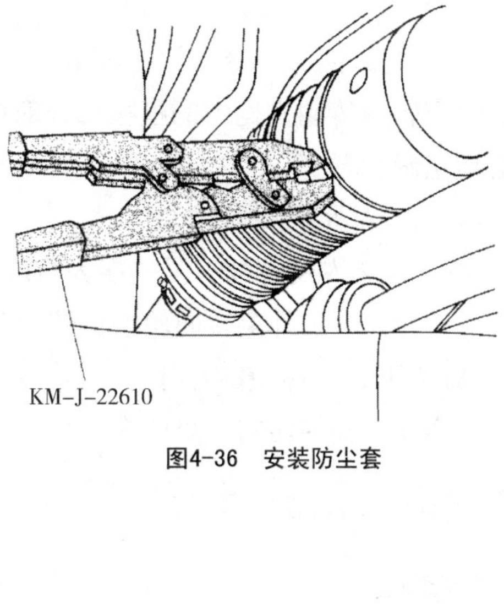

图4-36　安装防尘套

（3）安装转向横拉杆外球节。

（4）安装车轮。

理论测试

一 填空题

1. 汽车转向系按转向动力源的不同分为__________和__________两大类。

2. 汽车的转向特性包括：__________、__________、__________和__________。

3. 汽车机械转向系统由__________、__________和__________三大部分组成。

4. 按转向器中的传动副的结构形式分，可以分为__________式、__________式、__________式和__________式等几种。

5. 循环球式转向器采有两级传动副，第一级是________，第二级是________。

6. 汽车转向操纵机构主要由__________、__________和__________等组成。

7. 动力转向系统根据转向加力装置的零部件布置和连接组合方式的不同，可以分为__________动力转向系、__________动力转向系和__________动力转向系三种。

8. 转向油泵的结构类型有多种，常见的有__________式、__________式和__________式。

9. 油泵的转子是通过发动机驱动的，工作时油压及流量的变化是通过__________和__________来实现的。

10. 根据电动机布置位置的不同，电动式电控动力转向系统可以分为__________助力式、__________助力式和__________助力式三种类型。

二 选择题

1. 对转向器而言，汽车在行驶过程中，路面作用在车轮的力经过转向系统可大部分传递给转向盘，这种转向器称为______。（　）

(A) 可逆式的　(B) 不可逆式的　(C) 极限可逆式的　(D) 极限不可逆式的

2. 汽车转向传动机构中的横拉杆，对中间拉杆两端与球销总成相连接的部分而言，以下哪项正确？（　）

(A) 两端都是左旋螺纹　(B) 两端都是右旋螺纹

(C) 一端为左旋螺纹，另一端为右旋螺纹　(D) 没有一定的要求

3. 汽车转向时，外侧转向轮的偏转角度______内侧转向轮的偏转角度。（　）

(A) 大于　(B) 小于　(C) 等于　(D) 大于或等于

4. 要实现正确的转向，只能有一个转向中心，并满足______关系式。（　）

(A) $\cot\alpha = \cot\beta - \frac{B}{L}$　(B) $\cot\alpha = \cot\beta + \frac{B}{L}$

(C) $\alpha = \beta$　(D) $\cot\alpha = \cot\beta$

5. 液压式转向助力装置按液流的形式可分为______。 ( )

(A) 常流式 (B) 常压式 (C) 滑阀式 (D) 转阀式

6. 转弯半径是指由转向中心到______。 ( )

(A) 内转向轮与地面接触点间的距离 (B) 外转向轮与地面接触点间的距离

(C) 内转向轮之间的距离 (D) 外转向轮之间的距离

7. 当汽车转向且外转向轮转角达最大值时，其转弯半径______。 ( )

(A) 最大 (B) 不能确定 (C) 最大与最小之间 (D) 最小

8. 在转向系中，转向器采用的是齿轮齿条式液压动力转向器，当转向液压泵出故障时，转向系将______实现转向功能。 ( )

(A) 还能 (B) 不能 (C) 汽车低速行驶时能 (D) 不能确定

9. 转向油泵是助力转向的动力源，其作用是将输出的______。经转向控制阀向转向动力缸提供一定压力和流量的工作油液。 ( )

(A) 液压能转化为机械能 (B) 机械能转化为液压能

(C) 液压能转化为势能 (D) 动能转化为机械能

10. 电子控制动力转向系的英文简写是______。 ( )

(A)ETS (B)CCS (C)GPS (D)EPS

三 判断题

1. 当汽车转弯时，内侧轮胎转向半径通常小于外侧轮胎。 ( )

2. 为了提高行车的安全性，转向轴可以有少许轴向移动。 ( )

3. 可逆式转向器有利于转向轮和转向盘自动回正，但汽车在坏路面上行驶时易发生转向打手现象。 ( )

4. 转向系角传动比是指转向盘的转角与转向盘同侧的车轮偏转角度的比值。( )

5. 转向盘自由行程对于缓和路面冲击，使操纵柔和以及避免使驾驶人过度紧张是有利的。 ( )

6. 汽车转向器的角传动比越大，就越容易实现迅速转向，即灵敏性较高。 ( )

7. 循环球式转向器中的转向螺母既是第一级传动副的主动件，又是第二级传动副的从动件。 ( )

8. 采用动力转向系的汽车，当转向加力装置失效时，汽车也就无法转向了。( )

9. 汽车液压动力转向系中，安全阀既可限制最大压力，又可限制多余的油液。 ( )

10. 汽车液压动力转向系统中的转阀式转向控制阀，是直接由转向轴驱动的。 ( )

四 简答题

1. 什么是转向盘的自由行程，它有什么功用？

2. 汽车的转向特性有哪些，各有什么特点？

3. 循环球式转向器的工作原理是什么？

4. 简述液压常流转阀式动力转向装置的工作原理。

5. 说明转向油泵的工作原理。

6. 反力控制式电控动力转向系统是如何工作的？

7. 电动式电控动力转向系统由哪些元件组成？说明其工作原理。

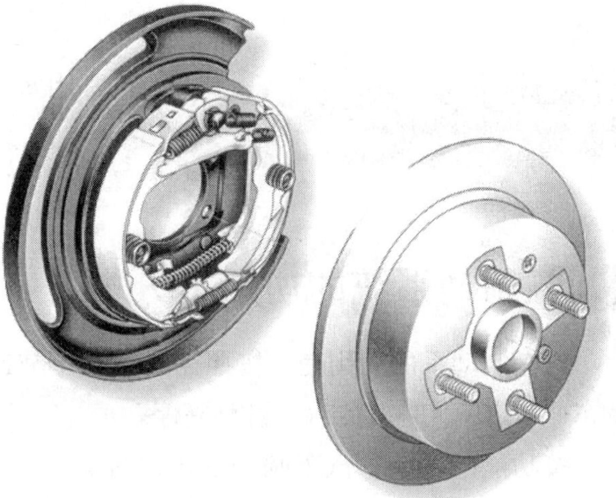

单元五

制动系统

知识目标：

1. 了解制动系统的功用、基本组成及分类；
2. 掌握车轮制动器的结构及工作原理；
3. 掌握液压制动传动装置的基本组成及工作原理；
4. 掌握ABS的基本组成及工作原理；
5. 了解ASR、ESP的基本组成及工作原理。

能力目标：

1. 掌握制动踏板的检查及调整方法；
2. 掌握驻车制动器的检查及调整方法；
3. 掌握制动液添加或更换的方法；
4. 掌握制动蹄检查和更换方法；
5. 掌握制动盘检查和更换方法；
6. 掌握轮速传感器的更换方法。

建议学时：

26学时

Ⅰ 概述

1.1 制动系统的功用及分类

汽车制动系的功用是：按照需要使汽车减速或在最短距离内停车；下坡行驶时保持车速稳定；使停驶的汽车可靠驻停。

按功能的不同，汽车制动系可以分为：行车制动系、驻车制动系以及应急制动、安全制动和辅助制动系。应急制动装置是用独立的管路控制车轮的制动器作为备用系统，其作用是当行车制动装置失效的情况下保证汽车仍能实现减速或停车；安全制动装置是当制动气压不足时起制动作用，使车辆无法行驶；辅助制动装置是为了下长坡时减轻行车制动器的磨损而设置的，其中利用发动机排气制动应用最广。

按照制动能源分类，汽车制动系又可以分为人力制动系、动力制动系和伺服制动系。

1.2 制动系统的基本组成

汽车制动系包括行车制动和驻车制动两大部分，如图 5-1 所示。行车制动系用于使行驶中的车辆减速或停车，通常由驾驶人用脚操纵，一般包含制动踏板、制动总泵、制动分泵、制动管路、车轮制动器等；驻车制动系用于使停驶的汽车驻留原地，通常由驾驶人用手操纵，一般包含制动手柄、拉索（或拉杆）、制动器。另外，较为完善的制动系还包括制动力调节装置以及报警装置、压力保护装置等。

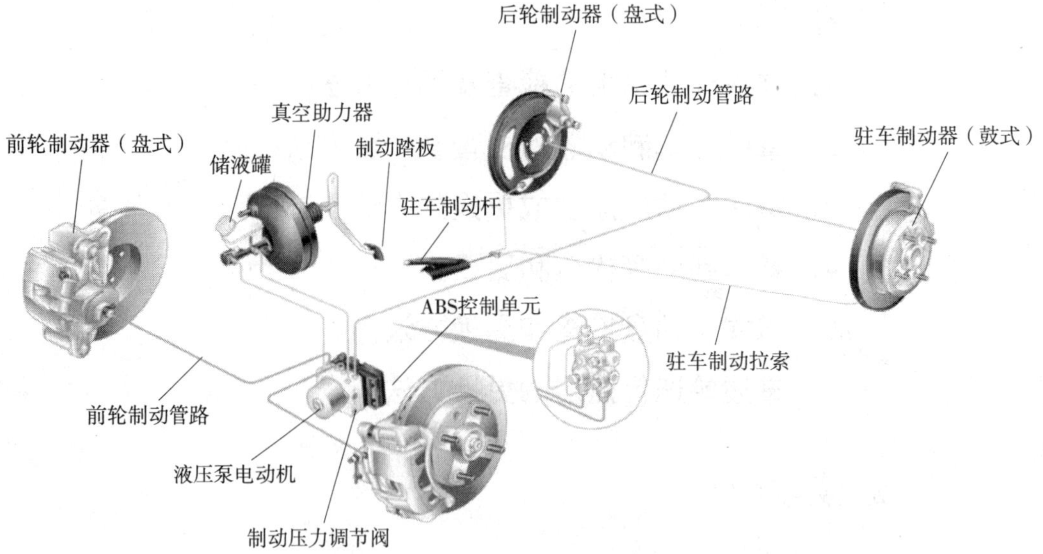

图5-1 制动系统的基本组成

汽车上设置有彼此独立的制动系统，它们起作用的时刻不同，但它们的组成却是相似的，一般有以下四个组成部分：

供能装置：包括供给、调节制动所需能量以及改善传能介质状态的各种部件。如气压制动系中的空气压缩机、液压制动系中人的肌体。

控制装置：包括产生制动动作和控制制动效果的各种部件，如制动踏板等。

传动装置：将驾驶人或其他动力源的作用力传到制动器，同时控制制动器的工作，从而获得所需的制动力矩。包括将制动能量传输到制动器的各个部件，如制动主缸、制动轮缸等。

制动器：产生阻碍车辆运动或运动趋势的力的部件。

1.3 制动系统的工作原理

图 5-2 所示为行车制动系统的基本结构。其工作原理是将汽车的动能通过摩擦转换成热能，并释放到大气中。制动时，踩下制动踏板，制动主缸向各制动轮缸供油，活塞在油压的作用下把摩擦材料压向制动盘实现制动。

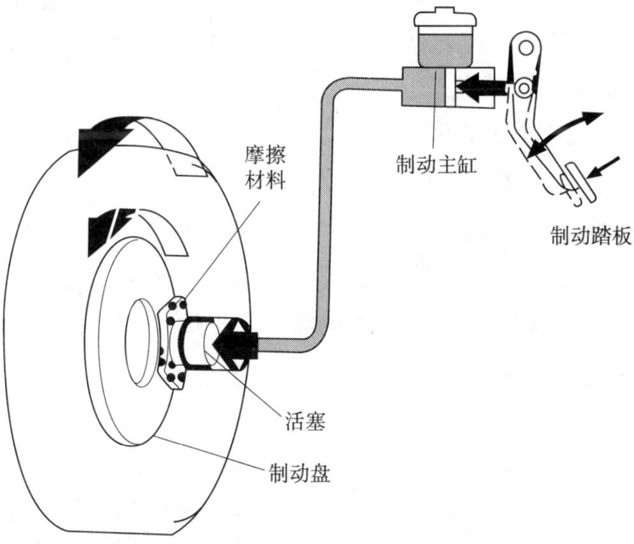

图5-2　制动系统的基本结构及工作原理

Ⅱ　车轮制动器

车轮制动器由旋转元件和固定元件两大部分组成。旋转元件与车轮相连接，固定元件与车桥相连接。利用旋转元件和固定元件之间的摩擦，产生制动器制动力。

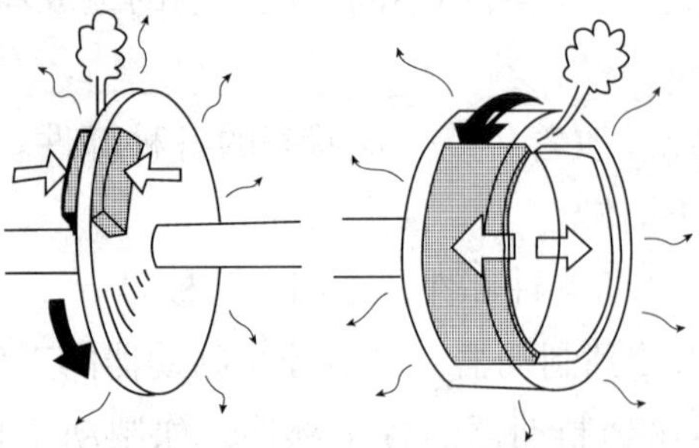

图5-3 制动器原理示意图

图 5-3 所示为常用的鼓式和盘式制动器制动原理示意图。当摩擦蹄片压紧旋转的制动鼓或盘时，两者接触面之间产生摩擦，通过摩擦将汽车的动能转变为热能，并将热量散发到空气中，最终使车辆减速以至停车。

2.1 盘式车轮制动器

盘式制动器根据其固定元件的结构形式可分为钳盘式制动器和全盘式制动器。钳盘式制动器广泛应用在车型或轻型货车上，近年来前后轮都采用钳盘式制动器的结构日渐增多。

钳盘式制动器按制动钳固定在支架上的结构形式可分为：定钳盘式和浮钳盘式，如图 5-4 所示。

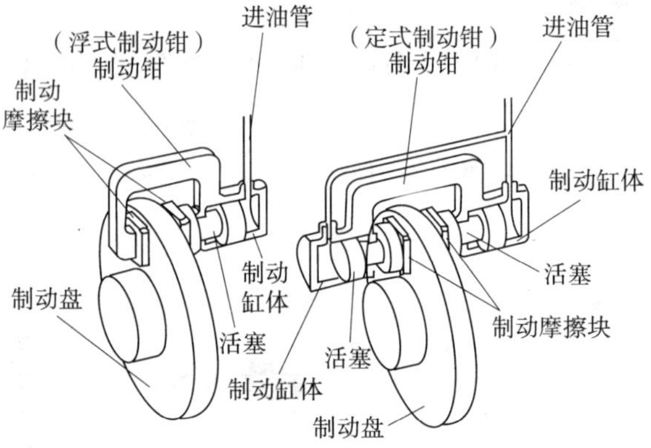

图5-4 盘式制动器的类型

2.1.1 定钳盘式制动器

定钳盘式制动器的结构原理如图 5-5 所示，其旋转元件是制动盘，它和车轮固装在一起旋转，以其端面为摩擦工作表面。跨置在制动盘上的制动钳体固定安装在车桥上，它不能旋转也不能沿制动盘轴线方向移动，其内部的两个活塞分别位于制动盘的两侧。制动时，制动油液由制动主缸（制动总泵）经进油管进入钳体中两个相通的液压腔中，将两侧的摩擦块压向与车轮固定连接的制动盘，从而产生制动。

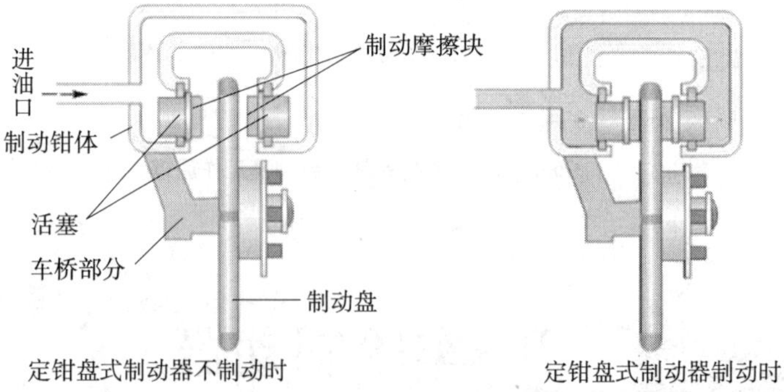

图5-5 定钳盘式制动器的工作原理图

2.1.2 浮钳盘式制动器

浮钳盘式制动器的工作情况如图 5-6 所示。制动钳通过导向销（图中未画出）与车桥相连，可以相对于制动盘轴向移动。制动钳体只在制动盘的内侧设置油缸，而外侧的制动块则附装在钳体上。制动时，液压油通过进油管进入制动轮缸，推动活塞及其上的摩擦块向右移动，并压到制动盘上，并使得油缸连同制动钳整体沿导向销向左移动，直到制动盘右侧的摩擦块也压到制动盘上，夹住制动盘并使其制动。

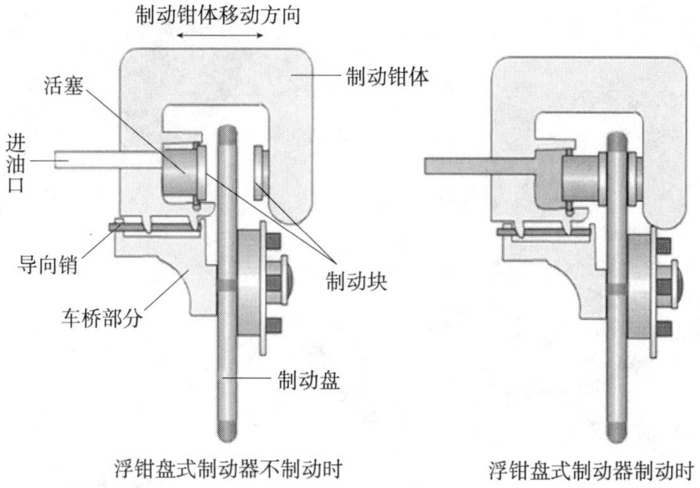

图5-6 浮钳盘式制动器的工作原理图

如图 5-7 所示，制动缸体内壁槽内安装有活塞密封圈，其作用是防止制动液从活塞与制动缸体间的间隙中流出，对活塞起密封作用。液压使活塞运动，靠近活塞端的密封圈也随活塞一起变形，但槽内的密封圈不变形。当液压消失后，密封圈在橡胶恢复力的作用下往回运动，同时带动活塞往回运动。当制动摩擦块磨损时，活塞会自动从密封圈上滑移相应的距离，因此制动摩擦块和制动盘之间的间隙一般为定值。

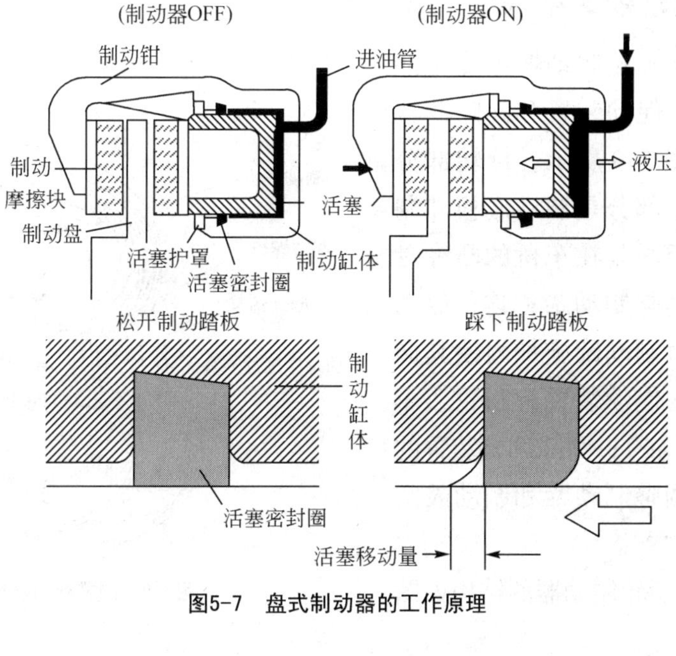

图5-7 盘式制动器的工作原理

图 5-8 所示为别克凯越车型的前轮盘式制动器，该制动器为浮钳盘式制动器。它由制动盘、内外摩擦块、制动钳壳体、制动钳支架、前制动轮缸等组成。

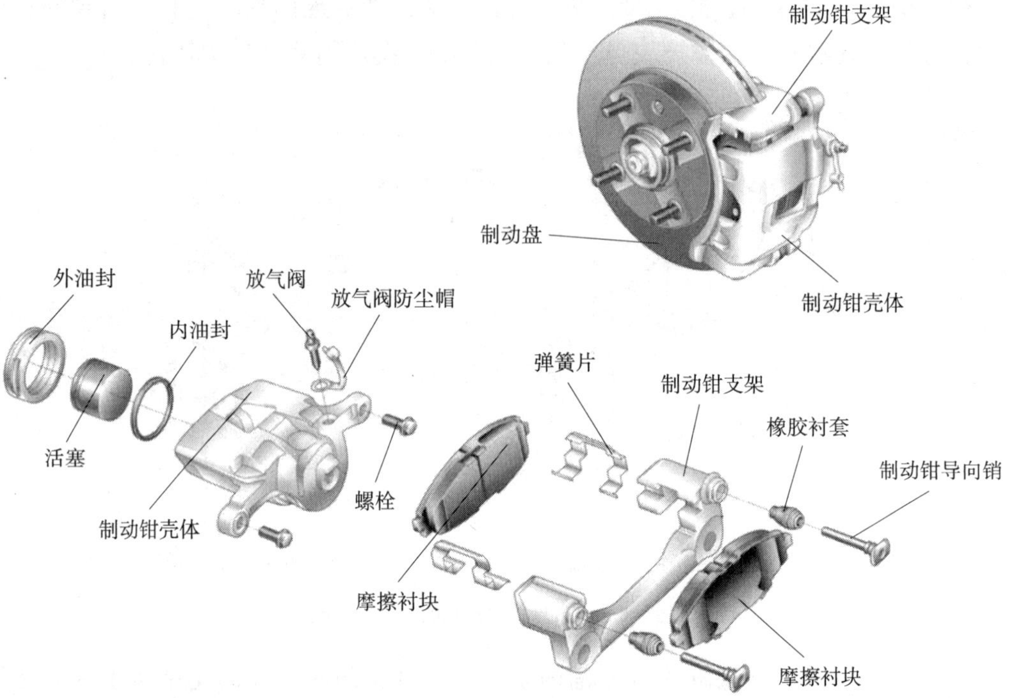

图5-8　盘式制动器

2.2 鼓式车轮制动器

2.2.1 鼓式制动器的结构

简单的鼓式车轮制动器由旋转部分、固定部分、促动装置和间隙调整装置组成，如图 5-9 所示。旋转部分为制动鼓；固定部分是制动底板和制动蹄，制动底板固装在车桥的凸缘盘上，通过支承销与制动蹄相连；促动装置的作用是对制动蹄施加力使其向外张开，常用的促动装置有凸轮或车轮分泵（制动轮缸）；间隙调整装置的作用是保持和调整制动蹄和制动鼓间有正确的相对位置。

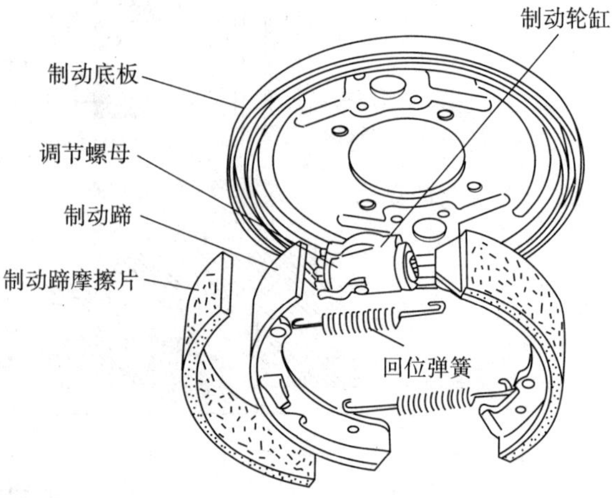

图5-9　鼓式制动器构造

桑塔纳车型后轮制动器的结构如图

5–10 所示。制动器的制动鼓通过轴承支承在后桥支承短轴上，与车轮一起旋转。制动蹄的上、下支承面均加工成弧面，下端支靠在固定于制动底板的支承板上。轮缸活塞通过两端带耳槽的支承块对制动蹄的上端施加促动力。该制动器兼作驻车制动器，因此在制动器中还装设了驻车制动机械促动装置。

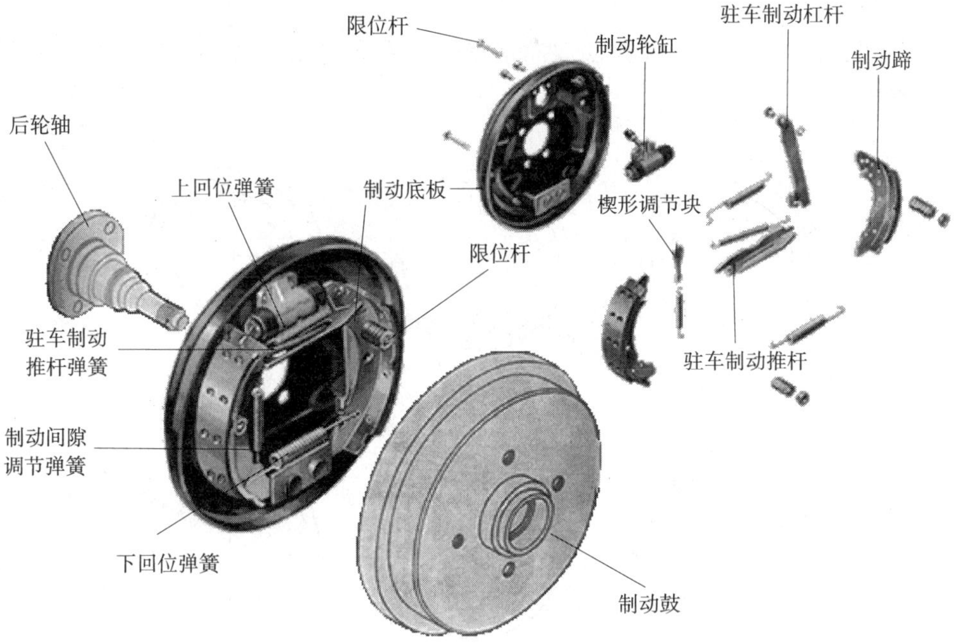

图5-10　桑塔纳车型后轮鼓式制动器

制动时，轮缸活塞在制动液压力的作用下向外推动制动蹄，制动力克服复位弹簧的弹力使制动蹄向外张开，压向制动鼓，产生制动力矩使汽车制动。解除制动时，制动液压力消失，在复位弹簧的作用下制动蹄复位。

2.2.2 鼓式制动器的分类

（1）按促动装置不同分类。

鼓式车轮制动器多为内张双蹄式。按促动装置的形式可分为轮缸式、凸轮式和楔块式，如图 5–11 所示。

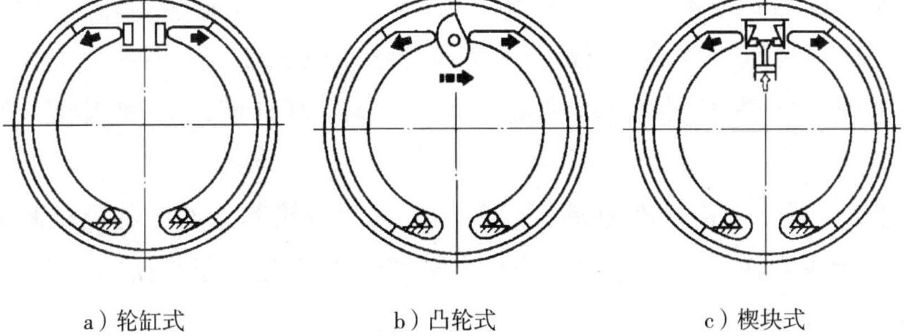

图5-11　制动器促动装置的类型

（2）按产生制动力矩的不同分类。

在制动过程中，如果制动蹄绕支承销转动与制动鼓旋转方向相同，在制动鼓上压得更紧，起到增势的作用，称为“增势蹄”或称“领蹄”；如果制动蹄绕支承销转动与制动鼓旋转方向相反，有使制动蹄离开制动鼓的趋势，起着减势作用，称为“减势蹄”或称“从蹄”。根据制动过程中两制动蹄产生制动力矩的不同，鼓式制动器可分为领从蹄式、双领蹄式、双向双领蹄式、双向从蹄式、单向自增力式和双向自增力式等，如图 5-12 所示。

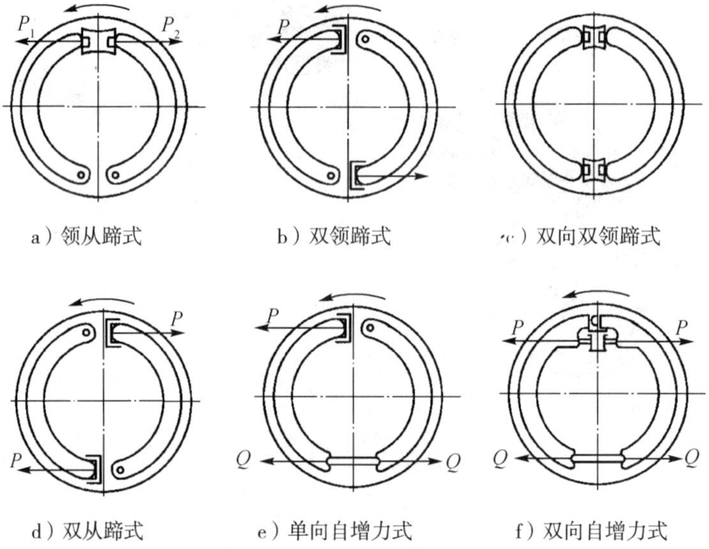

图5-12　鼓式制动器的分类

根据制动时两制动蹄对制动鼓作用的径向力是否平衡，鼓式制动器又可分为简单非平衡式、平衡式和自动增力式三种。

2.3 驻车制动器

驻车制动器的功用是：车辆停驶后防止滑溜；使车辆在坡道上能顺利起步；行车制动系失效后临时使用或配合行车制动器进行紧急制动。

按驻车制动器在汽车上安装位置的不同，驻车制动装置分中央制动式和车轮制动式两种。前者的制动器通常安装在变速器后面，其制动力矩作用在传动轴上；后者和行车制动装置共用制动器（通常为后轮制动器），又称复合制动器，只是传动装置互相独立。驻车制动传动装置一般采用人力机械式，通过钢索或杠杆来驱动。

驻车制动装置主要由驻车制动杆、制动拉索及后轮制动器中的驻车制动器等组成，如图 5-13 所示，它作用于后轮，主要是在坡路或平路上停车时使用或在紧迫情况下做紧急制动用。

如图 5-14 所示为驻车制动系统的工作原理。驻车制动时，拉起操纵杆，操纵杆力通过操纵机构使驻车制动拉索收紧，拉索则拉动驻车制动杠杆的下端，使之绕上端支点顺时针转动，制动杠杆转动过程中，其中间支点推动驻车制动推杆左移，使前制动蹄压向制动鼓。前制动蹄压向制动鼓后，制动推杆停止运动，则驻车制动杠杆的中间支点变成其继续移动的新支点，于是驻车制动杠杆的上端右移，使后制动蹄压靠在制动鼓上，产生制动作用。此时，驻车制动操纵杆上的棘爪嵌入齿扇上的棘齿内，起锁止作用。

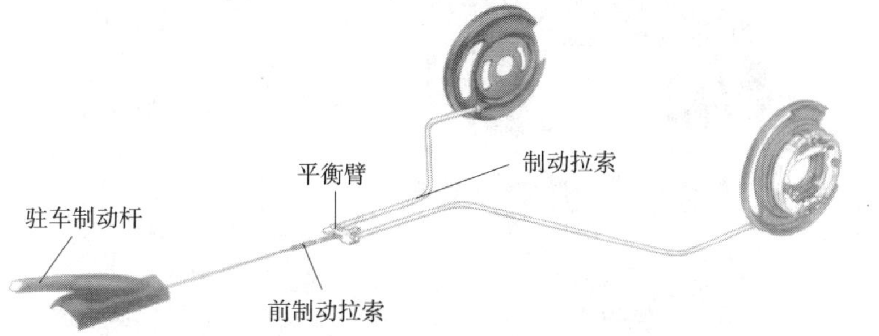

图5-13　驻车制动系统

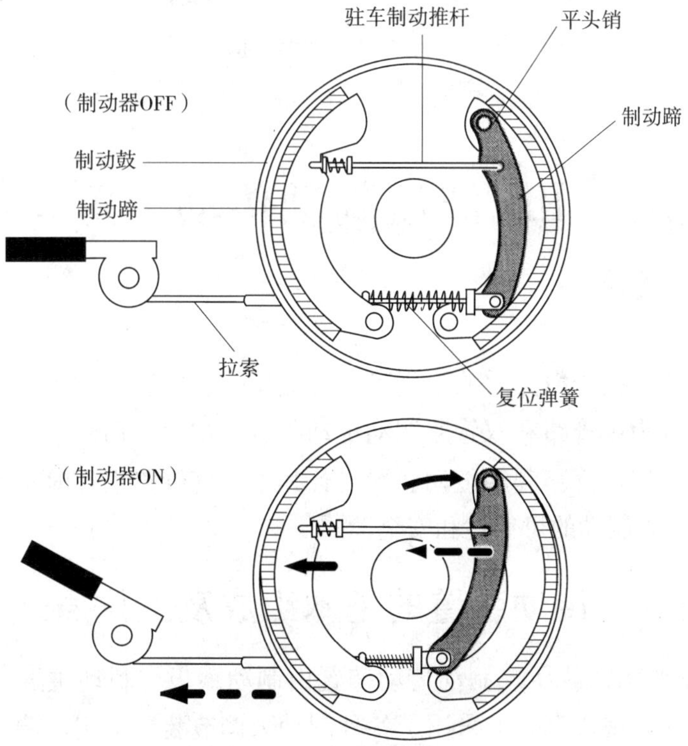

图5-14　驻车制动系统的工作原理

解除驻车制动时，按下驻车制动操纵杆上的按钮，使棘爪脱离棘齿，将操纵杆回到释放制动位置，松开驻车制动拉索，则制动蹄在复位弹簧的作用下回位。

对于四个车轮采用盘式制动器的车型来说，驻车用的小型鼓式驻车制动器内置于后轮盘式制动器中，并通过拉索和连杆等机构固定在盘式制动器上，如图 5-15 所示为别克凯越车型驻车制动器的结构。

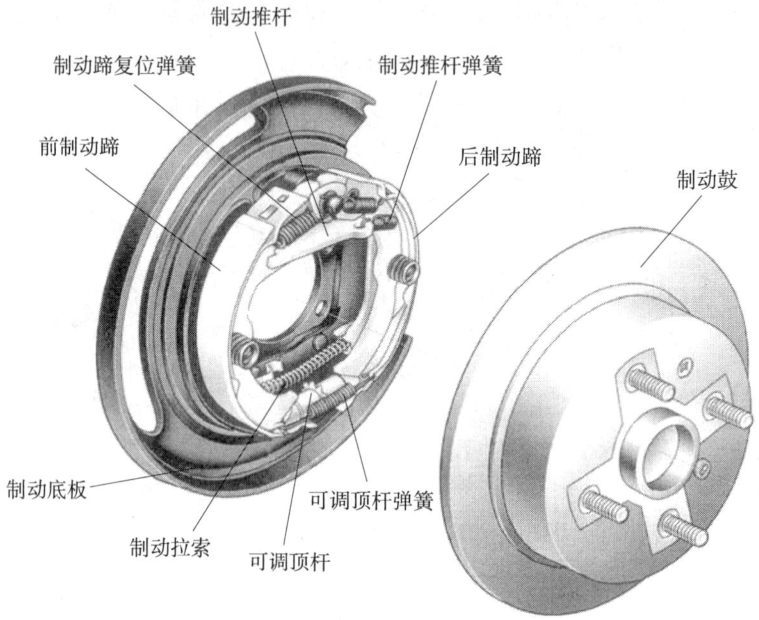

图5-15　驻车制动器

Ⅲ　液压制动传动装置

制动传动装置按传力介质的不同可分为液压式、气压式和气—液综合式；按制动管路的套数可分为单管路和双管路制动传动装置。按照交通法规的要求，现代汽车的行车制动系须采用双管路制动传动装置，若其中一套管路损坏时，另一套仍然起制动作用，从而提高了制动的可靠性和安全性。

3.1　液压制动传动装置的基本组成及工作原理

如图 5-16 所示，液压式制动传动装置由制动踏板、制动主缸、储液罐、制动轮缸、油管等组成。现代汽车上采用了各种制动力调节装置，用以调节前后车轮制动管路的工作压力，常用的调节装置有限压阀、比例阀、感载比例阀和惯性阀等。

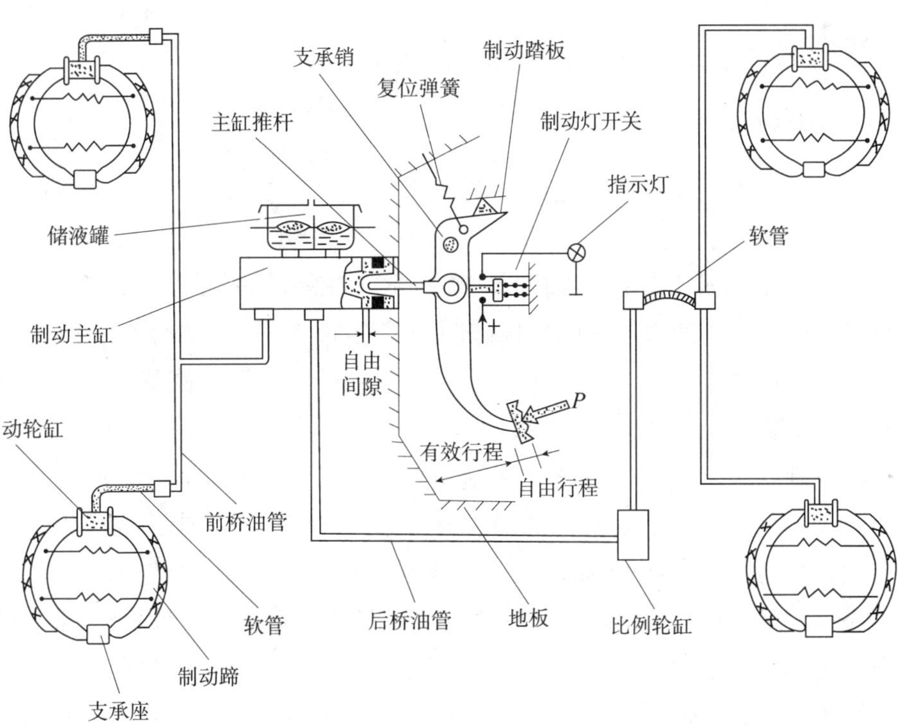

图5-16　液压式制动传动装置的组成

双管路液压制动传动装置是利用彼此独立的双腔制动主缸，通过两套独立管路，分别控制两桥或三桥的车轮制动器。常见的双管路的布置方案有前后独立式和交叉式两种形式，如图 5-17 所示。

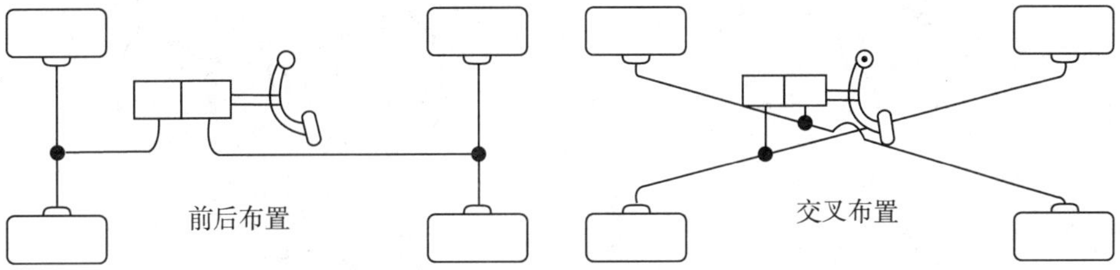

图5-17　制动管路的布置

前后独立式双管路液压制动传动装置由双腔制动主缸通过两套独立的管路分别控制前桥和后桥的车轮制动器。这种布置方式结构简单，如果其中一套管路损坏漏油，另一套仍能起作用，但会破坏前后桥制动力分配的比例，主要用于发动机前置后轮驱动的汽车。

交叉式双管路液压制动传动装置由双腔制动主缸通过两套独立的管路分别控制前后桥对角线方向的两个车轮制动器。这种布置方式在任一管路失效时，仍能保持一半的制动力，且前后桥制动力分配比例保持不变，有利于提高制动方向稳定性，主要用于发动机前置前轮驱动的车型。

3.2 液压制动传动装置主要部件

3.2.1 制动主缸

制动主缸又称为制动总泵，它处于制动踏板与管路之间，其功用是将制动踏板输入的机械力转换成液压力。

制动主缸的结构及工作原理如图 5-18 所示。在制动主缸上端装有储油罐，制动主缸内的活塞通过真空助力器内的推杆和制动踏板相连。踩下制动踏板推动活塞运动，进油孔关闭，各制动轮缸产生制动油压。松开制动踏板，活塞恢复到初始位置，制动油压消失，制动解除。

制动液经制动主缸及液压管路到达制动轮缸。当踩下制动踏板，两活塞在主缸推杆的作用下使两活塞运动，并将进油孔关闭，在（A）（B）工作腔内产生油压，如图 5-18b）所示，车轮制动器产生制动力。解除制动时，活塞在弹簧作用下回位，液压油自轮缸和管路中流回到制动主缸。当后轮制动管路发生泄漏时，如图 5-18c）所示，在（B）工作腔内不能产生油压，但在（A）工作腔内仍会产生油压。当前轮制动管路发生泄漏时，如图 5-18d）所示，在（A）工作腔内不能产生油压，活塞①推着活塞②使其顶到制动主缸缸体上，此时在（B）工作腔内产生油压。

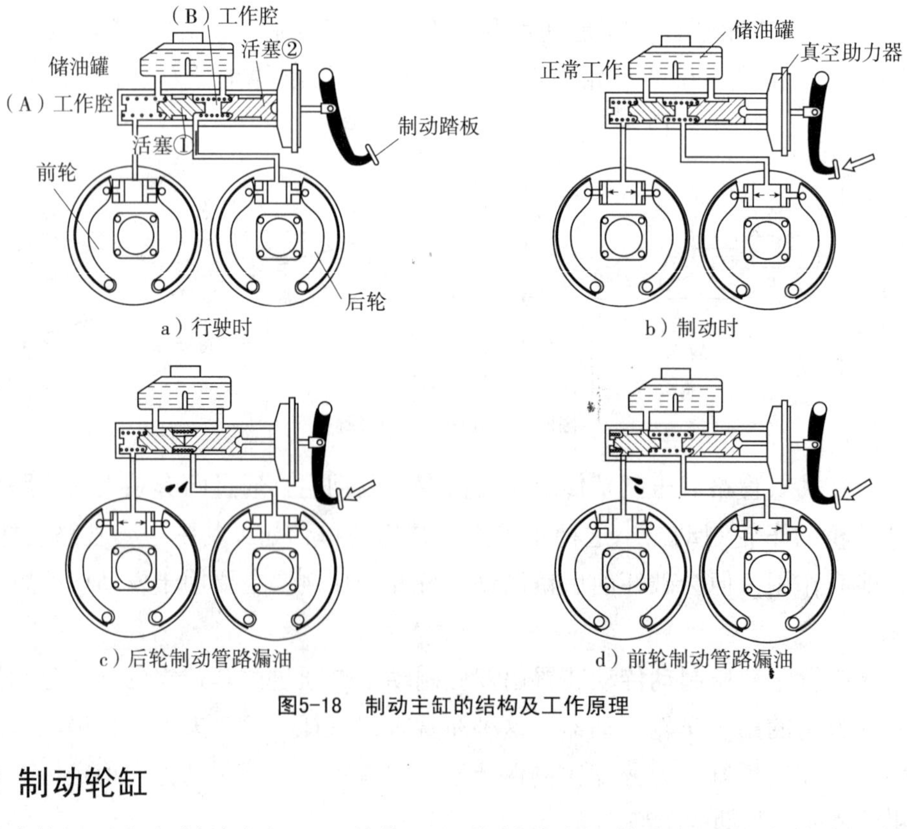

图5-18 制动主缸的结构及工作原理

3.2.2 制动轮缸

制动轮缸固定在制动底板上，其作用是将制动主缸传来的液压力转变为使制动蹄张开的机械推力。如图 5-19 所示，制动轮缸主要由缸体、活塞、皮碗、弹簧和放气螺钉等组成。放气螺钉的作用是排出混入制动液中的空气。

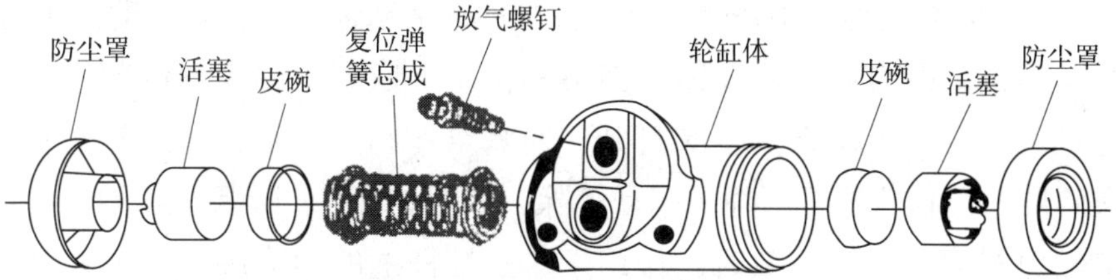

图5-19　双活塞制动轮缸的分解图

3.2.3 真空助力器

真空助力器的作用是减轻驾驶人的制动操纵力。如图 5-20 所示，其内部有薄而宽的活塞，通过固定在活塞上的膜片将空气室和负压室隔离。负压室和发动机进气管相通。回位弹簧安装在负压室的推杆上和推杆一起运动。橡胶阀门与在膜片座上加工出来的阀座组成真空阀，与控制阀柱塞的大气阀座组成大气阀。真空阀将负压室与空气室相连，空气阀将空气室和外界空气相连。发动机工不作时真空助力器不工作。

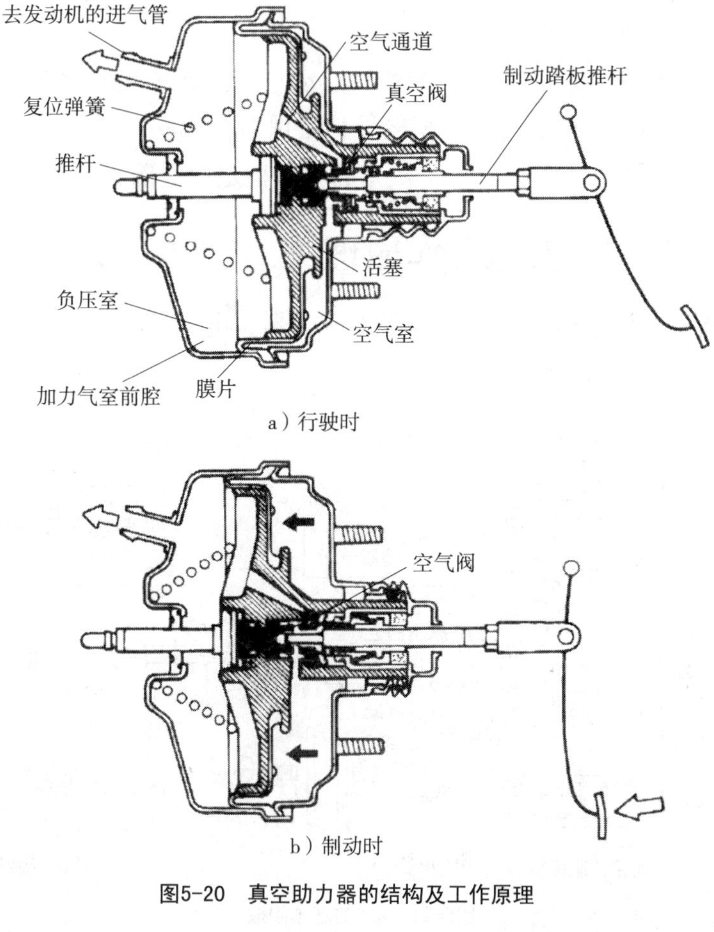

a）行驶时

b）制动时

图5-20　真空助力器的结构及工作原理

如图 5-20a）所示，负压室内的空气被吸进发动机进气管，产生负压。如图 5-20b）所示，踩下制动踏板，真空阀关闭，空气阀打开。空气进入空气室，使空气室压力大于负压室压力，活塞向前运动。于是带动制动主缸内的活塞运动，产生制动油压。

松开制动踏板，助力器活塞在回位弹簧的作用下恢复到原来的位置，制动踏板推杆也往回运动，空气阀关闭，真空阀打开，使真空室和空气室相通。其他制动机构也恢复到原来的位置，制动油压下降，制动解除，如图 5-20a）所示。

当真空助力器或真空源失效时，作用于主缸推杆上的力取决于驾驶人对制动踏板施加的踏板力，但踏板力要比未失效时大得多。

Ⅳ 汽车防抱死制动系统（ABS）

汽车防抱死制动系统（ABS 是 Anti-locked Braking System 的英文缩写）是一种安全控制制动系统，目前已经成为车型及客车的标准配置。ABS 既有普通制动系统的制动功能，又能防止车轮制动抱死。

紧急制动时，制动力过大使轮胎抱死后滑动，制动距离变长且汽车不受控制。防抱死制动系统可使汽车在制动过程中车轮滑移率保持在 20% 左右范围内，此时轮胎处于边滚边滑状态，制动力最大，保证了汽车的方向稳定性，防止产生侧滑和跑偏。

4.1 ABS的基本组成与工作原理

ABS 通常由车轮转速传感器、制动压力调节器、电子控制单元（ECU）和 ABS 警示装置等组成，如图 5-21 所示。

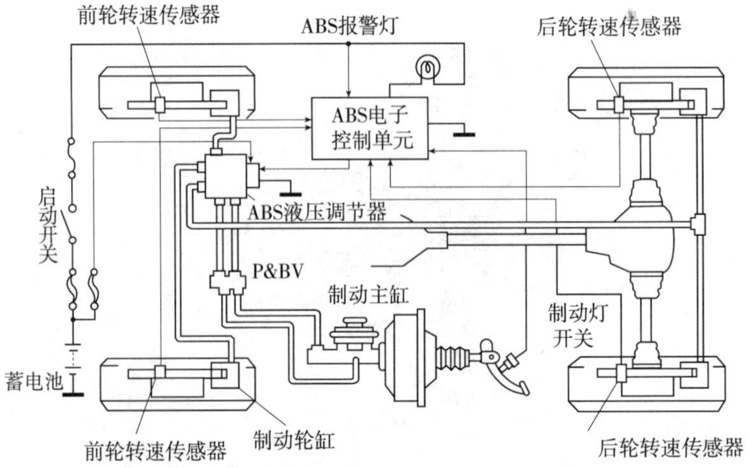

图5-21 ABS的基本组成

汽车制动时，车轮转速传感器将各车轮的转速信号输入电子控制单元（ECU）；ECU 根据每个车轮轮速传感器输入的信号对车轮的运动状态进行监测和判定，并形成响应的控制指令，再适时发出控制指令给制动压力调节器；制动压力调节器对各制动轮缸的制动压力进行调节，防止制动车轮抱死。

图 5-22 所示为 ABS 部件在汽车上的位置。

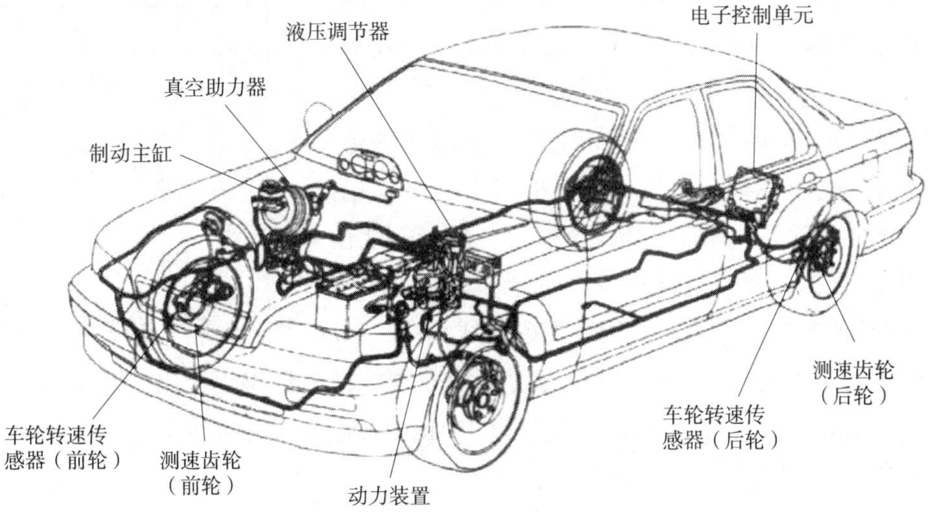

图5-22　ABS部件在汽车上的位置

4.2 车轮转速传感器

车轮转速传感器的功用是检测车轮的旋转速度，并将速度信号输入电子控制单元。目前，常用的车轮转速传感器主要有电磁式和霍尔式两种。

4.2.1 电磁式车轮转速传感器

电磁式车轮速传感器主要由传感器头和齿圈两部分组成，它可以安装在车轮上，也可以安装在主减速器或变速器中，如图 5-23 所示。

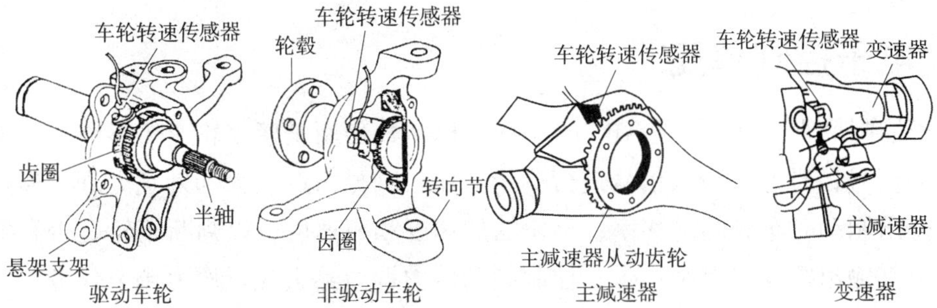

图5-23　车轮转速传感器的安装位置

如图 5-24 所示，齿圈随车轮或传动轴一起转动，齿圈在磁场中旋转时，齿圈齿顶和电极之间的间隙以一定的速度变化，使磁路中的磁阻发生变化，磁通量周期地增减，在线圈的两端产生正比于磁通量增减速度的感应电压。该交流电压信号输送给电子控制单元。

4.2.2 霍尔式车轮转速传感器

霍尔式车轮转速传感器由传感头、齿圈组成。其齿圈的结构及安装方式与电磁式车轮转速传感器的齿圈相同，传感头由永磁体、霍尔元件和电子电路等组成。

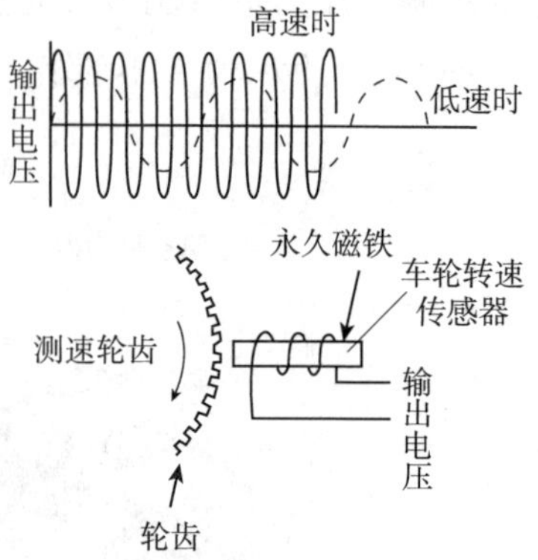

图5-24　车轮转速传感器的工作原理

传感器的工作原理如图 5-25 所示，永磁体的磁力线穿过霍尔元件通向齿圈，齿圈相当于一个集磁器。当齿圈位于图 5-25a）所示位置时，穿过霍尔元件的磁力线分散，磁场相对较弱；而当齿圈位于图 5-25b）所示位置时，穿过霍尔元件的磁力线集中，磁场相对较强。齿圈转动时，使得穿过霍尔元件的磁力线密度发生变化，因而引起霍尔元件电压的变化，霍尔元件将输出一毫伏级的准正弦波电压。此电压由电子电路转化成标准的脉冲信号。

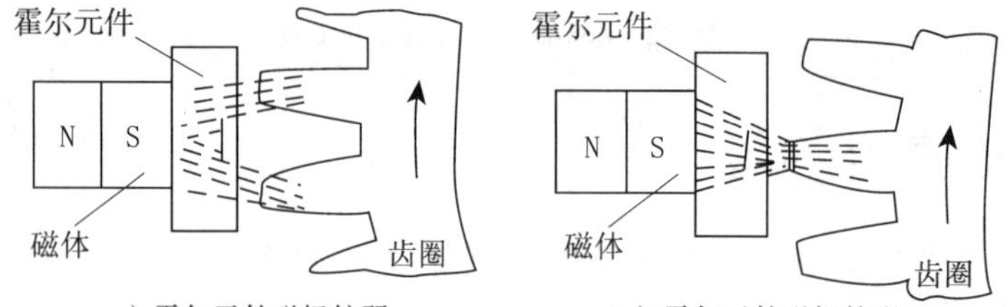

a）霍尔元件磁场较弱　　b）霍尔元件磁场较强

图5-25　霍尔式车轮转速传感器

霍尔式车轮转速传感器克服了电磁式传感器的缺点，其输出信号电压幅值不受转速的影响，频率响应高，抗电磁波干扰能力强。因而，霍尔传感器在 ABS 中应用越来越广泛。

4.3 电子控制单元

电子控制单元（ECU）是 ABS 的控制中枢，其功用是接收轮速传感器及其他传感器输入的信号，对这些输入信号进行测量、比较、分析、放大和判别处理，通过精确计算，得出制动时车轮的滑移率、车轮的加速度和减速度，以判断车轮是否有抱死趋势。再由其输出级发出控制指令，控制制动压力调节器去执行压力调节任务。

电子控制单元还具有监控和保护功能，当系统出现故障时，能及时转换成常规制动，并以故障灯点亮的形式警告驾驶人。

4.4 制动压力调节器

根据压力调节器的调压方式可分为循环式和可变容积式两种。循环式制动压力调节器是通过电磁阀直接控制轮缸的制动压力；而可变容积式制动压力调节器是通过电磁阀间接改变轮缸的制动压力。

4.4.1 循环式制动压力调节器

循环式制动压力调节器由电磁阀、液压泵和电动机等部件组成。调节器直接装在汽车原有的制动管路中，通过串联在制动主缸和制动轮缸之间的三位三通电磁阀直接控制轮缸的压力，可以使轮缸的工作处于常规工作状态、增压状态、减压状态或保压状态，如图 5-26 所示。三位是指电磁阀有三个不同位置，分别控制轮缸制动压力的增、减或保压；三通是指电磁阀上有 3 个通道，分别通制动主缸、制动轮缸和储液器。

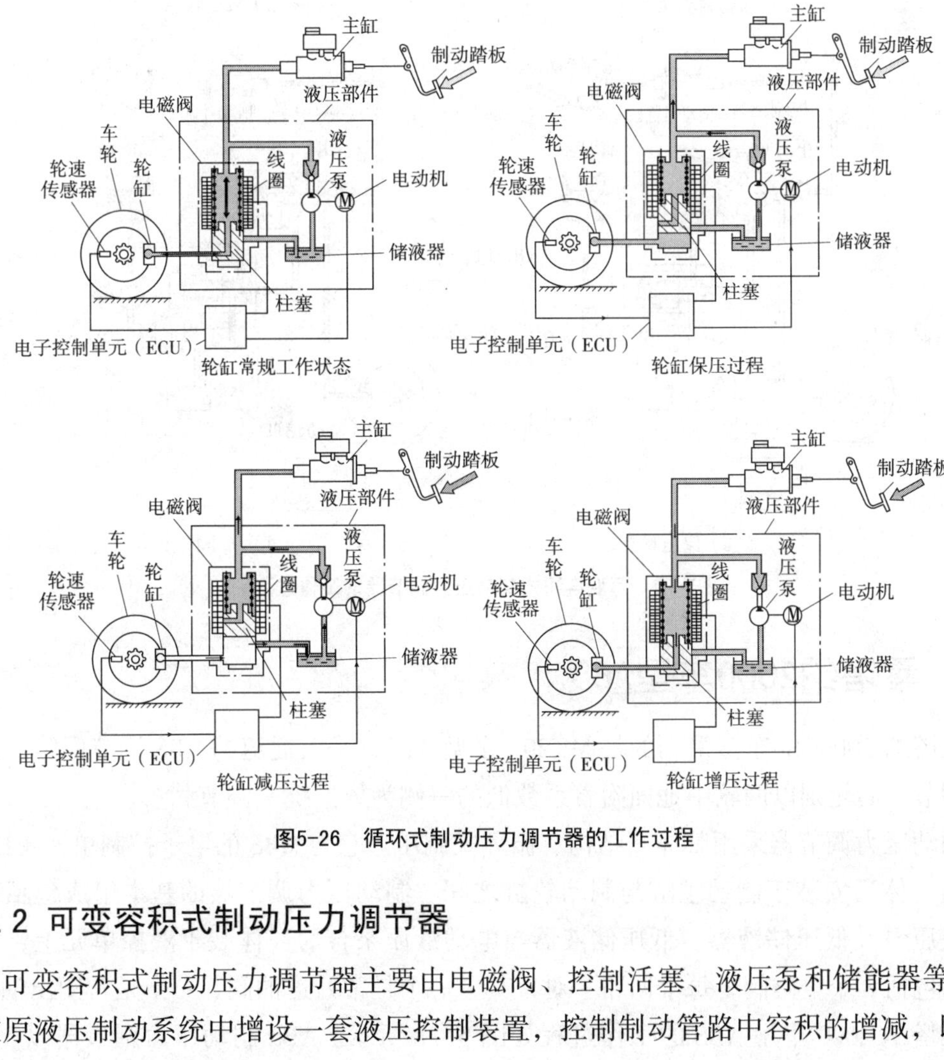

图5-26 循环式制动压力调节器的工作过程

4.4.2 可变容积式制动压力调节器

可变容积式制动压力调节器主要由电磁阀、控制活塞、液压泵和储能器等组成，是在原液压制动系统中增设一套液压控制装置，控制制动管路中容积的增减，以控制制动压力的变化。可变容积式制动压力调节器有 4 个不同工作状态：常规制动状态、轮缸减压状态、轮缸保压状态和轮缸增压状态，如图 5-27 所示。

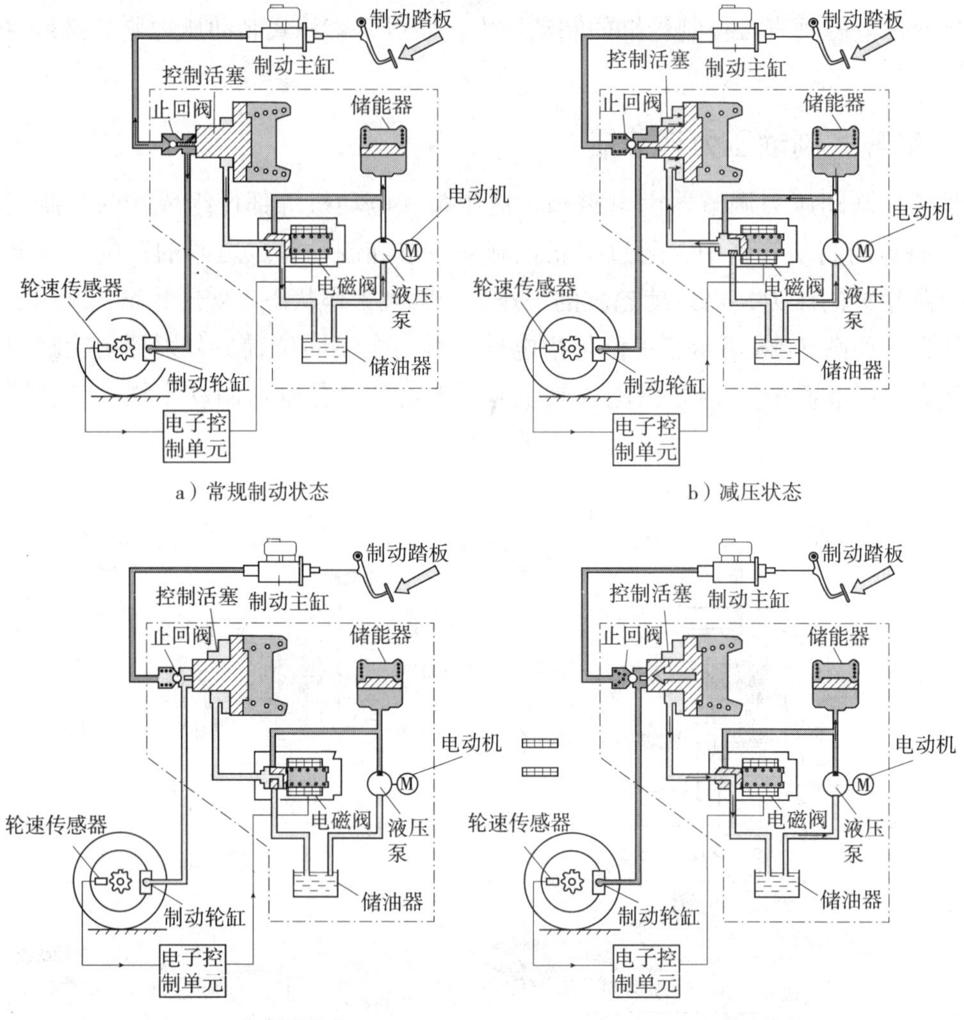

a）常规制动状态　　b）减压状态

c）保压状态　　d）增压状态

图5-27　可变容积式制动压力调节器的工作过程

4.5 桑塔纳2000车型ABS

桑塔纳 2000GSi 车型采用的是 MK20- Ⅰ型 ABS，是三通道的 ABS 调节回路，前轮单独调节，后轮则以两轮中地面附着系数低的一侧为依据统一调节。

制动压力调节器采用整体式结构、循环式调压。它与 ABS 的电子控制单元（ECU）组合为一体后安装于制动主缸与制动轮缸之间。制动压力调节器的基本组成包括电磁阀、液压泵及低压储液器。低压储液器与电动液压泵合为一体装于液控单元上，液控单元内包括 8 个电磁阀，每个回路一对，其中一个是常开进油阀，一个是常闭出油阀。

桑塔纳 2000 车型 ABS 的工作过程如图 5-28 所示。ABS 制动压力调节器以 5 ~ 6

次 /s 的频率按“增压制动—保压制动—减压制动—保压制动—增压制动”的循环方式，对制动压力进行调节，直到停车。

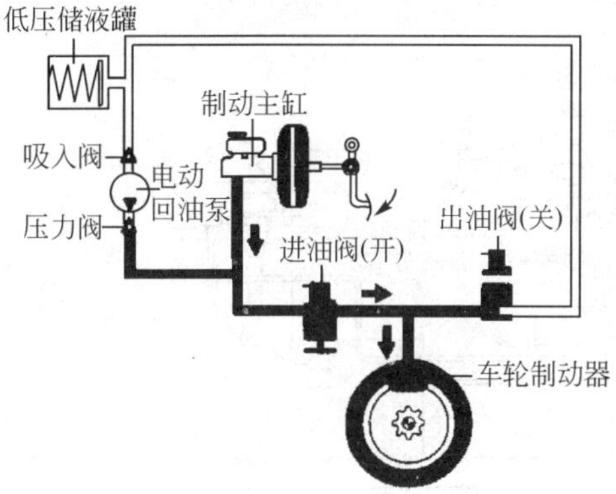

a）常规制动过程

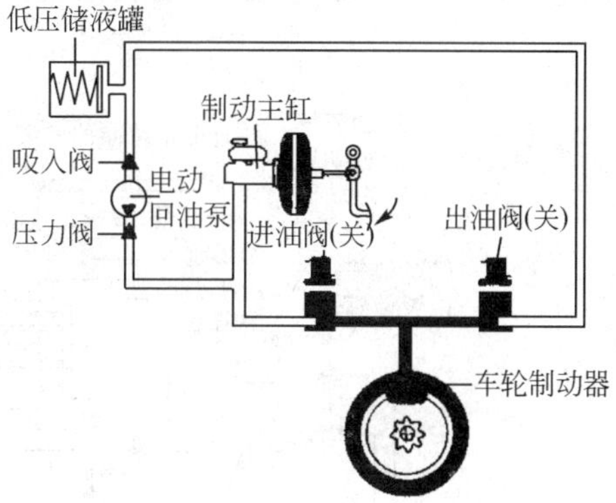

b）保压制动过程

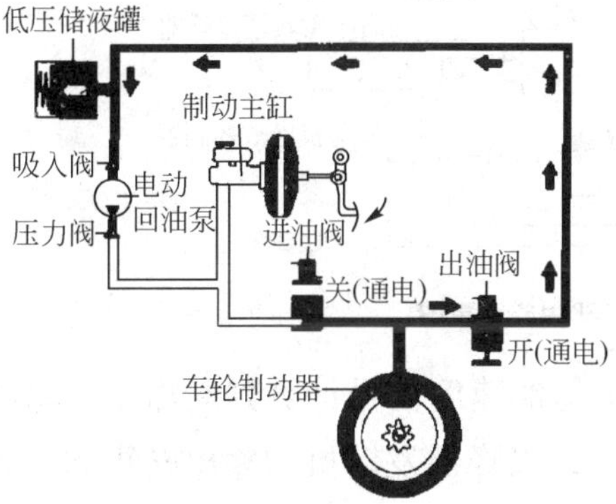

c）减压制动过程

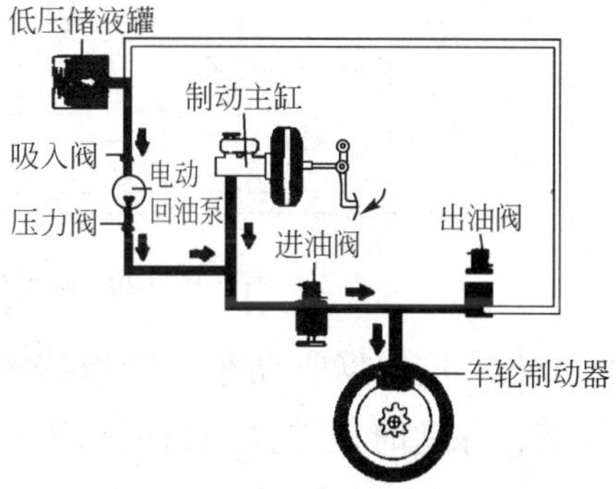

d）增压制动过程

图5-28　桑塔纳2000车型ABS的工作过程

V　汽车驱动防滑控制系统及电子稳定程序控制系统

5.1　汽车驱动防滑控制系统（ASR）

驱动防滑控制系统英文简称 ASR，是 Acceleration Slip Regulation 的缩写，有的车辆称为牵引力控制系统，英文简称 TCS 或 TRC，是 Traction Control System 的缩写。

驱动防滑控制系统的功用是防止汽车在加速过程中打滑，特别是防止汽车在非对称路面或在转向时驱动轮滑转，以保持汽车行驶方向的稳定性、良好的操纵性和维持汽车的最佳驱动力，以及提高汽车的平顺性。

典型 ABS/ASR 系统组成见图 5-29 所示，主要由车轮转速传感器、ABS/ASRECU、制动压力调节器、主副节气门开度传感器、副节气门控制步进电动机等组成。

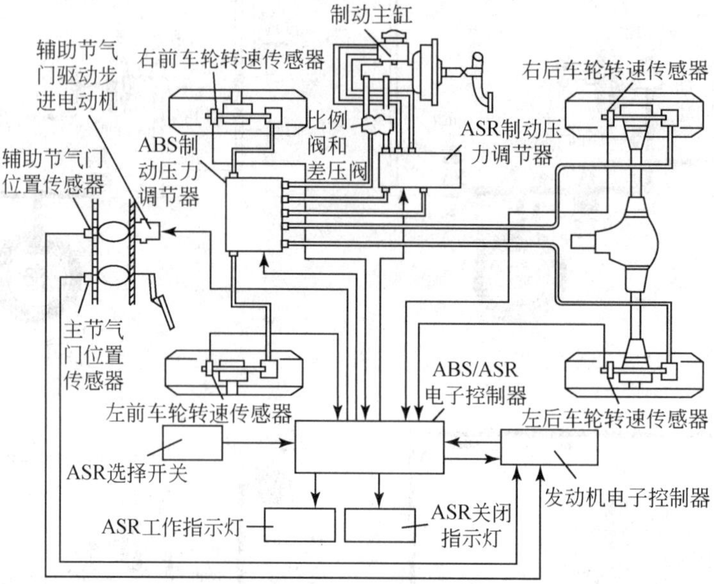

图5-29　典型ABS / ASR组成示意图

ABS/ASRECU 根据驱动车轮转速传感器输送的速度信号计算判断出车轮与路面间的滑转状态，并适时地向其执行机构发出指令，以降低发动机的输出转矩和车轮的转速，从而实现防止驱动轮滑转的目的。

ASR 的传感器主要是车轮转速传感器和节气门位置传感器。车轮转速传感器与 ABS 共用，而节气门位置传感器则与发动机控制系统共用。

ASR 专用的信号输入装置是 ASR 选择开关，关闭 ASR 选择开关，可停止 ASR 的作用。如在汽车维修中需要将汽车驱动车轮悬空转动时，ASR 可能对驱动车轮施以制动，影响故障的检查。这时关闭 ASR 开关，停止 ASR 作用，可避免这种影响。

ASR 的电子控制单元（ECU）发出的控制指令有如下几种：控制滑转车轮的制动力；控制发动机输出功率；同时控制发动机输出功率和驱动车轮的制动力。在实际应用的 ASR 中，绝大多数都是采用调节发动机输出转矩的方式来控制汽车驱动力矩。而调节发动机的输出转矩，通常是利用发动机电子控制装置，通过控制节气门开度和点火提前角的方式来实现。

5.2 汽车电子稳定程序控制系统（ESP）

汽车电子稳定程序控制系统（Electronic Stability Program，简称 ESP）是改善汽车行驶性能的一种控制系统，是 ABS 和 ASR 两种系统在功能上的延伸。利用与 ABS 一起的综合控制可防止汽车在制动时车轮抱死；利用 ASR 可阻止汽车在起步时驱动轮滑转（空转）。ESP 可以通过有选择性地控制各车轮上的制动力，防止车辆滑移，因此，ESP 是一个主动安全系统。

ESP 在不同的车型中有不同的名称，如奔驰、奥迪称为 ESP，宝马称其为 DSC（Dynamic Stability Control，即动态稳定性控制），丰田、雷克萨斯称其为 VSC（Vehicle Stability Control，即汽车稳定性控制系统），三菱称为 ASC/AYC（Active Stability Control/Active Yaw Control，即主动稳定控制 / 主动横摆控制系统），本田称为 VSA（Vehicle Stability Assist，即车身稳定性辅助系统），而 VOLVO 汽车称其为 DSTC（Dynamic Stability and Traction Control，即动态循迹防滑控制系统）。

如图 5-30 所示，ESP 由传统制动系统、传感器、液压调节器、汽车稳定性控制电子控制单元和辅助系统组成，在电脑实时监控汽车运行状态的前提下，对发动机及控制系统进行干预和调控。

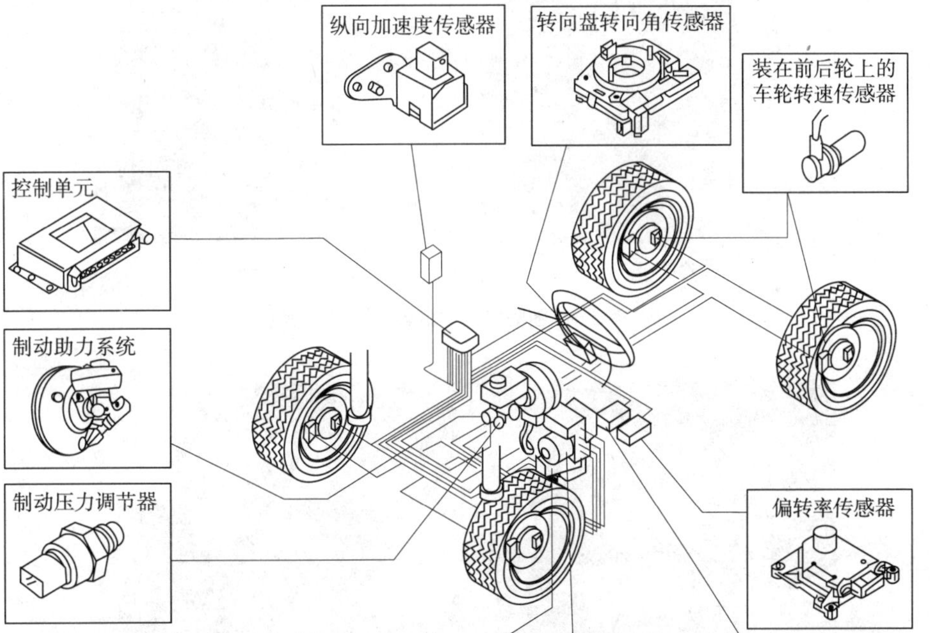

图5-30　ESP组成

在汽车行驶过程中，转向盘转角传感器监测驾驶人转弯方向和角度，车速传感器监测车速、节气门开度，制动主缸压力传感器监测制动力，而侧向加速度传感器和横摆角速度传感器则监测汽车的横摆和侧倾速度。ECU 根据这些信息，通过计算后判断汽车要正常安全行驶和驾驶人操纵汽车意图的差距，然后由 ECU 发出指令，调整发动机的转速和车轮上的制动力，修正汽车的过度转向或不足转向，以避免汽车打滑、转向过度、转向不足和抱死，从而保证汽车的行驶安全。

当 ESP 判定为出现不足转向时，将制动内侧后轮，使车辆进一步沿驾驶人转弯方向偏转，从而稳定车辆（图 5-31）；当 ESP 判定为出现过度转向时，ESP 将制动外侧前轮，防止出现甩尾，并减弱过度转向趋势，稳定车辆（图 5-32）。上述过程中如果单独制动某个车轮不足以稳定车辆，ESP 将通过降低发动机力矩输出的方式或制动其他车轮来满足需求。

无 ESP　　　　有 ESP

图5-31　不足转向

无 ESP　　　　有 ESP

图5-32　过度转向

Ⅵ 制动系统的维修

6.1 制动踏板的检查与调整

丰田卡罗拉车型制动踏板的结构。

6.1.1 技术标准与要求

（1）踏板自由行程：1.0 ~ 6.0mm。

（2）踏板距离地板踏板的高度：145.8 ~ 155.8mm。

（3）294N 时，自地板踏板的行程余量见表 5–1。

踏板行程余量规定值 表5–1

VSC	规定状态
不带 VSC	85mm
带 VSC	90mm

6.1.2 实训器材

直板尺、组合工具。

6.1.3 作业准备

（1）汽车进入工位前，将工位清理干净，准备好相关的器材。

（2）将汽车停驻在举升机中央位置。

（3）拉紧驻车制动器操纵杆，并将变速杆换入空挡位置（图 5–33）。

（4）套上转向盘护套、变速杆手柄套和座位套，铺设脚垫。

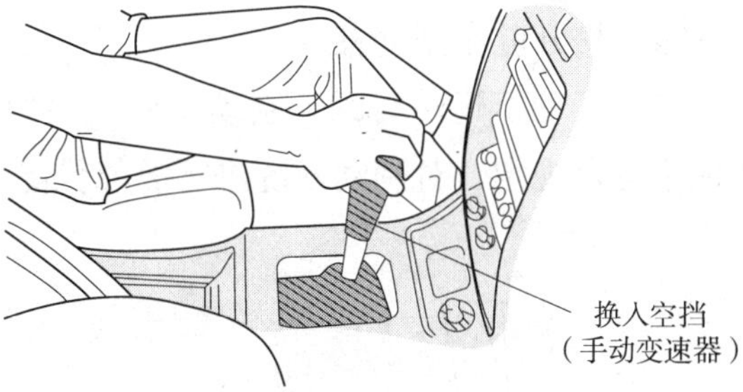

图5–33 换入空挡

6.1.4 操作步骤

一、检查制动踏板高度

（1）翻起地毯。

（2）从前围消声器固定架上的开口处翻转前围消声器。

（3）测量制动踏板表面和地板踏板之间的最短距离，如图 5–34 所示。

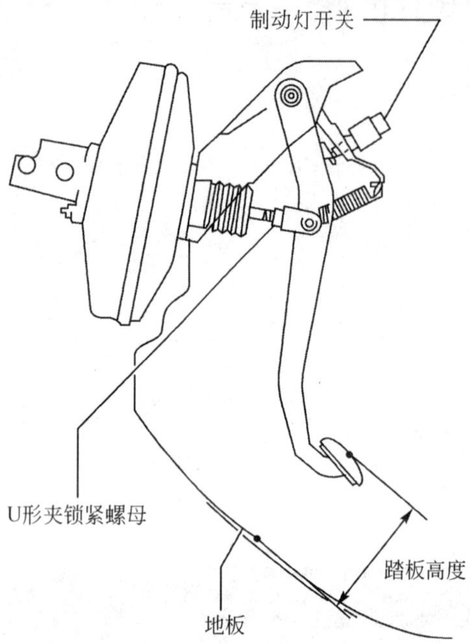

图5-34 检查制动踏板高度

二、调整制动踏板高度

（1）断开制动灯开关连接器。

（2）拆下制动灯开关总成。

（3）松开推杆 U 形夹锁紧螺母。

（4）转动推杆以调整制动踏板高度。

（5）拧紧推杆 U 形夹锁紧螺母。

（6）将制动灯开关插入调节器固定架，直到开关壳体接触到制动踏板。

注意：

- 不要踩下制动踏板。

（7）调整制动灯开关。

（8）连接制动灯开关连接器。

三、检查制动踏板自由行程

（1）关闭发动机。多次踩下踏板直至制动助力器内无真空。松开制动踏板。

（2）踩下踏板直至感觉到轻微的阻力。如图 5-35 所示测量距离。

如果踏板自由行程不符合规定，检查制动灯开关间隙。如果踏板自由行程符合规定，转至“检查制动踏板行程余量”。

四、检查制动踏板行程余量

提示：在检查制动踏板高度的同一点测量距离。

（1）松开驻车制动杠杆。

（2）发动机运转时踩下制动踏板，并如图 5-36 所示测量踏板行程余量。如果行程余量不符合规定，对制动系统进行故障排除。

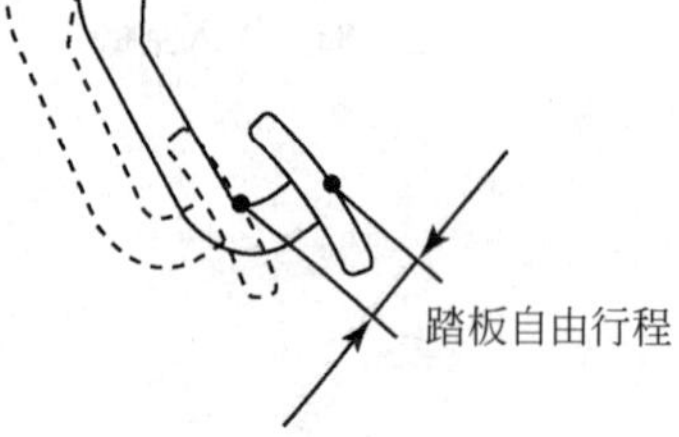

图5-35 测量踏板自由行程

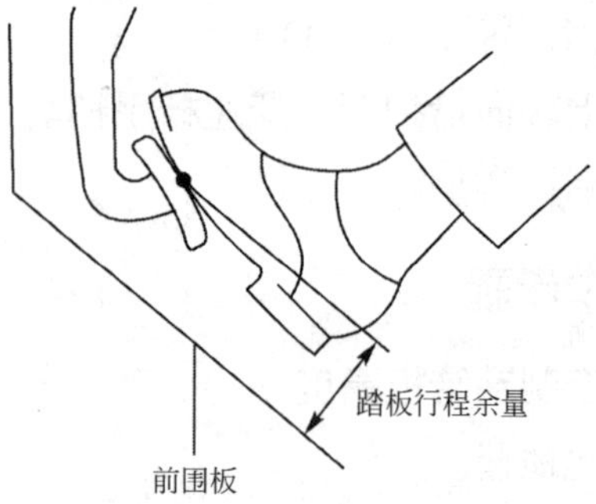

图5-36 测量踏板行程余量

6.2 驻车制动器的检查与调整

6.2.1 技术标准与要求

（1）驻车制动杠杆行程：200N 时为 6 ~ 9 个槽口。

（2）锁紧螺母紧固力矩为 60N·m。

（3）在执行驻车制动器调整之前，确保制动管路已放气且不再含有空气。

（4）后盘式制动器制动缸操作杆和挡块之间的间隙为 0.5mm 或更小。

（5）制动警告灯始终在一声“咔嗒”声时亮起。

6.2.2 实训器材

组合工具、扭力扳手。

6.2.3 作业准备

（1）汽车进入工位前，将工位清理干净，准备好相关的器材。

（2）将汽车停驻在举升机中央位置。

（3）拉紧驻车制动器操纵杆，并将变速杆换入空挡位置（图 5-37）。

（4）套上转向盘护套、变速杆手柄套和座位套，铺设脚垫。

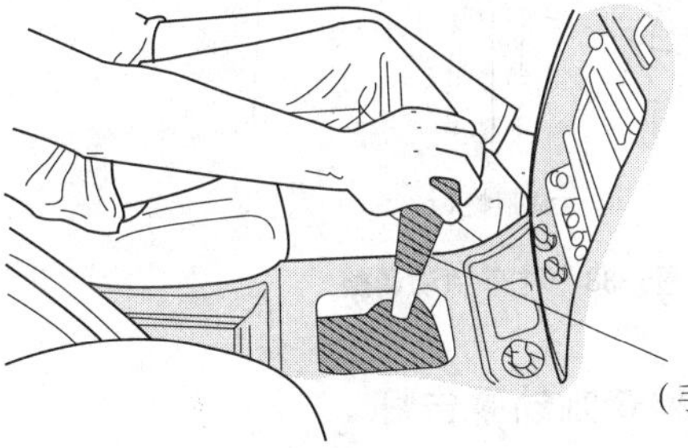

图5-37　换入空挡

6.2.4 操作步骤

一、检查驻车制动杠杆行程

（1）用力拉住驻车制动杠杆。

（2）松开驻车制动器锁，并将驻车制动杠杆放回到关闭位置。

（3）缓慢将驻车制动杠杆向上拉到底，并计算“咔嗒”声响次数。

二、调整驻车制动杠杆行程

（1）拆下后地板控制台总成。

（2）完全松开驻车制动杠杆。

（3）松开锁紧螺母和调整螺母，以完全松开驻车制动器拉索，如图 5-38 所示。

（4）发动机停机时，完全踩下制动踏板 3 ~ 5 次。

（5）转动调整螺母，直到驻车制动杠杆行程修正至规定范围内。

（6）紧固锁紧螺母。

（7）操作驻车制动杠杆 3 ~ 4 次，并检查驻车制动杠杆行程。

（8）检查驻车制动器是否卡滞。

（9）安装后地板控制台总成。

三、检查后盘式制动器制动缸操作杆和止动器间隙

松开驻车制动杠杆，检查并确认后盘式制动器制动缸操作杆和挡块之间的间隙测量值是否在规定范围内，如图 5-39 所示。如果间隙不在规定范围内，更换后盘式制动器制动钳总成。

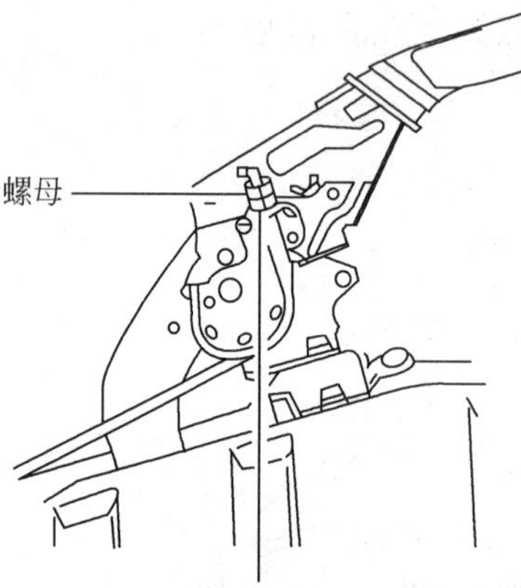

图5-38　驻车制动调整

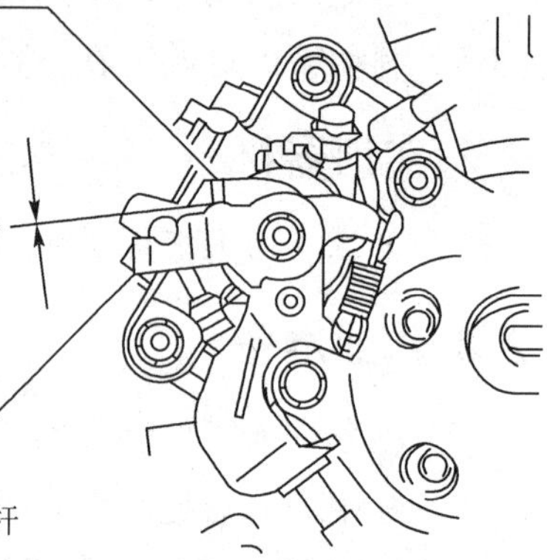

图5-39　检查操作杆和挡块间隙

四、检查制动警告灯

操作驻车制动杠杆时，检查并确认制动警告灯亮起。

6.3 制动液的添加或更换

6.3.1 技术标准与要求

（1）丰田卡罗拉车型制动液的型号：SAEJ1703 或 FMVSSNo.116DOT3。

（2）储液罐制动液液面应始终保持在 MIN 和 MAX 标记线之间。

（3）制动液有毒性和强腐蚀性，不可与皮肤、油漆接触。

（4）制动液具有吸湿性，要存放在密封容器里。

（5）液压制动系统的排气顺序为：右后车轮→左后车轮→右前车轮→左前车轮。

6.3.2 实训器材

连接螺母扳手（10mm）、容器及塑料管、制动液、扭力扳手、组合工具。

6.3.3 作业准备

（1）汽车进入工位前，将工位清理干净，准备好相关的器材。

（2）将汽车停驻在举升机中央位置。

（3）拉紧驻车制动器操纵杆，并将变速杆换入空挡位置（图 5–40）。

（4）套上转向盘护套、变速杆手柄套和座位套，铺设脚垫。

（5）在车内拉动发动机舱盖手柄，在车外打开并支撑发动机舱盖（图 5–41）。

（6）粘贴翼子板和前部磁力护裙。

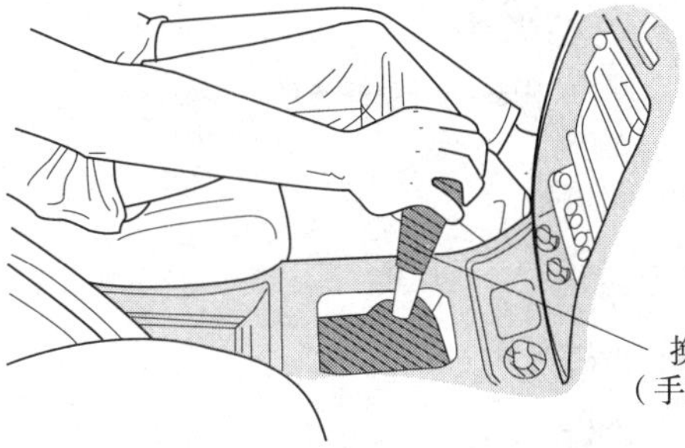

图5-40　换入空挡

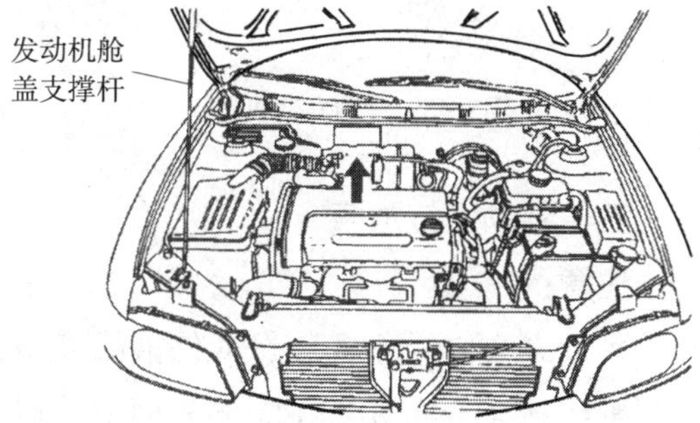

图5-41　支撑发动机舱盖

6.3.4 操作步骤

一、检查储液罐中的制动液液位

如图 5–42 所示，如果制动液液位低于 MIN 标记线，检查是否泄漏，并检查盘式制动器衬块。如有必要，维修或更换后重新向储液罐加注制动液。

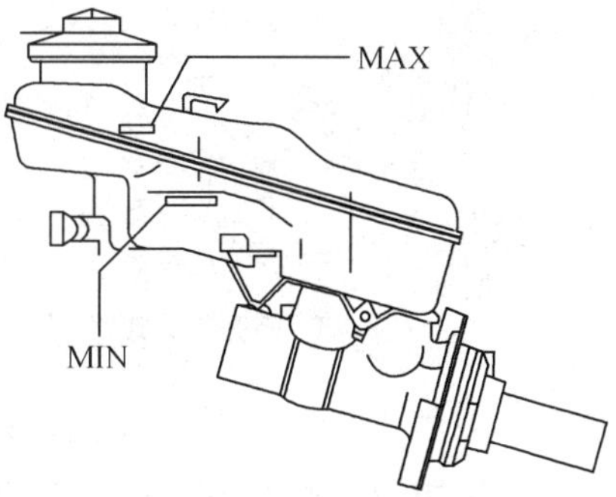

图5-42　检查制动液位

二、更换或添加制动液

提示：如果对制动系统执行了任何操作或怀疑制动管路中有空气，应对制动系统进行放气。

注意：

● 对制动系统进行放气前，将换挡杆移至 P 位置并拉紧驻车制动器。

● 对制动系统进行放气的同时，添加制动液使储液罐的液面保持在 MIN 和 MAX 标记线之间。

● 如果制动液泄漏到任何涂漆表面上，应立即将其清洗干净。

（1）拆卸中间前围板上通风栅板。

① 如图 5–43 所示，滑动发动机盖至前围上密封件并脱开卡子。

② 脱开 5 个卡爪并拆下中间前围板上通风栅板，如图 5–44 所示。

（2）给储液罐加注制动液。

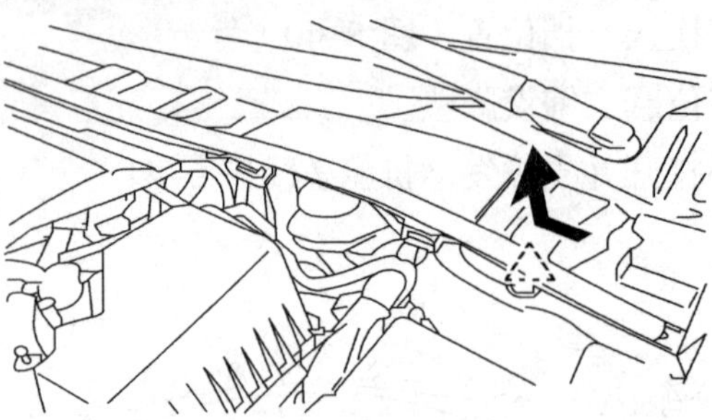

图5-43 滑动发动机盖

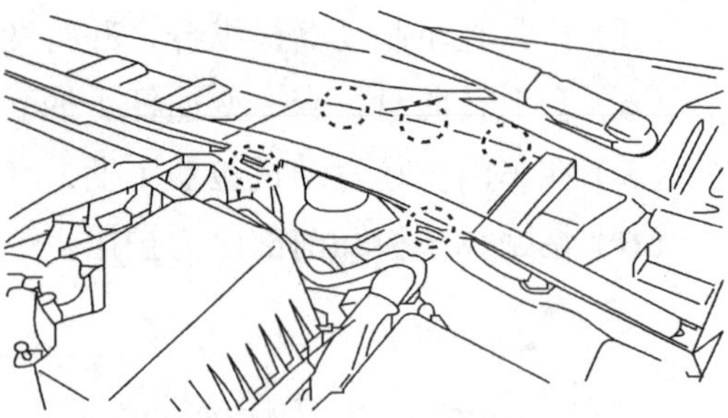

图5-44 脱开卡爪

三、制动主缸放气

注意：

● 如果主缸重新安装过或储液罐变空，则对主缸进行放气。

● 用抹布或布片盖在涂漆表面上，以防止制动液粘附。

（1）用连接螺母扳手（10mm）从主缸上断开两个制动管路，如图 5-45 所示。

（2）缓慢踩下制动踏板并保持（*1），如图 5-46 所示。

图5-45 断开制动管路

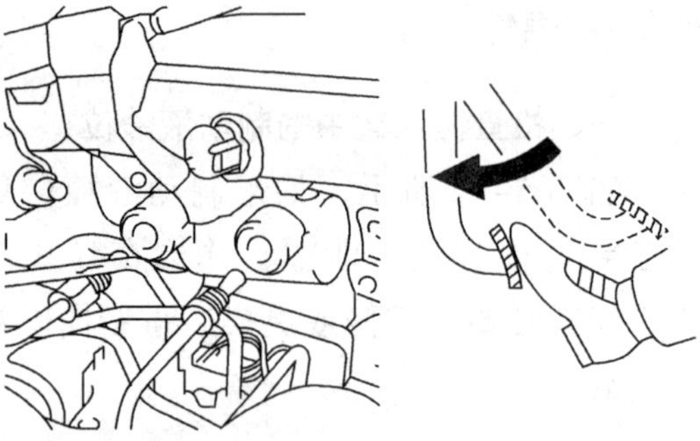

图5-46 踩下制动踏板并保持

（3）用手指堵住两个外孔，并松开制动踏板（*2），如图 5-47 所示。

（4）重复（*1）和（*2）3 或 4 次。

（5）用连接螺母扳手（10mm）将两个制动管路连接至主缸，如图 5-48 所示。

力矩：不使用连接螺母扳手时为 15N · m；使用连接螺母扳手时 14N · m。

注意：

● 使用力臂长度为 250mm 的扭力扳手。

● 当连接螺母扳手与扭力扳手平行时，力矩值有效。

四、制动管路放气

注意：

● 应首先对离主缸最远的车轮的制动管路放气。

● 对制动系统进行放气的同时，添加制动液使储液罐的液面保持在 MIN 和 MAX 标记线之间。

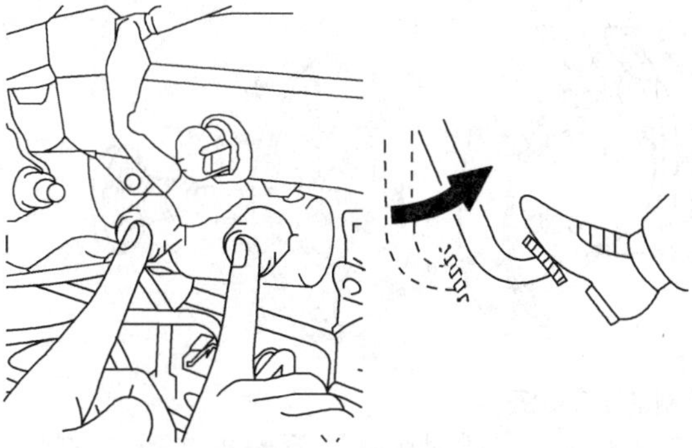

图5-47　松开制动踏板

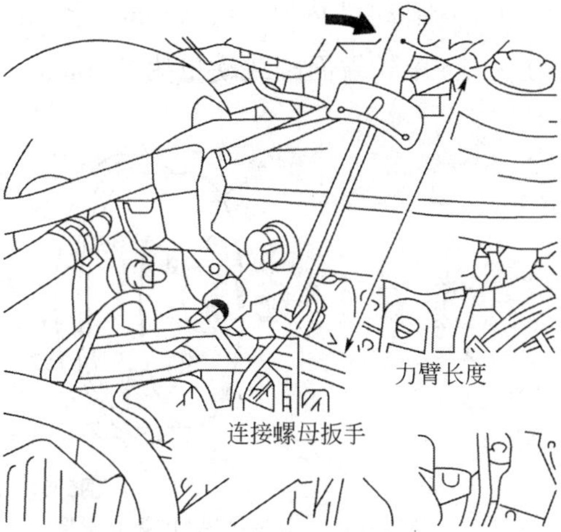

图5-48　连接制动管路

（1）将塑料管连接至放气螺塞。

（2）如图 5-49 所示，踩下制动踏板数次，然后踩住踏板松开放气螺塞（*3）。

（3）制动液不再溢出时，紧固放气螺塞，然后松开制动踏板（*4），如图 5-50 所示。

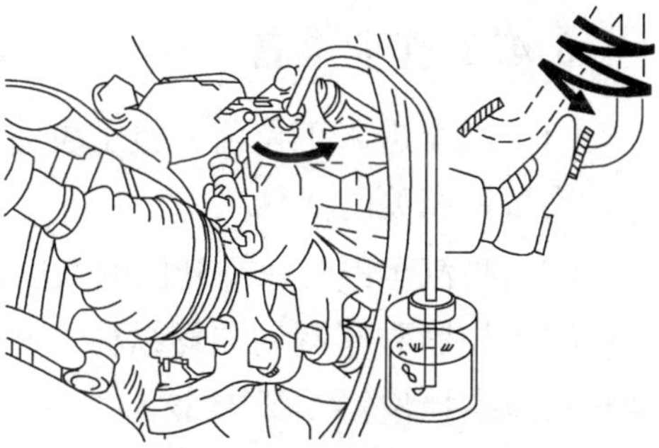

图5-49　踩下制动踏板数次并保持

图5-50　松开制动踏板

（4）重复（*3）和（*4）直至制动液中的气体完全放出。

（5）完全紧固放气螺塞。力矩：前放气螺塞，8.3N · m；后放气螺塞，10N · m。

（6）对每个车轮均重复上述程序，从而对制动管路进行放气。

6.4 制动蹄的检查和更换

桑塔纳 2000 车型后轮鼓式制动器的分解图如图 5-51 所示，其拆装及检查的具体方法如下：

6.4.1 技术标准与要求

（1）更换桑塔纳 2000 车型配套使用的制动蹄。

（2）制动蹄检查或更换周期规定：检查周期为 7 500km；更换周期为 60 000 ~ 80 000km。

（3）摩擦片厚度为 5.0mm，磨损极限值为 2.5mm（不包括底板）。

（4）制动鼓内径为 200mm，磨损极限值为 201mm；摩擦表面径向圆跳动量为 0.05mm，车轮端面圆跳动量为 0.20mm。

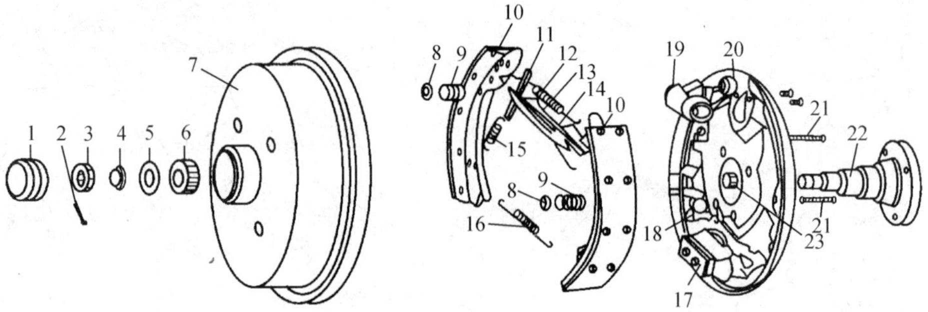

图5-51　后轮制动器分解图

1- 轮毂盖；2- 开口销；3- 开槽垫圈；4- 调整螺母；5- 止推垫圈；6- 轴承；7- 制动鼓；8- 弹簧座；9- 弹簧；10- 制动蹄；11- 楔形件；12- 复位弹簧；13- 上回位弹簧；14- 压力杆；15- 用于楔形件复位弹簧；16- 下复位弹簧；17- 固定板；18- 螺栓（拧紧力矩 60N · m）；19- 后制动轮缸；20- 制动底板；21- 定位销；22- 后桥车轮支承短轴；23- 观察孔橡胶塞

6.4.2 实训器材

专用工具 VW637/2、螺丝刀、鲤鱼钳。

图5-52　换入空挡

6.4.3 作业准备

（1）汽车进入工位前，将工位清理干净，准备好相关的器材。

（2）将汽车停驻在举升机中央位置。

（3）拉紧驻车制动器操纵杆，并将变速杆换入空挡位置（图 5-52）。

（4）套上转向盘护套、变速杆手柄套和座位套，铺设脚垫。

6.4.4 操作步骤

一、制动蹄的拆卸

（1）用千斤顶将车支起，并定位好。

（2）拧松车轮螺栓螺母（力矩为 110N · m），取下车轮。

（3）用专用工具 VW637/2 卸下轮毂盖，如图 5-53 所示，取下开口销和开槽垫圈，旋下调整螺母，取出止推垫圈。

（4）用螺丝刀通过制动鼓螺孔向上拨动楔形块（图 5-54），增大制动蹄与制动鼓的间隙，使制动蹄与制动鼓放松，取下制动鼓。

（5）用鲤鱼钳拆下压力弹簧座圈。

（6）用手从下面的支架上提起制动蹄，取出下复位弹簧。

（7）用钳子拆下制动杆上的驻车制动拉索。

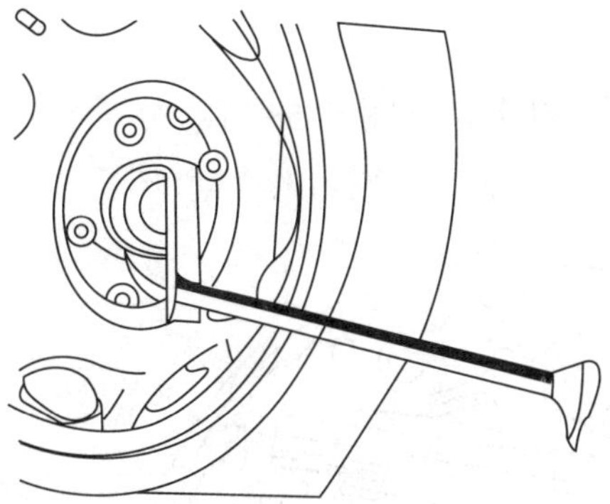

图5-53　拆卸轮毂盖

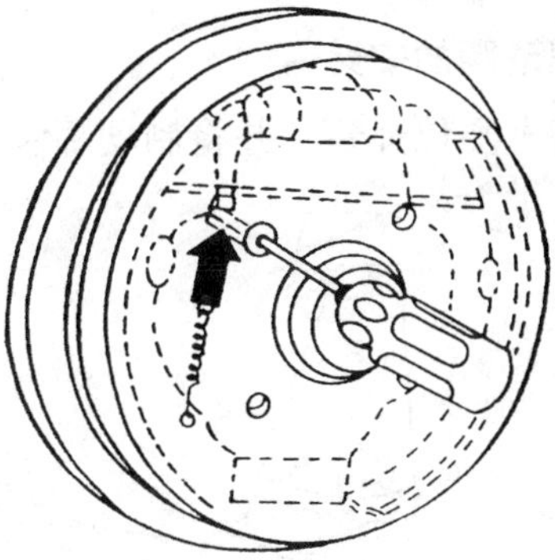

图5-54　拔动楔形块

（8）用鲤鱼钳取下楔形件的拉力弹簧和上复位弹簧。

（9）卸下制动蹄。如图 5-55 所示。

（10）把带压力杆的制动蹄卡紧在台虎钳上，拆下定位弹簧，取下制动蹄，如图 5-56 所示。

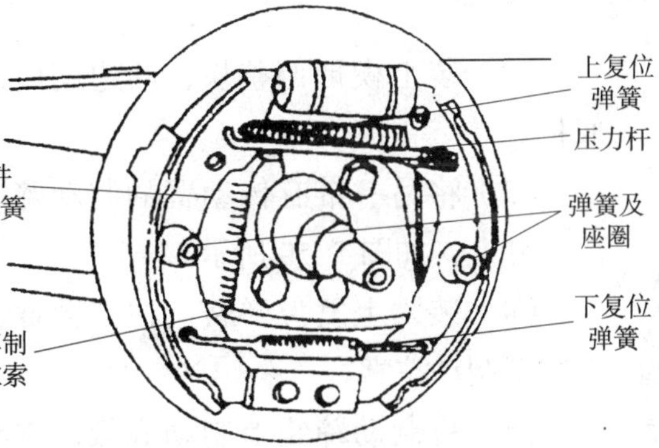

图5-55　卸下制动蹄

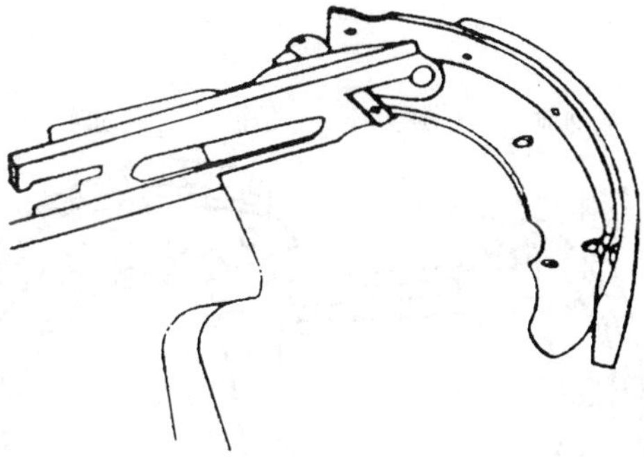

图5-56　拆卸制动蹄定位弹簧

二、制动蹄的检查

（1）检查制动摩擦片厚度。利用制动器底板上的观察孔检查制动摩擦片厚度和拖滞情况，如图 5-57 所示。

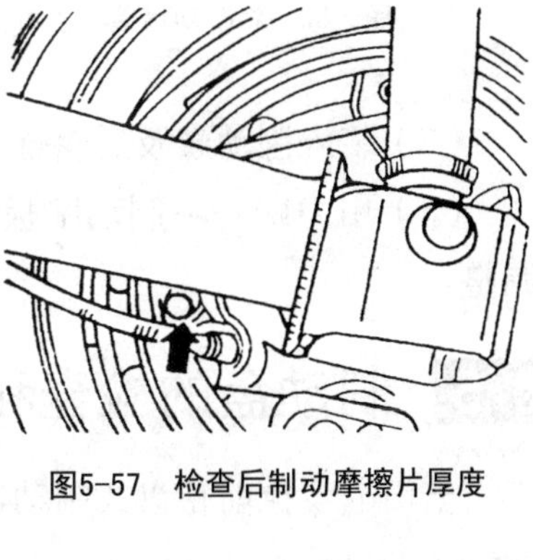

图5-57　检查后制动摩擦片厚度

（2）后制动鼓的检查。更换新摩擦片时，应检查后制动鼓尺寸，如果超过规定值时，应更换新件。

（3）制动摩擦片的更换。制动蹄摩擦片出现损坏或磨损到极限时，应及时更换。可以连同制动蹄一起更换。

如果仅更换制动蹄摩擦片，应先去掉制动摩擦片上的旧铆钉及孔中的毛刺。铆接新摩擦片时，应从中间向两端铆接。更换新制动摩擦片时，应使用相同质量的摩擦片。

三、制动蹄的安装

（1）装上复位弹簧，并将制动蹄装在压力杆上，如图 5–58 所示。

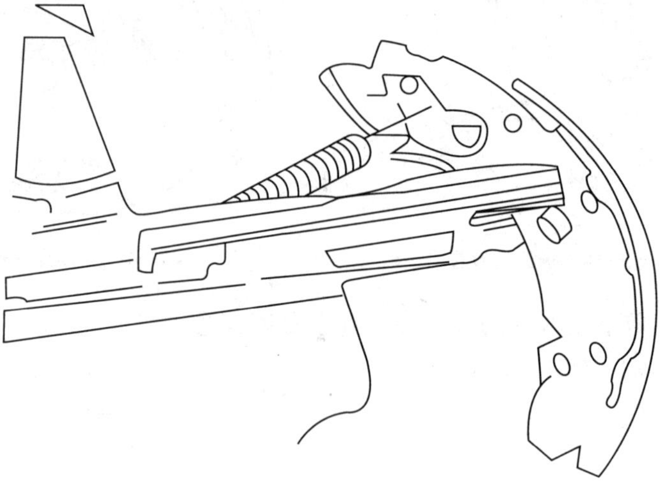

图5-58　安装制动蹄复位弹簧

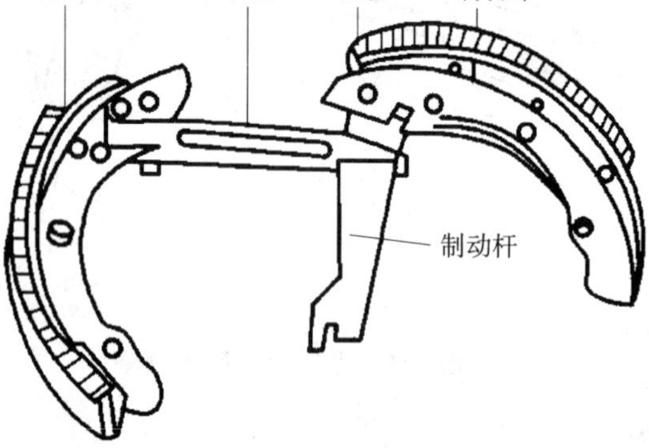

图5-59　将制动蹄装在压力杆上

（2）装上楔形调整块，凸边朝向制动底板。

（3）将另一带有传动臂的制动蹄装在压力杆上，如图 5–59 所示。

（4）装入上复位弹簧，在传动臂上装上驻车制动拉索。

（5）将制动蹄装上制动底板，靠在制动分泵外槽上。

（6）装入各种弹簧，包括复位弹簧，并把制动蹄提起，装到下面的支架上；装楔形件拉力弹簧；装压簧和弹簧座圈。

（7）装入制动鼓及后轮轴承和螺母，调整后轮轴承预紧度。

（8）用力踩一下制动踏板，使制动蹄正确就位，摩擦片与制动鼓的间隙得到自动调整。

6.5 制动盘的检查和更换

丰田卡罗拉前轮盘式制动器结构。

6.5.1 技术标准与要求

（1）更换别克凯越车型配套使用的制动盘。

（2）衬块标准厚度：12.0mm；最小厚度：1.0mm。

（3）制动盘标准厚度：22.0mm；最小厚度：19.0mm。

（4）制动盘最大径向跳动：0.05mm。

（5）左侧和右侧应使用同样的程序，下面列出的程序适用于左侧。

6.5.2 实训器材

SST（SST09330-00021）、锂皂基乙二醇润滑脂、直板尺、螺旋测微器、百分表、螺丝刀、扭力扳手、组合工具。

6.5.3 作业准备

（1）汽车进入工位前，将工位清理干净，准备好相关的器材。

（2）将汽车停驻在举升机中央位置。

（3）拉紧驻车制动器操纵杆，并将变速杆换入空挡位置（图5-60）。

（4）套上转向盘护套、变速杆手柄套和座位套，铺设脚垫。

6.5.4 操作步骤

一、制动盘的拆卸

（1）拆卸前轮。

（2）排净制动液。

注意：

- 立即冲洗与油漆表面接触的制动液。

（3）断开前挠性软管。拆下接头螺栓和衬垫，并从盘式制动器制动缸总成上分离前挠性软管，如图5-61所示。

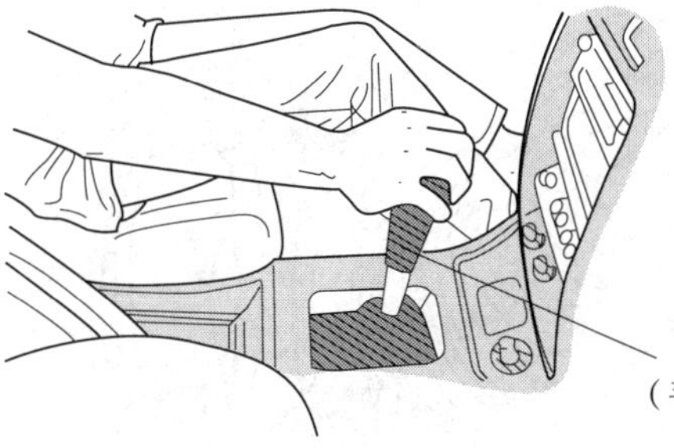

图5-60　换入空挡

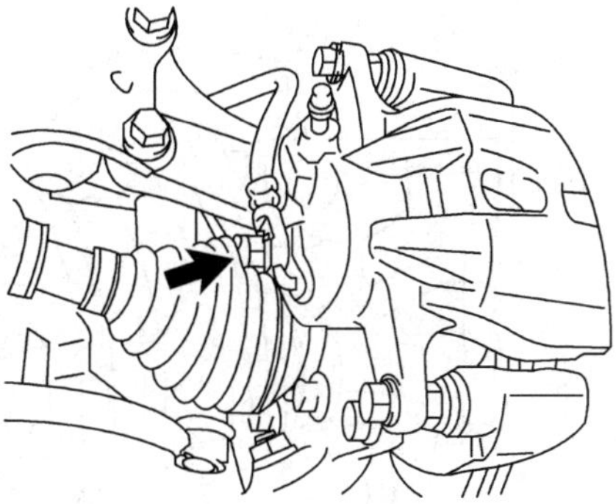

图5-61　分离前挠性软管

（4）拆卸盘式制动器制动缸总成，如图5-62所示。固定前盘式制动器制动缸滑销，并折下两个螺栓和盘式制动器制动缸总成。

（5）折下前盘式制动器衬块，如图5-63所示。从前盘式制动器制动缸固定架上折下两个盘式制动器衬块。

（6）拆卸前消音垫片。从各制动衬块上拆下 4 个消音垫片。

（7）拆卸前盘式制动器衬块支撑板，如图 5-64 所示。从前盘式制动器制动缸固定架上拆下两个盘式制动器衬块 1 号支撑板和两个前盘式制动器衬块 2 号支撑板。

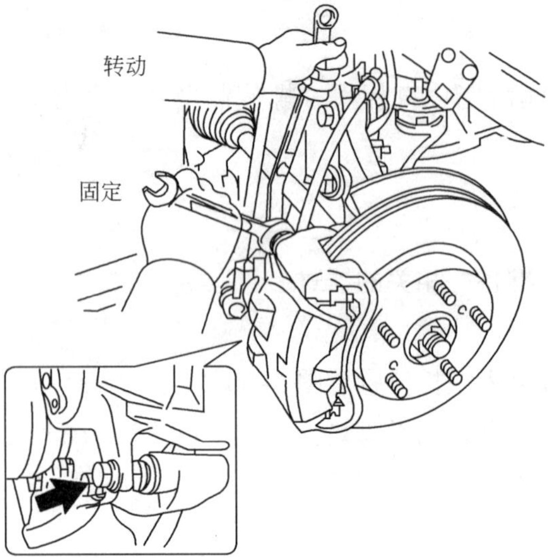

图5-62　拆卸制动缸总成

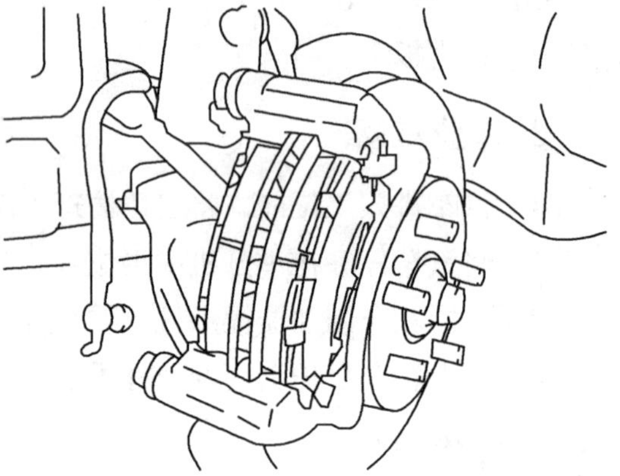

图5-63　拆卸制动器衬块

注意：

● 各前盘式制动器衬块支撑板的形状均不相同。确保在各前盘式制动器衬块支撑板上做好识别标记，以便将其安装至各自的原位。

（8）拆卸前盘式制动器制动缸滑销，如图 5-65 所示。从盘式制动器制动缸固定架上拆下前盘式制动器制动缸滑销。

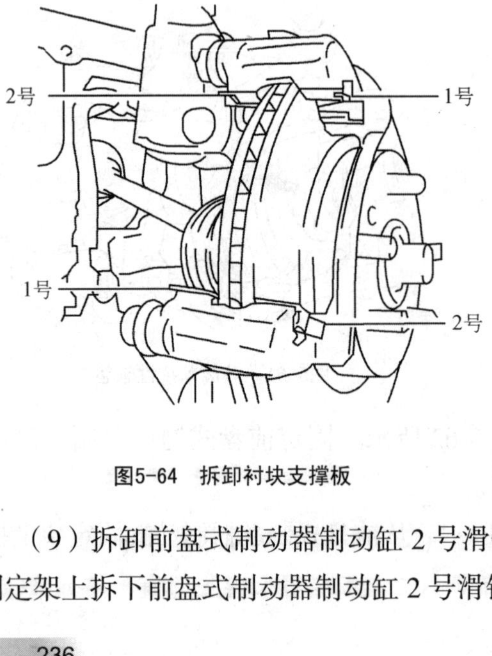

图5-64　拆卸衬块支撑板

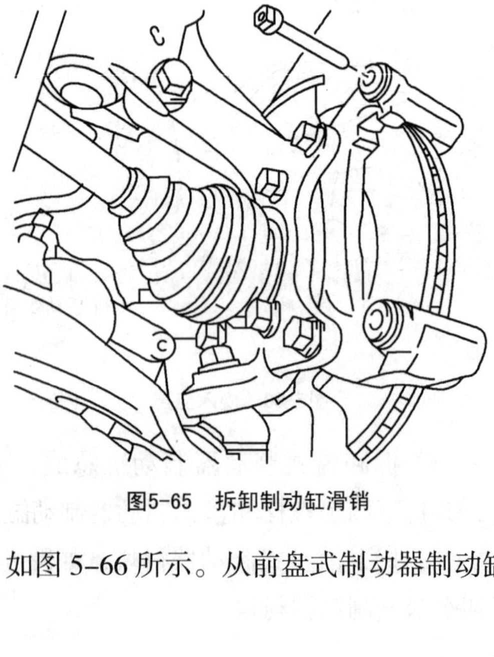

图5-65　拆卸制动缸滑销

（9）拆卸前盘式制动器制动缸 2 号滑销，如图 5-66 所示。从前盘式制动器制动缸固定架上拆下前盘式制动器制动缸 2 号滑销。

（10）拆卸前盘式制动器制动缸滑套，如图5–67所示。用螺丝刀从前盘式制动器制动缸2号滑销上拆下前盘式制动器制动缸滑套。

注意：

● 不要损坏前盘式制动器制动缸2号滑销。

提示：在使用螺丝刀之前，请在螺丝刀头部缠上聚氯乙烯绝缘胶带。

（11）拆卸前盘式制动器衬套防尘罩，如图5–68所示。从前盘式制动器制动缸固定架上拆下两个前盘式制动器制动缸衬套防尘罩。

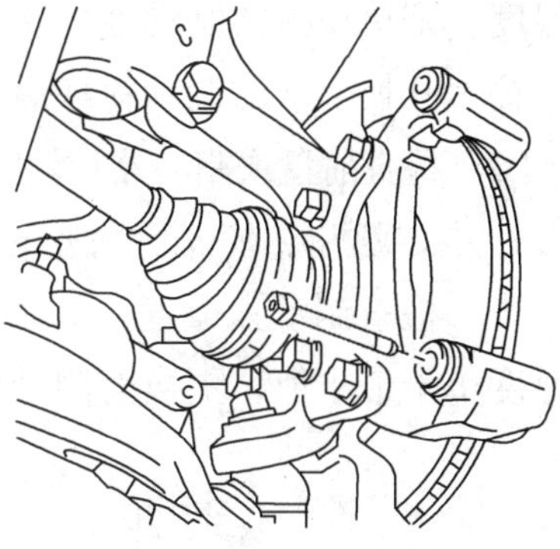

图5–66　拆卸制动缸2号滑销

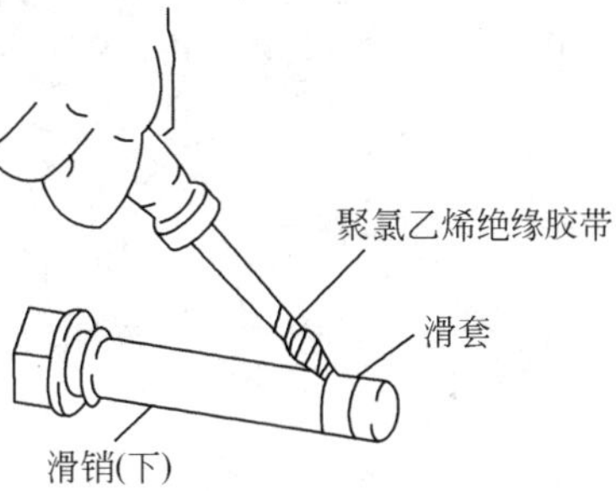

图5–67　拆卸制动缸滑套

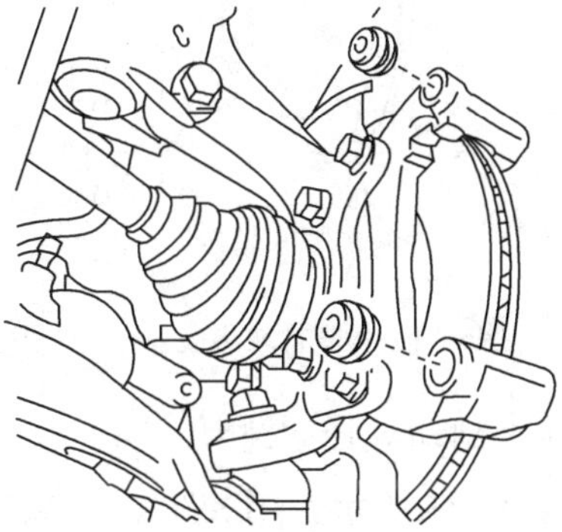

图5–68　拆卸防尘套

（12）拆卸前盘式制动器制动缸固定架，如图5–69所示。从转向节上拆下两个螺栓和前盘式制动器制动缸固定架。

（13）拆卸前制动盘，如图5–70所示。

提示：在制动盘和车桥轮毂上做好装配标记。

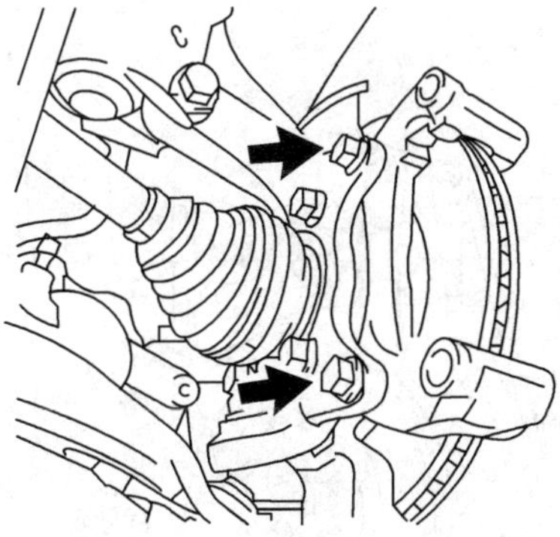

图5–69　拆卸制动缸固定架

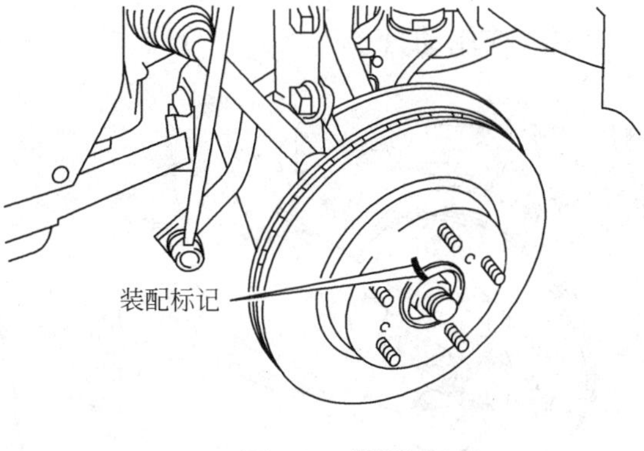

图5–70　拆卸制动盘

二、制动盘的检查

（1）检查衬块厚度，如图5–71所示。用直尺测量衬块厚度。如果衬块厚度小于最小厚度，则更换盘式制动器衬块。

提示：换上新的制动衬块后，务必检查前制动盘的磨损情况。

（2）检查前盘式制动器衬块支撑板。确保盘式制动器衬块支撑板有足够的弹性，没有变形、裂纹或磨损，并清除所有的锈迹和污垢。如有必要，更换盘式制动器衬块支撑板。

（3）检查制动盘厚度，如图 5-72 所示。用螺旋测微器测量制动盘厚度。如果制动盘厚度小于最小值，更换前制动盘。

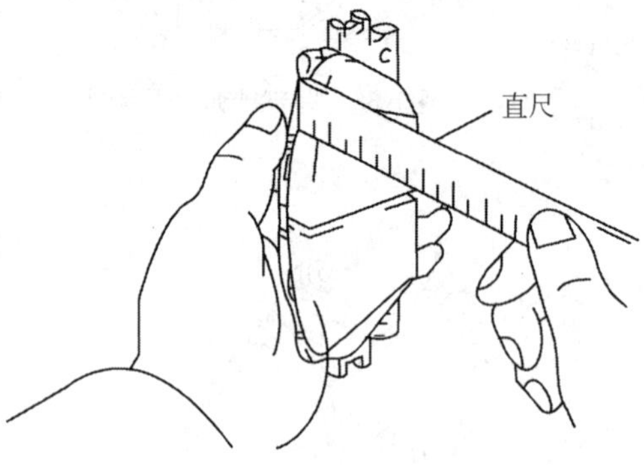

图5-71　检查衬块厚度

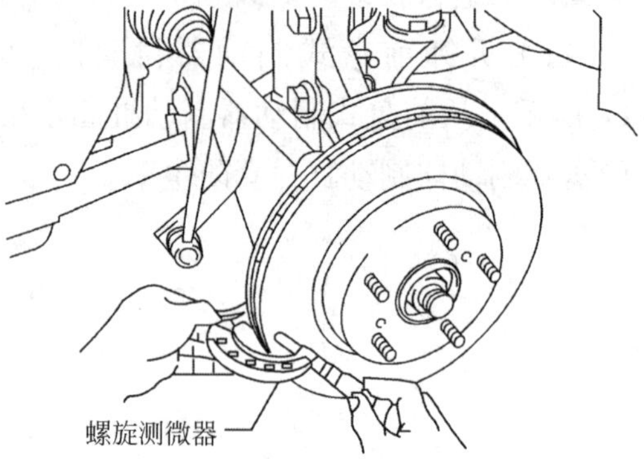

图5-72　检查制动盘厚度

（4）检查制动盘径向跳动。

① 如图 5-73 所示，用 SST（SST 09330-00021）固定制动盘，并用两个螺母紧固制动盘。力矩：103N · m。

提示：拧紧螺母的同时用 SST 固定制动盘。

② 检查前桥轮毂轴承的松弛度和前桥轮毂的径向跳动。

③ 如图 5-74 所示，用百分表在距离前制动盘外缘 10mm 的地方测量制动盘的径向跳动。如果径向跳动超过最大值，改变车桥轮毂上制动盘的安装位置以减小径向跳动。如果安装位置改变后径向跳动仍超过最大值，则研磨制动盘。如果制动盘厚度小于最小值，应更换前制动盘。

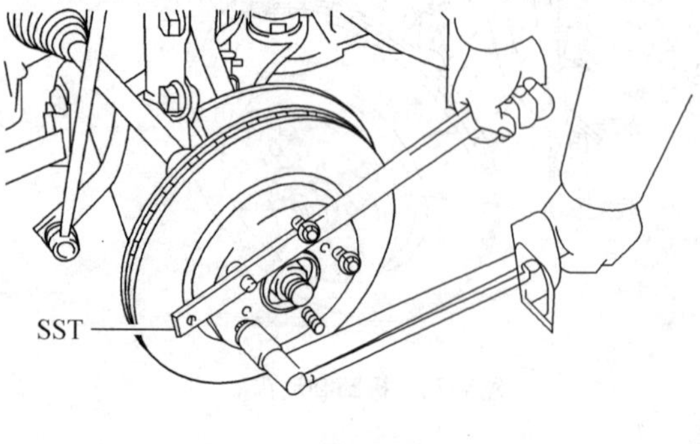

图5-73　紧固制动盘

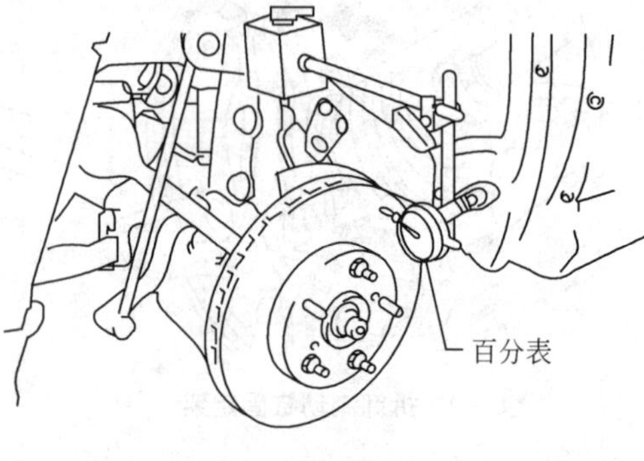

图5-74　检查径向跳动

④ 拆下 3 个螺母和前制动盘。

三、制动盘的安装

（1）安装前制动盘。对准制动盘和车桥轮毂的装配标记，并安装制动盘，如图 5-75 所示。

注意：

● 换上新的制动盘时，应选择前制动盘径向跳动最小的位置进行安装。

（2）安装前盘式制动器制动缸固定架，如图 5-76 所示。用两个螺栓将前盘式制动器制动缸固定架安装至转向节。力矩：107N · m。

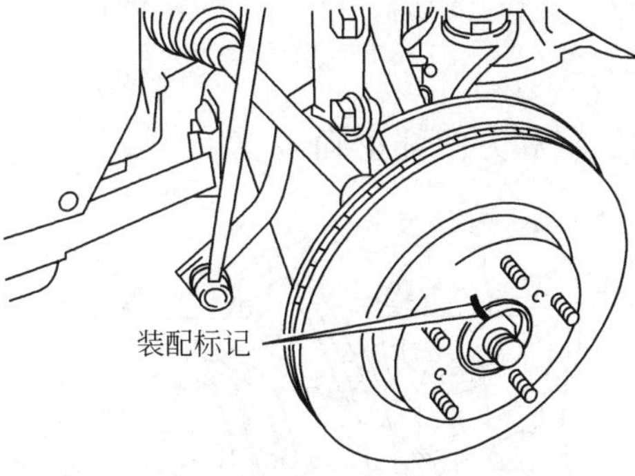

图5-75　安装制动盘

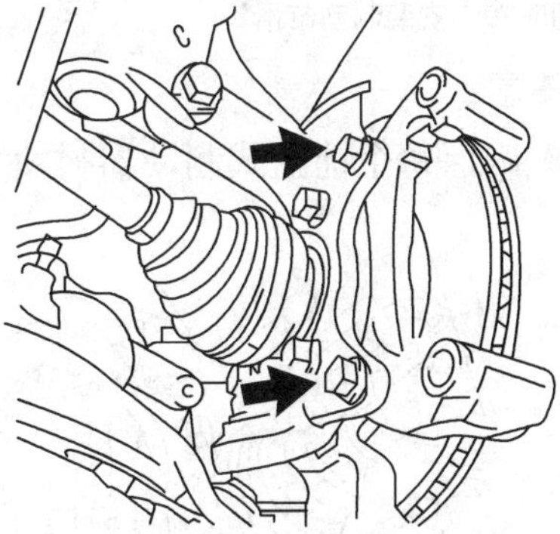

图5-76　安装制动缸固定架

（3）安装前盘式制动器衬套防尘罩，如图 5-77 所示。

① 在两个新的前盘式制动器衬套防尘罩上涂抹锂皂基乙二醇润滑脂。

② 将两个前盘式制动器衬套防尘罩安装至前盘式制动器制动缸固定架。

（4）安装前盘式制动器制动缸滑套，如图 5-78 所示。

① 在新的前盘式制动器制动缸滑套上涂抹锂皂基乙二醇润滑脂。

② 将前盘式制动器制动缸滑套安装至前盘式制动器制动缸 2 号滑销。

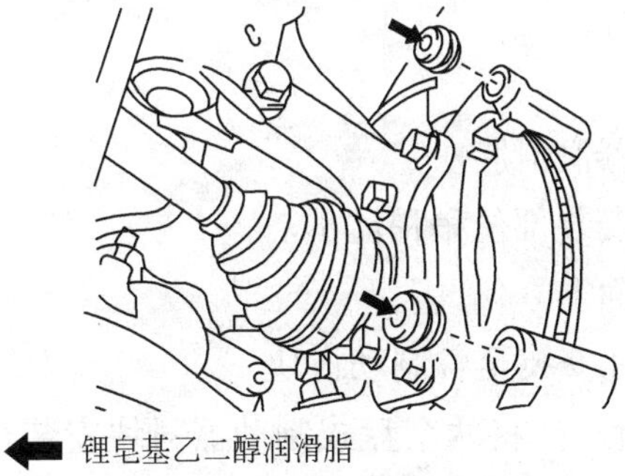

图5-77　安装制动器衬套防尘罩

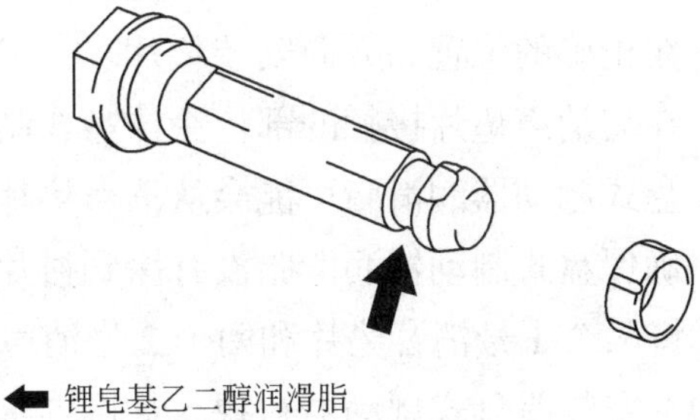

图5-78　安装制动缸滑套

（5）安装前盘式制动器制动缸滑销，如图 5-79 所示。

① 在前盘式制动器的制动缸滑销上涂锂皂基乙二醇润滑脂。

② 将前盘式制动器制动缸滑销安装至前盘式制动器制动缸固定架。

（6）安装前盘式制动器制动缸 2 号滑销，如图 5-80 所示。

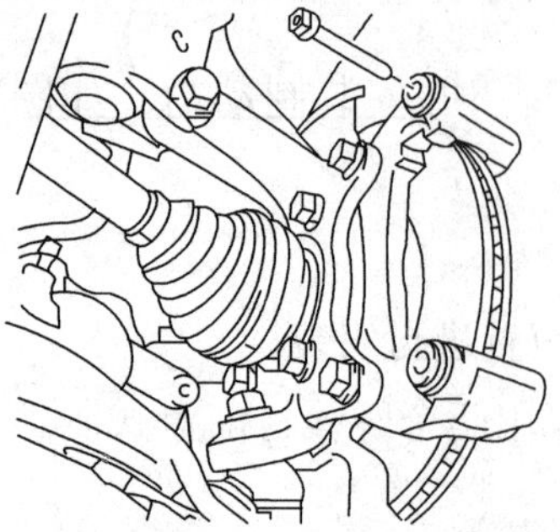
图5-79　安装制动缸滑销

① 在前盘式制动器制动缸 2 号滑销上涂抹锂皂基乙二醇润滑脂。

② 将前盘式制动器制动缸 2 号滑销安装至前盘式制动器制动缸固定架。

（7）安装前盘式制动器衬块支撑板，如图 5-81 所示。将两个前盘式制动器衬块 1 号支撑板和两个前盘式制动器衬块 2 号支撑板安装至前盘式制动器制动缸固定架。

注意：

● 确保每个前盘式制动器衬块支撑板安装位置和方向都正确。

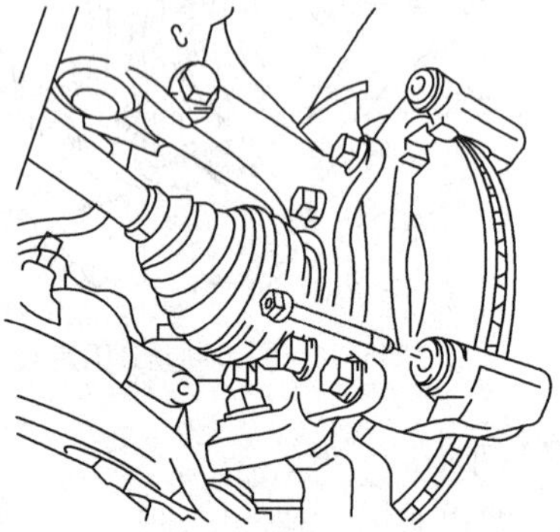
图5-80　安装制动缸2号滑销

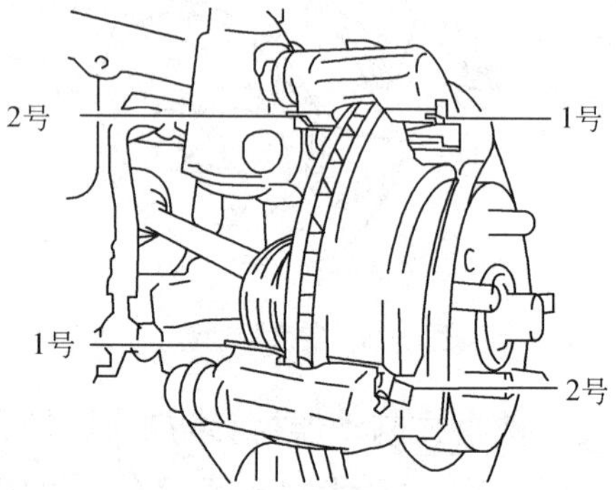

图5-81　安装衬块支撑板

（8）安装前消声垫片，如图 5-82 所示。

① 在每个 1 号消声垫片的两侧涂抹盘式制动器润滑脂。

注意：

● 更换磨损的衬块时必须一同更换消声垫片。

● 在正确的位置和方向安装垫片。

● 在与消声垫片接触的部位涂抹盘式制动器润滑脂。

● 盘式制动器润滑脂可能会从消声垫片的安装部位稍稍溢出。

● 确保盘式制动器润滑脂没有涂到衬片表面上。

②将两个 1 号消音垫片和两个 2 号消声垫片安装至各制动衬块。

（9）安装前盘式制动器衬块，如图 5-83 所示。将两个盘式制动器衬块安装至盘式制动器制动缸固定架。

注意：

● 盘式制动器衬块或前制动盘的摩擦面上应无油污或润滑脂。

（10）安装盘式制动器制动缸总成，如图 5-84 所示。固定前盘式制动器制动缸滑销，并用两个螺栓将盘式制动器制动缸总成安装至前盘式制动器制动缸固定架。力矩：34N · m。

（11）连接前挠性软管，如图 5-85 所示。用接头螺栓和新衬垫将挠性软管连接至盘式制动器制动缸总成。力矩：29N·m。

提示：将挠性软管牢固安装至盘式制动器制动缸的锁孔中。

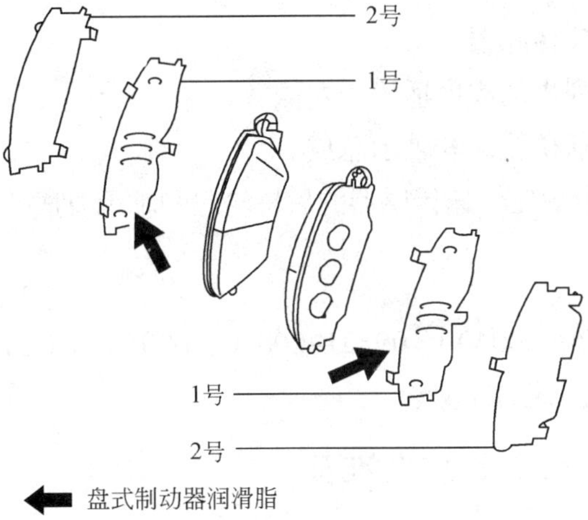

图5-82　安装消声垫片

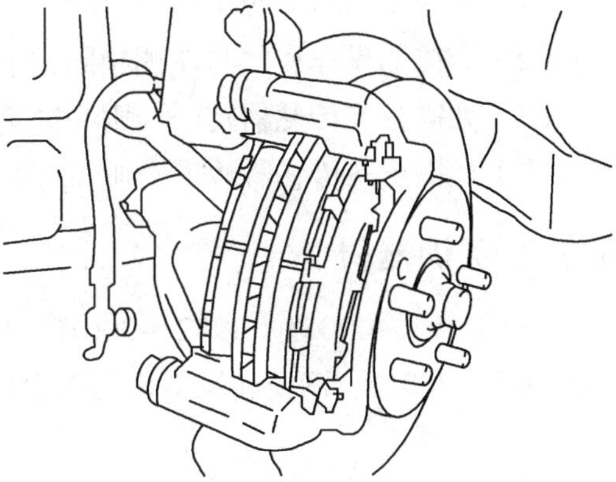

图5-83　安装制动器衬块

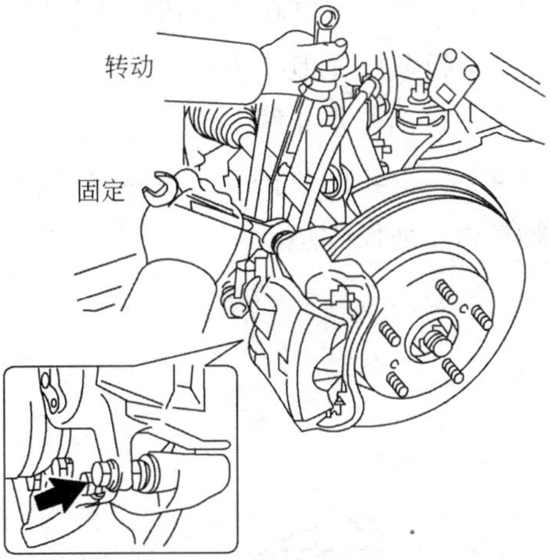

图5-84　安装制动缸总成

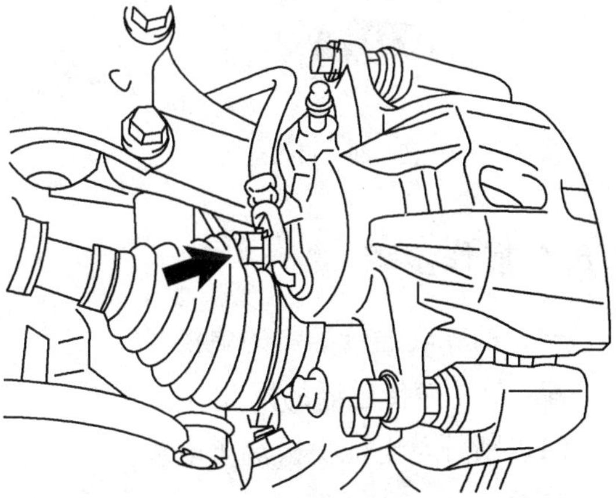

图5-85　安装前挠性软管

（12）给制动液储液罐加注制动液。

（13）对制动主缸进行放气。

（14）对制动管路进行放气。

（15）对制动器执行器进行放气（带 VSC）。

（16）检查制动液是否泄漏。

（17）检查制动液液位。

（18）安装前轮。力矩：103N·m

6.6 车轮转速传感器的更换

6.6.1 技术标准与要求

（1）更换丰田卡罗拉车型配套的车轮转速传感器。

（2）右侧的操作程序与左侧相同，下面列出的程序适用于左侧。

（3）如需更换传感器转子，则一同更换前桥轮毂和轴承总成。

（4）如需更换传感器转子，则一同更换带后轮转速传感器的后桥轮毂和轴承总成。

6.6.2 实训器材

SST 09520-00031（09521-00010，09520-00040）、09521-00020、09950-00020、SST 09214-76011、钢板和压力机、扭力扳手、组合工具。

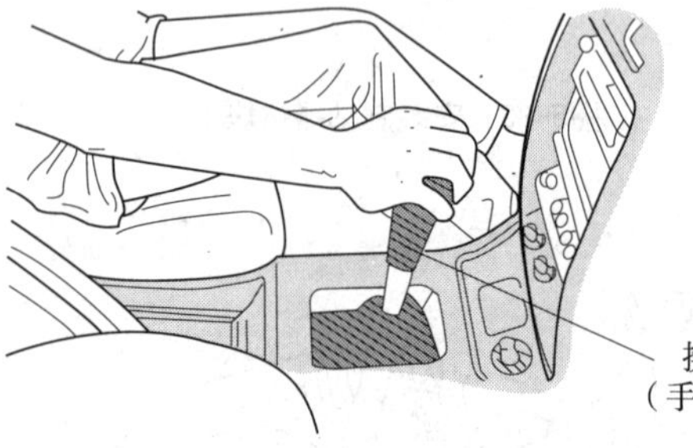

图5-86　换入空挡

6.6.3 作业准备

（1）汽车进入工位前，将工位清理干净，准备好相关的器材。

（2）将汽车停驻在举升机中央位置。

（3）拉紧驻车制动器操纵杆，并将变速杆换入空挡位置（图 5-86）。

（4）套上转向盘护套、变速杆手柄套和座位套，铺设脚垫。

6.6.4 操作步骤

一、前轮转速传感器的更换

❶ 前轮速传感器的拆卸

（1）断开蓄电池负极端子电缆。

注意：

● 断开电缆后重新连接时，某些系统需要初始化。

（2）拆卸前轮。

（3）拆卸后轮罩前板（带侧挡泥板）。

（4）拆卸侧挡泥板（带侧挡泥板）。

（5）拆卸前翼子板挡泥板（带前翼子板挡泥板）。

（6）拆卸前翼子板外接板衬块。

（7）拆卸前翼子板内衬（不带前翼子板

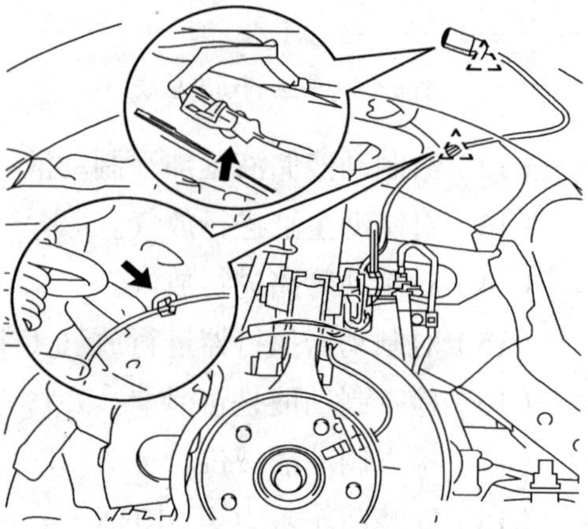

图5-87　前轮转速传感器拆卸（一）

挡泥板和侧挡泥板）。

（8）拆卸前翼子板内衬（带前翼子板挡泥板）。

（9）拆卸前翼子板内衬（带侧挡泥板）。

（10）拆卸前轮转速传感器。

① 断开前轮转速传感器连接器。

② 从车身上拆下前轮转速传感器线束卡夹，如图 5-87 所示。

③ 从车身上拆下螺栓 A 和 2 号传感器卡夹，如图 5-88 所示。

④ 从减振器总成上拆下螺栓 B 和 1 号传感器卡夹，如图 5-89 所示。

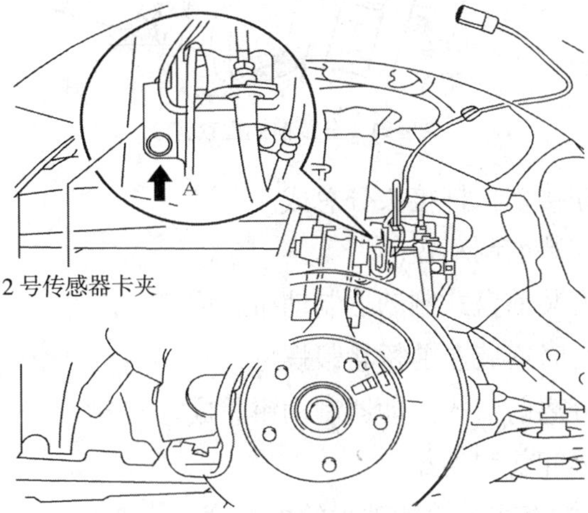

图5-88　前轮转速传感器拆卸（二）

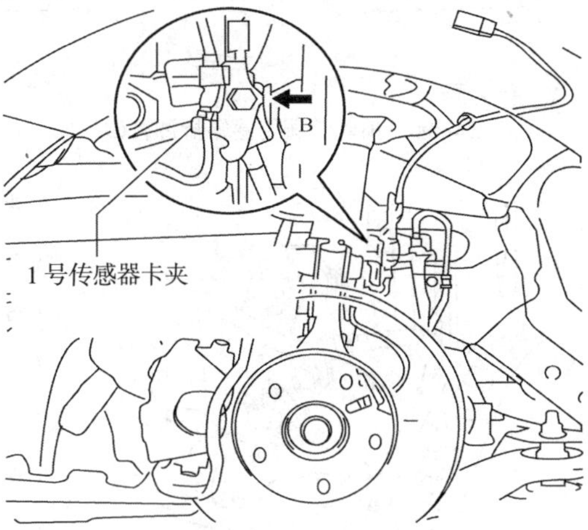

图5-89　前轮转速传感器拆卸（三）

⑤ 拆下螺栓 C、卡夹和前轮转速传感器，如图 5-90 所示。

提示：

- 防止异物粘在传感器端部。
- 每次拆下转速传感器时，清洁转速传感器的安装孔和表面。

（11）拆卸左前桥轮毂螺母。

（12）分离前挠性软管，如图 5-91 所示。拆下螺栓并分离前挠性软管。

（13）分离前盘式制动器制动钳总成。

（14）拆卸前制动盘。

（15）分离横拉杆接头分总成。

（16）分离前桥总成。

（17）拆卸前桥总成。

（18）拆卸带传感器转子的前桥轮毂和轴承总成。

❷ 前轮转速传感器的安装

（1）安装带传感器转子的前桥轮毂和轴承总成。

（2）安装前桥总成。

（3）连接前悬架 1 号下臂分总成。

单元5

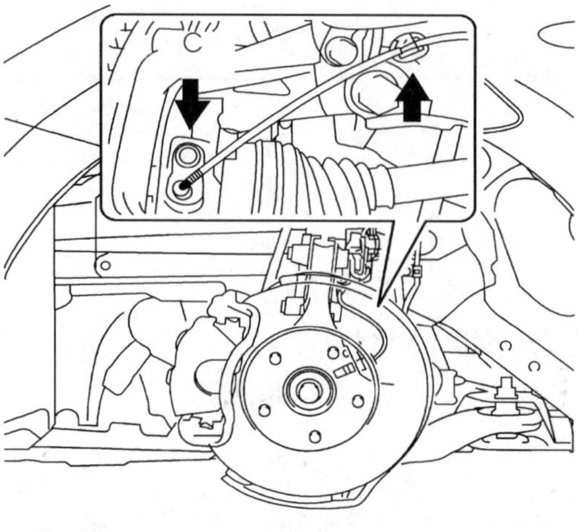

图5-90　前轮转速传感器拆卸（四）

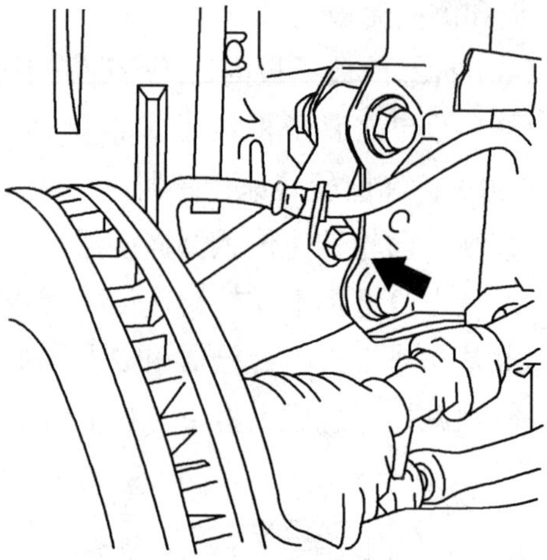

图5-91　分离前挠性软管

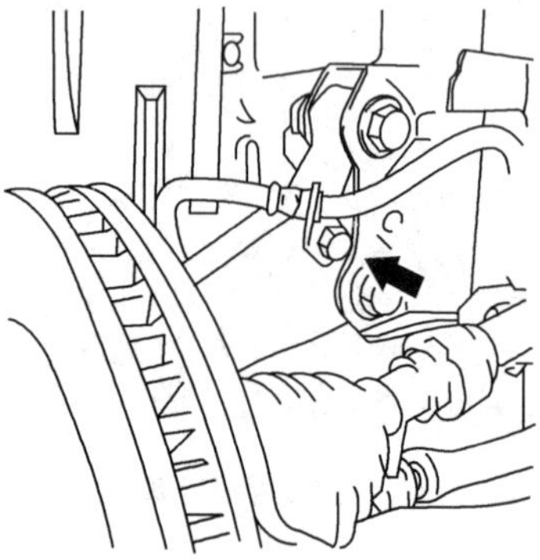

图5-92　安装前挠性软管

（4）连接横拉杆接头分总成。

（5）安装前制动盘。

（6）安装前盘式制动器制动钳总成。

（7）暂时安装左前桥轮毂螺母。

（8）分离前盘式制动器制动钳总成。

（9）拆卸前制动盘。

（10）检查前桥轮毂轴承的松弛度。

（11）检查前桥轮毂径向跳动。

（12）安装前制动盘。

（13）安装前盘式制动器制动钳总成。

（14）安装前挠性软管。用螺栓安装前挠性软管，如图 5-92 所示。力矩：29N · m。

（15）安装左前桥轮毂螺母。

（16）安装前轮转速传感器。

① 用螺栓 C 和卡夹安装前轮转速传感器，如图 5-93 所示。螺栓 C 力矩：8.5N · m

注意：

● 防止异物粘在传感器端部。

② 用螺栓 B 将前挠性软管和 1 号传感器卡夹安装至减振器，如图 5-94 所示。螺栓 B 力矩：29N · m。

注意：

● 安装转速传感器时，不要扭曲前轮转速传感器线束。

● 螺栓 B 将制动器挠性软管和前轮转速传感器紧固在一起。确保挠性软管位于前轮转速传感器上方。

● 不要用锉刀锉孔或表面，因为磁性转子和传感器之间的间隙非常重要。

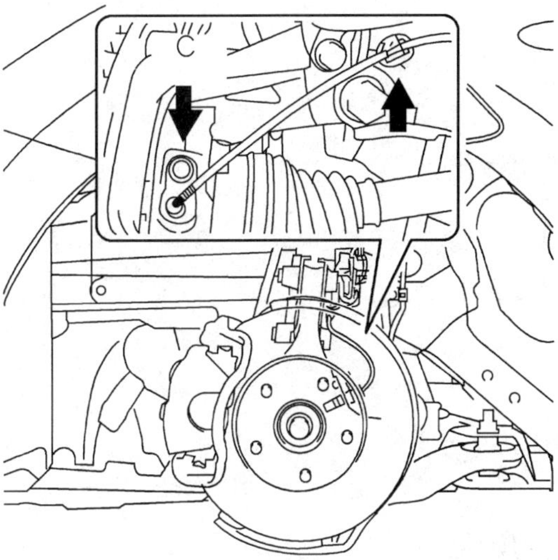
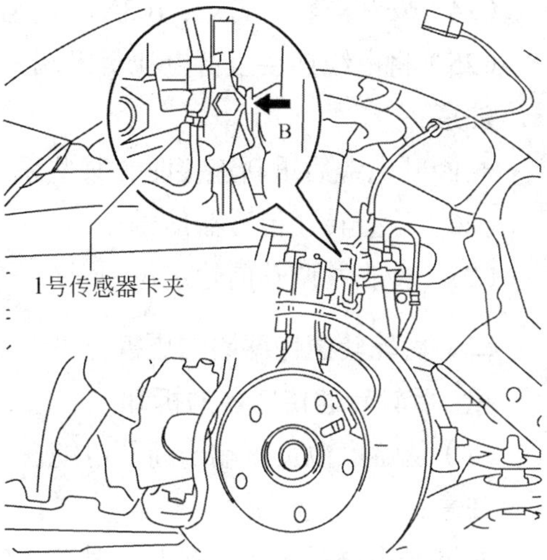

图5-93　前轮转速传感器安装（一）

图5-94　前轮转速传感器安装（二）

③ 用螺栓 A 将 2 号传感器卡爪安装至车身，如图 5-95 所示。螺栓 A 力矩：8.5N · m。

④ 连接两个前轮转速传感器线束卡夹，如图 5-96 所示。

⑤ 连接前轮转速传感器连接器。

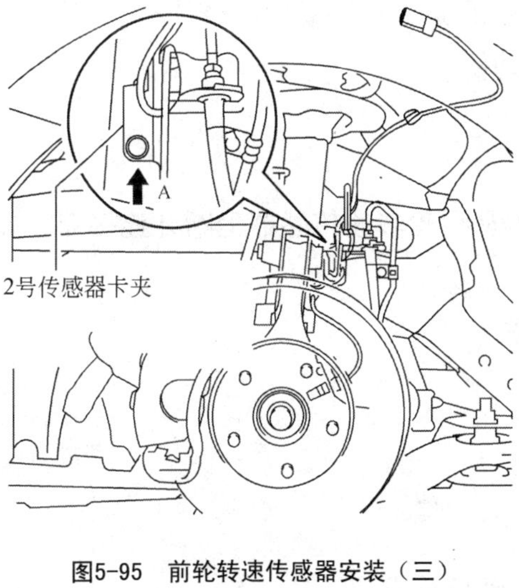

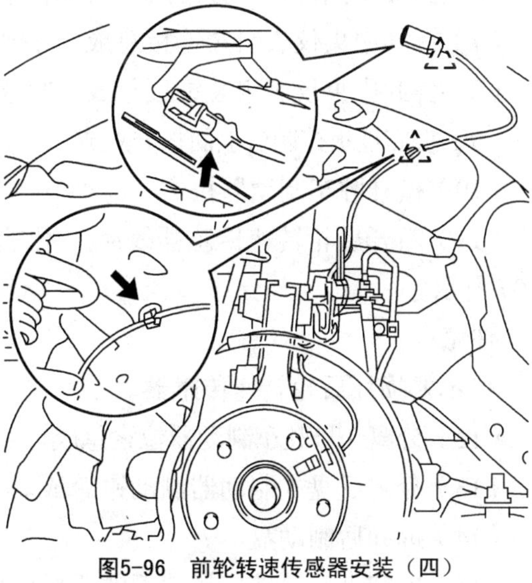

图5-95　前轮转速传感器安装（三）

图5-96　前轮转速传感器安装（四）

（17）安装前翼子板内衬（不带前翼子板挡泥板和侧挡泥板）。

（18）安装前翼子板内衬（带前翼子板挡泥板）。

（19）安装前翼子板内衬（带侧挡泥板）。

（20）安装前翼子板挡泥板（带前翼子板挡泥板）。

（21）安装前翼子板外接板衬块。

（22）安装侧挡泥板（带侧挡泥板）。

（23）安装后轮罩前板（带侧挡泥板）。

（24）安装前轮。力矩：103N · m。

（25）将电缆连接至蓄电池负极端子。

注意：

● 断开电缆后重新连接时，某些系统需要初始化。

（26）检查转速传感器信号。

（27）检查并调整前轮定位。

二、后轮转速传感器的更换

❶ 后轮转速传感器的拆卸

（1）从蓄电池负极端子断开电缆。

注意：

● 断开电缆后重新连接时，某些系统需要初始化。

（2）拆卸后轮。

（3）拆卸仪表板左下装饰板。

（4）拆卸仪表板右下装饰板。

（5）拆卸换挡杆把手分总成（手动传动桥）。

（6）拆卸换挡杆把手分总成（自动传动桥）。

（7）拆卸中央仪表组装饰板总成（手动传动桥）。

（8）拆卸中央仪表组装饰板总成（自动传动桥）。

（9）拆卸地板控制台上面板分总成。

（10）松开驻车制动器拉索。

（11）断开后轮转速传感器线束。用螺丝刀从后轮转速传感器上断开连接器，如图 5-97 所示。

注意：

● 不要损坏后轮转速传感器。

（12）分离 3 号驻车制动器拉索总成。

（13）分离后盘式制动器制动钳总成。

（14）拆卸后制动盘。

（15）拆卸带后轮转速传感器的后桥轮毂和轴承总成。

（16）拆卸后轮转速传感器，如图 5-98 所示。

① 用铝板将后桥轮毂和轴承总成安装至台钳。

注意：

● 如果后桥轮毂和轴承总成坠落或受到强烈冲击，则将其更换。

② 用尖冲头和锤子敲出两个销，并从 SST 上拆下两个连接件。

工具代号为：SST 09520-00031（09521-00010，09520-00040）、09521-00020。

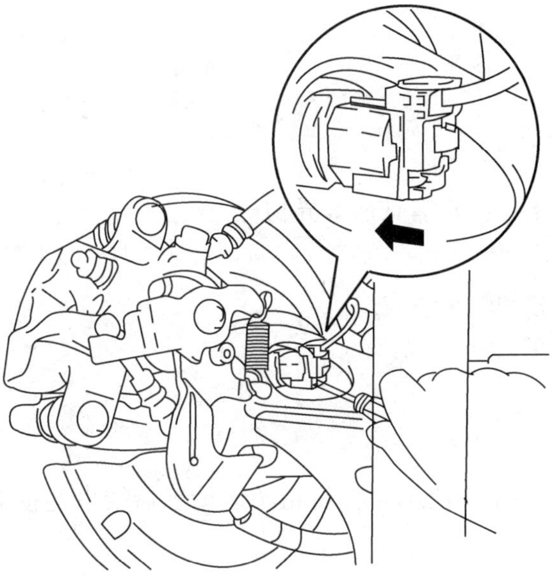

图5-97　断开后轮转速传感器连接器

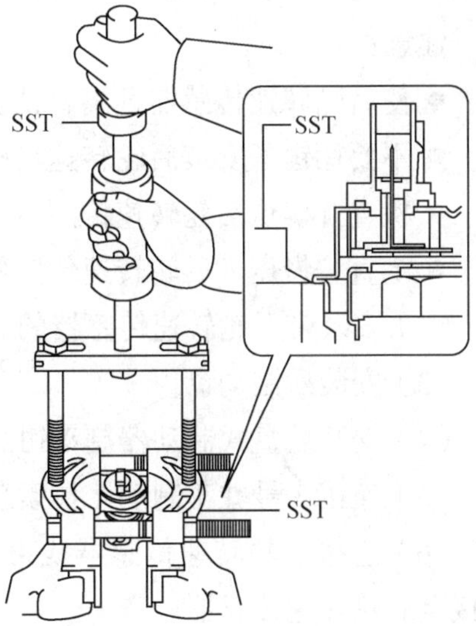

图5-98　拆卸后轮转速传感器

③ 用 SST 和两个螺栓（直径 12mm，螺距 1.5mm），从后桥轮毂和轴承总成上拆下后车轮转速传感器。

工具代号为 SST 09520-00031（09521-00010，09520-00040）、09521-00020，09950-00020。

注意：

- 使后轮转速传感器远离磁铁。
- 笔直拉出后轮转速传感器，小心不要使其接触到后轮转速传感器转子。
- 如果后轮转速传感器转子损坏或变形，则更换后桥轮毂和轴承总成。
- 不要刮擦后桥轮毂和轴承总成与后轮转速传感器之间的接触面。
- 防止异物粘在后轮转速传感器转子上或顶部处。

❷ 后轮转速传感器的安装

（1）安装后轮转速传感器。

① 清理后桥轮、轴承总成和新的后轮转速传感器之间的接触面。

注意：

- 防止异物粘在传感器转子上。

② 将后轮转速传感器放置在后桥轮毂和轴承总成上，以使传感器安装至车辆后连接器且位于连接器顶部位置，如图 5-99 所示。

③ 用 SST、钢板和压力机，将新的后轮转速传感器安装至后桥轮毂和轴承总成，如图 5-100 所示。

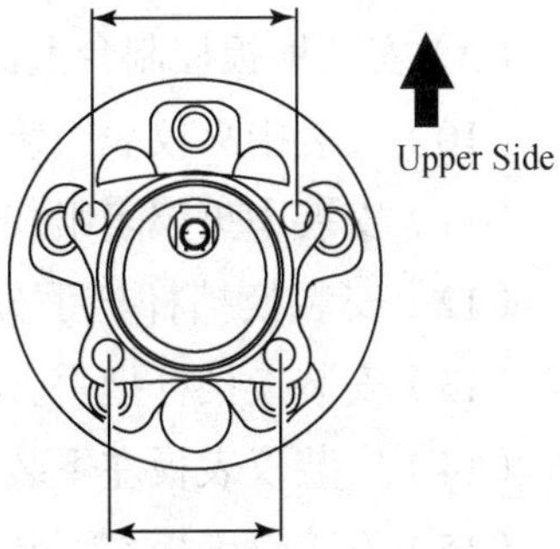

图5-99　后轮转速传感器安装（一）

工具代号为 SST 09214–76011。

注意：

- 使后轮转速传感器远离磁铁。
- 不要用锤子安装后轮转速传感器。
- 检查并确认后轮转速传感器的检测部位上没有铁屑等异物。
- 笔直缓慢压入后轮转速传感器。

（2）安装带后轮转速传感器的后桥轮毂和轴承总成。

（3）安装后制动盘。

（4）安装后盘式制动器制动钳总成。

（5）连接 3 号驻车制动器拉索总成。

（6）连接后轮转速传感器线束，如图 5–101 所示。将后轮转速传感器线束连接器连接至后轮转速传感器。

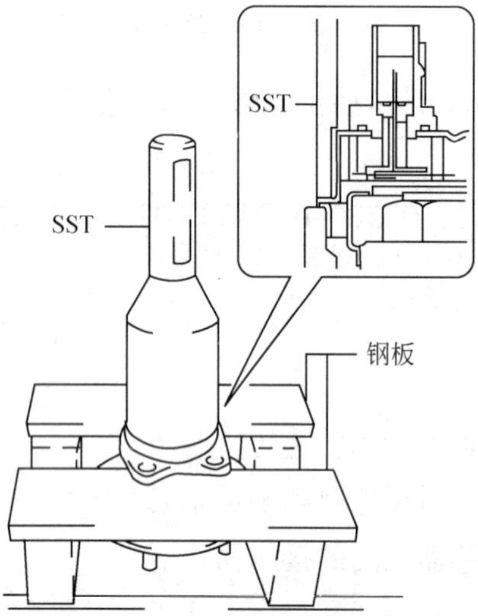

图5-100　后轮转速传感器安装（二）

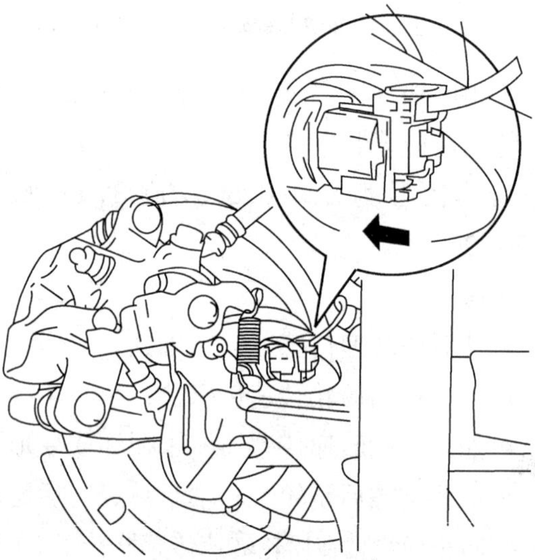

图5-101　连接后轮转速传感器线束

（7）调节驻车制动杠杆行程。

（8）检查后盘式制动器制动缸操作杆和止动器之间的间隙。

（9）安装地板控制台上面板分总成。

（10）安装中央仪表组装饰板总成（手动传动桥）。

（11）安装中央仪表组装饰板总成（自动传动桥）。

（12）安装换挡杆把手分总成（手动传动桥）。

（13）安装换挡杆把手分总成（自动传动桥）。

（14）安装仪表板左下装饰板。

（15）安装仪表板右下装饰板。

（16）安装后轮。力矩：103N · m。

（17）将电缆连接至蓄电池负极端子。

注意：

- 断开电缆后重新连接时，某些系统需要初始化。

（18）检查转速传感器信号。

（19）检查后轮定位。

理论测试

一 填空题

1. 汽车制动系的功用是：按照需要使汽车________或在最短距离内________；下坡行驶时保持车速__________；使停驶的汽车可靠__________。

2. 按照制动能源分类，汽车制动系可以分为__________制动系、__________制动系和__________制动系。

3. 汽车制动系都包括__________制动和__________制动两大部分，较为完善的制动系还包括__________装置以及__________装置和__________装置等。

4. 车轮制动器由_________元件和__________元件两大部分组成。__________元件与车轮相连接，__________元件与车桥相连接。

5. 盘式制动器根据其固定元件的结构形式可分为________式制动器和________式制动器。__________式制动器广泛应用在小型客车上。

6. 鼓式制动器根据制动时两制动蹄对制动鼓作用的径向力是否平衡可分为__________式、__________式和__________式三种。

7. 按驻车制动器在汽车上安装位置的不同，驻车制动装置分____________式和__________式两种。

8. 汽车防抱死制动系统（ABS）通常由__________、__________、__________和ABS警示装置等组成。

9. 根据压力调节器的调压方式不同，ABS制动压力调节器可分为__________式和__________式两种。

10. 汽车电子稳定程序控制系统的英文简称是______________，它是改善汽车行驶性能的一种控制系统，是____________和____________两种系统在功能上的延伸。

二 选择题

1. 下列几种形式的制动传动机构当中，______仅用在驻车制动上。（ ）

(A) 机械式　　(B) 液压式　　(C) 气动式　　(D) 以上均不是

2. 采用三位三通电磁阀ABS的制动压力调节器，当ECU向电磁线圈通入一最大电

单元5

流时，系统处于______状态。 ( )

(A) 升压 (B) 保压 (C) 减压 (D) 常压

3. 上海桑塔纳车型采用的是______制动伺服装置。 ( )

(A) 真空增压式 (B) 真空助力式 (C) 气压助力式 (D) 综合式

4. 鼓式车轮制动器的旋转元件是______。 ( )

(A) 制动蹄 (B) 制动鼓 (C) 摩擦片 (D) 制动钳

5. 别克凯越车型前轮所采用的制动器为______。 ( )

(A) 浮钳型盘式制动器 (B) 定钳型盘式制动器

(C) 全盘式制动器 (D) 领从蹄式制动器

6. 为了提高汽车制动的可靠性和行车安全性，现代汽车广泛采用的是______制动传动装置。 ( )

(A) 单回路 (B) 双回路 (C) 三回路 (D) 四回路

7. 任何制动系都由供能装置、控制装置、传动装置和制动器四个基本组成部分组成，其中制动踏板机构属于______。 ( )

(A) 供能装置 (B) 控制装置 (C) 传动装置 (D) 制动器

8. 下列属于钳盘式制动器间隙自调装置中的活塞密封圈的作用的是______。 ( )

(A) 起回位弹簧作用 (B) 连接作用 (C) 起前两种的作用 (D) 以上都不是

9. 汽车制动系按其功能的不同可分很多类，其中在制动系失效后使用的制动系称为______。 ( )

(A) 行车制动系 (B) 驻车制动系 (C) 应急制动系 (D) 辅助制动系

10. 领从蹄式制动器一定是______。 ( )

(A) 等制动力制动器 (B) 不等制动力制动器

(C) 非平衡式制动器 (D) 以上三个都不对

三 判断题

1. 汽车在制动时，不旋转的制动蹄对旋转着的制动鼓作用一个摩擦力矩，其方向与车轮旋转方向相反，所以车辆能减速甚至停止。 ( )

2. 车辆在前进与后退制动时，如两制动蹄都是助势蹄，则该制动器是双向平衡式制动器。 ( )

3. 盘式制动器制动效能比鼓式制动器好，是因为盘式制动器有自增力作用。 ( )

4. 盘式制功器的自动复位，是通过活塞的密封圈来实现的。 ( )

5. 鼓式制动器中，一个蹄是增势蹄时，另一个蹄就必然是减势蹄。 ( )

6. 双腔制动主缸在后制动管路失效时前制动管路也失效。 ( )

7. 最佳的制动状态是车轮完全被抱死而发生滑移时。 ( )

8. 装备 ABS 汽车在紧急制动时，制动踏板有回弹现象，即踏板回弹反应。 ( )

9. ABS 的电控系统有故障时，汽车仍然能保持常规制动状态。 (　　)

10. 轮速越高其车轮转速传感器信号频率越高。 (　　)

四 简答题

1. 汽车制动系统由哪些部分组成？它是如何工作的？

2. 盘式制动器中，活塞密封圈的功用是什么？

3. 鼓式制动器有哪些种类？

4. 简述真空助力器的工作原理。

5. 常用的轮速传感器有哪些？它们的工作原理是什么？

6. 简述循环式制动压力调节器的工作原理。

7. 简述可变容积式制动压力调节器的工作原理。

8. 简述桑塔纳 2000 车型 ABS 的工作原理。

9. 汽车驱动防滑控制系统（ASR）由哪几部分组成？它的工作原理是什么？

10. 汽车电子稳定程序控制系统（ESP）是如何工作的？